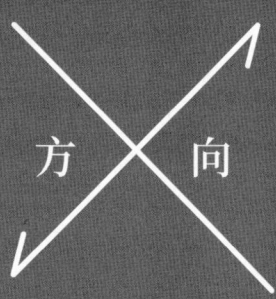
方向

寶鼎出版

失控的憤怒機器
從同理到對立，社群媒體如何扭曲人心

Outrage Machine
How Tech Amplifies Discontent,
Disrupts Democracy – and What
We Can Do About It

Tobias Rose-Stockwell
托比亞斯・羅斯-史塔克威爾

溫力秦 ——— 譯

獻給阿尼

在不斷拓展的環流中轉呀轉
獵鷹再也聽不見主人的叫喚
一切都解體破碎；核心離散

——威廉・巴特勒・葉慈（W. B. Yeats）

CONTENTS
目次

推薦序　　　　　　　　　　　　　　　　　　　　010
推薦序　深度閱讀，控制我們失控的風險　　　　　013
推薦序　面對憤怒，我們還有選擇　　　　　　　　015
殘酷的奇蹟　　　　　　　　　　　　　　　　　　017
引言　　　　　　　　　　　　　　　　　　　　　021

PART I　創造機器

Chapter 1　同理心機器　　　　　　　　　　　　026
Chapter 2　動態消息　　　　　　　　　　　　　043
Chapter 3　擋不住的資訊狂潮　　　　　　　　　048
Chapter 4　欲罷不能的源頭　　　　　　　　　　063
Chapter 5　啟動觸發點　　　　　　　　　　　　074

PART II　發動機器

Chapter 6　黑藍？白金？　　　　　　　　　　　098
Chapter 7　互動電扶梯　　　　　　　　　　　　108
Chapter 8　不和的蘋果　　　　　　　　　　　　125
Chapter 9　觸發鏈　　　　　　　　　　　　　　133

Chapter 10　演算法	144
Chapter 11　直覺和網路	160
Chapter 12　可怕至極的房間	181
Chapter 13　創傷、消化和取消文化	202
Chapter 14　道德常規的浪潮	229
Chapter 15　黑暗谷	246

PART Ⅲ　機器的歷史

Chapter 16　擴散性的古代史	266
Chapter 17　史上第一個推文串	281
Chapter 18　美國人義憤填膺	291
Chapter 19　廣告如何造就報紙	302
Chapter 20　廣播的黑暗谷	317
Chapter 21　電視、混亂和集體	322

PART Ⅳ　機器的齒輪

Chapter 22　我們如何得知真相	336
Chapter 23　信任與真相	370
Chapter 24　言論自由與捍衛真相	389

PART V　重接機器

Chapter 25 島嶼的寓言故事	408
Chapter 26 民主危機的核心	413
Chapter 27 民主機器	424
Chapter 28 我們應該將憤慨置於何處？	435
Chapter 29 你可以採取什麼行動	444
Chapter 30 終曲	457
謝誌	459
註釋	462

推薦序

紐約大學社會心理學家、《失控的焦慮世代》等暢銷書作者
強納森・海德特

二〇一八年十二月,有個年輕人寫了一封簡短的電子郵件給我,內容如下:

> 我從事設計和技術工作,致力於縮減憤慨情緒在社群媒體上擴增的現象,並且經營一個工作小組,和矽谷及紐約的同僚鑽研因應之道。我的朋友圈當中有不少是Twitter與Facebook早期的員工,他們對近來社群媒體的趨勢也深感不安。

這位寄件人隨信附上一篇數月前發布的文章連結,該文標題是「Facebook的問題可望透過設計來解決」,讀來令人精神為之一振。文章一開頭就是以下這張作者製作的簡圖,我的思維和研究本質也因這張圖而有了**轉變**。

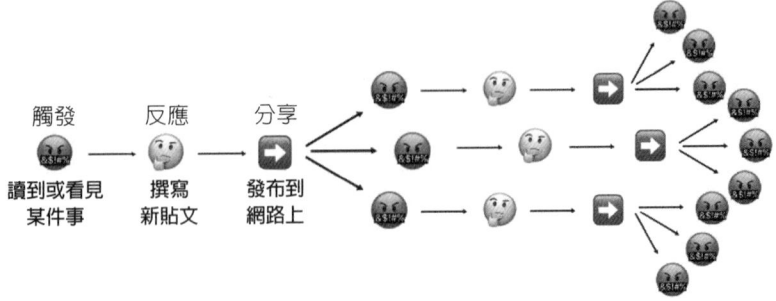

此文作者正是托比亞斯‧羅斯－史塔克威爾，這張圖也會在本書CH9再次出現。

這張圖所傳達的並非新觀念，大家對「病毒擴散性」以及社群媒體有辦法快速擴大憤慨情緒和聳動謬論都很熟悉，不過托比亞斯卻把社群態勢發展的一堆複雜概念和研究發現，單用一張圖像呈現出來，只要目光一掃，甚至不必讀裡面的文字便可秒懂，這是他的厲害之處，也是各位讀這本書時可從中獲益的地方。托比亞斯擅長譬喻，又具有敏銳的洞察力，向他學習是一件很輕鬆又特別享受的事情。

我作為社會心理學家從一九九〇年代起就在研究道德與政治，對於這段時間以來至二〇一二年的景況我自認瞭如指掌。不過二〇一五年我和好友葛瑞格‧路加諾夫（Greg Lukianoff）撰寫〈美國玻璃心世代〉（The Coddling of the American Mind）系列文章時，發現社會的基本運作系統突然有了轉變，充斥著憤慨情緒、不實資訊、恐懼和光怪陸離的事情。這種現象率先席捲大學校園，但旋即又擴散到美國社會各個層面，其他國家的社會也沒有倖免。究竟二〇一〇年代出了什麼狀況？

局勢變得益發詭譎，我一直百思不得其解。二〇一六年唐納‧川普（Donald Trump）贏得美國總統大選並不是這番怪異景況的肇因，但他的勝選確實產生了推波助瀾的效果，讓人更難從中研究出個所以然。究竟美國社會和政治的錯亂，有多少成分是因為川普以推特治國並進而招致群情激憤所致，又有多少是既有的環境條件使然？

二〇一九年年初，《大西洋》（Atlantic）雜誌邀請我針對此怪

異現象為文論述。我答應了他們的邀請，但就在我準備提出心理學上的論點時，我發現自己對社群科技的認識並不充分，難以獨立完成這個任務。彼時的托比亞斯已經在我共同創辦、以促進建設性對話為宗旨的非營利性組織中擔任顧問，他對社群媒體與人類心理互動過程中可能會妨礙或增進真誠溝通的現象掌握甚深，一直令我佩服，因此我便邀他共同執筆。我的社會及道德心理學知識融合他對科技與設計的熟稔，最後產出了一篇名為〈社群網絡的暗黑心理學〉（The Dark Psychology of Social Networks）的文章。該文描繪二〇〇九至二〇一二年間幾個小小的設計變更如何導致社會政治動盪不安，進而在二〇一四年把我們吞噬下去。

這篇文章正是控訴當今社群媒體的結構與詹姆斯‧麥迪遜（James Madison）等美國開國元勛所設計自由民主與憲政體制不相容的開場白，告訴大家社群媒體如何助長「派系」分化族群之爭，進而逐漸破壞了社會、文明、共同理念和民主精神。《失控的憤怒機器》一書全方位呈現此議題，審視科學證據，並藉由豐富的故事活靈活現又深刻地闡述整個論述，為這項控訴提供佐證。眼下的我們正沉溺在憤慨情緒的浪濤裡，但情況並非一直都是這個樣子，也未必非得如此，當然也不能繼續這樣下去。

這本書意義重大：各位讀到結尾時就會明白二〇一〇年代究竟出了什麼事，同時也會瞭解個人和集體應該採取什麼行動，才能讓我們的民主和理智安然度過二〇二〇年代。若是不能關閉這部「憤怒機器」，至少也要改變它的設計。

推薦序
深度閱讀，控制我們失控的風險

閱讀人社群主編
鄭俊德

　　臉書剛來台灣時，引發許多人的註冊，更在開心農場遊戲興起時，帶來更多人互動的熱潮，但現在的臉書社群卻漸漸沒落，除了詐騙眾多，另外政治文以及假新聞的貼文常常滑都滑不完。如果你也有相同感覺，每次進入網路社群，都有著一種莫名的焦慮與困惑感，甚至可能會因著某則貼文或留言感到氣憤，彷彿非得要你在立場之間選邊站，否則就無法證明自己有正義感。這其實不是你的問題，而是普遍人都遇到的網路體驗困境！

　　《失控的憤怒機器》，正是對此現象的深刻解剖。它不僅揭露社群媒體如何扭曲我們的情緒與判斷，更提醒我們，這一切並非偶然，而是設計出來的。這部「機器」，本來只是傳遞資訊、連結人群的工具，但隨著演算法優化、觸及率至上、情緒誘餌氾濫，我們的心智漸漸被馴化為一種反射性的情緒製造器與傳播者，愈來愈少思考，愈來愈快表態。

　　這本書的作者托比亞斯，是一位科技設計者，也是一位經歷豐富的社會行動者。他從一段動人的真實故事開始年輕時的他前往柬埔寨旅行，偶然受邀參與當地村落重建水庫的工程。原以為只是一次善意的短暫停留，最後卻因網路上一封募款信件，意外促成一場

跨越七年的公益行動。他的故事證明了數位連結的美好同理心、真誠、資訊傳播與群眾支持，可以創造出改變世界的力量。

但後來的他也見證這股力量如何被轉化為「憤怒引擎」。一開始為了正義與同理心而被放大的資訊機制，後來卻逐漸演變為「情緒操控」的工具。社群媒體平台為了增加用戶黏著度與廣告營收，演算法優先推送情緒強烈、對立明確的貼文，而憤怒與恐懼，正是觸發點擊與分享的最佳燃料。於是我們在無意中參與了一場「新聞工業化的情緒實驗」，我們的注意力被精準地牽引，連帶影響我們的判斷力、價值觀，甚至政治選擇與人際信任。

從傳統報紙到廣播、從電視到網路，再到今日的社群媒體。它可以揭露真相，也可以放大偏見；它可以促進理解，也可以製造敵意。我們的情緒因此被喚起、被挑動，接著，我們的理智便悄悄下線。在正義感的驅使下取消他人，甚至未經查證就加入獵巫的行列。

這一切不只是媒體的責任，而是我們每個人都參與其中。我們不只是受害者，也是加害者。我們每一次的分享、按讚、留言，都是機器齒輪運轉的一部分。

這也是為什麼閱讀如此重要。在這樣的時代，閱讀變得不只是吸收知識的行為，更是一種「對抗機器」的實踐。當我們願意放下滑動的手指，靜下心來閱讀一本書，我們就在訓練自己的深度思考、延遲反應、同理他人、接納複雜。

若你感覺這個世界太吵、太亂、太快，那麼請翻開這本書，讓它帶你回到心靜之處，從混亂中看見真相，在憤怒中找回判斷，在資訊洪流中重新學會深思與連結。

推薦序

面對憤怒，我們還有選擇

國立臺北大學公共行政暨政策學系教授

劉嘉薇

在這個資訊爆炸的年代，我們每個人幾乎每天都在與「憤怒」相遇。不是自己在怒，就是在社群平台上被他人的怒火洗版。點開手機，每一次滑動，都像是按下了一顆小小的炸彈引信：標題黨、轉貼的謠言、充滿情緒張力的短影片——一切都在告訴你：「你應該生氣！」

這本《失控的憤怒機器》，正是寫給這樣的我們。它不只是一本談論媒體與社群網路的書，它是一場關於我們當代情緒狀態、社會動盪與資訊環境變化的深入探究，也是一場跨越心理學、科技史與民主實踐的知識之旅，作者帶領我們看見「憤怒如何成為一種被設計出來的習慣」。

本書不從科技批判出發，而是從一個非常人性的起點講起——「同理心」。

作者最初是因為一次偶然的背包旅行，被捲入一場柬埔寨的水庫重建工程，他無心地觸發了一場網路上的募資行動，也見證了同理心如何透過網路擴散，引起真實的改變。這段經驗讓他深信：「連結」與「共感」能成為改變世界的力量。

然而，事情的發展卻遠不如當初那麼單純。

同理心如何被放大、變形,最後淪為被演算法與社群動能利用的過程,層層揭露出「憤怒」如何成為這個時代最強大的動員力,同時也可能是最致命的毒素。當社群媒體成為主流,同理心被賦予規模化與演算法強化的能力,它開始被操控、被精算、被武器化。

　　同理心的對面,其實就是憤怒。

　　為了吸引注意、爭取點閱、激發行動,媒體與平台開始不斷優化「會讓人情緒波動」的內容。而最有效的方式,就是引起憤怒,而我們每一個人,不知不覺之間,都成了這部機器的燃料、輸出端、接收者,甚至是傳播者。一個連人類心理都被商品化、被算進點擊率的時代。

　　這本書最令人欣賞的地方,是它在批判與理解之間取得了罕見的平衡。它既沒有陷入對社群媒體的譴責,也不流於對科技過度樂觀,而是提出更根本的問題:如果我們不重新設計這些系統,那我們的民主、理性,甚至日常的人際信任,都將持續被侵蝕。

　　如果我們願意承認自己的行動與這部機器的運轉息息相關,那麼我們也就有責任,去思索如何中止它、改造它,甚至超越它。讀完此書,你會開始重新審視每天的「滑手機」行為,也會意識到,原來我們不是媒體機器的無辜受害者,而是它的一部分、它的推手、燃料。

　　閱讀本書的過程,就像是在照一面鏡子,照出我們的焦慮、我們的選擇,以及我們的未來。如果你對當今世界感到困惑與無力,如果你想知道社群平台背後究竟是什麼樣的結構在操縱我們的情緒,那麼這本書會是你踏出理解與行動的第一步。

　　而這,也正是作者想要提醒我們的事:**我們還有選擇。**

殘酷的奇蹟

假設有一天,宇宙射線大爆炸,地球遭到襲擊。

一個數百萬光年外即將死亡的恆星噴出伽馬射線,鋪天蓋地朝著地球而來,穿透了大氣層,致使地表上每一個人的身體都發生快速突變。猶如漫威電影的劇情發展,這種射線爆炸造成所有地球人一夕之間達到超人類的狀態,人人都獲得了相同的新能力。

隔天早晨太陽升起,地球人醒來,現在每個人只要彈個響指就能馬上把自己隱形。地球依舊是地球,只是人類多了一個奇蹟般的超能力。科學家和權威人士為宇宙射線創造的奇蹟驚嘆不已,個性內向的人歡天喜地。整個白天就在此起彼落的讚嘆、敬畏和驚奇呼聲中過去。

到了夜幕低垂之時,世界卻陷入一片混亂。各地的賣場和銀行都遭到瘋狂洗劫。惡人現在得以橫行遊走、作奸犯科又逍遙法外,盜取任何能到手的東西。大家開始整天疑神疑鬼,害怕那些他們看不見的東西。美國國民警衛隊被調來保護企業和政府,社會秩序逐漸崩塌。原本為了管理「有形」社會而制訂的法律規章和制度,如今因為少數行為惡劣又「無形」的壞人破壞體系而發揮不了作用。

如此混亂的狀態唯有集體全力動員,找出新方法讓社會因應這種超能力才能控制下來。動盪不安之際,明訂隱形術使用時機的新規定實施了。政府和公司行號著手鑽研熱成像系統,將所有監視

器更新,設法揪出隱形的入侵者,手機修改成擁有偵測透明人的功能。對於民眾何時何地可以使用超能力,也通過了立法規定。不少人譴責這種超能力,因此沒多久在某些場合使用隱形術變成「不道德」的行為,譬如在商店或教堂裡隱形就是不知羞恥之事。有些宗教乾脆認定隱形是罪孽深重的行為而明令禁止。

然而,對不想受他人目光約束的人來說,隱形術卻是很好用的能力,所以有些性情內向的人便集結起來爭取「不被看見的權利」。某些特定商家、夜店和咖啡館僅開放給透明人消費,也有人從不曝光自己的血肉之軀,完全以透明人的姿態與他人談感情,彰顯出這種能力有助於伴侶認識他們的真我,不必因為顯露身軀而受到肉體的干擾。

經歷數年混亂動盪的歲月之後,有了嚴密的護欄法規防止人們濫用超能力,文明社會已然適應,並逐漸回歸到平和狀態。人類總算鬆了一口氣,隱形奇蹟剛出現的那頭幾年成為記憶中的「黑暗時期」,大家的恐懼緩緩消退了。

又過了數年,就在一切看似回復如常的時候,狀況又來了。

宇宙射線再度來襲,籠罩整個地球,所有地球人又因此獲得了新的超能力。

這次每個人都被賦予傳心術能力——一種用自己的語言將內心想法立刻發送到其他人腦海裡的能力。換言之,現在大家可以聽得到「世界各地」的人在說話。

由於這種超能力顯得私密許多,一開始很少人用。後來有些人把傳心術用在一些小小的念頭上,譬如告知自己目前的行蹤或請求幫點小忙,亦或是用來跟別人分享有趣的新聞。不過某些社運人士

發現，如果用對方法「說」事情的話，基本上可以吸引所有人的注意；也就是說，表達見解時若加上一定的急迫感和怒氣，往往能得到所有人的關注。

沒多久記者就發現了新超能力的重大價值，並因此得以將世界各地的新聞報導得更好——這很快也成為新聞工作者的必要條件。又過了不久，那些決定「不使用」傳心術來訴諸選票及批評競選對手的政治人物，漸漸輸掉了選舉。

人們逐漸領悟到，光是腦海裡的想法就能讓他們躋身名流，無論這些想法正確與否，都可以替他們獲取名氣。於是，各種謠言和謊言開始恣意飛舞，情緒如傳染病般快速蔓延。對大多數選擇使用傳心術的人而言，施展這種超能力已經變成一種習慣性癮頭，他們無法想像沒有傳心術的日子該怎麼過。有人因此更加渴望得到陌生人的認同而把自己逼得快發狂，不過有更多人被謊言和混亂搞得不知所措而暈頭轉向。不久後，各式各樣的意見、評論和念頭形成了不斷擴張、令人難以承受的噪音。

社會又再度緊張起來，對每個人內心裡震耳欲聾的爆炸性想法束手無策。最尖酸吵雜的念頭現在成了影響力最大的想法。假訊息打贏了真相，誤傳資訊大行其道，可是沒有人可以回過頭去走老路，雖然很多人厭惡傳心術的影響力，可是大家又不願意放棄它；它不會消失。

為了研究這種顛覆現象，天文學家探尋宇宙，結果計算出令人震驚的真相：那顆噴出宇宙射線的將死之星事實上正在「加快速度」。換句話說，每隔幾年，而且間隔時間會愈來愈短，就會有新的超能力滲透到全人類身體裡。社會將如何因應人類這種快速的突

變？文明又該如何承受？

　　人類的祖先若是見到今日發明的網路和社群媒體，必定會說它們是魔法。他們一定會對我們能夠隱形自己、在不被人看見又得以豁免的情況下，馬上將想法和感覺散播到地球各處的力量感到嘆為觀止，而且這些只是一小部分而已，科技的發展會讓我們愈來愈常獲得更多不可思議的能力。

　　就當今的個人而言，大家都帶著興奮和渴望的心情接受這些能力，希望奇蹟可以延續下去，也喜歡新科技帶來的好處。可是隨著每一次反覆經歷新科技的洗禮，隨著每一樣新能力的到來，麻煩也大量因應而生。我們獲得這些能力的頻率愈來愈高、速度也愈來愈快。在時間不夠、準備不足又缺乏遠見採取行動去適應的情況下，人類社會疲於奔命的應付，直到終於應付過去。

　　只是，每一個適應期都會墜入黑暗深處。

引言

《失控的憤怒機器》探討一種專門讓人發怒的機器。

這部機器有一個目的，那就是告知人們現在世界上發生什麼事。它致力於獲取人們的關注，後來也變得格外擅長這項任務。事實上，它的表現出色到找出了會讓人們——尤其是你我——大動肝火的元素。

這部機器會在這個過程中分化人們，將大家分裂成各種意見，要求大家對它提供的每一個新議題表示贊成或反對。

這部機器正是現代的媒體系統，它包含了平面媒體以及相應搭配的數位媒體，也包括各位口袋裡的行動裝置，還有報紙及動態消息、演算法與社運人士、政客和名嘴等等。

但這部機器不只由專業人士組成，各位的鄰居、朋友和家族成員也都在其中。他們不知情地成了綿延不絕的新聞製作與消費奇觀的參與者。這些人之中有不少深陷在機器的齒輪裡，而難以看清它的全貌，眼裡只看得見「一定得」分享出去的憤慨情緒和「一定得」處理的威脅。

當我們的心神被威脅灌滿時，怪事就會發生。我們把觀點看成要陷害我們的陰謀，把別人看成潛在敵人。我們在自己的社群外圍劃下界線，捍衛我們重視的價值觀。

社群媒體這種新科技把人們跟這部機器緊緊相連,它萃取、精簡和加快了人們參與這場新聞奇觀的過程,效率之高遠勝過去的種種技術。

這部機器是個大難題,因為它確實也為人類社會帶來實質價值。它賦予我們連結、創意發想和挖掘洞見等意義重大的能力,只是在使用它時必須照它的規則行事,而那些規則又不利於我們。

本書闡述這部機器形成的過程,以及我們應當採取什麼作為來因應它侵門踏戶闖入人類生活的新狀況。我之所以懂這部機器,是因為我見證了它的轉變;我認識一些幫忙修改它的人,所以明白它是意外之下變成現在這個樣子,並非他們有意為之。

事情不必演變至此,我們其實是有選擇的,因為這種情況我們以前就曾碰過。

───────

接下來各位會看到一個用過去包裝而成的故事,透過探索社會在「二○一○年代」那怪異至極的十年間所發生的事件,來探知未來。

我從過去尋找解答,追查造成人們注意力陷入危機的源頭。為了瞭解新媒體技術在以前的年代引發哪些顛覆現象,我深入挖掘歷史和社會學視角下的新聞。我穿越時光,從現在回到網路問世的當初,又往前到電視、廣播甚至於電報時代,更往前探索郵政時期,甚至到發明印刷機以及更早以前的年代。

我從這趟時光之旅得到了十分意外的發現:雖然現下的一切看似分裂破碎又反烏托邦,但其實並不是新現象,只是一場橫跨數

世紀、漫長的顛覆和重新協調的循環週期發展到最新的階段罷了。沒錯，現今所創造的科技可以大規模攫取人類的注意力，而且能力強大到非過去所能相比；沒錯，此等科技的影響力引發的威脅感尤甚以往。不過這些科技發明依循的都是人類踏踏實實走過的歷史路徑，這條路徑會先經歷一段病毒式想法及言論逐步擴大的過程，伴隨著大量出現非預期的後果，接著再實施控管措施和方針，設法維持「優質資訊多於惡質資訊」的知識平衡。當一群又一群人開始注意到新科技工具的壞處，他們設法重新協調與這些工具互動的隱性契約（implicit contract），學習向媒體提出更高的要求。現今的我們正處於一個感覺好像被困在黑暗山谷裡的循環週期之中。

每一次進入這種重大顛覆的時期，隨著一小群又小群社運和倡議人士利用技術工具推進理念，不時會出現各種混亂、失序與暴力的狀況。社會終究會適應，但會對一小部分被擴大的言論造成影響；不是所有言論都會被限縮，只有那種利用大眾自然想與極端、不實和煽動性資訊互動天性的言論會遭到壓制。當社會找出誰握有接觸最多人的管道，並據此形成問責、寬容與團結之類的力量時就會逐漸復原。對於生在現代新聞環境下的我們來說，這波最新的顛覆浪潮彷彿讓人雪崩式墜入混亂狀態。不過，我們還是能從混亂中找到出路的。

這本書聚焦探討「社群媒體」，它正是啟動這次循環週期的最新工具。全書提供了各種研究、圖表、原理以及針對當前問題所提出的解方概略，這些資源皆收錄於《失控的憤怒機器》的官方網站（http://outragemachine.org），相關資訊持續更新。本書共有五大篇，分別從不同環節探討人們與社群媒體的關係：

PART I〈創造機器〉點明智慧型手機、社群媒體和新聞是組成現代病毒式網路的主要元素,並闡述這些元素如何攜手共舞,讓我們明知不可為卻任其控制我們的注意力。本篇從我如何來到網路社運活動與最早期社群媒體交錯的奇特十字路口講起。

PART II〈發動機器〉指出促使機器不斷運轉的元素,即演算法、指標和道德情緒,還有這些元素統整後如何營造憤慨情緒與取消行為的骨牌效應,進而形成當今的文化。如今主宰這個系統的是一些尋求推進各種理念的團體,包括社運人士、政客以及利用衝突牟利的人。本篇也會探討每一項新科技出現後為什麼會歷經我所謂的「黑暗谷」,在這個階段新工具所引發的危害會因為工具被廣泛採用而遭到遮蔽。

PART III〈機器的歷史〉詳述讓機器運作的最原始注意力歷程──即人們對新聞的渴望。各位可以從本篇瞭解到新聞業如何從攫取大眾注意力的腥羶色體系起家,漸漸成熟到形成找出真相的半客觀組織,這也是所有民主體制發揮作用所需的東西。

PART IV〈機器的齒輪〉著眼於「真相」、「信任」和「言論自由」這三大齒輪必須相互協調合作,方可保機器運作順暢無虞。

PART V〈重接機器〉解釋若不調整戰術會置民主於何種風險之中。書末為各位讀者勾勒解方,提出一些方法著手將這些科技工具設計成以服務我們為目的,而不是反其道而行。

現在就讓我們開始吧!

Chapter 1
同理心機器

　　一個跟科技有關的故事從柬埔寨稻田講起是挺怪的,不過對我而言,一切正是從那裡拉開序幕。

　　當時我窩在很大的荊棘叢底下的陰影裡,望著一條黯淡的小溪流經兩座大土墩,將它們切半。水牛一邊在我下方處的田野裡漫步,一邊在乾巴巴的稻梗間翻找。時間剛過正午,氣溫差不多攝氏三十八度,這一天我凌晨四點就起床了。

　　寂寥的小溪在我們下方積聚,可以看出這個地方曾經是古老灌溉系統的痕跡,土墩從小溪兩邊延伸到遠方,形成了低矮的堤岸。站在我身旁的柬埔寨僧侶裹著寬鬆的藏紅色袈裟,這個年輕人我前一天才認識他。他用破英文簡短又加重語氣地說道:「你看到了吧?水壩,它壞了!」

　　瞇起眼睛的話,我差不多看得到。那兩大片土墩曾連成一片,擋住了底下的小溪流,讓溪水匯聚起來。從雜草叢生的程度看起來,這個水壩的存在應該是很久以前的事了。

　　他在東南亞濕熱陽光底下把我帶到這個悲涼地方之目的——就是希望我把壞掉的水壩修好。不知怎麼地他竟以為我會有辦法。

　　這件事我當然做不到。

　　我既非工程師,也不是水利人員或富二代,但這位僧侶指望我重建一座水庫,並且正在籌措一萬五千元美元的重建費。我連完成

背包旅行的錢都不夠了。

那天在我人生中開啓了十分奇特的篇章。

將近七年後，我站在同一個地點，望著巨大水泥洩洪道上的閘門關閉，那是我在數十位工程師、數百位志工、數千位捐款人的幫助下，用我募來的數十萬美金興建而成的。溪水慢慢流進這個即將成爲大型灌漑系統的水庫裡，供應給位在偏僻地帶的五千多名貧窮農夫種稻米之用，此時有個念頭縈繞在我腦海裡：

網路，感謝有你！

請容我先跳開一下。

這年頭不先交代一下個人來歷，談起議題來會顯得特別礙手礙腳，因此請給我一點時間告訴各位我的些許背景。我叫托比亞斯，來自中產階級家庭，在北加州灣區的郊區成長。我父親是記者，也是程式設計師和音樂人，母親爲圖書館員，後來當上大學教授。根據基因檢測廠商23andMe的報告，我的家族背景「概括上來講有北歐、西歐和南歐血統」，遠親裡還有人帶有一點日本血統。我看上去是個標準的白人，我有幾個姪甥是黑人，也有幾名就種族來講屬於猶太人的甥女。我的另一半是華裔美國人，我倆的孩子和他們的堂表兄弟姐妹毫無疑問是混血兒。我家族的基因譜系所交織而成的形象，不妨直接用「美國人」來稱呼最理想。

我的學校生活並不如意，長大後被診斷出ADHD（注意力不足及過動症）。我爲學士論文做了一些具顛覆性創意的報告，在那個沒有多少人知道迷因是什麼的年代，將病毒式迷因散播到整個校園，最後成功拿到藝術及心理學學位。

滿二十二歲時我先工作了一年，把存到的錢拿去當背包客，隻身展開東南亞的壯遊之旅。旅行期間我自然得浸淫在新文化當中，以觀光客角色遊歷海灘和人煙罕至的村莊，不過期間我也花了將近一半的時間去做志工，包括在泰國一個愛滋病兒童之家擔任行政工作。旅程的最後我來到柬埔寨探訪吳哥窟寺廟。這些寺廟有一千多年歷史，是經典的叢林神廟群，同時也是世界上最大的宗教遺蹟。

　　經過一星期的探訪，我回到青年客棧，那是一棟又小又老舊的住所，裡面有幾間木造房間，房價一晚二塊美金。我的房門上貼有客棧公約之類的東西，告知房客「房內貴重物品如有遺失，本客棧恕不負責」以及「請妥為保管您的槍枝與易燃易爆物品，感謝您」。

　　我出來用餐時（花七十五美分就能吃到人生中最棒的米飯和雞肉料理），看到一位身穿袈裟的僧侶坐在桌旁和青年客棧的房客之一講話。這位個頭嬌小的僧侶操著破英文，說話速度飛快，要聽懂他講什麼十分吃力。我好奇地加入了談話，結果聊著聊著他就邀請我去他住的鄉間村莊一訪。他的邀請其實就是很簡單的提議，像當地人親切地對我說「來我家坐坐，跟我親戚見見面！」那樣。我遲疑了一下便答應他的邀約。結果這場邀約成為我人生中最重要的決定之一。

　　隔天清晨五點，六輛摩托車的隊伍出現在青年客棧前那條泥土馬路上。其中四輛的駕駛座和後座都坐了身穿橘紅色袈裟的僧侶，剩下兩輛摩托車上只有駕駛，空出來的兩個小小後座中，有一個是留給我的。

　　一行人駛離觀光都市，馳騁在坑洞遍布的黃沙路面上朝乏味的鄉間奔去時，彷彿有一種時光倒轉之感。稻農以枝條搭蓋的小屋子

棲身，水牛在犁田。摩托車噗噗噗騎過滿是車轍痕跡的馬路，沒多久我們就成了眾所矚目的焦點。

騎了數小時，我們抵達一座布滿塵土、位在椰子樹林間的木造大型寶塔。僧侶們請我坐到磁磚地板的竹墊上，本來以為要認識他們的家人親戚，結果我發現周遭數十名在地人其實是村裡的長者、村委會幹事和一大群農人。他們開始做起簡報，那些長者一個接著一個起身發言，內容不外乎「謝謝你過來一趟！我們一直盼望見到你，感謝你同意協助我們重建水庫。」的各種排列組合。

什麼水庫？我之所以狀況外是有原因的。前一天我跟那位僧侶初次交談時，他並未提到任何跟水庫有關的事情，只是請我去他社區走走而已。他也不曾告知我，會有這麼多鄰近村莊的居民期待我們的到來。

這場令我摸不著頭緒的簡報結束後，我無語地坐在那兒，瞪大眼睛望著他們。我儘量小心地解釋他們找錯對象了，然而我想表達的意思不是被刻意忽略，就是消失在翻譯的過程中。他們笑容滿面，請我吃椰子，又強迫我躺下來小睡片刻。

午後不久我醒了過來，他們露出更燦爛的笑容，再一次請我坐上摩托車，然後在柬埔寨炙熱的陽光下把我載到那個景色淒涼的山坡。一條很小的河流蜿蜒穿過古老的土墩，那裡怎麼看也不像水庫，反倒像雜草蔓生的土堆矗立在寬闊又滿是塵土的稻梗田野中。

他們開始解釋給我聽。這個社區的居民每日平均生活費為二塊美金，水庫的興建費比住在此區居民的總收入多一或兩倍，而散布在周遭數個村莊的居民加起來共有五千人。他們估計在重建土墩堤岸、把舊渠道挖出來，然後放水種稻的同時，必須動用一萬五千元

美金才能買到足夠的米來餵飽整個社區。這真的是艱鉅的任務，也是那位僧侶帶我來此處的真正理由。

「啊，」我心想：「原來我的角色就是有錢的外國人，他們覺得我有辦法替他們付工程費！最好是啦！」心中滿是疑慮的我再一次試著說明這是誤會，他們真的找錯人了，我只是個以米、麵為主食的年輕背包客罷了，這種大事我是外行人。

僧侶們依舊笑容滿面，開心地繼續忽略我為釐清這場誤會所費的唇舌。

參觀完破敗的水庫，僧侶帶我去走附近一條小徑，還透露了當地一個祕境：有一座美麗的古廟就矗立在木造寶塔上方的丘陵。漫步在這座沙岩築成的千年古遺蹟之間，他們聊起自己在這個地區成長的點點滴滴，以及過去這裡發生內戰時他們九死一生的歷程。他們給我看某個炸彈坑，有位僧侶兒時碰到激烈火拚的戰況便藏身於此保命。我們也去看了一座殘存的高射砲，它就架設在一間舊校舍裡。他們還指著一塊地方，說他們某個兄弟姐妹就是在那裡誤觸美製地雷而炸斷一條腿。

太陽西斜，我們騎上摩托車往回走。在漫長的歸途中，我細細思索這個鄉間的遭遇，以及那些僧侶的成長環境。這塊土地發生過內戰，戰爭的痕跡四處可見。村民被炸斷的手腳、積了水的炸彈坑洞，還有老朽牆面上的彈痕，在在訴說著這裡經歷的磨難。總歸一句話，這裡的人民太苦了。

僧侶一行人送我回到青年客棧時，我的胸口有點隱隱作痛。見過村民們的生活後，我深受觸動，十分同理和傷感他們的困境，於是我對他們說：「好吧，明天我們這裡集合，再多談一點。」

我決定留下來幫忙。接下來數週，我覺得自己已經和僧侶渴望重建社區的心意相通，加上此地的內戰歷史令我深感好奇，我便這樣栽了進去。與僧侶們相處的過程中，我一邊盡可能認識這個地區的歷史、傳統和這個曾經繁華過的國家如何衰退，一邊設法協助他們琢磨出籌募工程費用的辦法。我也去找當地人聊了數十次，傾聽他們的故事。

毫無疑問，我聽聞的故事十分可怕恐怖。

柬埔寨上世紀歷經了一段暴力至極、最致命的時期。一九六九那一年，越戰如火如荼，共產主義擴張引發的惶惶人心也助推了一把。尼克森政府加強對柬埔寨東部的祕密轟炸行動，試圖牽制藏匿在該處的越南軍隊，結果徒勞無功，反倒變成平民百姓的夢魘[1]。

一小群名為「紅色高棉」（Khmer Rouge）的激進共產主義思想分子將這場混亂化為他們的優勢。幾年光景下來，他們逐步奪取地盤，在鄉野間戰鬥數年後於一九七五年攻進首都金邊，推翻了美國扶植的政府[2]。

不到一年的時間，他們建立了某位學者所謂的「政治宗教」（political religion）政權——即宗教與政治信條交融的綜合體。這個激進極端的政權最終帶來一場屠殺浩劫[3]。

膽敢挑戰政黨正統性的人不只被流放或判刑，他們多半會被帶走殺掉。透過強制公開批鬥的儀式和殘酷措施（譬如屠殺國內僧侶或令他們還俗），紅色高棉利用政治運動創造了類似邪教的東西，並逐漸演變成一種非種族清洗，而是意識形態的滅絕：「不信我就得死」[4]。

才十年光景，這個溫和的國度緩緩沉降到混亂、殘酷和屠殺的煉獄。一九七五年至一九七九年間，柬埔寨是現代史上人均死亡數最高的國家[5]。據學者估計，紅色高棉的極端政治主義在消除與外界同聲一氣的可疑異己人士過程中，自討苦吃地造成一百多萬人因系統性飢荒或趕盡殺絕的行動而受害[6]。

一九七九年鄰國越南入侵，才推翻了紅色高棉政權，把柬埔寨推入另一個漫長又暴力的游擊戰時期。柬埔寨一直到一九九〇年代末都還是十分危險的國家，轟炸、綁架和隨機暴動事件層出不窮[7]。

我交談過的柬埔寨人當中，只要是三十歲以上的都碰過劫後餘生、失去摯愛或大難不死的駭人經驗。我在聆聽這些故事的時候內心十分震撼、失望，同時也感到義憤填膺，胸口燃起一把正義之火。這些熱心的僧侶在經歷過可怕的悲劇後，現在卯足全力重新出發。他們真心尋求協助，而我能做的就是試試看。

就這樣，我開始從網路著手。我寫了電子郵件給親朋好友，描述我與這些柬埔寨人相識的故事，並附上內容慷慨激昂的參考資料，指出他們忍受的煎熬和過去歷經的各種磨難。我有一份郵件收件人名單，以往我都會定期把我在亞洲最新的旅行見聞寫成長篇大論的冒險日記寄給名單上的人。換言之，這個簡短的名單列出的正是我最親近的朋友與熟人。

我按下「傳送」寄出郵件後，神奇的事情發生了。朋友把這封信轉寄給他們的朋友，他們的朋友又把信轉寄出去，以此類推。這封信彷彿在網路上著火一般，變成小小的病毒式轟動事件，從我的人脈往外蔓延到其他人脈圈。這樣的效果都是拜一位厲害的熟人所賜。

我有一個郵件收件者屬於較大型的郵件列表伺服器，就設在我家鄉某位工程師朋友所建置的網站內。該伺服器約有二百名朋友的朋友的郵件地址，從這些地址可以一路連結到個人檔案照片、簡介以及所有用戶的電郵所串成的共同論壇。除此之外，此郵件列表裡的收件人大多都是二十來歲的年輕人（和我一樣），這些年輕人又和加州的地下音樂有所關聯。這個專為服務我們社群所打造的網站，是一種客製化但叫不出正式名稱的技術成品，其實就是現在所謂的「社群網絡」。

這個網路社群把我的電子郵件狂掃到原本的人脈圈之外，拓展至數量龐大的三度人脈信箱裡，結果不知不覺中，就出現了許多人有意幫助這群素昧平生的柬埔寨村民。我收到朋友和陌生人的郵件，向我表示他們對此事的關注，來信內容不外乎詢問我：**這件事超棒，我可以幫什麼忙**？

援軍頓時就來了，大家都想伸出援手。事情發展迅速，感覺我好像真的可以為這群僧侶「做點」什麼。我利用扣人心弦的故事加上簡單的社群網絡，體現了一傳十、十傳百的連鎖效應，讓大家用愛心關注那些在窮鄉僻壤的邊緣地帶受苦的鄉下農夫。某個環節就這樣扣上了！

當時僧侶告訴我，幫忙把水庫蓋好大概要花兩個月左右的時間，我便想：「好，兩個月，再加上一萬五千元美金工程費，差不多是買一輛車的錢，我辦得到。」於是我飛回美國，回去做我原本的建置網站工作。我多存了一點錢作旅費，幾個月後又搭上飛機回到柬埔寨。

重返柬埔寨之後，我樂觀的性情卻慢慢地一步步遭受打擊。我發現重建水庫是一項「大工程」，無論從水庫規模還是投入的心力來講，都遠超過我的想像。水庫建好之後應該會像一座湖，因為作為堤岸的土墩就長達半公里，只是其舊有的結構風化而有破敗崩塌之虞，導致無人看清實情。除此之外，水庫需要一條大型水泥洩洪道進行水量調控之用，連帶必須準備工程設計圖和水文規劃，以及繪製詳細的地圖，林林總總加起來相當於地方市政機關任何有一定規模的基礎建設工程。後來我也才明白，這整個區域的鄉間地帶都散布著地雷和未爆軍械。

　　本來說好只要兩個月，在決心、陶醉、挫敗和毅力不斷升級之下，最後累積成我在柬埔寨將近七年的人生。

　　憑著最初那封電子郵件產生的瘋傳效應，激發眾人關注水庫工程，我得以善用朋友和陌生人給予的支援。我買了網域名稱，把網站建好，並將網站命名為「人類轉譯計畫」，因為我明白網路連線這種新能力，可以增加人們的慈悲心與原本不為人知之公益事業間的連結。我認為這種連線力超越了語言和傳統的地理藩籬。

　　我組了一個非營利組織，招募委員會來協助管理當地的籌資活動，並募集數百筆小額捐款以利工程執行。就這樣我不知不覺主持了一個有十幾名員工和志工的小組織，致力於協助該區的重建。

　　水庫事宜我們延請志工團體「無國界工程師」（Engineers Without Borders）的專家來處理，由他們協助設計洩洪道、壩堰和管理建築工事，我則負責與在地員工合作。我們與另一組織攜手，拆除數十英畝土地上的未爆地雷，以前這些地方經常出現農夫下田時不小心誤觸地雷而被炸斷手腳的事件。

僧侶當初亂估的一萬五千美金興建費過了數年後，已經膨脹到超過二十五萬美金。陸續進行的籌資活動奏效，再加上一批補助金申請成功，我們有了足夠的錢可以開始動工。接下來數年在歷經各種挫敗、極其複雜的狀況，加以勤奮不懈的努力工作之後，二〇〇九年水庫完工了。當我首次目睹水庫裡的水滿起來時，心中那股充滿潛能的感覺既深沉又持久。我知道這種工程經驗是可以再複製的，也知道還有很多人應該獲得這樣的支援。同時我也知道，**若是有更多人知道世界上有這種需要支援的工程**，他們一定會加入行列。這種像病毒般擴散出去的注意力，可以改變人生。

　　結束將近七年的水庫重建工作後，準備好迎接新挑戰的我將主掌權移交給當地工作人員和社區，從此不再涉入，接著便把自己的人生場景從柬埔寨轉回美國灣區，開始琢磨如何放大類似的經驗，並且在摸索過程中謹記以下幾個重要的經驗教訓：

　　首先就是認知到連線能力具有病毒式傳播效果，善用網路和簡易的社群網絡以小博大，賦予了我過去不曾有過的力量與資源，而得以解決平常大家不會去關注的問題。簡而言之，網路是強大的力量，能夠提高大眾對不為人知的慈善事業之認識，並且激發更多的情緒注意力。這方面是有機會深入開發的。

　　第二個教訓則是道德偏激往往會為社會招致可怕的結果。激進的政治意識形態重創了柬埔寨，使該國得花好幾個世代才重新爬起來。這個經驗影響了我的世界觀，原本和平的社會在政治走向極端和暴力之後，竟會如此快速地從寬容的氛圍演變成悲劇。

　　最後一個教訓是我不再相信光靠良善立意就能解決問題。這是我第一次懷疑自己的正義感，關於柬埔寨這個水庫工程的種種，哪

怕只是一些小地方，都沒辦法照我的預期執行。我對於該如何提供協助所抱持的任何一點預想，最後幾乎都變成錯誤期待，這是因為我太理想化，以為僧侶們可以依工程的需求隨機應變所致。我們的成本超支，也有地雷的問題要處理，沒有哪一件事是容易解決的。興建水庫是極其複雜的工程，我的正義感力有未逮，難以助我落實在實務層面上站穩腳跟。

我當然不會知道在不到十年的時間內，這三個心得會交織成怪異的反烏托邦世界——即我們日漸熟悉的當今世界。

從同理到憤慨

二○○九年，我完成在亞洲的工程後，搬回我成長的舊金山灣區。回到美國的當時，社群網絡才剛進入網路世界。社群服務網站Friendster、Myspace以及後來的Facebook和Twitter，都開始快速將觸角擴展到美國的個人生活中，即便住在海外也很難不注意到這些平台攫取國人集體注意力的新興力量。剛回美國不到幾個月，我就受邀以嘉賓身分參加灣區一個由我某位捐款人共同主辦的午宴。這是一場令人難忘的午宴，因為第十四世達賴喇嘛也是共同主辦人之一，他此行目的是頒獎給一群卓越的公益企業家和非營利工作者，表揚他們在人道方面的努力。我雖然身為受獎者之一，卻是現場最小咖的一位。眾多傑出非凡的嘉賓與我同桌，其中有一位受邀出席的人士名叫考克斯，這位目光親切的年輕人很快就會成為默默影響全世界最大的人物之一。

克里斯‧考克斯（Chris Cox，身邊的人都只叫他考克斯）是Facebook產品長，公司許多關鍵設計決策都由他負責。我和他針對社群媒體的顛覆力量有一番長談。我分享了我用病毒式傳播開啓柬埔寨援助工作的故事，他聽後感到十分振奮。他懷抱著善用社群媒體為社會做好事的憧憬，對網路連線的固有力量充滿信心。我們後來加彼此為Facebook好友，再過幾週我也準備去Facebook在門洛帕克的早期辦公室拜訪，討論這些工具的新興潛能。

我醉心於社群媒體放大社運發展前景的效果，接下來幾個月陸續結識了一群志同道合的年輕社會企業家、記錄工作者和程式設計師，他們和我一樣都看出這種技術擁有巨大能耐，可以用最正面的方式把人與人連結起來。對我們這樣一群想要大規模修正人道議題的人而言，社群平台有如天賜的福氣。我們的設想很簡單：假如大眾知道全球各地所發生的苦難，就有機會解決這些全球性問題。換言之，身處困頓的人往往不被重視，我們認為若是能讓這些處境被看到的話，就能將大眾日常生活中那種充滿正義感的同理心激發出來。

這種做法在許多層面都發揮了效果。接下來的數年，與我有志一同的企業家和社運人士所負責的運動，不但吸引數十億的頁面點閱數，還開創了新型態的網路倡議行動。我們發起各種可以大幅促進道德行動的活動，譬如當時幾位朋友所製作的短片《科尼2012》（*Kony 2012*），就成了有史以來最為瘋傳的內容——有史以來指的是在陰謀論疑雲和網路鄙視暴增之前[8]。我朋友班弄了一個叫做Change.org的平台協助人們上網請願，後來成為世界上最大的社運網站之一，協助動員過在地與全球的運動。另一個芝加哥的朋友負

責管理技術基礎設施，是歐巴馬總統（President Barack Obama）得以連任、入主白宮的一大助力。

我們善用一連串能夠加倍提升觸及率的數位產品借力使力，比方說Facebook的動態消息和「讚」按鈕、Twitter出的「轉推」按鈕，還有逐漸能提高情緒化內容觸及率的排序演算法。有了這些特定新功能——大部分的設計本意都是正面的——的加持，我們提倡的各種運動擴散得比以往更廣泛。

隨著各式各樣的運動占據新聞標題，激發人們在慈善和政治方面有所作為，我們對於哪些元素可以或無法有效激勵大眾有了更深入的瞭解。我們也對人們產生同理反應的心理學機制感到愈來愈好奇，因為透過這種機制就可以用社群媒體來觸發大眾的情感注意力。

我們就和當時的諸多公益企業家一樣，滿腦子想著同理心可以作為改變人類行為的工具，深信只要提升同理心的量能，世界就會變得更美好，也深信同理心就是人類所能感受到最重要的情緒之一。那個年代大家最常掛在嘴邊的就是歐巴馬總統那場談「同理心赤字」的演講，以及同理心在本質上為何是「可以改變世界的人格特性」[9]。

社群媒體對人類而言是可觸發同理心最重要的新工具。儘管現今看不到這種現象，不過剛使用這些工具的頭幾年，大家樂觀看待的心情既顯而易見又深具感染力。我們認為這種技術的本質是善良正直的，譬如「阿拉伯之春」抗爭行動不斷的期間，當殘暴獨裁政權垮台的即時畫面呈現在眾人眼前時，我們和大部分的西方世界無不讚賞Facebook和Twitter這些平台發揮了催化的效果，這就是一個

顯著的例子[10]。

社群媒體儼然就像個解放者，是一條讓人通往更多自由、更多民主、更多能見度和更多資訊的單行道。這個年代的矽谷最常講的東西可歸納如下：「不必把你打造產品之目的想得多偉大，祖克柏當年為了把妹才創立Facebook，結果它現在推倒了中東獨裁者。」這段話的弦外之音指出了無論這些工具的設計本意為何，它們都具有隱含的理念，而且是一種裨益於人類的理念。

社群媒體的影響力確實重大，這一點我們沒搞錯，但對於它具有善良本質這件事，我們卻大錯特錯。

正義未必正確

耶魯大學心理學家保羅・布倫（Paul Bloom）主張，大家往往以為同理心是一種凌駕於其他情緒、最為仁慈厚道的情感特徵，這是對它最大的誤解之一。他點出同理心的感受其實會衍生出許多問題，並將同理心和他所謂的「理性愛心」明確劃分為不同東西。他表示，若是把感覺他人痛苦的能力用在所愛之人和朋友身上，則同理心的確對此等人際關係大有助益，但拿來作為道德決策的方針就存在著缺陷，也顯得偏頗狹隘，有時候還會互相矛盾[11]。

同理心也經常作為操縱工具，用來獲取政治利益。布倫認為歷史上每一次發生重大戰爭之前，政治上往往會集中火力描繪敵軍特定不人道的行為，觸發同理心的運作。世界各地有一些民主政體，也是靠講述敵對政權的殘暴行徑來激發同理心。再舉一例，亞茲迪

教派信徒（Yazidis）在伊斯蘭國（Islamic State）迫害下犧牲，促使美國出兵敘利亞。又或者強調海珊（Saddam Hussein）屠殺平民便可作為美國入侵伊拉克的正當藉口。胡志明造成的南越傷亡也被用來作為越戰的合理藉口。宣傳活動顯然一定會利用同理心這個元素，明白地要求受眾去感受被敵人迫害之人所經歷的磨難，藉此召喚大家去譴責敵人，展現他們的道德義憤[12]。

我和很多志同道合的人心照不宣都瞭解同理心的力量，雖然我們不承認這種戰術也可以用在壞事上。我們是為了結束貧窮、把戰犯送上法庭、餵飽飢餓的人、支持信賴的傑出政治人物這些我們認為最重要的理念，才創作內容的。

我們知道如何用這些新工具來激發他人關注某些議題，以及如何嗆聲那些做得還不夠多的人。我們知道如何誘出人們強烈的情緒，如何觸動他們的心弦，讓大家感受到悸動。社群媒體準備好幫助我們把迫切的問題昭告天下，因為這些問題「需要」讓大家知道。

然而我們並不知道，這種高破壞性的新趨勢才剛萌芽而已。我們這一小群技術人員、社運人士、設計師和影片製作人，正站在一場大規模影響人類行為的革命前緣。

隨著我們設法尋覓觸發點和刺激物來激起他人的同理反應，於此同時某種潘朵拉的盒子也被我們打開了。我們找到情感反應的控制板，保證可以攫取他人的注意力，可以讓人們為那些素昧平生的人觸動，而且過不了多久，每一個人都可以取得這些工具。

從Upworthy一推出即成長驚人，就能印證這一點。Upworthy是一個致力於從正面角度講述人類境遇的新聞網站，由伊萊・帕

理澤（Eli Pariser）發起，獲得Facebook共同創辦人克里斯‧休斯（Chris Hughes）的投資支持。該網站的成功始於其創新的流程，他們會下數十種標題積極做試驗，從中找出可以像病毒般傳播的「熱門內容」，也就是會吸引人們目光，讓他們去點擊並且在網路上快速分享的東西。在這種戰術的操作下，Upworthy在二〇一二年的全盛期成為全世界最受歡迎的新聞網站之一，每篇報導都有數千萬點閱次數[13]。不過這種模式很快就被注意到了。由於這種創新做法沒有進入的門檻，因此沒多久就有人複製，不到一年的時間，形形色色的病毒式新聞標題無所不在，每一家試圖衝高流量的數位新聞網站都採取這種做法。結果，原本立意良善的創舉卻成了後來所謂的「點擊誘餌」——讓網路開始向下沉淪之病毒禍害——的起始雛形。

到了二〇一〇年代中期，這些重資料數據並以獲取情感投入為取向的戰術，長驅直入成為主流。新的注意力經濟興起，它利用同理心和憤慨情緒，塑造人們發現資訊以及與之互動的方式。許多網路新聞媒體為了與時俱進，也被迫改變報導新聞的做法。他們嚴密分析受眾的點擊模式，採用誇張的標題達到優化效果，而且會自動播放情緒化影片來吸引用戶。平鋪直敘的報導逐漸被道德語言取代。於此同時，任何單位推行的宣傳也開始滲透到人們的動態消息當中。操縱情感以獲取利潤變成司空見慣的做法，在演算法的助長下，任何人都可以使用，而且就剛好趕上了二〇一六年的美國總統大選。

二〇一六年是我記憶所及第一次感受到，美國國內的政治敵意開始變得很像一個國家處於內戰邊緣時極端分化的氛圍，就和我作為生涯起點的柬埔寨相去不遠。已經發展到一定程度的鄙視、恐

懼和道德恐慌進入了文化的時代精神裡。我可以清楚看到是什麼機制把大家帶到這個境地：一個不經意間設計出來、讓人們憤慨的系統。這個系統裡有純度測試、取消文化、黨派對立和經過加工的怒氣、毫不保留的仇恨、無所不在的恐懼等等。這些全部對民主社會的基石有害。

我和朋友沒能在多年前看穿的事情，說起來就是這個詭異的真相：若是能找到同理心的控制板，就一定可以按下憤慨情緒的按鈕。一旦這個機制公諸於世，就不可能再把它放回盒中。

總結

本章一開始先探討了我如何來到公益事業和網路的奇特交叉口。我利用簡單的社群網絡，得以創造注意力的擴散效應，促使大家關注過去不為人知但意義重大且又是我有志耕耘的公益活動。

數年後我來到矽谷，加入新一波滿懷雄心的奮鬥行列，利用「社群媒體」這個新工具，賦予任何人把自己關注之公益工作擴大的能力。這些努力背後的基本設想是連結能力可以提升同理心的感受，且同理心本來就對人類有好處。然而誠如心理學家保羅‧布倫所指出的，同理心是一把雙面刃，很容易被用來激發憤慨的情緒。

人們開始進入網路世界之時，出現了人的情緒變得比以往更容易傳染的社會現象，社群工具也正是在同一時間點創造出來的。這呼應接下來要探究的趨勢，這個顯著又日漸加劇的趨勢正徹底改變人類。為了瞭解情況為何發展至此，我們必須先進一步探索過去。

Chapter 2
動態消息

一起踏上時光旅行吧！

現在是公元前一萬六千年。

你是地球上一個平凡的小人物，家裡地板是泥土地。你跟著一群族人生活，這群族人就是你的親戚，你們隨著季節遷徙。你生下來就跟著大自然的節奏過生活，天神主宰周遭景色，你對祂們的善變任性一清二楚。族人教導你如何滿足天神，你學習各種儀式。所有的知識都在父母和部族長者的腦袋裡，他們知道什麼是真理，過去和未來由他們管理。你信賴他們對真實與虛假的看法以及何是何非的觀念。這些道理都是他們從他們的長輩那裡學來的，而那些長輩又是從他們的長輩那裡學到的，以此類推。少有新知識進入你們的世界，找到更多知識的可能性也很渺茫。倘若真有外界的人帶來新知識，那種知識肯定既可疑又危險。你的「動態消息」來源就是你們這個自給自足的部族。

現在是公元前兩千年。

你是定居在某個地方的農夫，和一群人耕作土地，有目標、有意圖地種植農作物。年復一年，你的生活循環往復。你去買賣作物的時候，偶爾會聽到一些消息，這些新資訊隨著你交易的商品流通。行腳商人所帶來的消息，都是很久以前從遙遠的地方傳來的。他們說的故事奇幻古怪，雖然有時候頗為嚇人，但一向很有意思。

你認真聆聽，這些故事所描繪的是你不會有機會體驗的世界；這些故事打開你的心靈和想像力，雖然你一輩子都不會離開這裡。

現在是公元七〇〇年。

你住在小鎮上，生活窮困，不過你認識的人幾乎一樣窮。你靠提供服務來交換用品、食物和所需的東西。小鎮階級分明，每個人都知道自己屬於什麼地位。上位者有權有勢，他們有識字能力，能讀懂寫在某種軟質料上、帶有意義的文字。寫文字的並非創作者，創作者另有其人。知識就活在裝滿文字的盒子裡——那是一本書。想知道書裡的內容就得靠識字的人來述說，因此顯而易見的是，這個世道由這些會讀寫的人說了算，他們的權威不容受到質疑。

現在是公元一五〇〇年。

紙張出現了，上面寫著各種事件。有人在公共場合兜售或朗讀這些紙張，吸引你投入到更廣闊世界所發生的驚人事件裡。紙張用小小的文字方塊提供意見觀點，要求你的關注。這些意見會激發你的大腦，所以你突然對世間的「是非對錯」、對如何開創新事物——也就是你從沒想過的念頭和概念——有了自己的觀點。

現在是公元一八〇〇年。

你住在城市裡，這個城市屬於一個叫做國家的單位。這裡到處都有報紙，你也看得懂報紙。你的國家是個很大的地方，有各式各樣的點子。你覺得你好像有點懂整個世界的狀況；雖然說起來相當複雜，但倒也不是什麼神祕難解之事。如果想知道現在發生什麼事，只需幾個硬幣就能買到報紙，報紙上有大量跟最近事件有關的資訊。你每次看報都會學到新知。

現在是一九〇〇年。

假如你剛好住在某些地方,就能和別人一起坐在黑暗的空間裡觀賞東西。那是一個貼在牆面上的巨大長方形盒子,裡面有移動的畫面在飛舞。你或許會看到新聞影像,或戰爭的一瞥,又或者是投放到螢幕的默片。這些拍攝畫面會讓你產生各種情緒,令你陶醉不已。

現在是一九三〇年。

新盒子來到你家,它就是收音機。收音機進駐你家客廳,對著你說話,播放音樂給你聽。收音機用真人的聲音告訴你以前不曾聽過的事情。你發現忽然間家家戶戶都有了收音機。這是生平第一次,你覺得好像有人從遙遠的地方對著坐在家中的你說話。這台收音機要你配合它的時間,這樣你才會好好坐下來聆聽。它放音樂、講故事給你聽,也會報新聞,快過送報的速度。現在你有管道收聽即時消息——即經過策展的資訊流——了,你感覺自己是一個龐大之物的小分子,這是每個擁有收音機小盒子之人共同的感受。突然之間,我們所有人就在某個時空中彼此連結,共同收聽廣播。

現在是一九五〇年。

你家又來了新盒子,它跟收音機很像,但是有畫面。盒子對你播放有聲音的影像,你會看到音樂和想法全部一起動作。映像管裡出現光彩奪目的演出者,感覺意義非凡、很厲害。現在每個人都在同一時間屏息觀賞舞台,即盒子裡的表演,其中也包括了總統之類的領導人物首度在螢光幕前談話的影像。新聞變成一種娛樂,娛樂變成新聞。盒子裡的人看起來值得信賴,他們叫你去買東西、去抗爭,也叫你去投票。你照做了;他們怎麼會騙人呢?

現在是一九八〇年。

如果你是幸運兒，就有機會使用更新穎的盒子。這種盒子附帶鍵盤，可以用它輸入東西到盒子裡，然後盒子會提供一些東西。剛開始的時候，這個盒子就像會展示書本的電視，只要按下按鈕，它就會向你顯示文字。它把輸入的東西挪來移去，要你去思考。不過這個盒子本身也有一點思考能力。它會傳回影像，那是一種會動的像素，或者是可以玩的遊戲。它會跟你互動，幫你計算。你丟東西給它，它就丟東西回來。你輸入，它回饋。

現在是一九九五年。

這種盒子很快就被更厲害的盒子取代，一而再、再而三。每次新盒子出現的時候都會縮得更小。這些盒子現在可以連線，它們會跟彼此溝通。換句話說，你的盒子會跟其他的盒子講話。你可以即時看到別人回覆你。這是一個由文字和像素組成的社群。

那些回覆你的人都是普通人，不是電視上的演出者。每個人都有專屬空間，可以把所有東西放在一個頁面上。這些盒子紛紛出現在各處，比方說辦公室、圖書館、學校。

現在是二〇〇七年。

這個盒子目前已經縮小到剛好可以放進口袋。你只要得空，小盒子就會告訴你迷人的事情，這些都是你以前沒聽過的。這個盒子總是充滿了各種創意和機會。你若是覺得無聊，其實大可不必，只要把手伸進口袋，就能找到讓腦袋忙個不停的東西。於是乎，你和你的思考空間縮水了，因為其他人的想法隨時隨地陪伴著你。

現在是二〇〇九年。

這個小盒子開始要你提供意見。它響個不停，吸引你的注意，

告訴你別人怎麼想你。它也告訴你他們的喜好、他們分享什麼資訊。親朋好友及陌生人的消息，如今都和報紙、記者和名嘴的資訊混在一起，你沒辦法區分。你對著小盒子說你做的事情，就有其他人會附和你。它把你抓得更緊了。

現在是二〇一二年。

小盒子開始講一些會讓你狂怒的事情，你發現自己投入小盒子的時間愈來愈長了。它用怒氣刺激你的大腦，你沒辦法放下它，「是非對錯」變成你腦海裡無時無刻都在考慮的問題。你關掉了它的通知聲響，但是你並沒有因此遠離它，你已經被訓練成只要一無聊、只要傷心難過又或者感到心煩就會去看小盒子。只要你的心靈有思考的空間，它就想回去找小盒子，想用別人的意見來填滿自己，想對別人的意見發表意見，想隨時掌握動態消息。

現在是二〇二三年。

小盒子是人們起床後第一個拿來看的東西，也是上床睡覺前最後看的東西。它召喚我們做出貢獻；它要我們提供東西，承諾給予金錢、知名度、尊重、名聲。小盒子的存在愈來愈難忽略，不知不覺中我們活在盒子裡的時間多過於盒子外。現在小盒子成了我們的世界[1]。

Chapter 3
擋不住的資訊狂潮

資訊消耗的東西顯而易見，它消耗了接收者的注意力。
大量資訊造成注意力匱乏，也衍生了
必須將注意力有效配置給過多耗用注意力之資訊來源的需求。

──赫伯特・賽門（Herbert Simon）

我們生在資訊革命時代。

比起人類老祖宗，我們現在每日消費的內容多出了千百倍。每一個世代製造和消費的資訊量都增加了，而遞增的軌跡呈陡直的曲線，這意味著父母那一輩消費的內容多於他們的父母輩，以此類推。我們目前歷經的是一個不論在資訊可得性或資訊進入人類腦海的速度來講，都不斷擴增的時代。

然而人的大腦並未進化到能夠處理如此龐大的新資訊。所有資訊都可以用「位元」來量化，即所謂的二進位，以1和0來表示。換句話說，任何字串、語言、聲音或影像都可以提取出這種基本單位。電腦正是使用這種程式碼在螢幕上顯示出我們可以一目了然的文字。

人的意識心智有嚴格速限，那是無法規避的「頻寬限制」。我們處理語言時最多每秒一二六個位元，和另一個人交談時每秒約花六十個位元的心智容量，這是人類平均注意力頻寬的一半。根據心

理學家米哈里‧契克森米哈伊（Mihaly Csikszentmihalyi）的說法，人很難同時處理兩個對話的原因就在於此，至於同步分別和三個人對話，那幾乎是不可能的事[1]。

二〇一一年神經科學家丹尼爾‧列維廷（Daniel Levitin）做了估算，發現美國人的平均資訊消費量為一九八五年的五倍，閒暇時間每人「每日」接收約二四二〇億位元組，這個數字相當於一天讀一七五份報紙[2]。

不過話說回來，雖然我們每秒接觸到的資訊量往往超過一二〇個位元組，但大腦有一種獨特工具——「注意力過濾功能」——可以讓我們排除雜訊。這種過濾功能會在人醒著的每一刻開啟，篩掉過多的傳入資訊。這個功能經過演化後幫助人類祖先判斷何時應該專注何事，他們若是少了這個功能就會不知所措[3]。

各個物種都有不同形式的注意力過濾功能。舉例來說，貓會追蹤小型物體的快速移動和潛在獵物發出的高音，狗則用過濾功能分辨大量潛在氣味。不過人類十分特殊；我們的過濾功能有「高社群性」的特質。這種功能是人類群體生活的演化結果，促使我們自然而然著重社群的互動。我們的天性就是會想知道周遭人的所作所為，比方說哪些行動會被視為對或錯？哪些人很重要？我們本身在社群裡的地位為何？有鑑於此，人的注意力過濾功能對社群環境十分敏銳[4]。

時至今日，人的大腦花很多時間投入浸滿社群資訊的網路。我們發現自己一直執著於各種可以反映社群信號的指標，就算使出渾身解數，依然覺得難以抽身。我們怎麼會走到這個地步？

網路的社群史

這場資訊革命源自於理想和強大的樂觀主義，一如所有的革命。對最早的網際網路先鋒而言，他們當中有很多人相信這是烏托邦的起點。

最初的網路時代於一九八〇和一九九〇年代正式開始，當時是為了研究可以快速縮減超級電腦尺寸的微處理器，後來這些機器逐步挺進我們的辦公室與家庭。

不過這時還是有實質的進入障礙，因為電腦依然很貴，又如果想上網的話，必須先用複雜的數據機連線到ISP（Internet Service Provider，網際網路連線服務公司），也需對網路協定有一定的認識。除此之外，若是想在網路上做點什麼，都必須讀寫程式碼。基於上述和其他理由，早期網路世界裡的人多半為同類，他們往往是有高學歷的進步人士，帶有反主流文化的思想。很多最早的網路先鋒都任職於大學和研究機構，美國和歐洲在冷戰期間就已經對這些組織進行重大投資以利開發新科技。

一九八九年，其中一個機構「歐洲核子研究組織」（European Council of Nuclear Research，也稱為CERN）有一位名叫提姆·伯納斯李（Tim Berners-Lee）的英國程式人員十分苦惱。這個年輕人想把科學文件分享到一堆不同的網路上，當初之所以會開發這些網路，就是為了在各個機構間交換資料數據所用，開發過程不但阻力重重又乏味煩人。他看出這些網路缺少一層可以用通用介面把這些系統綁在一起的東西，於是他編寫了一套新工具，包括超文本標記語言、超文本傳輸協定和統一資源定位符（三項工具的英文縮寫分

別為HTML、HTTP和URL），替這些彼此各異的協定建立統一途徑，透過視覺畫面連結和顯示它們的資訊。有了這些工具，任何人都可以從文字和圖像輕輕鬆鬆看到伺服器上出現哪些文件。伯納斯李雖然稱這套工具為文件系統，但絕對不僅止於此。這些工具後來變成新標準做法，使人們得以透過網站形式看到網路上的內容。也許伯納斯李體悟到自己打造的東西非同凡響，遂以縮寫www──即World Wide Web（全球資訊網）──來稱呼網路位址[5]。

經過幾年時間，他編寫的標準迅速拓展，數千個新網站開放給任何有瀏覽器和網路連線的人存取。網頁語言HTML既簡單又直接，很容易編寫。有伺服器就能建置和託管網頁，而且只要有人知道你的位址，他們就能看到你的貼文。

在網路發展的這個早期時代，Geocities和Blogger之類的新發布平台興起了，任何人無需伺服器，也不必具備記者或編輯的批判眼光，就能將自己的內容發布到網路上。發布內容現在已經成為沒有阻力且不花成本的大眾化活動。這個平等、開放又免費的活動，用老派的商業模式來賺錢──在發布的內容旁投放廣告。

有人推測投放廣告的商業模式本來有機會用別種做法，訂閱制或小額支付這類更理想的收益流說不定可以內嵌於網路最早期的設計當中。學者伊森・佐克曼（Ethan Zuckerman）提到「網路原罪」這個名詞，是指多數網路服務都是靠以廣告為取向的注意力攫取模式來支撐，而當今社會所面臨的注意力問題，有不少就是這種原罪造成的結果[6]。

不過從現實面來看，投放廣告之所以遠勝其他商業模式是有各種理由的。早期網路沒有可用的支付方案（當時信用卡公司並無可

行做法來統整線上支付途徑，PayPal也是後來到了二〇〇〇年才推出）。另外，早期網路的基礎設施成本非常昂貴，願意砸錢的投資人可以說冒著高風險求取高報酬。

然而，網路以廣告為取向最大的理由說到底還是心理層面：免費就是比花錢好。使用者寧可奉送些許注意力來交換免費內容。新使用者蜂擁到早期這些以廣告賺錢的平台上發布內容，但真正能走紅的卻少之又少。大多數的網頁不見天日，沒有人發現它們，了無生氣。這種情況一直到有幾家早期的搜尋公司推出簡稱「爬蟲」（crawlers）的小小程式碼，來掃描各個站點並加以檢索，然後將站點的索引放入可供搜尋的資料庫之後才有了**轉變**。

早期數十家提供搜尋服務的公司中，當屬Google做得最好，該公司使用新穎的引用機制來辨識特定主題之下最受歡迎的站點。Google演算法的特殊之處在於，它使用某種近似「社會認同」（social proof）的東西來判定站點之優劣，做法就是計算站點之間的連結次數。舉例來說，假如你想找馬鈴薯的食譜，Google會搜尋提及「馬鈴薯食譜」這幾個字的網站，再根據有多少其他網站連結到這些網站來加以排序。這種創新的索引方式稱為PageRank（網頁排名），可以從站點之間既有的連結次數找到某種「社會證據」。事實證明，此做法比當時市面上的其他搜尋引擎優異太多。Google透過量化站點之間的這種社會關係，而得以在早期混沌的網路世界中找到值得信賴的信號，然後又藉著在各個搜尋結果頁面旁提供精準廣告，使該公司一躍成為網際網路上最賺錢的網站之一。

但是二〇〇〇年代初的使用者如果不搜尋的話,網路就不知該如何提供內容。大部分以內容為主的網站依舊循著類似報紙的發布模式,付費請人創作文章,再將文章放上首頁。使用者本身必須上網積極搜尋才能取得資訊。

不過新工具的誕生即將顛覆這種關係。

連結朋友的朋友的朋友

社群媒體興起之時,讓人覺得是個親切、可以廣結善緣又宜人的所在。二〇〇二至二〇〇四年間Friendster、Myspace和Facebook紛紛興起,他們提供的東西很簡單——專屬於你的標準化網站。這些平台提供你一個URL,那是你的個人檔案頁面,並將你和朋友連結,再給你一些基本的傳訊工具,供你和朋友聊天之用。平台鼓勵用戶張貼精心鋪陳的畫面和文字來展現他們的生活、炫耀友誼。這裡沒有新聞,也沒有動態消息,這些平台廣受青少年和年輕人的歡迎。Friendster是第一家大型社群網站,該平台的伺服器就因為湧現巨大流量而不堪負荷。

沒多久另一個競爭者加入了戰場。Myspace或許是較差的平台,但在新增朋友和拓展用戶間的連結方面做得更加順暢。Friendster不堪數百萬用戶湧入所造成的流量而癱瘓,他們的用戶開始大量移至Myspace,這個平台的伺服器大多都撐得住,運作表現也幾乎沒出什麼問題。

雖然Myspace後端速度很快，但前端卻建置得很糟。該平台有一個主要功能，用戶可以插入程式碼將頁面個人化，在該平台崛起之後，這個功能卻成為被用戶利用的資安漏洞。有些富有開創精神的用戶發現，他們可以把自己的CSS程式碼插入開放文字欄位，變更其背景，添加影像和媒體播放器，並且大幅修改個人檔案頁面的外觀。這個資安漏洞最後成了該平台最引人注目的功能，因為它可以讓用戶深度自訂。既然用戶熱愛這個功能，因此該平台開發人員便決議繼續開放使用，並沒有將漏洞清除。然而這個自訂功能的價值很快就隨著每位用戶都能自由修改個人資料，進而把平台的設計弄得亂七八糟而演變成累贅。

Myspace有開闊的社交圖譜以及儘可能多多新增朋友的文化，該平台鼓勵用戶新增陌生人為好友，擴充自己的朋友數量。每一位新用戶都會連結到一個名叫「湯姆」的人，他是該平台的創辦人之一。這兩項功能促成平台迅速普及、大幅成長，達到一億三千多萬活躍用戶的巔峰。人們爭相新增更多好友，展現自己在平台上的人氣[7]。

然而陌生人可以無阻礙的連結陌生人所導致的爆炸性成長並沒有持續下去。二〇〇六年，Myspace以五億八千萬美元賣給NewsCorp後，它的光芒逐漸黯淡。該平台開始變得像低俗花俏又雜亂無序的全民嘉年華會，充斥著陌生的面孔和醜陋的設計。這些並不是真正的人際關係，用戶之間的連結大部分都沒有約束力。Myspace成長得過大、過快，用戶已經準備迎向其他平台。

這個「其他平台」以新創公司之姿駕臨，它的名字是Facebook，由馬克・祖克柏和幾位室友於二〇〇四年推出。馬克和朋友一起打

造出世界上最大社群網路的故事一向為人津津樂道，不過最值得注意的莫過於，Facebook連結的是用戶的大學電子郵件地址，如此可確保這些社群人際關係千真萬確，進而在主宰人們網路生活的早期戰役中高唱凱旋。祖克柏把這個人際關係網稱為「社交圖譜」，他預測擁有人與人之間真實的連結網絡，未來一定價值連城。

經過數年時間的逐步擴張，隨著全球有數十億人口隨時掛在網路上投入社群媒體這些有明確目標的社群，此番預測確實所言不虛。

擴散性升級

二〇〇九至二〇一二年間的幾個漸進式的改變將社群媒體大幅升級，我們個人分享資訊的速度加快了。如果分別來看這些變化的話並沒有什麼疑義之處，各個功能的設計皆為了解決問題，又每一個功能都可以立即對用戶和平台創建者產生量化方面的助益。

二〇〇六年Twitter推出之時，它最特殊的功能就是時間軸；每則推文一四〇個字元，是用戶可以在手機上看到的內容長度上限。時間軸是一種消費資訊的新方式——對很多人來說，源源不絕的供應內容就好像接消防水帶喝水一樣。同一年稍晚，Facebook推出自家版本的時間軸，稱為「動態消息」（News Feed）。

Facebook和Twitter在稍微錯開的時機點，於平台上新增了排序演算法這個重大的新功能，根據預測的互動程度，也就是個人與某則貼文互動的可能性，來決定用戶優先看到哪些內容。此功能把

時間軸變得更易於管理且更有趣，成為一連串特別為你本人量身定做、讓你更有反應的內容。

經由演算而來的排序內容很快就讓有身分地位發表意見的「信度階層」暗淡無光，因為現在創作者的貼文只要能產生互動，便有機會提升到動態消息的頂層。平台讓個人部落格貼文擁有像《紐約時報》（New York Times）新聞報導的風格外觀，導致後來不實資訊開始在這種環境下如雨後春筍般冒出。

二〇〇九年，Facebook新增「讚」按鈕，率先創造了公開指標來標示該平台上的人氣內容。沒多久這個功能被Twitter複製，成為判定網路分享內容價值高低的基礎指標。

Twitter也在二〇〇九年做了重大變更，在平台上增加「轉推」按鈕。在此之前，用戶必須先將舊推文複製貼上到自己的狀態更新中才能轉推，是個有點麻煩、會花掉幾秒鐘思考和注意力的動作。「轉推」按鈕讓用戶得以順暢的散播內容，只要按一下就能將他人的推文傳遞給你所有的追蹤者。二〇一二年，Facebook向它成長最快速的受眾「智慧型手機用戶」推出自家版本的轉推功能，即單一鍵就能分享的「分享」按鈕[8]。

單按一鍵的「分享」按鈕，讓人們化身成活躍的參與者，積極散布和擴展資訊，而「動態消息」則負責推出簡短貼文給朋友及朋友的朋友。Facebook的三大變更合作無間：策展演算法利用「讚」和「最愛」之數量來決定要亮相的貼文，接著基本的推薦演算法推送內容給用戶，然後用戶再將內容分享到自己的人脈網絡，進一步衝高互動程度最高的內容。

社群指標、演算出來的動態消息和一鍵分享這三項變更,將人們可取得的資訊類型徹底改頭換面,又共同革新了解析和處理新資訊的方式。這三個新發明加上我們口袋裡那個會發亮的新裝置——智慧型手機,合力從根本上改變了人們日常生活中所見的內容樣貌,而且各個都發揮了重大影響力,把媒體生態改造成如今這種怪誕又充滿憤慨的地方。

這些演進可以說是自印刷機發明以來最重大的資訊分享變革之一,大幅提升人們創造和消費資訊的速度。三項創新共同開關了我們當今所生活的新時代——病毒時代。

擴散性大腦

網路速度提升之後會出現什麼狀況?如果我們被氾濫的新資訊淹沒,會對共同感知產生何種影響?人類審慎剖析資訊的能力即將達到極限。

從諾貝爾獎得主丹尼爾・康納曼(Daniel Kahneman)的著作可以找到好用又實際的比喻來說明這種狀況。他和阿莫斯・特莫斯基(Amos Tversky)的共同研究勾勒出人類心智運作有兩大關鍵「系統」;「系統一」速度快、出於直覺且情緒性,「系統二」則用緩慢、深思熟慮且重分析的方式來思考和消費資訊。系統一較容易落入偏見,且往往依靠思考捷徑讓人能夠快速做決定,而系統二有助於人處理複雜且微妙的問題[9]。

快思與慢想的對照

系統一
「快」思
直覺反應
無意識
情緒性
自然而然

系統二
「慢」想
深思熟慮
可靠
努力用心
審慎

　　兩個系統都對人的日常生活大有助益，但講究速度與衝動的數位架構領域是系統一發揮長才的天下。從點擊誘餌到勾起情緒、引發憤慨的新聞就可以看到，社群網站在無意間被設計成利用系統一的特色，讓人們傾向於直覺反應、自動化和無意識的思考。

　　社群網站的整體架構以擴散性為其運作精髓，目標是用最快速度攫取人們的注意力。在你我的本能思考沒有阻力的情況下，衝動性型的快思占盡先機。

　　被資訊淹沒會產生一種緊迫感，所有的東西都變得事關重大。大腦的「系統一」難以劃分情緒上的緊迫感和真正重要資訊的差別。

　　資訊快速增長造成的傷害，往往就是犧牲了真相本身。傳說斯多噶學派學者塞內卡（Seneca the Younger）曾寫過「時間會找出真相」這句話，可以說指出了分享知識的核心原則，至今我們依然把這句話當作「時間會證明」來解讀。時間在破解真偽的過程中，是追尋正確性不可或缺的元素。只要能有多一點時間，我們就有更多機會可以過濾、評估和確認資訊。有鑑於此，網路上所見的絕大多數假消息，往往都是被快速看過、快速分享並且以來不及阻止的速

度快速流通。擴散性加劇了不實資訊的竄起,只是我們並沒有意識到這一點[10]。

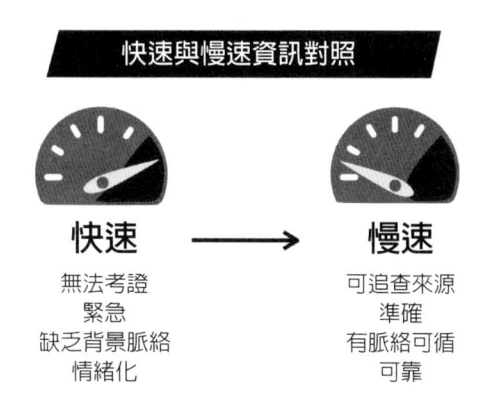

快速與慢速資訊對照

快速 ⟶ 慢速

快速
無法考證
緊急
缺乏背景脈絡
情緒化

慢速
可追查來源
準確
有脈絡可循
可靠

從當今媒體環境來看,內容散播的速度成了至為重要的事。麻省理工學院(MIT)學者蘇魯什・沃索基(Soroush Vosoughi)和戴布・羅伊(Deb Roy)所主持的研究顯示,假新聞散播的速度和廣度是真實新聞的六倍[11],因為假新聞的擴散性優勢使事實資訊難以與之競爭。此研究報告於二○一八年發布,驗證了網路上出現的大多數擴散性資訊都是不正確的。

二○二二年,這項研究的結果受到挑戰,正好令人發噱地說明了網路上的擴散性資訊錯得有多離譜。《大西洋》雜誌的某位記者被其他學者對這項原始研究的評論誤導,稱該研究的重要發現有誤,並將錯誤理由摘述於推文中,他寫道:「我很愛這段話:還記得《科學》期刊這篇報告指出不實資訊比真相傳播得更廣更快嗎?那是錯的!」這則推文後來瘋傳,可是該推文的內容實際上並不正確。《大西洋》記者後來撤回了那則指稱研究有誤的錯誤推文,他

解釋原委的文章標題是怎麼寫的呢？「抱歉，我對假新聞的研究說謊。[12]」沃索基和羅伊的研究依舊站得住腳，儘管有關這項研究的假消息瘋傳，成了說明假新聞議題最貼切又富有詩意的例子。

擴散性
是內容透過同儕分享而散播的現象

擴散速度
是該內容散播的速度

擴散速度和擴散性不可混為一談。低擴散速度的內容依然有機會擴散，比方說我們向朋友介紹一本好書，又或者口碑推薦一部電影，但高擴散速度的內容有更大的機會訴諸受眾的立即情緒反應和「系統一」的思考模式。

擴散性超能力

不過回頭看看二〇一〇年代，擴散性內容才剛開始流入動態消息的當時，感覺就像禮物從天上掉下來，每個人都獲得了新穎的能力，一種可以讓任何地方的任何人僅憑其內容的各項指標就能一夕成名、得到接納與認同的神奇途徑。顯然這份禮物接著又開啟了一場高尚的革命，這當中沒有人類把關，沒有古板的主流媒體勢力介入，也不必管守舊派的看法。

最早在社群媒體上瘋傳的內容格外好笑。使用者產生大量影片、文章，緊接著又出現趣味、娛樂性十足且實用的迷因哏圖。這

些內容逐步滲入動態消息，用戶因此意外爆紅而改變人生的故事也屢見不鮮，許多創作者彈指之間便覓得龐大的新觀眾。擴散性讓人覺得既正義、平等又真實，這世代的人呈現自我之方式可以說有了重大改變，我們好像突然間一下子就能把其他人類看得更清楚。

但在看見別人的同時，也意味著我們正在被別人觀看。人們一旦使用這些工具，便等同於簽訂了一種怪異的合約，這個合約要求我們和朋友及陌生人等一起表演和評估。現在，別人會從每則貼文來觀察、評價和評斷我們。誘因和動機召喚著我們每一個人為這場社群媒體的演進奇觀做出貢獻。等到這場奇觀開始展開，我們恐怕會對自己即將目睹的景象感到震驚。

總結

本章先探討了我們生在資訊爆炸時代的過程。現今我們每日消費的內容遠遠超過人類史上的任何一個時間點，然而大腦處理龐大資訊的能力卻和過去的水準相去不遠，約每秒鐘一二〇位元。

接著本章回溯網際網路的沿革，探究它如何從社群網絡——最初是一個有超連結的文件系統，作為尋找集體知識的工具——開始發展起來。然後又提到高度個人色彩的新網路「社群媒體」誕生，它的發展斷斷續續。

- 社群媒體在二〇〇九年有了大幅變化，當時的三大功能「演算式動態消息」、「社群指標」和「一鍵分享」從根本上提升了散播資訊的速度，將人們推進到當前的病毒時代。

・社群媒體有一個關鍵原理,那就是「散播快速的資訊往往都是假消息」。這種現象肇因於擴散性內容往往訴諸於丹尼爾‧康納曼所稱的「系統一」大腦,仰賴的是情緒啟動和直覺,而非人類認知能力中較為審慎的「系統二」。

接下來要討論的是這些工具為什麼如此讓人欲罷不能,以及它們對人類最重要的一個技能「專注能力」會造成何種意外的作用。

Chapter 4
欲罷不能的源頭

> 我們想傳送通知給您
>
> 此通知可能包含
> 可怕的新聞、顛覆性的警示和
> 各種多巴胺刺激物。
>
> 不允許　　　允許

我現在準備說一些各位已經知道的事情。

只要打開手機或電腦，你的大腦就會走上戰場迎戰敵人，即數位世界的創造者。每當你盯著螢幕，那些落在視野範圍內的App、動態消息和通知，就是敵人的軍備武器。

他們試圖奪取你最稀少的資源「注意力」，以它作為人質來換錢。為了成功達到目的，他們必須先勘查你的大腦和意志力的防線，還有你渴望專注其他事情的心防，然後再設法加以突破。

這場戰鬥你贏不了；事實上你已經輸了。一般人每天都輸掉好幾十次。

以下這幅情景各位應該不陌生。你打開手機看一下現在的時間，過了十九分鐘左右，你已經在全然隨機的情況下來到數位世界的某個角落，譬如某個陌生人的照片串流、一篇令人訝異的新聞報

導、有人在跳舞的TikTok影片、搞笑的YouTube影片等等，這時你才「恢復意識」。明明你不是故意沉浸在裡面的，究竟怎麼了？

這不是你的錯，因為一切都是設計好的。你掉進去的數位兔子洞由廣告贊助，他們正是以你為目標。你使用的每一個「免費」App或服務，幾乎都是循著這條在不知不覺中將受眾的目光轉換成鈔票的鬼祟路徑，而且他們早就建置好可以確實達到目標的精密做法。雖然不必付費就能使用這些平台，但可別誤會了，你還是有「付錢」給他們，只是用的貨幣是你的時間、注意力和觀點。

他們做出這些設計決定並非心存惡意，而是根據分析儀表板、A/B測試和一堆程式碼，這些東西已經將你轉化成可預測資產——一個可以從中挖掘注意力的使用者。

科技公司和媒體組織正是採行這種途徑，他們以一個過度簡化、可支撐廣告作為主要收益來源的指標為馬首是瞻。該指標稱為「互動」，而這種互動至上的做法已經微妙地逐步改變我們看待新聞、政治和彼此的方式。

人對裝置欲罷不能的癮頭和政治圈所面對的問題相去不遠；說穿了其實是同一個機制。

這是有史以來，人類所消費的絕大多數資訊都由演算法控制，這些演算法的設計正是為了攫取我們的情緒注意力。於是乎，我們聽到更多人氣憤地吼著憂心忡忡的言論，也看到更多的威脅以及駭人的新聞，因為這類故事或報導最有可能引起我們的互動。對於所有涉入其中的人來說，包括製作人、記者、創作者、政客，當然還有平台本身在內，這種互動是有利可圖的。

社群媒體的機制演變成一種社會用來審視自身的濾鏡，這從根

本上改變了人類的論述規則。每個人都學會如何用貼文和內容玩這場遊戲，在多巴胺陣陣沖刷的愉悅片刻中贏取自己的報酬和小小的喝采指標。我們的文字因此忽然充滿了正義、篤定和極端評斷。

當我們看到世界上有不對的地方，會產生想要糾正它的渴望，會想把這些過錯告訴我們的人脈圈。假如看到更多問題，這些問題「必定」有需為此負責的「凶手」。如今這種敵人到處都是，我們覺得有必要把他們揪出來。

這樣的結果意味著人類的集體感知已然有了轉變。我們眼裡所見的是一個飽受威脅的世界，因為這個世界裡不斷有人對我們的價值觀進行道德攻擊。政治風景充滿毒害，人們的同理心能力也瞬間縮水[1]。社群新工具把人類面對最嚴峻挑戰時所具備的推理、凝聚和共同合作的能力瓦解了。

———

我們就先從數年前的一個決定談起吧。這個決定一般人不會想太多，因為那只不過是一個多數人都樂於購買的東西。對我而言，我個人深信這個工具一定能提升自己的日常生產力，這也是我繼決定跟隨身披橘色袈裟的僧侶下鄉為他們服務之後，人生中第二個意義重大的決定。

我買下人生第一支智慧型手機不是什麼大不了的事，不過卻是後果十分深刻的選擇。我打開這個玻璃長方形物體並把它開機的那一天，沒料到它會改變我跟大腦的關係。

假設你在二〇〇七年沉睡，直到二〇二〇年代才醒來，會發現自己彷彿來到美劇《陰陽魔界》(The Twilight Zone)的場景。每個

人的脖子前傾，目光緊盯著發光的長方形物體，大家像被下了定身術。外在世界基本上沒什麼改變，但棲身在此的人卻有了顯著的不同。周遭的人講著你不太熟悉的語言，他們一心只想著手裡那個發亮的方框。

你或許還依稀記得二〇〇〇年代初的氛圍。一本書或一篇雜誌長文很容易就讓你讀到欲罷不能，不過偶爾也會有感到無聊的時候。獨自散一個長長的步，可以從急迫的資訊堆中跳脫一下，也不會過度擔心漏掉重要的東西。這個時期的你對於下一波逐漸逼近的危險暗流渾然不覺。

我很早就感受到這種痛。我腦部的化學成分特別容易受到這種變化的影響，對手機、App和動態消息的設計尤其招架不住。智慧型手機在我身上製造的多巴胺陷阱，讓我久久無法逃脫。隨著攫取我注意力的途徑變得更加有效率，我可以感覺到自己平常的專注能力被限縮、移除、分解和削弱了。

一開始注意力減弱的時候，我覺得很困惑；手機理應提升我的生產力，但我卻在同一時間失去了一些專注力。為什麼呢？我把自己當成臨床醫生，仔細研究自己的行動，設法去修正、管理和重新配置數位環境，以便它能好好服務我，跌跌撞撞地試圖拿回控制權。

多年後，我被正式診斷出患有ADHD。這番領悟來得沉痛，不過我之所以如此難熬的原因也逐漸明朗了。這都是因為我企圖應付愈來愈多的資訊處理要求，但我的大腦又特別脆弱所致。智慧型手機時代有許多司空見慣的認知失序問題，ADHD也成了其中之一，這意味著人們使用這些裝置與集體專注力降低有密切關係[2]。

誠如作家暨生產力專家瑞德・卡洛（Ryder Carroll）所形容的，在智慧型手機時代的世界裡，ADHD的症狀有如試圖用雙手去接雨水。

你步出室外，帶著你的注意力來到烏雲密布的天空下。第一滴雨落下的時候，你接住了它，然後又接住一滴。很快地這場暴雨快速集結，雨滴落下的速度也加快了。你漏接了一滴，然後又一滴。過了不久，太多東西落在你的注意力上，你不知道該專注於接住哪一件事。去接遠處的那些嗎？還是處理離近一點的？你愈是小心謹慎，漏接的東西就愈多[3]。

以我個人而言，重建注意力是既緩慢又痛苦的過程。十年來，我構築了一套類似美國漫畫家魯布・戈德堡（Rube Goldberg）在他的作品中創作出機械那種精巧的機制，幫助自己不至於失序。這套個人化的專注機制動用了數個瀏覽器擴充功能、動態消息封鎖程式、冥想儀式、VPN（虛擬私人網路）和生產力計時器等等。每一樣功能都有利於我多抓住一小塊注意力，否則我的注意力大概都掉進無盡的數位兔子洞裡了。

這些策略並非總是有效，我免不了還是會在職場和個人生活中使用社群工具，各位的狀況大概也跟我差不多。我靠使用這些工具才有收入；這本書之所以成功誕生也多虧了它們。沒有哪個顯要人物可以不讓步，完全獨立於社群媒體之外生活。我得加入這場遊戲才能生存和達成目標，各位想必也是如此。

倘若你真遇見了某個沒有智慧型手機的人（我也可以向各位保證，還真的有這種人），那就有點像碰到有隱疾的人一樣，你會對

他們的生活感到好奇。你會想知道他們還好嗎？你會為他們克服艱辛感到驕傲，但你沒辦法像他們那樣。

然而，或許奇怪的是我們才對。我可以證明，自從智慧型手機問世之後，我個人就失去了很大一部分的自主性，這種損失可以用數週、數月甚至數年的時間來量化。我知道不是只有我如此。

二〇一八年有一份研究發現，六三％的智慧型手機使用者表示，他們曾試圖減少使用手機。但只有一半覺得自己成功了。二〇二二年，美國人每日用在行動裝置上的時間將近五個小時。對很多人來說，那差不多是三分之一醒著的人生。我們就這樣讓手機侵蝕睡眠，容許它們吃掉我們的人際關係，把我們搞得沮喪、生氣、疲憊，還得了錯失恐懼症（FOMO）[4]。

我們心知肚明，但就是停不下來。

注意力就像零和賽局，一方有所得，另一方便有所失。很遺憾人醒著的時間就那麼多，一旦我們用了注意力，它便永久消失，人不可再生的有限存在於片刻從此一去不復返。有鑑於此，注意力已經變成我們最稀缺的資源。

當人的注意力被偷走、壓垮和取走之後，世界會成為什麼模樣？我們若是集體失去專注力，又會發生什麼狀況？對經濟和社會來說會有什麼淨成本？這些都是早期的數位環境創建者不會提出的問題。

把這些工具為我們所做的事情，和它們對我們所造成的影響做比較，試著去權衡利弊，會發現箇中取捨很難解釋。人與人之間看似神奇的連結確實帶來了美好，但我們的生活也有一部分流失了。對很多人而言，這其實也是沒得選的事情。

一旦夠多的人開始使用某樣東西，它就會變成預設標準和規範。現今若是沒有行動裝置，在社會裡恐怕舉步維艱，至於其中包不包含使用社群媒體，則視你的所在產業而定。Google、Facebook和Instagram等平台是行銷人員以及任何靠網路做生意的人不可或缺的工具。大部分的記者一定得用Twitter，這是沒有商量餘地的基本工作能力；政治人物也必須靠社群媒體觸及選民。這些工具的發展已經差不多可以接觸到公共生活的每一個層面。我們適應它們的速度如此之快，應該反問一個問題：是人類自己選擇了這種怪異的世界嗎？如果不是我們，那又會是誰選擇的呢？

選擇的兩面

　　二○一四年紐約某個清冷的夜晚，我和幾位朋友離開中城的一個派對，搭上Uber要回去我位在下東城的公寓。上了車之後，我發現身旁坐著一個男人，這位年輕人眼神明亮，有一頭紅棕色頭髮，舉止溫和。我們開始聊了起來，這才知道原來我們小時候都住在加州，彼此的家還離得不遠，某個時期兩人也都剛好住舊金山，並且任職於科技業。我提到自己正要開始為寫這本書做一些研究，他告訴我他也正好要著手分析自己在Google工作時看到的一個正在發展的問題。我們決定第二天就見面吃個午飯。

　　這位年輕人名叫崔斯坦‧哈里斯（Tristan Harris）。隔天下午我們一起享用越南美食，他說自己不到一年前才體悟到矽谷產品設計師的觀念十分奇怪；他發現設計師和工程師創造產品的動機已經和

數百萬顧客的最佳利益漸行漸遠。確切來講，他注意到把「網站停留時間」這類的內部指標表現衝到最高，反而與最有益於用戶注意力的做法背道而馳。比方說業界廣泛應用諸如無限滾動、干擾式通知和一些所謂注意力祕技之類的設計花樣，就是為了要把用戶牢牢勾在他們的產品上。

他曾在Google製作了一份名為「呼籲減少干擾並尊重使用者注意力」（A Call to Minimize Distraction & Respect Users' Attention）的簡報，與內部同仁分享。這份一四一頁的簡報充分證明該公司應該肩負起基本責任，確保用戶不會整天埋首於裝置，犧牲自己的生活品質。他先跟幾位同仁分享簡報，結果後來像野火燎原般，數千名Google員工都看了這份簡報。

崔斯坦想傳達一個重要的新理念，只是這個理念尚未充實完整。他擔心「干擾」問題是科技產業面臨的一大新難題，而且是個哲學問題與商業無關。他可以看到，只要使用了這些工具，「選擇」就變成了一個模糊的概念。

大多數的企業家和產品設計師都堅守自由經濟的基本信條，即個人會選擇市場最出色的產品，然後讓創造這些產品的企業家獲得報償。俗話說的好，只要做出更好的捕鼠器，消費者就會從一堆競爭對手中選擇你的產品。

但實際上矽谷有很多產品設計人員也曾經認真讀過「行為」經濟學，這門科目認定消費者往往本來就不理性，同時也相信確實有心理誘因可促使人們採取特定行動，無論他們的喜好為何。

行為經濟學更是指明了如何左右人類的決策行為。吃角子老虎機的非理性市場誘因就是經典的例子，這種機器會透過不定時吐出

代幣來駭入玩家腦部的「快樂中樞」，利用偶爾讓玩家大贏一筆來抵銷長時間的損失。吃角子老虎機以行為學家稱之為「間歇性變量獎勵」的策略牢牢抓住玩家，這也是崔斯坦發現產品設計師在設計動態消息和推送通知時模仿的做法[5]。

崔斯坦認為他們的做法遠不只讓用戶分心。他察覺到這些工具有很多功能逐漸讓我們抽離自我，把人拉進一個衝動行事、以廣告為主幹的反烏托邦世界。依他之見，設計師、工程師和廣告公司正不惜一切代價捕食人們的注意力，這些代價包括犧牲用戶的自主性，也就是我們的自由意志。

崔斯坦後來變成我的親近好友，接下來數年他想傳達的理念也逐漸擴增了。二〇一五年十二月他離開Google後，推行了一個叫做「善用時光」（Time Well Spent）的運動，該運動後來又孕育出另一場改革科技以服務人類福祉的運動。幾年後，他成立人文科技中心（Center for Humane Technology），宗旨是動員支持的力量打造出以人類價值為本並保護人類自主性的科技。到了二〇一六年，他除了踏上TED舞台擔任演講人之外，在思想領導力領域也是炙手可熱的人物。崔斯坦從反對剝削注意力的論點上造就出鮮明的立場。

又過了數年，我在自由派人士暨紐約重量級記者約翰・斯托塞爾（John Stossel）舉辦的午宴上，碰到了這個議題的另一方立場——真的就是字面上「碰到」的意思。約翰為了激發深度對話，會定期舉辦午宴沙龍，專門探討爭議性議題，他認為一邊用餐一邊匯集衝突理念的過程中，可以透過愉悅的辯論找出最佳觀點。

我碰到的那位站在反面立場的人就是尼爾・艾歐（Nir Eyal）。尼爾有數本著作，其中的《專注力協定》（Indistractable）闡述如何

讓人們對捕捉注意力的工具和花招免疫。書名聽起來頗為正面，不過各位或許可以將它視為尼爾第一本書《鉤癮效應》（*Hooked*）的「悔過之作」。他利用《鉤癮效應》這本暢銷書創立了成功的顧問事業，為那些尋求強力攫取人類注意力的公司提供服務。尼爾率先打頭陣鼓吹遊戲化和上癮策略，他的做法也得到矽谷的廣泛採用。

尼爾向大家宣稱，那些對於人類注意力和自主性的假想與製造恐慌的言論，用他的話來說全都是「胡扯」，儼然成了「反崔斯坦」的人物[6]。他說在他看來，把自身應負的選擇責任交給科技公司這種說法真是可怕的瞎話。他認為人們把自己在決策過程中的角色摒除，等於有負個人的自主性，是一件很荒謬的事情。依他之見，人利用時間的方式會剝奪自身自由的講法不但會削弱個人自信，也對個人不公平。

尼爾經常引用法國哲學家保羅．維希留（Paul Virilio）的名言：「發明船舶的同時，也創造了船難」，藉此說明每一樣新科技會產生的不幸副作用。對照來看，尼爾的觀點十分有力、論述言之有理。他和崔斯坦兩人的論調邏輯我覺得都說得通，但他錯在認為人們此刻並沒有面臨崔斯坦所說的那種重大危機。

多年來崔斯坦和尼爾走過截然不同的途徑，最後各據真理的一方。經過多次辯論、比較兩人的中心論點之後，更宏觀的說法浮現了。現今人們確實正在歷經一個明顯的系統性轉變，我們的注意力被鎖定、擷取、挖掘和掠奪，做法效率之高前所未有。但若是我們承認自己確實有些許掌控權並採取作為來改變狀況的話，一定有很大的機會可以更有效地管控這場危機。若是賦權人們深入瞭解這些工具的做法，大家就能修正自己的行為，也能要求平台有所作為。

總結

　　誠如本章所探討的，靠打廣告賺錢的免費App往往利用隱藏的工具和花招來攫取和留住人們的注意力。

　　設計師為了創造容易上癮的產品，而導入「間歇性變量獎勵」之類的行為策略，讓人們欲罷不能地使用產品。除此之外，他們也利用演算法將所謂「互動」指標的效益擴充到最大。

　　我們不必付「錢」使用App，但要付出我們的「注意力」。注意力是有限的認知資源。

　　最重要的是，本章也告訴各位這些工具有辦法更深入地操縱個人選擇的感知。對社群工具的設計人員來說，人的自主性本身具有彈性和可塑的特質。

　　崔斯坦・哈里斯之輩的倡議人士主張，人們正處於危機當中，產業有責任設計出更人性化的科技。作家尼爾・艾歐則認為，個人應當負全責來克服自己的分心問題。從這兩種論調之爭可以看到，當被擷取的核心資產是人的「注意力」時，其實很難歸咎責任。注意力是一個人可以感覺到自主性的必要能力，若是被取走的話，我們往往會責怪自己。但我們可以擔起更多守護注意力的責任。

　　接下來即將深入探索社群媒體不只轉走個人的注意力，它也會在不經意中同時影響數百萬人的注意力。

Chapter 5
啟動觸發點

二〇一六年二月,紐約一家精品設計暨策略公司僱用我擔任顧問一職。我們的客戶是一家全世界最大新聞企業集團的高層團隊,該集團——姑且用化名NewspaperCo來稱呼它——是數家地方報社的大股東。這家大型新聞發行業者碰到廣告收益持續下滑的問題,正苦思解方。如今絕大多數的新廣告投資都已經移至以注意力為導向的新興社群媒體市場了,集團希望能在這樣的市場中設法把生意做起來。有鑑於此,我們才會被請來與公司董事會合作,而我的工作就是找出他們新聞事業究竟出了哪些問題。

經過一番鑽研後,我發現這家傳承機構的年度財報表現有如自由落體。過去十年來,NewspaperCo的顧客群老化,再加上旗下數十家地方報社被訂閱量萎縮和龐大債務擔保壓垮,導致其廣告收益下滑了兩位數[1]。

那隻「房間裡的大象」就是社群媒體已經染指讀者的注意力,他們不知該如何處理這個問題。我有社群媒體方面的專業,所以覺得自己像雙面間諜一樣。我白天協助NewspaperCo分析衰退的原因,同時又有另外一家新創公司客戶僱用我利用一下造成這種「衰退」的源頭——也就是劫持用戶注意力的社群媒體。

這家新創公司的使命是致力於鼓勵民眾去關注平常不會注意到的公益活動,值得欽佩。他們的平台提供倡議工具,協助各式各樣

的非營利議題增強在社群媒體上的能見度。

我們的目標是拓展特定宣傳活動的理念,創造病毒傳播的效果來應援公益活動。若說傳統報紙的用途在於客觀地反映當日事件,那麼這個平台則是想方設法讓社會議題客觀地聳動。

這些活動的協力人員也包括了《飢餓遊戲》(*The Hunger Games*)這類熱門電影系列的明星和其他名流顯要。我們打算測試一些做法,以資助公共衛生議題為宗旨,譬如伊波拉救援行動、針對會造成失明的疾病開發預防性療法、終結無家可歸以及增加開發中國家動手術的管道等專案,打造主題式的擴散性貼文,激發連鎖效應。

我們的工具是用Facebook的廣告管理程式結合數個自訂的整合型廣告產品,效果十分強大。這些工具讓我們能夠投放精準廣告宣傳活動,在Facebook的觀眾群中找出信號。同時也可以利用訊息精準定向市場,即時取得每次點擊成本,如此可確保我們推出能吸引目光的訊息。

從某方面來看,我們有如在Facebook所建置之實驗室裡工作的病毒學家,設法將內容編程為可以擴散到最廣的地方,以便造福我們極為重視的公益事業。這種挑一部分內容,把它變成最容易擴散的概念流程叫做「優化」,是一門量身剪裁的技術,目的在於把理念拓展到我們的人脈網絡之外,觸及三度和四度人脈。

操控擴散性在此時仍然是個剛興起的科學。當你分享內容時,你個人人脈裡的觀眾之所以會把這個內容分享出去,是因為他們喜歡你。但如果要讓這些人的觀眾願意點擊並再一次分享內容,就需要一套十分具體的做法。倘若希望三度人脈點擊並再次將某貼文分享出去,那真的是很大的挑戰。

這個技術數年前由新聞網站Upworthy率先開創，短時間就讓該網站成為二○一二年網路上人氣最旺的網站。差不多就在那個時候，Upworthy製作了一份名為「如何讓某件事瘋傳」的簡報，沒多久簡報就在Facebook的優化途徑下爆紅[2]，網路上那些汲汲於攫取最大注意力的社群媒體行銷人員和內容創作者都把它奉為圭臬。

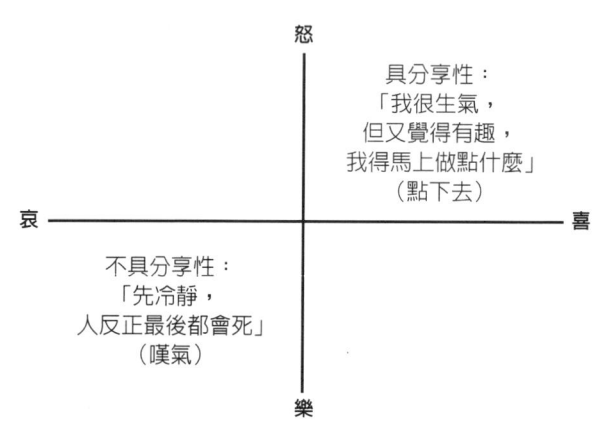

```
                         怒
                         │
                         │  具分享性：
                         │  「我很生氣，
                         │  但又覺得有趣，
                         │  我得馬上做點什麼」
                         │  （點下去）
                         │
        哀 ──────────────┼────────────── 喜
                         │
           不具分享性：    │
           「先冷靜，      │
           人反正最後都會死」│
           （嘆氣）        │
                         │
                         樂
```

改編自Upworthy的「人究竟為什麼要分享？」（Why the Hell Do People Share）簡報節錄。
資料來源：Upworthy

　　他們首創一種新型的A/B測試法，這是一種極為強勁的優化類工具，做法就是針對要推送的內容撰寫至少二十五種版本的標題，每個標題除了設法讓閱讀者火大之外，也要兼具娛樂他們的效果。接著再換掉標題、副標題、照片或者是文字內容，把這個版本展示給另一組觀眾。每一個變動過的內容都會拿來測試其最大的互動程度。經過一段時間，這些優化工具就會把更多流量推向獲得最多點擊數的廣告，即測試結果的第一名。接下來我們就可以利用這個資訊修改所有的貼文。

當時Facebook是網路上的流量霸主，他們的用戶超過十億，全世界整體的新聞流量當中絕大多數都是由他們推送的[3]。其他大部分社群媒體平台的觀眾群和「病毒參數」（意指內容既有消費者推薦的新消費者人數）都少了許多。相較於Facebook，Twitter顯得非常迷你，Reddit辛苦經營，Tumblr則須要施展巧思。但是Facebook的發展就很輕鬆，該平台的「推薦循環」呈現倍數成長，也就是用戶會繼續分享給朋友，這些朋友又分享給他們的朋友，不斷累進。那個時期的Facebook堪稱病毒巨人。

Facebook的工具有助於找出哪些語言有機會奪走受眾的注意力，讓原本漫不經心捲動畫面的用戶，願意突然來個點擊。不過Facebook演算法的意圖似乎有點怪異；在內容優化的過程中，可以看到一些奇怪的暗黑模式開始浮現。

這種奇怪的模式就是，使用了情緒性語言的貼文所激發的互動程度和分享數，比其他類型的內容「高出許多」。能同時引發情緒與道德反應的東西，往往就是刺激用戶興趣的天然宿主。我們內部稱之為「情感投入」，只是很可惜，這種投入明顯偏向負面情緒。

就在最近，紐約大學、基森大學和蘇黎世聯邦理工學院的研究人員調查Upworthy資料後所得到的發現，可以驗證我們自己在測試時看到的模式：

> 我們的分析結果指出，負面言語和點擊率成正比，而正面言語則和點擊率成反比，這表示較大比例的負面言語會增加網路使用者讀取新聞報導的傾向（反過來說，正面言語較多則減少傾向）[4]。

然而更令人憂心的是，Facebook平台上的各個角落都看得到這種趨勢。這樣的做法似乎可以直接轉而應用到新聞報導、政治宣傳、文宣活動以及任何想要宣揚的內容類型上。數據說得很清楚，若想攫取注意力，讓大家火大就對了；負面言語是門好生意。

於此同時，回過頭來看看NewspaperCo，該公司仍苦惱於該拿他們的社群媒體內容如何是好。他們的報導出色可靠，依舊是主流，而且秉持著新聞業的高標準，但沒辦法和Facebook平台上的趨勢競爭，很多受眾都跑到網路上去，把他們拋在腦後。

過去這幾個月來，我好奇又有些毛骨悚然地觀察著我和朋友用來擷取流量的很多策略手段，變成了新聞遞送與傳播的新標準。很多發行商會先從網路上找出有疑義的內容，再用義憤填膺的標題重新加以包裝，把它轉化成病毒式文章來獲取點擊。

只要有預算又懂點方法，任何人都能取得這些工具，而代價就是犧牲了事實準確性和記者的職業操守。NewspaperCo跟不上這股趨勢，絕望感愈來愈深。所有守舊的新聞媒體都束手無策。

逐底競爭

如今已經很難見到沒有經過大量A/B測試來優化互動的標題了。以現在所有出現在網路上的新聞報導來講，下標題的人鮮少就是報導者本身。誠如那一年《融合》（*Fusion*）雜誌編輯菲利克斯·所羅門（Felix Salmon）在尼曼新聞實驗室（Nieman Lab）網站上所提到的：「包裝一則報導所花的時間精力，可以遠遠超過最初撰寫

該報導時所下的功夫。[5]」

　　聳動的標題更有吸引力，也能獲得更多人氣。這種標題比少了誇張度的標題傳播得更快，也能推動更多流量。某一類的新聞製作人率先適應了這種勢如破竹的新**趨勢**，因此叱吒於整個平台。二〇一七年有一項研究調查了此趨勢發展初期時的一億個標題，從表現最佳的字詞系列抽樣中可以看到標題的樣貌比起過去已經有大幅轉變。

（1）喜極而泣
（2）讓人想哭
（3）讓你起雞皮疙瘩
（4）可愛到爆
（5）嚇到目瞪口呆[6]

　　沒多久，各種新聞報導紛紛採用包裝標題的手法來達到情境化效果，或稱為重新包裝，為的就是要獲取最大量的注意力。

**A/B
測試摘要說明**

這位是鮑伯　　　　新聞題材！

鮑伯做了一件事。

這則新聞報導會先調整標題、副標和照片來測試閱聽眾反應，然後再用此修改過的版本獲得更多點擊次數。

Chapter 5　啟動觸發點　079

如果用取得最多點擊數來量化標題的話,就可以把撰寫標題抽象化成一場以儘可能擷取最多注意力為目標的遊戲。

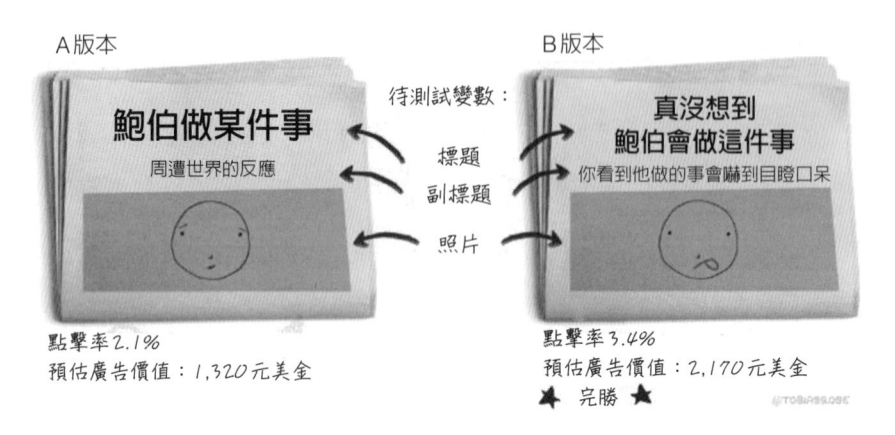

A版本　　　　　　　　　　　　B版本

　　　　　　　　　待測試變數:
　　鮑伯做某件事　　　　　　　真沒想到
　　　周遭世界的反應　　標題　　鮑伯會做這件事
　　　　　　　　　　　副標題　　你看到他做的事會嚇到目瞪口呆
　　　　　　　　　　　照片

點擊率2.1%　　　　　　　　　　點擊率3.4%
預估廣告價值:1,320元美金　　　預估廣告價值:2,170元美金
　　　　　　　　　　　　　　　★ 完勝 ★

有了測試工具再加上一點創意,一則有事實根據的報導就能視標題的寫法而化身為煽情或聳動的報導。

很可惜的是,大部分在社群媒體上看到這類標題的人,並不會點進去閱讀文章內容。用戶從標題本身來詮釋整篇內容的現象很常見,即便用戶的詮釋和原始事件始末天差地遠[7]。

可想而知,這些手法勢必會被用來包裝成黨派色彩強烈、製造分裂和充滿憤慨之情的新聞。誠如某家以千禧世代為客群的大發行商前內容負責人對我說過的:「我們的工作不是質疑政治觀點,而是搭上政治來個見風使舵。[8]」

精明的發行商明白黨派性是推動觀眾互動的強大因子。一般而言,人們偏好點擊、評論和分享讓他們感到愉悅的內容、能夠驗證他們信念的報導,又或者是會激起他們憤怒的質疑,尤其容易引起回應。除此之外,能觸發道德情緒的報導往往也會促進點擊率。對

很多新聞媒體來說，違背閱聽眾價值觀的內容，正是衝高互動並賺進鈔票的絕佳機會。

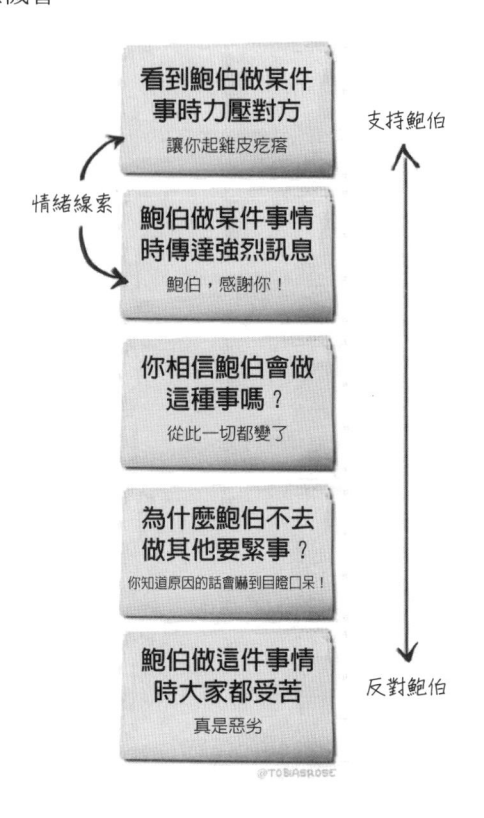

情緒線索

看到鮑伯做某件事時力壓對方
你起雞皮疙瘩

鮑伯做某件事情時傳達強烈訊息
鮑伯，感謝你！

你相信鮑伯會做這種事嗎？
從此一切都變了

為什麼鮑伯不去做其他要緊事？
你知道原因的話會嚇到目瞪口呆！

鮑伯做這件事情時大家都受苦
真是惡劣

支持鮑伯

反對鮑伯

@TOBIASROSE

擴散性變成新聞

我身在新創公司和NewspaperCo之間，看到各類型新聞公司的策略有了根本性的改變，並非只有網路新聞碰到這種狀況。傳統新聞業快速變遷，無所不用其極地設法讓自己保持獲利。

這場轉變十分迅速。二〇一六年前半段，往「極端」優化的新趨勢也橫掃了有線新聞台，從資料數據就可以清楚看到這個現象。該年總統大選期間，傳統中間派新聞媒體CNN開始轉移其報導方向。到了選舉季結束時，CNN主要就靠著報導特別誇張的總統候選人唐納・川普時帶動的廣告，獲得了十億美元的毛利，超越前一年表現[9]。

川普也從以注意力為本的新市場中謀得利益。二〇一六年離他初次表態有意競選總統的那一年已經過了許久時間。一九八七年、二〇〇〇年、二〇〇四年和二〇一一年，川普都公開考慮角逐美國總統大位。一九九九年，他以美國改革黨候選人的身分參加競選，測試其政見並評估民眾反應，最終判斷自己無法獲得勝選所需的人氣。《新聞週刊》（*Newsweek*）指出，一九九九年這場沒能成功的競選過後，國內民眾尚未有足夠的「怒氣」可以把像他這樣的獨立參選人推向勝利的旗幟[10]。

川普野心勃勃，無論是在二〇一六年亦或是此前三十年都沒有改變，那麼過去那數十年有什麼地方不同呢？其中的關鍵差別就在於，過去的媒體並未優化成可以發展出情感上的急迫性，這是針對川普這類參選人做報導所必需的元素。

川普的言語愈是激憤，得到的媒體報導就愈多；得到的報導愈多，他成為總統候選人的機會就更明確。這個機制定調了二〇一六年的競選活動。根據分析公司mediaQuant的估計，二〇一五年十月到二〇一六年十一月大選之前，川普用這種策略「不花一毛錢」所贏得的媒體報導次數若換算成金額的話，他收到的廣告效益為五十六億美元，是與他最接近的競爭對手的三倍[11]。

美國總統候選人媒體報導比例

十四家網路新聞媒體首頁提到候選人的次數（以七日計算）
計算週期：三月十四日至三月二十三日

候選人	次數	黨派
唐納．川普	~1400	共和黨
希拉蕊．柯林頓	~400	民主黨
伯尼．桑德斯	~200	民主黨
泰德．克魯茲	~200	共和黨
馬可．盧比歐	~150	共和黨
約翰．凱西克	~100	共和黨

三月十四日至二十三日期間初選季節媒體報導一覽。
資料來源：Ev Boyle／南加州大學安納伯格學院

　　綜觀歷史，不論好與壞，主流媒體一向是把壯志凌雲的政治人物推向大位的造王者，它有閒情逸致可以選擇要將大眾有限的集體注意力對準何處。可是當觀眾都跑去社群媒體時，他們自然就得跟著去。在社群媒體上，憤慨情緒可以吸引目光。政治圈裡如果有媒體平台罩著你，那是非常大的優勢。任何選舉的一大原則就是設法從競爭者中勝出，受人矚目。做誇張的事情可以讓你得到矚目。參選人的這類報導在社群媒體上會傳得更快更廣，勝過其他地方。Facebook和Twitter就像CNN一樣，多虧其平台傳播的聳動新聞以及因此所攫獲的注意力，而產生巨大流量和收益激增[12]。川普的意識形態、態度和陳述都大玩關乎全球威脅的焦慮感。他之所以能從初選勝出，某部分正是因為這些威脅中有很多都讓人覺得是真的。

支離破碎的新聞

如果各位依然對主流新聞公司為什麼要為了追求短暫點擊數而犧牲職業操守感到懷疑,那麼不妨先瞭解一下新聞的策展過程。

以前大多數的新聞媒體通常會有一位老派的編輯,這位編輯負責考量讀者喜歡什麼內容、須要報導哪些主題以及哪些東西有新聞價值,然後做出決定。現今的編輯在演算法的輔佐下變得更強,他會利用一套工具來協助決策,用更有效的做法鎖定目標觀眾。比方說 Twitter 目前就是記者取材新聞的重要來源。

新聞竟然可以用這些招數擷取注意力,這個發現就好比發現水力裂解法有助於開採石油一樣。大量勾起情緒的媒體紛紛興起,湧進廣播電視和動態消息。另外,就像使用裂解法那樣,若沒有任何把關環境的措施,衍生出的有毒副產品就會流入人類的集體對話,汙染共同論述。

在美國幾乎所有記者都用社群媒體,編輯也每天利用社群媒體來決定如何配置重要議題的報導。新聞產業一向是社群媒體動態消息的消費對象,隨著那些負責查證真相的人在職場上和私底下都沉溺於這些工具,他們對工具的經濟依賴也變得愈來愈深[13]。許多記者甚至認為推文的新聞價值等同於美聯社(Associated Press)新聞[14]。這種現象大幅提高了不良觀念、瑣碎內容和假新聞被擴大的風險。

[傳統新聞的簡要流程]

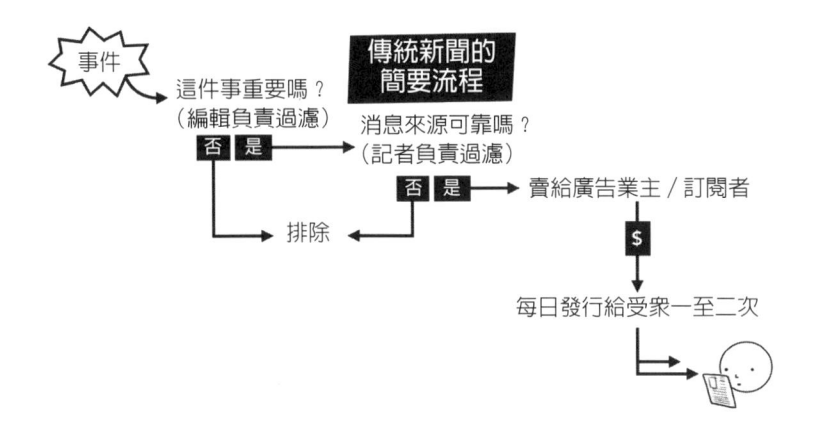

事件 → 這件事重要嗎？（編輯負責過濾）
- 否 → 排除
- 是 → 消息來源可靠嗎？（記者負責過濾）
  - 否 → 排除
  - 是 → 賣給廣告業主／訂閱者 → $ → 每日發行給受眾一至二次

這是新聞產業沉痛的公開祕密，因為現今隱身在資訊系統後的主事者已經變成演算法。人類創造了演算法，幾近不計代價的攫取注意力，而逐漸犧牲了我們的文明、禮數和審慎的論述。

NewspaperCo正是因為沒有加入這波新興的逐底競爭，所以才會寸步難行。在我準備離開這個專案之際，可以清楚看到他們為了求生存孤注一擲，各種選項都願意納入考量。

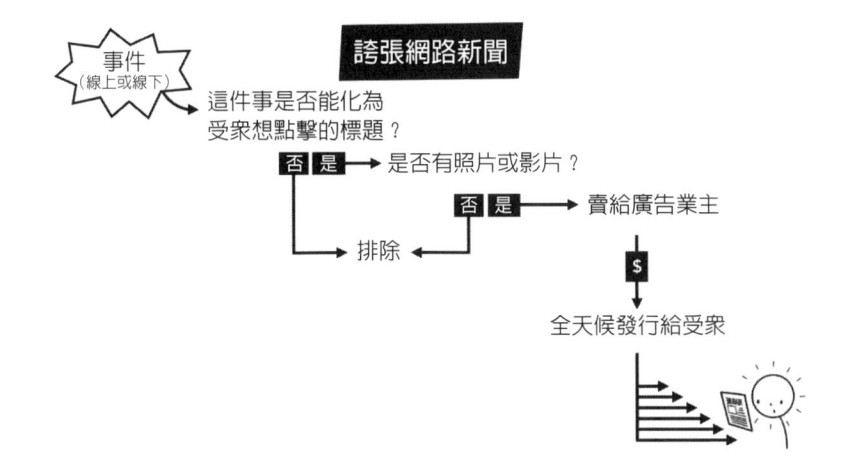

[誇張網路新聞]

事件（線上或線下）→ 這件事是否能化為受眾想點擊的標題？
- 否 → 排除
- 是 → 是否有照片或影片？
  - 否 → 排除
  - 是 → 賣給廣告業主 → $ → 全天候發行給受眾

Chapter 5　啟動觸發點　085

我離開NewspaperCo的顧問工作一段時間之後，這種殘酷的新壓力可以從發生在業界各處的案例感受到。二〇二一年，美國一家高知名度的溫和派報紙把頭版賣給一個廣告宣傳活動，因此破壞了新聞業的核心信念之一：「不要說假話」。《今日美國》（*USA Today*）的整面頭版報導宣稱「美國各地有混種寶寶誕生」，並搭配了兩篇杜撰文章，毫不遮掩地宣傳Netflix的影集《鹿角男孩》（*Sweet Tooth*）[15]。

　　這場競相在數位世界攫取注意力的怪異現象如今有了「成果」，主流報紙被迫採取激烈極端手段，進而犧牲新聞精神與信任感。對不願意玩這場病毒遊戲的公司來說，他們其實沒有多少選擇。隨著觀眾的目光轉移到社群媒體，短短幾年內這場攫取注意力的競賽，就把新聞搞得支離破碎。

道德恐慌與真正的恐慌

從某一則新聞報導如何迅速擴散到美國整個媒體風景，就可以瞭解當今媒體環境有多怪異。自新冠肺炎爆發之後，大家都忘了曾經有另一個疫情橫掃我們的生活。這場性質特殊、第一個爆發的文明病疫情叫做「恐慌」，是一個集體脫離現實的公共衛生緊急事件。從很多面向來看，它堪稱是新冠肺炎的預演。

二〇一四年十月底的一個夜晚，紐約市有一名醫生檢查過自己的脈搏後踏上地鐵車廂。他剛結束在海外擔任短期志工的醫療任務回到國內，現在正準備前往布魯克林的一個保齡球館和朋友聚會。

他享受著這個空檔。那天稍早他先在市區跑了一圈，到高架公園那裡買杯咖啡，又去雀兒喜市場的在地肉丸店吃了點東西。隔天他醒來時感覺渾身疲憊，有點微微發燒，於是打電話給老闆說他生病了。

接下來二十四小時，他成了紐約最讓人膽顫心驚的人物。數百人仔細查驗他在市區裡走過的足跡，他造訪過的場所全都關閉。他的朋友和未婚妻馬上被隔離。這位格雷克・史賓賽醫生隨同無國界醫生（Doctors Without Borders）組織在西非幾內亞治療病人時感染了伊波拉病毒[16]。

其實很幸運的是，他等到被隔離後過了一段時間才具傳染性。他按照規定報告自己的症狀，出現在公開場合時並沒有對周遭任何人造成威脅。他是模範病患，這是一個包括醫療專家、美國疾病管制與預防中心（以下簡稱CDC）和醫院人員在內都會毫不遲疑告訴大家的事實。

然而這並未阻止媒體炸鍋，宣稱病毒大災變即將來臨。隨著每一家大型新聞媒體競相利用眾人對伊波拉病毒的恐懼獲利，網路上竄出一大堆點擊誘餌和駭人的說法。

這種疾病本身對人體的傷害不大，可是歇斯底里的情緒立刻傳遍整個網路，造成學校關閉，航班停飛，全國陷入恐懼。

伊波拉病毒的話題在社群媒體上迅速蔓延，每秒就有六千則相關推文，讓CDC和公共衛生單位疲於奔命，難以限制不實資訊往四面八方擴散。恐懼隨著相關報導甚囂塵上。附加在恐懼上的情緒反應和媒體，為報導恐懼的新聞公司製造了數十億曝光次數[17]。

這數十億的曝光次數又被充分利用，直接轉換成廣告收益。歇斯底里的情緒平息之前，數百萬美元身價的廣告資產隨附在各種提到伊波拉病毒的媒體上，然後這些資產透過演算法買賣給各家新聞公司。惶惶人心的傳染力遠大過病毒本身，而且又有數位生態系統這個絕佳的傳播網絡，它的性質可以把恐懼的心情散播得更遠更廣。

伊波拉造成的恐慌，其實就是「優化互動」手段走歪的結果。新聞少不了這種內容聳動的現象，但媒體報導威脅的頻率愈來愈高的*趨勢*，已經逐漸嚴重扭曲了人們對現實的認知。

就在最近，美國犯罪率所引起的憂心同樣也循著類似的模式。雖然這些年出現新冠肺炎疫情，加上二〇二〇年針對非裔美國人喬治・佛洛伊德（George Floyd）被警察暴力執法致死後爆發多場抗議行動，凶殺率有急遽上揚的*趨勢*，但暴力犯罪其實依然遠低於前十年的數據。二〇二二年皮尤研究中心（Pew Research）的一份報告就做了以下總結：

二〇二一年，也就是有數據資料可查證的最近一年，每一千名十二歲及以上的美國人當中有十六‧五起暴力犯罪事件。根據「全國犯罪受害者調查」（National Crime Victimization Survey），這個統計數字與前一年無異，也低於疫情前的水準，且遠低於一九九〇年代犯罪率紀錄。

聯邦調查結果顯示疫情以來的美國暴力犯罪率並未增加
每一千名十二歲及以上的美國人中，暴力受害者人數

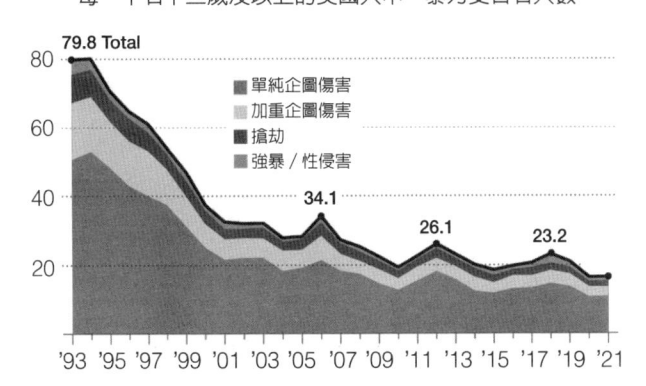

- 單純企圖傷害
- 加重企圖傷害
- 搶劫
- 強暴／性侵害

79.8 Total（'93）、34.1、26.1、23.2

特別注意：二〇〇六年的數據未與其他年度相比
資料來源：美國司法統計局
皮尤研究中心

資料提供：皮尤／蓋洛普

　　根據某些說法，凶殺率在疫情期間大幅增加的速率，是可查到的統計資料中最快速的。誠如皮尤在上述報告中所陳述的：「美國聯邦調查局（FBI）和CDC的報告都指出，二〇一九至二〇二〇年之間美國凶殺率約增加三〇％，為有史以來與前一年度同期相比增長最大的一次。[18]」

這個趨勢十分令人擔憂，也確實值得關注，特別是如果凶殺率持續上升的話。但即便全美凶殺率有如此大的漲幅，但其比例依舊遠低於一九八○和一九九○年代的水準，且整體而言，凶殺依舊是最不常見的暴力犯罪類型。（僅占死亡率很小的比例，二○二○年美國凶殺率比因藥物過量致死的死亡率低了七一％，同一時期的藥物致死死亡率上揚。[19]）

各種數據資料皆指出，美國暴力與侵犯財產犯罪率自一九九○年代起驟降
一九九三至二○一九年之間美國暴力與侵犯財產犯罪趨勢變化

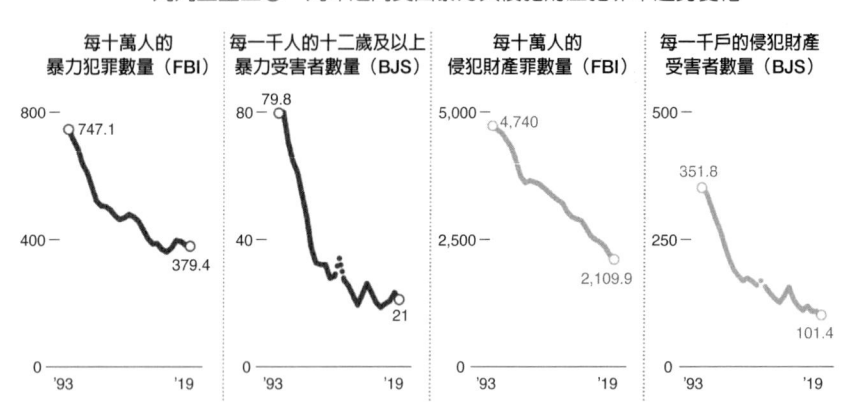

每十萬人的暴力犯罪數量（FBI）	每一千人的十二歲及以上暴力受害者數量（BJS）	每十萬人的侵犯財產犯罪數量（FBI）	每一千戶的侵犯財產受害者數量（BJS）
747.1 → 379.4（'93→'19）	79.8 → 21（'93→'19）	4,740 → 2,109.9（'93→'19）	351.8 → 101.4（'93→'19）

請注意：FBI的數據僅包括舉報的犯罪數量。司法統計局（BJS）的數據則同時包含舉報和未舉報的犯罪數量。二○○六年司法統計局的估計數據由於計算方法有變，而未與其他年份比較。
資料來源：BJS、FBI
皮尤研究中心

當今的媒體系統豐富了我們對威脅的觀感。新聞集中報導犯罪，並不會改變民眾對犯罪的普遍看法，只會感受到過量的威脅。大多數的人覺得他們的觀感就是現實，假如大家都把周遭世界當作充滿危險的地方，那麼人的行為和態度就會隨著這種想法而改變，無論實際上是否真有威脅的存在。

過去這二十年來的大部分時間裡，有一個特別重大的案例可以說明這種現象，那就是美國籠罩在恐怖主義的氣氛之下。對很多經歷過九一一事件的美國人來說，恐怖主義真的好像會對國人的安全造成威脅。二〇一〇年代中期，我們忍不住會以為恐怖主義就是名列前幾位的全球死因。

　　然而這個時期與恐怖主義有關的凶殺案，僅占整體凶殺率的極小部分，尤其以美國來講。媒體對恐怖分子攻擊行動和其他類型的凶殺案所做的報導篇幅完全不成比例，這一點可以從採集《紐約時報》該時期的兩年頭版報導樣本所做的分析結果清楚看到。

美國人偏信犯罪率上揚為全國性而非區域性

美國成人認為該年度犯罪率超越去年同期的百分比

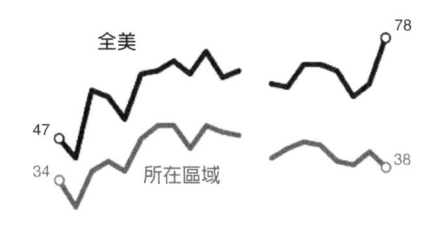

（全美 47→78；所在區域 34→38）

請注意：二〇一二年的數據資料無法取得
資料來源：蓋洛普
皮尤研究中心

恐怖行動＋凶殺率

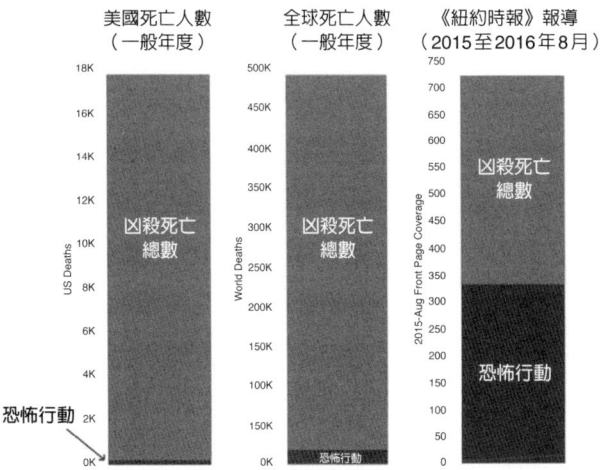

美國死亡人數（一般年度）／全球死亡人數（一般年度）／《紐約時報》報導（2015至2016年8月）

資料來源：Priceonomics網站負責人奈米爾・達拉（Nemil Dalal），二〇一七年。圖表顯示被界定為「伊斯蘭恐怖行動」相較於凶殺死亡總數的數據和報導採樣資料。請注意，最原始的報導中由非穆斯林發動之恐攻通常不會被新聞管道視為恐怖行動，不過這種現象正逐漸改變。

Chapter 5　啟動觸發點　091

恐怖行動是一種會對情緒造成強大衝擊的事件，會侮辱到公民社會與人性尊嚴的根基。我們當然有很多正當理由唾棄這種攻擊行動，並且公開加以報導和探討。

　　然而恐怖主義之所以在人們生活中變得如此顯著，其背後有一個令人不安的真相，那就是我們為恐怖行動的真正意圖——即「製造恐慌」——打造了一個即時散布系統。懼怕恐怖行動的心情，遠遠勝過我們或我們認識的任何人遭受恐怖攻擊的機率。更加不祥的是，過度報導恐攻行動往往就是讓那些犯下這些罪行的人如願以償。

　　舉例來說，二〇一四年「伊斯蘭國」（Islamic State，簡稱ISIS）快速崛起之際正是利用了這種誇張的媒體生態體系而占有顯著位置。ISIS知道他們打的是注意力戰爭，因此視組織品牌的經營和軍事行動一樣為優先要務，打造了資金充足的媒體部門，來拓展疆界和誇大宣傳他們勝利、永續和壯大的功績。這種透過恐怖行動主宰媒體論述的作為，將ISIS打造成西方世界的最大威脅，儘管該組織的常備軍其實規模相當小，資源也很有限，又完全沒有國際支援[20]。

　　ISIS利用全球媒體報導，而有機會用其論述來招募世界各地的戰士到敘利亞和伊拉克，同時鼓勵那些心有憤恨、與該實際組織無正式關係的個人採取攻擊行動[21]。

　　ISIS和類似的組織實體都知道，他們是為獲取注意力而戰，並且也很清楚如何利用我們自身的媒體，這種非正統武器來得到引人注目的機會。不幸的真相就是，恐怖分子的攻擊、駭人的屠殺行動或甚至只是感官上的威脅，全都會替賣新聞的公司賺進鈔票。

媒體已經變成聚光燈,把光線打在這一篇篇的個別報導上,所投射出來的巨大陰影遠比真實事件嚇人。

軼聞好記但無助於理解

人類祖先演化的環境讓我們得以擁有自己的情緒。誠如生物學家丹尼爾・T・布魯姆斯坦(Daniel T. Blumstein)曾提到的:「經歷數百萬年自然揀選所鍛鍊出來的恐懼情緒,保住了人類祖先的性命。」這種情緒有助於人類「感受到」危及自己安全的「威脅」,也幫助人類「感受到」周遭世界不對勁的地方。不過現今的我們保有人類祖先一小部分的模式,這也促使我們至今仍無法擺脫他們的情緒機制;這種機制沒辦法處理太複雜的東西[22]。

對舊石器時代的人類來說,只需某個人的軼事就可以用來對未來做出決定。當人群聚在小小的部族裡,除了一些可共享的個人故

事之外，根本用不上需要解釋其他事件的思考模式，因為在部族裡很少有機會和自己不認識的人互動。因此，從某個關於個人經驗的故事，就足以瞭解生存所需的資訊。

比方說，聽到有人說起附近出現野狗攻擊事件，你應該就會學到懼怕野狗。這便是當今心理學家所說的「現成偏誤」現象，也是人類大腦的一種思考捷徑，讓我們以為「如果是腦海中馬上浮現的事情，那想必就是真的。[23]」

既然現成資訊就是人類最主要的機率指標，這種大腦思考捷徑就很有可能演化成方便人類預期周遭世界會有的狀況。由於恐懼那些有可能會害死我們的事情心理所產生的好處，遠遠超過為此付出的成本，導致這條思考捷徑對威脅的反應往往過於武斷。對人類祖先而言，死亡是一件比過分謹慎悽慘許多的事情。現今的人類早已經脫離這種封閉的小圈圈，和數百萬人類一起共用龐大笨重的資訊、消息和責任的網絡。然而正是因為可接觸到的資訊面太廣，所以很難體會到負面事件的比例有多少。

假如我們現在思考的是按照輕重緩急來安排資源解決特定問題這種事的話，會有現實上的後果。以拯救人命來講，人沒辦法憑直覺就明白單一事件和宏觀趨勢兩種層面的差異，即分不清小問題和大問題差別在哪裡。在多數人聽來，每年有六萬人死於瘧疾的說法，只不過是既傷感又抽象的統計數據而已。更糟糕的是，六萬人死亡在我們腦海裡感覺起來就和六十萬人死亡——這是實際上的數字——其實沒有多大差別[24]。

但涉及到我們個人或政治世界觀的種種情緒，所產生的後果就具體多了。記者（甚至可以說政治人物）經過數十年的試錯後發

現,跟其他類型的情緒比起來,有兩種情緒特別容易駭入我們的腦袋,那就是讓人「懼怕」和「憤怒」的事情。

媒體界有句俗話是這樣說的:「見血才能上頭條」。這句話正是這種新聞傾向的寫照。在現代的數位媒體環境中,「激怒引發互動」逐漸成為王道。

總結

本章探討了過去十年新聞與網路相遇後,出現了不由自主又深刻的現象,那就是社群媒體成為把流量推動到全球新聞網站的首要因子,但報業也差不多就在同一時期跌入谷底。媒體公司面對閱讀率、收視率和紙本收入呈現雙位數下滑的窘境,開始祭出新策略來確保內容能捕獲觀眾目光,將標題加以包裝並挑選已經在網路上產生流量的報導[25]。這些變化導致新聞產業如今秉持著一條明確的營運原則——擴散性等同於得來不費功夫的新聞。

社群媒體往往首重價性負面的內容。能攫取最大注意力的敘事多半都是會讓人們產生懼怕和恐懼的內容。媒體對威脅的報導不成比例的高,扭曲了我們對犯罪率這一類事情的觀感。雖然早在網路降臨之前就有這種現象,但社群媒體獨特的設計把憤慨情緒和獲利之間的關聯性,變得比過去更加緊密。隨著媒體公司壓力愈來愈大,必須與社群媒體競爭才能維持營運,從而開啟內容當道的時代,也就是崔斯坦・哈里斯所稱的「向下沉淪」。

本書PART I往回探索網路初期，從一開始興奮與樂觀的氛圍，發展到逐漸慢慢認知到有些地方出了狀況。接著又繼續討論此變遷背後的兩大力量，即「擴散速度」與「擴散性」的增加，以及新聞媒體被迫隨之進行優化的趨勢。

　　接下來PART II將逐步為各位讀者揭開社群媒體究竟如何「透過」我們來運作。其運作的核心要素包括演算法、社群指標和道德情緒，這三個要素統整後造成社會出現怪異的新現象——社交情境崩解、取消文化以及連鎖效應廣泛、不容忽視的眾怒人怨。

　　PART II首先會從「迷因」講起，探討這種十分奇特罕見的東西如何以意想不到的方式再生，並在充滿憤慨情緒的數位環境中蓬勃發展。

outrage machine

發動機器

PART II

Chapter 6
黑藍？白金？

　　二〇一五年二月初，西西莉亞・布利斯戴爾（Cecilia Bleasdale）在女兒婚禮前一週外出購物時，給三件洋裝拍了一張照片，那些是她考慮要買的衣服。她為了詢問女兒的意見，將照片用簡訊傳給女兒。「你最喜歡哪一件？」女兒反問。母親回答比較喜歡第三件：「藍黑色那件。」女兒困惑地請媽媽去檢查一下眼睛。**媽，那件明明就是白金色**，她心裡這麼想。

　　幾天後的婚禮上，現場表演的歌手在看過洋裝照片後滿腹狐疑。婚禮歌手凱特琳・麥克尼爾（Caitlin McNeill）認為照片上的洋裝是白金色，但她抬頭望著新娘母親，卻清楚看到那件洋裝是藍黑色。她請樂隊夥伴來確認，結果他們有一半覺得照片裡的洋裝明顯是藍黑色，另一半認為明顯是白金色。著迷於照片真相的樂隊忘我地爭論了很久，差點錯過上台表演[1]。

　　婚禮結束後沒多久，麥克尼爾就把照片貼到她的Tumblr社群網站，並附上說明「請大家幫幫我，這件洋裝到底是白金色還是藍黑色？我和朋友沒辦法達成共識，我們快被搞瘋了。」

　　整個網路也即將快被搞瘋了。

　　現在先將場景拉回紐約。網路新聞媒體BuzzFeed負責管理Tumblr帳號的員工凱茲・霍德內斯（Cates Holderness），看到麥克尼爾那則尋求協助解決爭論的訊息。她把照片給網站社群媒體團隊

的其他組員看，結果洋裝的顏色認定馬上就出現了分歧。被搞糊塗的她建了一份簡易的BuzzFeed問卷調查並把它貼到Twitter，然後就下班去搭地鐵，回她位在布魯克林的公寓。

從地鐵出來後，她看了一下手機，發現一定有大事發生。「我打不開Twitter，因為一直當掉，當時以為有什麼大人物死了，」她說道：「完全不知道發生什麼事。」

霍德內斯不知道自己碰上史上最瘋傳的一張照片。到了那天晚上，貼文頁面上出現了六十七萬三千名同步訪客，創下BuzzFeed的新紀錄。Tumblr的資料數據主管表示，在最高峰的時候，頁面一秒接收一萬四千次瀏覽數，即一分鐘八十四萬次瀏覽數，遠遠勝過Tumblr的其他內容。Twitter上連結該洋裝的主題標籤則達到每分鐘一萬一千則貼文的顛峰。這場藍黑與白金的爭論在社群媒體的推進之下，已經成功捕獲全網的注意力[2]。

這張特殊的圖片讓眾人如癡如狂代表了什麼含意？洋裝在全球爆紅的路徑，顯示社群媒體發動了它的核心引擎。洋裝捕捉到觀看者身上的強烈情緒確定性，然後用本來就曖昧不清的內容來源激發極端的情緒反應，特別是這種有人看到的洋裝顏色竟然和同儕眼中不同的不可思議狀況。顏色之爭引發了互動，然後又出現對顏色之爭的爭論，如此繼續擴散下去。

照片爆紅三個月後，《當代生物學》（*Current Biology*）針對這張洋裝照片進行第一個大規模的研究，結果發現在將近兩千位參與研究的受試者當中，三〇％的人覺得洋裝是白金色，五七％的人看到的是藍黑色。另外一一％的人看成藍棕色，二％的受試者認為是其他顏色。研究人員發現，在黃色人工照明下展示照片時，幾乎所

有受試者都覺得洋裝是藍黑色,但如果模擬照明是藍色的話,受試者看到的就是白金色。另一項研究則發現,通常早起的人比較有可能把洋裝看成白金色,因為他們習慣在早晨的光線下看東西。反過來說,夜貓子比較可能將洋裝看成藍黑色,因為他們較有可能在人工照明下觀看照片[3]。

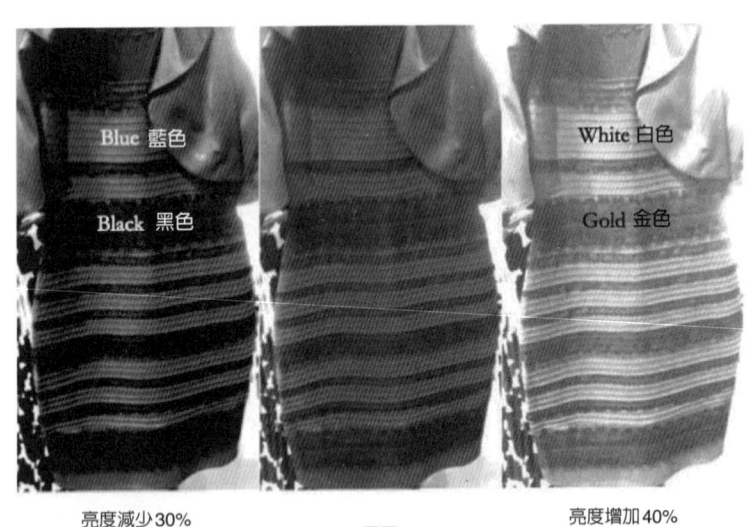

| 亮度減少30%
對比增加40% | 原圖 | 亮度增加40%
對比增加40% |

把洋裝照調成黑白色後,我們的大腦就比較容易在亮色系和暗色系洋裝之間切換。

　　這張鴨兔圖就是一種所謂的「曖昧圖像」。大多數的人小時候應該很常看到這種新奇、可以解讀成兩種或多種圖形的錯覺圖。通常來講,曖昧圖像是指在視覺上可以互換的圖形,也就是當我們盯著圖像看時,可以自由將圖像切換成不同圖形。譬如以下圖片就可以看成兔子或鴨子,我們的大腦能夠自由地在這兩種相對形狀之間切換。

鴨兔圖和幾何錯覺圖都是一種曖昧圖像，觀看者通常很容易就能切換視角看到不同圖形。

　　大部分的曖昧圖像都是挺有意思的怪圖，早就存在於網路世界娛樂網民。這類錯覺圖屬於系統性解讀錯誤，對人類感知十分重要，它發生在大腦，並非視力有問題。

　　不過洋裝照是相當獨特的情況。它讓觀看者產生「極度確定性」，即所謂的「雙穩態」。如果說某樣東西為「雙穩態」，就表示它只能處在兩種狀態之一。比方說電燈開關只能停留在「開」，要不然就是「關」，不可能處在半開半關的中間位置，人類的大腦沒辦法同時感知兩種模式。

Chapter 6　黑藍？白金？　101

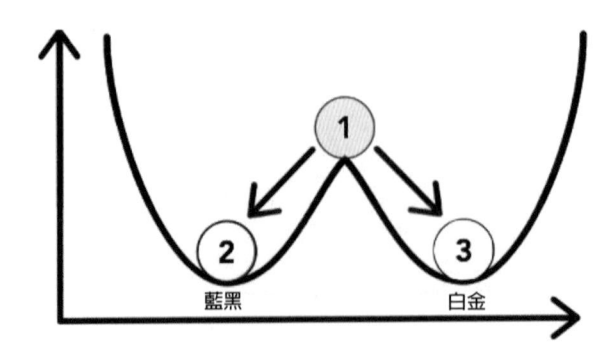

雙穩態機制：此圖顯示感知的穩定和不穩定狀態，其運作路徑就像一座帶有小山丘的山谷。一號球不穩定，它會往下滾到感知兩端的某一端，必須特別用力才能跑到另一端。雙穩態的圖片會有兩個穩定狀態，觀看者必須一直施力才能在這兩種狀態間移動。資料來源：喬治・威歐拉（Georg Wiora），雙穩態示意圖，二〇〇六年。

　　雙穩態觀念對於瞭解人們如何感知網路上的爭議事件格外有幫助。對多數人而言，把洋裝看成另一種顏色根本是匪夷所思的事情。假如多花一點時間心力盯著照片看，是有可能看到洋裝切換成別種顏色。這同時也須要更換照明、改變對比或精神十分集中。大部分的人不會想這樣做。

　　但如果有一種洋裝照，共和黨人來看就一定是藍黑色，在民主黨人眼裡卻是白金色呢？洋裝照是一種可稱之為「剪刀」類型的特殊事件。大家都知道剪刀的用途是剪東西，在古典拉丁語中 scissor（剪刀）這個字源自於 scindere（「分裂」的意思）。因此，「剪刀」又可以指製造分裂的典型概念、陳述或情境。

　　「剪刀」用語出自於作家史考特・亞歷山大（Scott Alexander）的短篇小說《Sort by Controversial》（書名暫譯：按爭議分類）[4]。故事內容大致如下：矽谷幾個工程師開發了一個堪稱是現代版潘朵拉盒子的應用程式，該應用程式檢索了數千個網路上最具爭議的概

念，然後用演算法對這些概念進行逆向工程，製造出新的概念。起初工程師感到不解，因為演算法產生了沒有人會贊同的垃圾言論。然而卻有一半工程師認為這些陳述言之**鑿鑿**，另一半認為分明大錯特錯。

演算法所產生的「剪刀陳述」都是道德方面的言論，它們激發的反應太極端，以致於立即將讀到此言論的人分化成不同派別。其中有一些陳述極易被視為文化戰爭中的關鍵里程碑，譬如身陷性侵「羅生門」的卡瓦諾（Kavanaugh）大法官任命聽證會、美式足球員科林．卡佩尼克（Colin Kaepernick）於國歌演奏期間單膝跪下、世貿遺址興建清真寺工程等各種事件。這些陳述引發了暴怒、氣惱和憤慨的情緒，再加上一種深深懷疑其他人怎麼會有別種看法的心情。剪刀陳述的兩片刀片激起一種很容易就和敵人開打的道德論戰，讓人用充滿正義感的絕對確定性來詮釋陳述。

在這篇故事當中，演算法產生的剪刀陳述馬上就分化了軟體研發公司並引發暴力，造成開發演算法的員工憤恨得快抓狂。

人一旦看到剪刀的一片刀片，就不可能無視它。這種概念直接又具煽動性，讓人無法置之不理，馬上將你和其他對此概念有不同看法的人之間製造對立分歧。

雖然這個故事是作者虛構，但演算法可以把最容易引發分裂之議題擴大的能力卻絕非虛構。我們早就造出這樣的東西，它的名字叫「社群媒體」。

迷因機器

洋裝把大家搞得暈頭轉向又充滿疑惑的故事，可以從更早以前的一篇小說作品講起。回到一九九二年，也就是網路的「遠古時代」，當時出版了一本名為《潰雪》（*Snow Crash*）的反烏托邦科幻小說，作者是尼爾・史蒂芬森（Neal Stephenson）。這本小說展望的未來沒那麼遙遠，它設想二〇一〇年代初的世界有一種顛覆性的虛擬實境網路科技接管了人類大部分的生活。史蒂芬森也在這本小說裡杜撰了一個叫做「元宇宙」（the metaverse）的詞彙。

《潰雪》主要講述某種電腦病毒突然出現，橫掃了虛擬世界。這個病毒很特別，它不只是感染電腦，也會感染人類，造成某些使用者接觸到特定數量的程式碼之後就會「當機」。在這本小說裡，該病毒是以零和一組成的字串，真的會讓人的大腦發生失常而停止運轉。容易感染此病毒的多半都是經常掛在網路上的人。程式碼會從電腦裡跳出來，跑到這類使用者的大腦裡進行破壞。史蒂芬森用鮮明的比喻手法，描繪資訊本身竟然可以像病毒傳染的畫面，這種先見之明令人拍案叫絕。除此之外，他也在小說中揭開了迷因以何種詭異的行徑，破壞人的大腦。

大家都知道迷因是什麼，但通常不會覺得那是危險的東西。現在當我們想到迷因時，腦海裡浮現的大概是貓咪圖或者是搞笑照片上加了犀利的語錄。

然而，迷因這個概念的源頭更早，可追溯到一九七六年由進化生物學家理查・道金斯（Richard Dawkins）所寫的著作《自私的基因》（*The Selfish Gene*）。他用「自私」一詞來形容演化的基因視

角。基因就是棲息在人類染色體裡的資訊組,而染色體則是迷你的再生機。所有生物都源自於每一個細胞裡都會有的小小程式碼組。基因雖然沒有知覺,或者也可以說沒有注意力和慾望,但它們有「自私」的目標,那就是「再生」[5]。

基因的任意突變提供增量優勢,促使特定基因得以存活並把程式碼傳給下一代,然後再行複製,**繼續將其程式碼傳下去**。所有的生物都是經歷持續不斷的基因揀選和再生重製千百萬年的結果,每一種生物特性都可以追溯到寫入DNA裡這些「自私自利」的程式碼。

但是道金斯認為基因與揀選再生過程的關係並非獨一無二,他推想「文化資訊」的運作方式就和基因資訊如出一轍,只是它們利用的媒介不同。換句話說,這些小單位的文化資料會利用人的大腦重製再生,而不是以有機分子的形式。他為這種自我複製的資訊組塊取了新名字——「迷因」。蘇珊·布拉克莫(Susan Blackmore)一九九九年的著作《迷因》(*The Meme Machine*)更全面的詳述了迷因概念,企圖對迷因的研究確立科學基礎[6]。

迷因俯拾皆是,不管是滑稽的笑話,亦或是縈繞在腦海裡的產品標語等等,全都是試圖找到基地來散播種子的迷因。迷因成功與否,取決於它能不能用最快的速度傳到他人腦海裡再生。但是迷因的本質不只如此;它們可以是一種凝聚力很強的概念、想法或者是本來就具有爆紅特性的點子,換言之就是想被分享出去的點子。

人類是獨特的物種,因為人除了自帶基因之外,也自帶迷因。迷因在人類這種高社交性動物之間散播的速度,遠遠快過於基因的傳遞。人唯有在繁衍下一代時才能再生自己的基因(而一個人的人

生當中也只有幾回生兒育女的機會），但迷因卻能在你吃早餐期間繁殖傳播。

「病毒」一詞正是源自於對迷因概念如何傳播有根本的瞭解。迷因透過現實生活中社交網絡傳播的方式，就和病毒從這個宿主散播到另一個宿主的模式差不多。生物學上的病毒其實就是可以自行傳播又十分簡單的基因物質組。以大部分的科學定義來講，病毒實際上並不是「活」的，它之所以再生是因為它有能力這樣做。迷因的運作原理也是如此。

大學時讀了道金斯的著作後，迷因的概念就令我十分驚豔：我想到重複到膩的廣告主題曲，或特別煩人的行銷口號棲息在我大腦裡有如小小的有機體那般運作，想方設法逼我哼唱它們，然後把這些曲調繼續傳給下一個倒楣的受害者。這個概念讓我既著迷又不寒而慄。

但最令人不寒而慄的是，容易引發分裂的迷因往往更加擅長利用人類來重製再生。對於特定類型的迷因──可激發深刻又重大的衝突，進而得以肆無忌憚傳播出去的迷因──來說，社群媒體可謂天降之福。這種迷因實際上正是利用「我們人類」當作宿主才能蓬勃興旺。

總結

本章舉了一個例子，說明社群媒體發動了它的核心引擎，利用衝突和爭論攫取注意力。洋裝照正是一種把觀眾搞得暈頭轉向、一

肚子火，激發大家繼續分享給別人的迷因。雖然這個迷因怪異、令人費解，也幸好屬於良性的迷因。不過洋裝照這個例子生動地說明了一個會加劇衝突又含糊曖昧的迷因，如何輕易地在人們的集體意識中擴散。

- 本章探討了「篤定加上曖昧不清會製造分裂」的重要概念。在觀者眼裡看似明確、但實際上本來就可以有不同解讀方式的影像、內容和意念，會快速在社群網絡上散播，這就是所謂的「雙穩態」，意指不容易切換視角。
- 毒性最強的意念和事件會變成史考特·亞歷山大所謂的文化「剪刀」，分裂所有的觀看者。
- 這種現象可以直接對應到生物學上的基因再生。文化迷因的散播模式和真正的病毒十分類似，皆利用人類當作宿主來進行繁殖傳播。

但既然分裂和爭論非我們所願，那麼社群媒體的設計為什麼會加劇憤慨情緒的橫行呢？接下來的章節將探討意想不到的罪魁禍首，主導了誘發憤慨情緒的演算法，那就是——我們人類自己。

Chapter 7
互動電扶梯

二〇一八年十一月,馬克・祖克柏寫了一則五千字貼文,述說Facebook未來在堅守社群標準方面的角色[1]。這篇文章陳述祖克柏對內容審核這個最新議題所抱持的看法。貼文中最顯著的地方,就是指出了Facebook團隊在檢查用戶於自家平台上互動的自然模式時,注意到奇怪的現象。

祖克柏用一張圖表說明他們的發現。圖表上的圖形大致上像平緩的山頂,到了後面突然來個急上坡,接著是懸崖式下墜。整體看起來有點像走在高原上,再用一個滑雪跳躍越過深谷那樣。圖表左側的高原部分代表一般的良性內容,另一側則是有害、禁止的內容。一條「政策線」分隔了這兩個區塊,假如貼文者超過這條線,就會造成內容被禁。換言之,內容若是超過政策線,其流量就會被迫像跳崖一樣下滑到零。

用戶在Facebook上貼文時,內容會落在圖表中的某個位置。被禁內容顯然無法獲得互動,一般內容得到的互動率普通。不過奇怪的是,內容若是靠近政策線,離不當內容很近的話,互動線就會急遽攀升。互動率倍速增長到高點後就會直接一路降到零。

這種現象說明了許多研究人員早在二〇一六年美國總統大選前就已經懷疑的重點:挑弄極端的內容很有可能在社群媒體上獲得更多互動。所以Facebook用戶的動態消息才會充斥著憤怒、可怕的內

容，這些內容直接踩在可接受範圍的邊緣，但又不至於越線。這種「邊線內容」可以獲得很高的互動率。

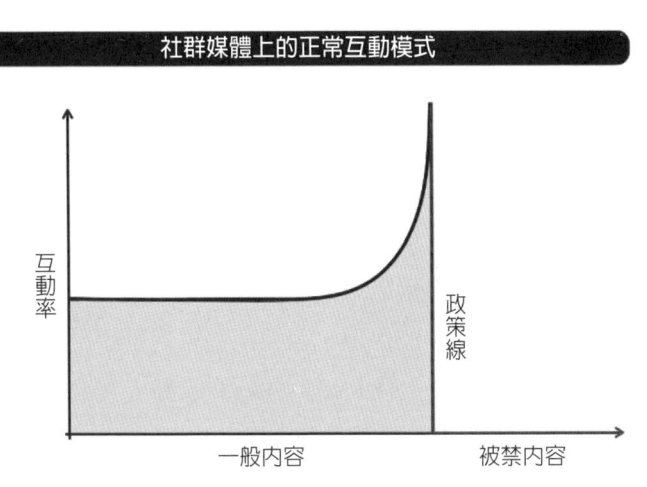

社群媒體上的正常互動模式

縱軸：互動率
橫軸：一般內容 — 被禁內容
右側：政策線

資料來源：馬克・祖克柏，內容治理與實施藍圖：自然互動模式，二〇一八年。

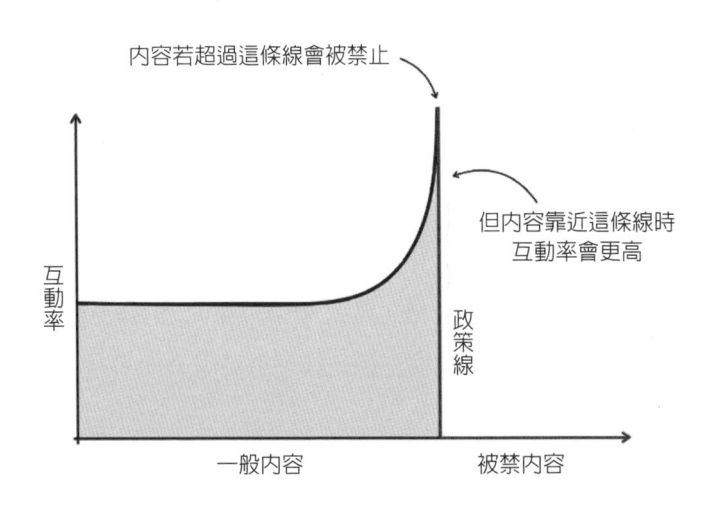

內容若超過這條線會被禁止

但內容靠近這條線時互動率會更高

縱軸：互動率
橫軸：一般內容 — 被禁內容
右側：政策線

Chapter 7　互動電扶梯　109

這是邪惡因子作祟，還是演算法深度放大的後果？看來並非如此。在社群媒體上，人的注意力會自然而然朝著那些憤慨、極端和不當的內容移動，不需要特別對其施力。

換個方式來講：不會有人說想在自己的動態消息裡看到車禍事故的內容，況且這種激烈的內容不但被禁止，也違反Facebook政策。但如果現在有人貼出車禍的影片，你十之八九會點閱它，即便只看一下子，因為人性就是會受到聳動事件的吸引。

在政治圈裡，性質相當於車禍影片的煽動性貼文，陳述著無法想像的政策理念、有毒政見或偏離初衷的可怕主張，但這類內容卻通常受到Facebook規定的保障，因為那些規定是該平台以言論自由為前提所制訂的。有鑑於此，用戶在社群媒體上其實很難不被朋友和敵人之類的人所張貼的極端政治言論和煽動性道德陳述轟炸。

用戶的動態消息隨著邊線內容蓬勃發展而變得更加有毒。此外，儘管Facebook經常針對哪些內容應該被禁變更政策，但這種互動模式依舊固若金湯。內容愈是靠近被禁的政策線，人們點擊、分享和觀看的次數就愈多。大家雖然接觸的不是仇恨言論，但卻是十分接近甚至是其他類型的極端內容；又或者接觸的雖然不是公然種族歧視內容，卻與種族歧視非常接近。

無論是否有俄羅斯介入、聊天機器人操縱用戶或劍橋分析（Cambridge Analytica）爭議等說法，此互動模式都適用。這種互動率衝高的奇特現象背後，最大的勢力並非惡劣分子，而是用戶本身。好比馬路上發生連環車禍，我們就是忍不住想看一樣。

💬 對憤慨感到憤慨

無法想像或激進的貼文出現時，就像下戰帖般激發觀眾加入爭吵的行列，強行要求觀看者選擇「加入」或「無視」。但假如發出戰帖的是朋友或熟識，就會覺得自己更有必要涉入其中。

在網路上被有毒內容觸發的過程中，最邪惡的一個環節就是用戶光是旁觀就已經落入圈套，原因在於第二和第三階的憤慨情緒——即對於憤慨情緒感到憤慨——就是其中一個要素。用戶會感覺自己被召喚去留言，感覺必須採取堅定立場。

用戶一旦加入互動，很快就會變成這場奇觀的一分子，眾人的痴迷讓奇觀愈演愈烈。每一次點擊等同於投票贊成它繼續發展。每一句搞笑的嘲諷、每一筆內幕消息、每一次猛烈抨擊，全都是連鎖反應的一環。旁觀者的怒氣逐漸變成問題的一部分，激起一連串的評斷，而評斷本身又觸發更多評斷。

我把這種不斷擴增的反應稱為「觸發鏈」，意即對觸發點——造成你有所反應，並將觸發回應與他人分享的東西——產生的反射式反應。把觸發鏈畫在互動率圖表上，看起來就像電扶梯。不管是邊線內容、新構想，還是那些利用人類忍不住回應極端內容天性的創作者，都會順著電扶梯向上攀升。

將互動電扶梯放大來看，就能明白爭議性貼文如何藉由觀看者的怒氣迅速擴大。

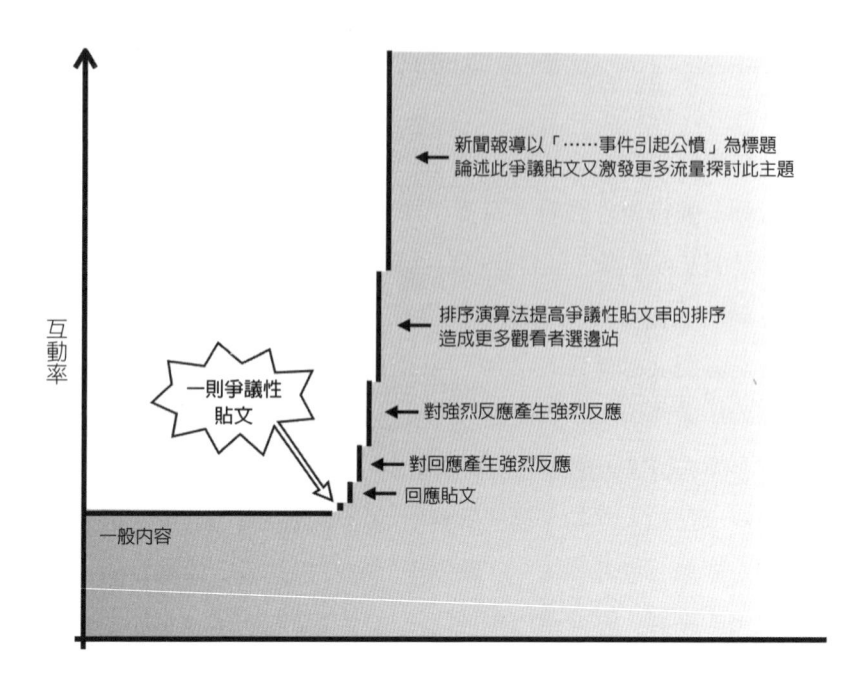

```
                                          ← 新聞報導以「……事件引起公憤」為標題
                                            論述此爭議貼文又激發更多流量探討此主題


                                          ← 排序演算法提高爭議性貼文串的排序
                                            造成更多觀看者選邊站
互
動     ┌─────────┐
率     │ 一則爭議性 │       ← 對強烈反應產生強烈反應
       │  貼文   │
       └─────────┘        ← 對回應產生強烈反應
              ↘         ← 回應貼文
    ─── 一般內容 ──
```

　　觸發鏈的歷程有一部分可以從「情緒傳染」的現象來解釋。情緒傳染在心理學來講是指某個個人在行為上的變化，造成他身邊的其他人反射式地出現「相同」情緒的過程。也就是說，我們可以「接住」他人的情緒。比方說身在同一場所的某個人對我們一笑，我們也會忍不住跟著露出笑容；又或者街上有人生氣大吼時，附近的人也會連帶感到不爽一樣。共用同一空間的一群人最後通常會共有同樣的情緒。

　　如果看到別人火冒三丈，我們自己往往也會跟著生起氣來。我們或許會對自己為什麼生氣找一堆藉口，不過追根究底，這種情緒往往就是透過社群媒體傳播，就和情緒會透過共處同一實質空間的人傳播的模式如出一轍。

Facebook於二〇一二年所做的學術研究顯示,情緒傳染是使用他們自家平台的直接副作用,其內部研究人員亞當・卡拉默(Adam D. I. Kramer)就有以下發現:

> 用戶張貼情緒性內容進行狀態更新之後,該用戶的朋友張貼評價一致的貼文可能性顯著提高,而且這種效應過了三天之後依然明顯,即便限縮了用戶及其朋友先前的情緒性內容也一樣[2]。

這意味著人與人之間即使沒有直接互動,也可能出現情緒傳染的現象。換句話說,光是看到別人的狀態更新和貼文,就足以讓用戶產生特定感覺。

所以,當我們看到朋友生氣的貼文時,我們或許並不覺得自己會氣一樣的事情;甚至強烈不認同朋友生氣的原因也說不定。這種感覺就像祕密情緒病毒一樣散播;我們會找理由生氣,就算只是對最初察覺到的怒氣生氣也好。到最後,光是觀看別人的憤怒也會讓我們憤怒起來。

不妨看看社群媒體上經常有一種特定類型的情緒傳染在發揮作用,就能明白箇中道理——研究人員莫莉・克羅克特(Molly Crockett)、威廉・J・布萊迪(William J. Brady)和傑・范・巴維爾(Jay Van Bavel)稱之為「道德傳染」。他們認為道德傳染在本質上就是一種情緒表現,會明確發出信號向別人傳達自己心目中的是非對錯概念,往往也會迫使他人遵從或反對這樣的信號,進而導致觀看者感受到道德情緒後產生連鎖反應[3]。

但是人類為什麼會有情緒傳染的現象呢?研究人員推測,這很有可能是從母嬰之間的配對關係發展而來的適應過程[4]。因為迅速

明白自己寶寶的需求是一大優勢,若是能對孩子的疼痛心領神會也有助於盡快作出反應。

日本研究人員中橋涉(Wataru Nakahashi)和大槻久(Hisashi Ohtsuki)做了更進一步的研究,發現人類演化史上曾出現情緒傳染,擁有此能力的人就能組織較大群體,增加適當因應危險的機會,並降低對小事過度反應的可能性[5]。情緒傳染想必有助於人類祖先的生存,然而社群媒體上的情緒傳染是累贅,並不是適應上的優勢,它會拖垮人們理解問題並加以解決的能力。

操縱的界線

起初Facebook都把內部所做的情緒傳染研究結果解讀得很正面,甚至以微微誇耀、類似「大家快來看看! Facebook用戶的貼文把正能量傳給朋友!」這樣的口吻來宣布。

但是這種研究發現是一把雙面刃。卡拉默在後續一項以約六十九萬名用戶為對象的研究中發現,在分享人們所看到的各種類型貼文時,其實會因此「改變」用戶的情緒與行為[6]。事實上,平台決定了用戶會看到的內容,進而大大操縱了用戶行為。光只是挑選特定類型的情緒性貼文(比方說快樂、傷感或生氣的貼文等等),就可以清楚看到Facebook一大群用戶的心情和行為「不知不覺」發生了轉變。這些特別凸顯的情緒性內容與逗留該平台的時間增加呈現正相關。此項研究明確指出,情緒內容較少時,用戶會停止貼文。那麼他們為什麼不願意多傳達這方面的資訊呢?

這項指出Facebook如何操縱數十萬用戶情緒的後續研究於二〇一四年發布時，在網路上引起一片撻伐（而且在Facebook上廣為分享，這是一定的）。可想而知，許多人對於Facebook在未取得研究對象明確同意下——用戶勾選了Facebook落落長的服務條款細則即免除同意——所進行的大眾行為操縱感到厭惡至極。此外，關於該研究的批核也傳出不好的名聲：研究是否通過機構審查委員會的學術審查程序？在用戶不知情的情況下對他們進行測試是否合乎道德？

這是二〇一四年發生的事情，這個時期什麼會讓用戶不舒服以及社群媒體對用戶「做了什麼」，兩者之間的界線相當模糊。這也是首度有人一針見血提出這些問題，並且深刻描繪了操縱和選擇之間令人憂心的差別。如果選擇使用Facebook，是不是也表示選擇了被該平台操縱？Facebook只是一個滿足人們所求的公共事業，亦或是會左右人心的裝置？

操縱遊戲

隨著這部「互動電扶梯」扶搖直上，新一類的內容製作者開始趁勢而起。這些或可稱之為「踩線者」的創作人紛紛移入，把自身的理念和內容直接推進到公共論述當中。

網路興起的最早期階段，惡劣分子就占有一席之地。只要是沒有嚴格社群標準和規範的論壇，它們人氣最高的討論串就很有可能被試圖煽動的人所把持。以網路用語來說的話，這種人有時候會被

稱為「廢文人」（shitposters）或「中二病」（edgelords），他們沉溺於張貼爭議性內容來博取注意力，經常跟著常見的酸民興風作浪。這種人多半沒有什麼訴求，純粹只是想製造噱頭來獲得追蹤者和知名度罷了。

不過除了這些壞分子之外，網路上還是有很多想支持善行義舉的社運人士。他們有一部分確實秉持著自己在乎的議題，譬如尋求毒品合法化、戰爭賠償或甚至是國家分離等。社運人士形形色色，不管是正派的利他主義者或善於權謀的策士，皆能在社群媒體找到發展基地。這些人士有一個共同點，他們都希望平常被主流論述吞沒的理念可以得到注意力。

一九九〇年代中期，有個小人物創造了一個理論。這位名叫約瑟夫・奧弗頓（Joseph Overton）的自由派政策分析師想要建置一個架構助推自由派理念一把，使它們能在被兩黨體制所主宰之政治環境漠視下贏得勝利。他將政治環境想像成一個充滿各種理念的光譜，而光譜的兩端是政治人物完全不想碰觸的最極端理念。

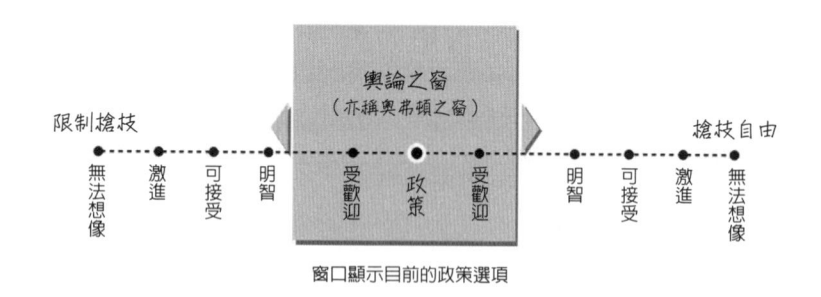

限制槍枝　　　　　　　　輿論之窗　　　　　　　　槍枝自由
　　　　　　　　　　　（亦稱奧弗頓之窗）
無法想像　激進　可接受　明智　受歡迎　政策　受歡迎　明智　可接受　激進　無法想像

窗口顯示目前的政策選項

以擁槍權這個議題為例，各位可以在光譜尾端發現一個「無法想像」的理念：擁有槍枝是絕對人權，鼓勵大人小孩持有並公開攜帶槍枝——包含各種軍用武器——保護自身安全。從這個極端點向中心點移動，依序分別為「激進」（不分年齡任何人應該有權公開攜帶槍枝）、「可接受」（任何人應該有權購買槍枝）、「明智」（十八歲以上的人應該有權購買槍枝），到「受歡迎」（十八歲以上無犯罪紀錄之特定人士應該有權購買特定種類的槍枝）和「政策」（各州既有的法規），會發現立場的極端程度愈來愈低。「明智」和「無法想像」等當然是相對而言的詞彙，以一般大眾為調查對象的數據來分類。

位在公眾輿論可接受範圍的窗口後來被稱為「奧弗頓之窗」[7]。奧弗頓認為如果希望有所改變，即移動位在政策上的窗口，自由派社運人士必須先從爭議最極端的邊緣著手，把關於什麼是「正常」的整個對話論述重新架構。舉例來說，社運人士或組織者先在槍枝管制嚴格的藍州（傾向支持民主黨）大力倡議較為強勢的公開攜槍立法，過一段時間之後就能說服民眾接受有權持有手槍作為讓步。

奧弗頓相信，藉由改變參考的框架，社運人士得到的成果會比從最節制的要求著手豐碩。這種戰術可以用另一個詞彙「構框」來描述。先要求高得離譜的價位，最後說不定能拿到中間價位；先向他人陳述無法想像的道德要求，就有機會說服他們退而求其次接受不是那麼極端的要求。

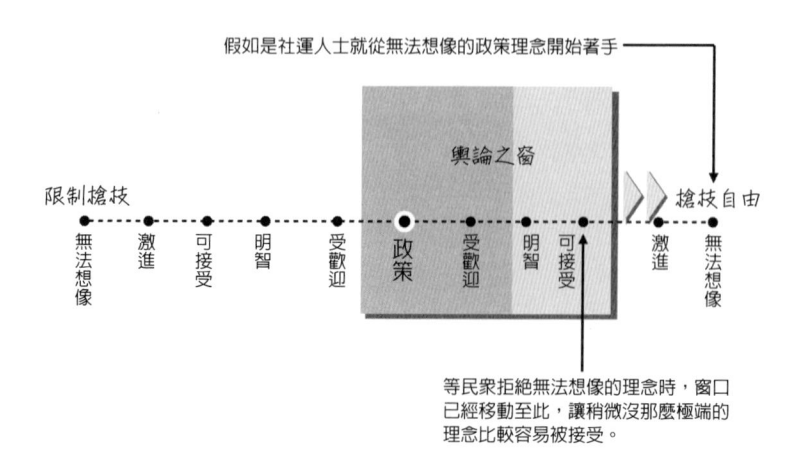

假如是社運人士就從無法想像的政策理念開始著手

輿論之窗

限制槍枝　　　　　　　　　　　　　　　　　　　　　槍枝自由

無法想像　激進　可接受　明智　受歡迎　政策　受歡迎　明智　可接受　激進　無法想像

等民眾拒絕無法想像的理念時，窗口已經移動至此，讓稍微沒那麼極端的理念比較容易被接受。

　　這個策略十多年來一直是自由派思想者和社運人士的「邊緣理論」，直到Facebook和社群媒體成為支配人們生活的影響力為止。自此以後，構框戰術在整個政治光譜的功用就變得顯著許多。組織者可以利用這個理論替他們較為極端的政治理念逐漸提高曝光度，把「各種」主題的辯論對話重新架構。

　　包括墮胎、宗教自由、動物權益、疫苗、死刑、移民改革、以巴衝突、全民健保、跨性別人士權益等議題都包含在內，每一個文化議題突然之間有了媒介可以提倡堅定的意識形態立場，企圖以此**轉變**敘事方向——結果真的有了**轉變**。

　　如果把這個窗口移調到Facebook的邊線內容現象，會出現類似以下的圖表。

　　最極端的政策理念位在用戶互動率的最高點。使用社群媒體的社運人士先陳述極端理念，用這些理念抓住聚光燈，就可以大幅影響辯論對話的方向。

　　這就是為什麼幾年前還被視為憤世嫉俗或無法想像的內容，現

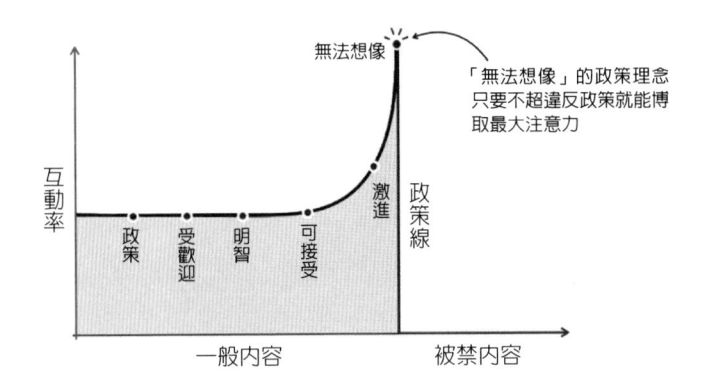

在卻四處可見的原因之一。這種內容在當今的社群媒體生態體系裡得到更多流量，記者也會特別關注這些能捕捉流量的趨勢。當這些理念、挑釁和憤慨情緒在社群媒體上的聲量夠大時，就能成為主流媒體報導的內容。

但若是分別代表某議題兩端立場的社運人士同時拉扯奧弗頓之窗會如何？這樣一來的話，民眾會接觸到政策辯論「最極端」的兩個方向，進而造成輿論之窗破裂。辯論對話會演變成叫囂大賽，位在「受歡迎」、「明智」程度的理念都無法與之競爭。

很多注意到這種情況的政治人物，紛紛拋開了明智的政策理念。把奧弗頓之窗理論加以擴展的約瑟夫・P・雷曼（Joseph P. Lehman）認為，使用這種策略時務必銘記在心的是，政客其實不如一般人想像對窗口之拉扯有那麼大的影響力。「最常見的誤解就是，大家以為立法者本身涉入了奧弗頓之窗的轉移，絕對是錯誤想法，」他表示：「其實立法者所做的是偵察窗口位置，再根據這個線索往該處移動。[8]」換句話說，政治人物通常不會推動窗口，而是去追隨它。只要改變論述，政治人物就會轉而試圖跟上潮流。

拜社群媒體所賜,輿論之窗破裂成無數的極端論點。許多位處邊緣的政治觀點如今得到過多能見度,守在意識形態光譜各個立場的社運人士現在都學會了如何把激進的觀念送入主流。他們全都破解了善用破裂窗口的方法,讓多數人搞不清楚所謂明智的政策理念實際上應該是什麼模樣。

💬 Facebook 伸出黑手

　　祖克柏在二○一八年那則指出邊線內容獲得奇怪高互動率現象的五千字貼文中,端出了解決此問題的方案。Facebook決定採取行動,不讓邊線內容自然而然得到這種互動率暴衝的效果。他們打算「壓下」這種內容,將其推到動態消息的下層,反制它的自然優勢,做法是先利用AI找出踩線的內容,然後減少該內容在用戶動態消息上凸顯的程度。

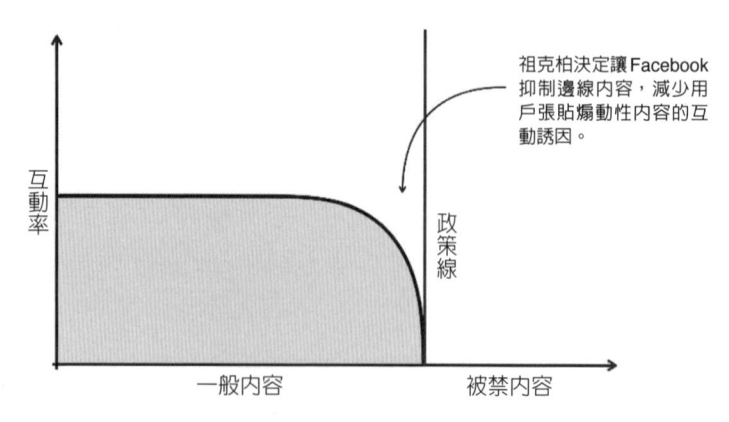

祖克柏決定讓Facebook抑制邊線內容,減少用戶張貼煽動性內容的互動誘因。

（圖表：縱軸為互動率,橫軸左側為一般內容,右側為被禁內容,中間為政策線）

資料來源:馬克・祖克柏,內容治理與實施藍圖:調整方針以阻止邊線內容滋生。

這個解決方案表面上聽起來似乎很理想。我第一次看到這份宣告前,已經書寫過這方面的議題多年,也和Facebook的員工交流過意見,想必祖克柏也獲悉一切,準備採取作為來解決平台上有毒的憤慨情緒、謊言、不實資訊和點擊誘餌等問題。

然而祖克柏決心魚與熊掌兼得。面對各方對Facebook一邊執行審核政策,一邊又讓代表邊緣意識形態的人物出現在平台上這種兩手策略的撻伐聲浪,他認為有必要為自己辯護。一年後,他在喬治城大學上台發表一場後來廣為流傳的演說,宣告Facebook要成為「言論自由」的捍衛者。他提到必須「擊退那種忍不住想把不喜歡的言論界定為危險的衝動」,並且不斷重提一個重點:Facebook把用戶在平台上暢所欲言的權益擺在第一位,除非違反公司政策,否則不會限縮該權益[9]。言下之意,他認為Facebook應該是一個言論開放,而不是限制哪些話能不能說的地方。這位辯才完美演繹了一家完全依賴用戶原創內容來保住互動率的公司。

不過祖克柏這個兩全其美的正義表面底下,藏著他自己不過一年前才寫過的真相:平台上的言論自然而然會朝著極端、有疑義和不健全的方向傾斜。若真要解釋這是怎麼回事,那恐怕就是Facebook早就伸出黑手行操縱之實了。

祖克柏直接走到了任誰都能馬上認得出來的文化剪刀中央。那個製造分裂的理念?假如所有言論都受保護,那麼仇恨言論也受保護,謊言、不實資訊也都受保護。Facebook現在儼然成了數十億用戶能不能說哪些話的實質判定者,但答案沒那麼簡單。

判定數十億用戶的內容聽起來對單單一家公司來說是不可能的任務——確實如此。為了因應這個影響層面巨大的難題,二〇一

八年Facebook決定推出獨立的審查單位「監察委員會」（Oversight Board），來處理最惡劣棘手的內容審核案例。雖然監察委員會只能處理一小部分的內容審查案，但至少以對的方向朝著某種正當程序邁開了一步。

但是更深層關鍵的問題依然存在，社群媒體公司借力使力對社會所施加的影響實在令人震驚又空前。他們「決定」把線畫在何處，就等於決定了用戶言論的界線，這是政府或媒體公司十年前絕對想像不到的事情。這些默許做法支配著用戶可以表達和看見的言論。

該如何劃下界線

二〇一七年十二月三十一日，YouTube最受歡迎的一位影音部落客（vlogger）羅根·保羅（Logan Paul）發布了一支影片，內容是他在日本一個詭異恐怖的森林裡漫遊過程。青木原樹海位在富士山山腳下，至少從一九六〇年代起就被稱為「自殺森林」，有世界上最知名的自殺地點之一這個悲傷的名聲。

這是保羅「東京冒險」原創影音系列的第三支作品，他和同伴之所以計畫在自殺森林露營，正是因為這個地方陰森森的名聲。結果進入森林才幾個小時，他就發現一具最近在那裡上吊自殺的男性屍體。這個發現是他外拍時捕捉到的畫面，他當下立刻將影片加上屍體縮圖上傳到YouTube頻道。不到二十四小時這支影片便獲得六百三十萬的點閱次數，榮登該平台第十名的熱門影片。

保羅先前就已經因為他在日本的其他出格行徑招致批評，如今這個驚人之舉對他來說也不算失常。此前，他拍過自己在人潮擁擠的街上脫光衣服、跟別人打架，還有對當地警官丟東西的影片。保羅大多數的影片都是惡作劇，其中又有不少內容是刻意走在可接受範圍的最邊緣。

　　不過這支影片不一樣，它超過了某種行為準則線，已經不屬於可接受行為。若干名人和政治人物譴責保羅拍到男性屍體的影片。YouTube社群上則有人批評他對於自殺死者如此麻木不仁的態度。Change.org網站上很快推動了一項要求移除保羅頻道的請願，該請願最後獲得超過五千人的連署。

　　然而YouTube並沒有刪除這支影片，公司反倒允許該影片置頂多日，一邊設法控制附帶後果及思考該怎麼處理。最終YouTube在輿論壓力之下停用了保羅的頻道；這起事件最後還是超過了可接受的界線。

　　這條界線在保羅的影片上架時並不存在，直到群情激憤才迫使平台設限。在未畫下界線之前，保羅這一類的踩線者總是能夠利用無動於衷的影片或者衝突或憤慨情緒，搭上互動電扶梯拉抬自己。用戶會使出渾身解數遊走邊緣地帶，除非某類型的內容被畫上界線，加上平台嚴守這條界線。

　　但是輿論在這個過程中其實和平台一樣能夠有所作為。道德的邊界只有在「犯眾怒」之後才會豎立起來。這樣一來，表達憤怒基本上就是在設定界線，規範平台可被容許的作為。換言之，眾怒可迫使內容審核者建立默許規則。

總結

　　在社群媒體上，用戶的注意力自然會靠向憤慨、極端和不當的內容，不需要特別對其施力。優化互動率的演算法正好投我們所好。

- 爭議性的邊線內容出現在動態消息裡的機率往往不成比例的高，這多半是「觸發鏈」衍生的結果——觸發鏈就是指用戶自身對煽動性內容做出煽動性的反應。
- 社群媒體是傳染情緒的強大工具。端視平台提供何種內容而定，用戶往往會在動態消息裡反映出自己看到的情緒。
- 不管是良善分子亦或是惡劣分子都會利用爭議性內容，比方說社運人士、酸民和趁火打劫的投機分子等，都有可能透過社群媒體移動「奧弗頓之窗」——即輿論之窗，用來促進特定理念與重要議題的辯論對話。

　　細膩差異和背景脈絡有助於人類理解現實世界，但社群媒體會不經意抹去這些人類經驗中最重要的環節，下一章將對此進行抽絲剝繭的探討。

Chapter 8
不和的蘋果

美國出現了重大的媒體變革，
諸多公共論述的內容因此成了危險的胡言亂語。

——尼爾・波茲曼（Neil Postman）

有個古希臘神話是這樣開始的：

奧林帕斯山舉行了一場婚禮，強大的眾神都收到了喜帖，唯獨一位女神不在受邀名單內，她就是不和女神厄里斯。怒火中燒的她為了報復便策劃到宴席上大搞破壞。她在一顆漂亮的金蘋果上刻了「獻給最美麗的女神」幾個字，然後溜進婚禮混在眾神之中，將珍貴的金蘋果放在人群中央。很快地，這顆蘋果就被發現了，造成很大的騷動。

自負的眾神開始爭吵不休：這顆金蘋果應該屬於誰？它有什麼含義？雅典娜、希拉和阿芙蘿黛蒂這三位女神都認為這顆蘋果屬於自己。

在沒有其他資訊的情況下，女神們先是言詞激辯，接著逐步升級為一場盛大的競賽。刻在蘋果上那句含糊不清的話看在每個人眼裡都有不同的詮釋。三位女神都有各自的意見，也都想為自己的意見據理力爭。

最後阿芙蘿黛蒂女神贏得了這顆蘋果，結果馬上觸發連鎖效應，其他女神和盟友紛紛感到不滿、憤怒和怨恨。隨著故事持續發展，情緒餘波不斷加劇，進一步變成衝突，終究引發了報復行動和野蠻的戰爭。根據這個神話的說法，這顆「不和的蘋果」正是特洛伊戰爭的導火線[1]。

　　這個神話就和多數的寓言故事一樣，映照出根深蒂固的人性面——缺乏脈絡的資訊往往會引發衝突。在沒有背景可參考的情況下，含糊不清的東西容易造成毀滅性的誤解。

缺乏脈絡導致衝突

　　金蘋果神話也貼切地象徵今日媒體環境。各位不妨思考一下近十年來爆紅的其中一則報導。

　　二〇一九年一月十九日，網路上出現一支短片，內容是數十位戴著繡有MAGA（讓美國再次偉大）字樣帽子的高中生和年長的美國原住民老兵奈森・菲利普斯（Nathan Phillips）在華盛頓特區林肯紀念堂起衝突的畫面。這些來此地校外教學的肯塔基州科文頓天主教高中男生，看似對著那位長者刻薄地辱罵，還用手比出印地安戰斧的砍頭動作，於此同時又有個男生以一種看起來像蔑視的表情對長者嬉笑，目光緊盯著他不放。

　　影片一貼上Twitter之後，就有二百五十萬多人觀看，而且才不過幾小時的功夫，就被分享了一萬四千多次，迅速成為該平台上最熱門的話題。記者看到短片後，把它推到CNN、《華盛頓郵報》、

《紐約時報》及其他數十家網路新聞網站,這支影片成了許多新聞管道的頭版報導[2]。

如果以革新派的角度來看這支影片,內心會浮現某種感覺;它會激發一種深層的情緒反應。那些高中生對待那位男性長輩的態度惡劣又不屑,看在大多數自由派人士眼裡,很難不把他們的行為詮釋為川普治理下美國醜陋又不近人情的寫照。

然而這支影片其實是視覺上的錯覺。等到影片發布了一段時間,各種相關訪問出爐,再加上數十篇社論探討此主題之後,另一支影片浮出水面,為這起事件提供稍微多一點的背景脈絡[3]。

從這個新視角來看,高中生先被另一群附近的抗議人士奚落,便開始一起唱校歌來回應。這時美國原住民奈森・菲利普斯信步走入他們當中,邊唱歌邊敲鼓,彷彿被吸引到這個場面裡。高中生顯然因為長輩加入而雀躍不已,唱得更帶勁了。其中一個男生在菲利普斯朝他走去時站在原地不動,微笑著與菲利普斯四目交接。

這支影片應該衍生不了更廣泛的意義才對,因為畫面就和激昂的抗議行動現場會出現的那種陌生、茫然又凌亂的情況一樣。現實生活中總有含糊不清的事情發生;人們會爭吵,會表達自己的意見,會有奇怪的行為舉止,會放手讓事情過去。

不過這個時代特殊的地方就在於有即時的機制可以把這些片刻找出來,為其注入外圍脈絡和它們之所以特別有疑義的理由,然後再加以擴大讓它們眾所周知。

以上就是社群媒體奇特的力量可以導致所謂「社交情境崩解」的一個例子。現在就用一個假想人物「鮑伯」發生的假想現實事件,來探討社交情境崩解的過程。

鮑伯倒楣的一天

鮑伯這天過得真糟。首先，他早上睡過頭沒聽到鬧鐘響，以致於上班遲到了。他那個才剛學走路的孩子，做了可怕的惡夢後就整晚睡不著。雪上加霜的是，他匆忙趕著出門時，把咖啡潑在地毯上，結果跟另一半吵架了。那天去上班之後情況更慘，他發現自己有可能被裁員，若是丟掉飯碗也等於失去家裡的主要收入來源。下班後鮑伯去雜貨店採買，在排隊等結帳時，他注意到一個女人好像想插他的隊。至此，鮑伯再也沒辦法忍耐了，他開始發飆，責罵那位女士不顧別人感受。女士也忍無可忍，對話逐漸升溫，最後也吼了回去。一時之間難聽的話此起彼落。

經過一段短暫又暴躁的對話之後，女士解釋說她其實本來就在排隊，只是離開一下去換掉幾顆破掉的蛋。鮑伯明白自己亂發脾氣，便向對方道歉，這場衝突就在難為情中解決了，鮑伯和那位女士繼續過各自的人生。

事件時間軸

發生各種事情　　犯錯、粗心或怪事　　善意的解讀、
導致鮑伯不好受　　發生在鮑伯身上　　道歉或自然化解　　→人生繼續……

現在請想像一下鮑伯一時的激烈言語被某個排隊中的人拍到了。這個人用手機拍攝爭吵場面，然後貼到社群媒體。起初貼上去的影片是包含了道歉那一幕的完整版，比起兩人對吼的畫面確實沒

那麼有趣。另一位用戶不喜歡鮑伯的口氣，於是把影片剪輯成只有講難聽話的畫面，這個部分的內容就刺激多了。

鮑伯失態前後的片刻都被移除了，包括現場人士的善意解釋、言外之意、事件當下的氛圍、原始情況和後來自然化解的過程。經過剪輯的新範圍把這起事件轉化為更容易被曲解的懶人包資訊，醞釀成一顆「不和的蘋果」，準備好迎接誤解。

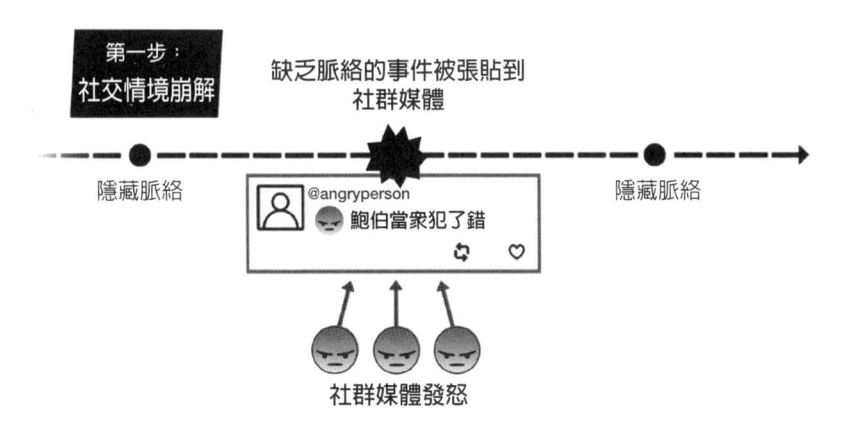

```
第一步：
社交情境崩解        缺乏脈絡的事件被張貼到
                    社群媒體

隱藏脈絡                                    隱藏脈絡
            @angryperson
            鮑伯當眾犯了錯

            社群媒體發怒
```

失去了前後脈絡之後，鮑伯短暫的激烈言語看起來相當惡劣。這支影片開始被頻頻分享。

在現實生活中，人會做一些不恰當的事情，在陷入麻煩、尷尬和犯錯的情況下被拍下來。可是當我們拍到這種畫面，並將之分享到網路上時，就等於把現實人生推進了社群媒體的容器中，進而從根本上改變大家對事件的觀感。

包裝社群貼文這個動作，就是把一個片刻提取出來，去掉了它的前後脈絡，猶如從勾動人心的電影裡節錄一段難看的靜止畫面那般。這種做法讓我們得以從長篇故事裡複製幾秒鐘最腥羶的片段，

再將之貼到不留情面的環境中等著被論斷,而社群媒體上大家最愛做的事莫過於論斷陌生人。

可是接下來發生的「斷章取義」會更麻煩。被最初那則貼文激怒的人把貼文分享給別人,而且還在其中依自己愛好來加油添醋,結果本來失去原有脈絡的內容,現在被置入了另一個嶄新的脈絡之中。

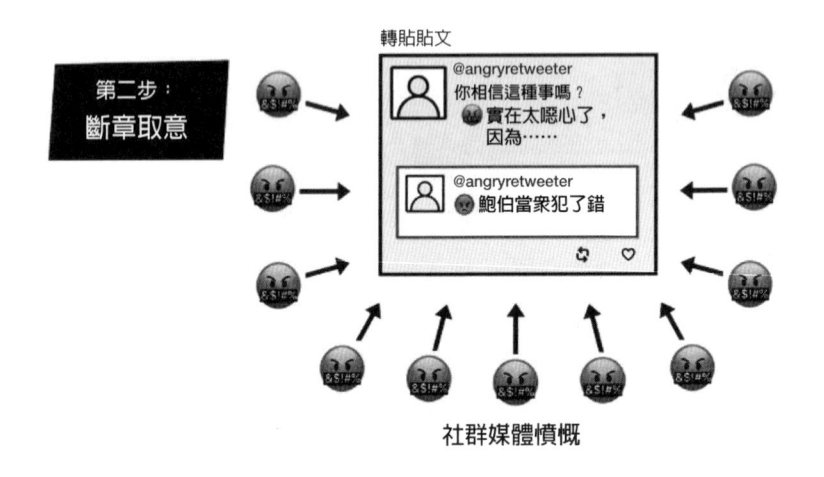

第二步:
斷章取意

轉貼貼文

@angryretweeter
你相信這種事嗎?
實在太噁心了,
因為……

@angryretweeter
鮑伯當眾犯了錯

社群媒體憤慨

影片裡只須要加入一點「文化不對稱」就夠了;比方說讓大家看到一個生氣的男人(鮑伯)對著一個女人(另一位消費者)亂發脾氣。或者換成一個民主黨人(鮑伯)對著一個共和黨人(那位女士)。又或者是他們所影射之任何群體的誇大映象。這種文化不對稱可以被重新包裝成社會某個令人憂心趨勢的「例子」。這樣一來,對這些社會趨勢亦有所感的人們看到影片後,便得到機會來解釋影片內容激怒他們的原因,然後再把原因連結到一個較為「宏觀」但也許跟實際事件本身毫無關聯的說法,而做法就是從根本上

增加貼文的情感分量,並使其更符合我們的道德傾向,為貼文增添新的脈絡。

現在,這則貼文已經變成一則事關「認同」的貼文了。它是道德武器,一個人們在講述世間道理時可以拿來套用的象徵。如今可以用它來佐證世界觀或勸誡世人。

隨著鮑伯的故事像病毒一樣瘋傳,具有同樣意識形態傾向的人也紛紛因貼文而起心動念,這起事件就像擴大的化學反應那般開始在網路上激起漣漪。隨著貼文達到數百人次分享,影片成了部落格圈如火如荼探討的主題。隨著貼文達到一千次分享,數名記者開始在推特上為文報導,鮑伯的窘境眼下已經是收視保證的報導話題了。

這場騷亂如今已傳得又遠又廣,開始出現一些文章解說鮑伯的激動言論有何問題以及他的過錯帶給世人什麼啟示等等,評論該事件所象徵的意義。然後,又有幾位記者發現最初那則貼文少了前後脈絡,於是對此為文論述一番。這下子,誰還能無視原來當初那群人錯認了鮑伯是壞人的說法。

記者對於報導這種主題特別**趨**之若鶩,他們自己往往也會在報導內容中添加額外意義,好達到讓報導廣泛流傳的目的[4]。

這種「道德報應」觸發鏈對每一位傳播者而言都是有好處的,譬如對新聞媒體就有收益上的好處,因為報導**趨**勢話題可確保一定的廣告點擊率。對那些讓用戶整日為鮑伯的命運感到尷尬的平台來說,好處是成功鉤住用戶緊盯著動態消息不放。至於**轉推**分享貼文的個人用戶,他們得到的則是追蹤者增加、名聲變得更加響亮的益處。

不過有一個人沒有獲益,那就是鮑伯。他不再是辛苦度日的人;他的過錯如今成了一種借鏡,也是社會的殷鑑。

◯ 總結

本章探討了社群媒體的本質,往往會抹去人類共同經驗中一些最重要的部分。

- 任何被置入社群媒體容器的事件,都會失去細膩之處和脈絡。這類事件若是少了前後脈絡就容易產生誤解,即所謂的「社交情境崩解」。
- 誤解會致使人們自行添加不相干的意義和脈絡,把原本的事件轉化為一種借鏡,來佐證他們在周遭環境看到的令人憂心趨勢。這種情況稱為「斷章取意」。
- 最激憤的誤解通常可以在社群媒體上博取最大注意力,進而啟動「觸發鏈」,也就是一連串自原始事件分離出來的憤慨情緒。

接下來的章節將深入研究觸發鏈的機制,瞭解人們的意見從何而來,以及道德取向的內容易於瘋傳的原因。

Chapter 9
觸發鏈

假設你現在走在街上,聽到有人吵架。他們的聲音很大,吵得又很凶,為了某件事大吼大叫,你應該會停下來看一下發生什麼事吧——這是人之常情。

假如你認識吵架的某一方,大概會馬上選邊站,甚至去幫腔也說不定。無論如何,你至少會去注意這件事。

鼓勵用戶去觀看衝突,要大家對本來沒什麼意見想法的話題選邊站,這就是社群媒體常做的事。

究其核心,社群媒體正是一部「供應意見」的機器,而且不是每一種意見都均衡提供。

動態消息排序
由演算法決定內容在用戶動態消息裡的排序

用戶的內容動態與時間軸大多都不再以時間先後來排序,反而是根據用戶互動的機率來決定哪些內容會出現在動態消息裡。

憤慨情緒這一類的情緒反應就是強勢的互動率指標。只要用最基本的演算法排序動態消息,製造分裂的內容就會優先顯示,因為這種內容比其他類型攫取更多注意力。

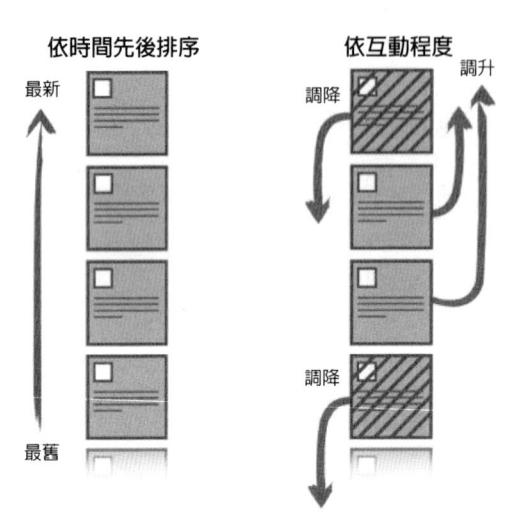

依時間先後排序　　依互動程度

最新　　　　　　　　　　調升
　　　　　　　　　　調降

　　　　　　　　　　調降

最舊

Instagram、Facebook、Twitter、YouTube、TikTok 和其他社群平台,早就棄用倒敘排序法來協助用戶處理更多內容及延長逗留平台的時間。

基本排序演算法

應該優先顯示哪些內容才能讓用戶在平台上逗留更久?

1. 依最可能互動時間排序內容順序
2. 依最可能互動時間提供內容

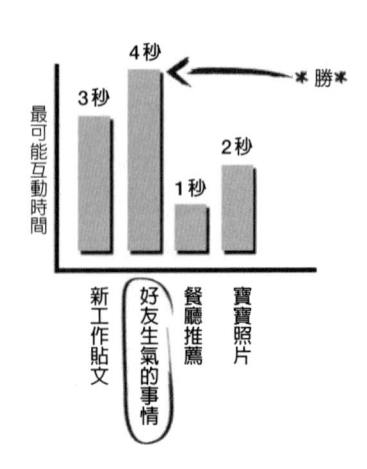

最可能互動時間

3秒　　4秒　　＊勝＊
　　　　　　　　2秒
　　　　1秒

新工作貼文　好友生氣的事情　餐廳推薦　寶寶照片

道德義憤＝擴散性

在紐約大學研究Twitter的研究員威廉・J・布萊迪（William J. Brady），找出瘋傳的社群媒體貼文有清晰可見的模式。他研究過龐大的數十萬則推文資料後，發現使用道德與情緒性語言的貼文中，每一個道德與情緒性的關鍵字都可增加一七％的擴散動能[1]。

保守派推文範例：
「同性婚姻是**惡毒**、**邪魔**的謊言，目標就是要摧毀我們國家」
—@overpasses4america

自由派推文範例：
「摩門教新政策禁止同性父母的子女受洗——這個教會想**懲罰**孩子是嗎？開什麼玩笑？！真是**丟臉**！」
—@martina

上述兩則推文都使用了道德取向及譴責他人的語言。這種貼文會激發深層的情緒反應，且更有可能被其他認同這些意見的人看見及分享，大大提高貼文擴散和互動的動能。

這種隱藏導體促使用戶在網路上分享憤慨、情緒性及製造分裂的內容。

不過這種手段不只應用於個人貼文，用戶在社群媒體上的任何內容，例如留言、迷因、影片、文章等都有可能被套用。此手法已經培育出一個包括新聞媒體在內，各個層面內容創作者都善加利用的「道德義憤」生態體系，原因就在於它很有效。

這類內容會發揮觸發作用，點燃用戶自身的情緒反應，等用戶有所反應之後，往往又會把自身的情緒外推給周遭世界的其他人。

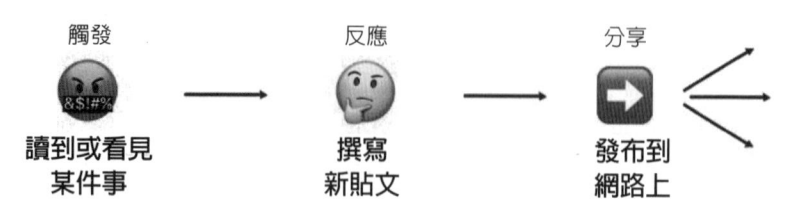

用戶在社群媒體上分享內容的簡化模式。
使用者純粹轉推或分享內容時會省略中間的步驟。

這個體系透過憤怒的內容創造了某種或可稱為「憤慨連鎖效應」的東西，即道德論斷與道德厭惡的病毒式擴散現象。這些東西最後會主宰用戶的動態消息和對話方向，並逐漸成為一種顯著的文化時代潮流。

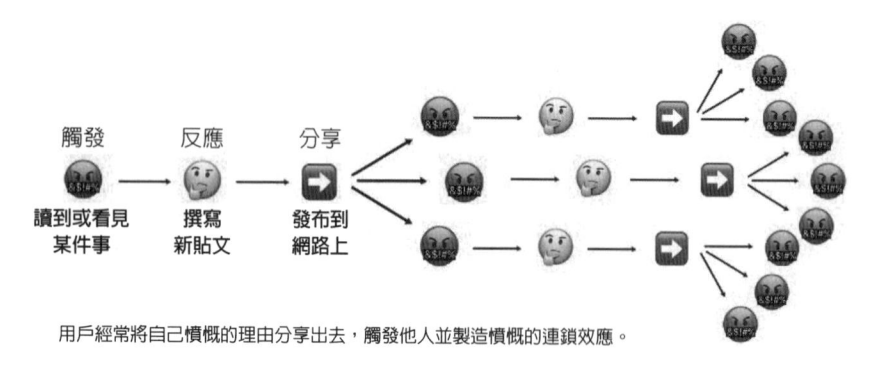

用戶經常將自己憤慨的理由分享出去，觸發他人並製造憤慨的連鎖效應。

Facebook、Twitter 和其他社群媒體通常會優先顯示這類內容，就是因為這些是用戶會點擊、逗留閱讀和做出回應的內容，也是能激起觀眾互動的祕密路徑。社群媒體在捕捉注意力的過程中，用戶的怒氣、恐懼和厭惡如同信號一般在一堆雜訊中閃爍。

用戶在社群媒體上經常接觸的內容量，一定大到經常按讚的內容類型裡保證有情緒性內容。一則能夠迅速得到「讚」的貼文，自然勝過那些或許需要深思熟慮的內容。假如貼文需要多花一點時間消化，那麼得到的讚、留言和分享次數就會比較少，進而被下移到動態消息排序較後面的位置。這種機制為用戶製造了正當又強大的動機，促使他們張貼情緒性和爭議性內容。

　　有鑑於此，若不說點會引起紛爭的內容，便無法在注意力市場裡勝過那些會說這類內容的人。而且如果不能利用引起互動的戰術來累積追蹤者和注意力，那麼跟有辦法做到這一點的人比起來，恐怕也會居於劣勢。

　　論述本來就會被分化，但社群媒體把已經極端分化的內容擴大得更加嚴重。這些工具支配了媒體、對話和生活，造成我們的公共論述變得醜陋、分歧又亦發極端。小小的輕率之舉就這樣將道德論斷拓展成龐大的文化潮流。

意見如何散播

　　用骨牌來形容意見想法如何在人與人之間散播是最淺顯的比喻。一塊骨牌立起來之後，它本身就儲存了倒下去的所有潛在動能。骨牌倒下會釋放動能，它的某一邊會面朝上露出來。

　　你對某個話題「可能」會有的想法，就像豎起來的骨牌一樣，除非它接觸到一點力量，即「觸發點」，否則不會自行倒下。倒下去的骨牌會有一面露出來，這一面代表的就是你對某個話題的明確

想法。除非骨牌被推一把，否則它會保持穩定中立的狀態。我們有太多這種中立意見；換言之，很多中立話題我們並沒有特別抱持任何觀點。

舉例來說，各位對蒙古的國內流域議題有何看法？你應該不曾思考過這個議題，不曾接觸過該議題的任何一方意見，也不能馬上領會該議題的重要性。在猶豫不決又一無所知的情況下，你大概會盡情地忽略這個議題的重要性。這就是中立意見，一塊站得筆直的骨牌。

但如果你在聚餐時聽到朋友談起保護蒙古內流域的重要，且該議題涉及到資源開採及其對蒙古環頸雉造成的衝擊，或許你會忽然感覺到自己的骨牌開始動搖了。你的骨牌未必朝著朋友的看法倒過去，但這個骨牌落地的當下，你會突然擁有一個過去不曾有過的意見。

（倘若各位在我提到這個議題時感受到一絲道德情緒，還請理解我只是隨機挑了這個議題，沒有特定理由，蒙古的環頸雉既沒有受到威脅也並非特殊鳥類。）

那股讓意見骨牌倒下的力量可能出自若干來源，譬如個人事件、新聞報導，又或者如前所述，是某個人的想法。餐桌邊激烈的政治對話變成動力，帶著彷彿能聽見聲音的碰撞，撞倒其中一個骨牌，對某個主題產生了新的意見。

在日常生活中，我們的意見骨牌基本上不會在倒下時撞倒別人的骨牌，它就只是倒下，然後我們會覺察到自己有了新想法而已。有時候在聽播客或是看新聞時，或許會用力推倒你腦海裡的某個新骨牌，接著你或許會跟朋友熱烈分享這個意見，進而推倒朋友的骨

牌。當你私底下的想法公開之後,就會「推倒」別人的骨牌,讓其他人也形成了意見。

但如果重置遊戲會發生什麼狀況?假設現在每塊骨牌之間沒有拉出夠長的間隔,也並非碰到聚餐時隨機碰撞別人骨牌的狀況,而是所有骨牌都對準某個方向,一個緊挨著一個排好,這樣會如何?結果恐怕就是每次只要有一個意見骨牌倒下,即某個意見被提出、張貼、分享或轉推時,這個意見就會立刻撞倒其他幾個骨牌。

社群媒體有效地縮短了個人意見之間的距離,讓骨牌與骨牌離得很近。人與人因為社群媒體而連結得更加緊密,代表個人意見的骨牌彼此間也站得更近。如今一個骨牌倒下,就會造成別人的意見也接連倒下,演變成一場連鎖效應,直到所有相鄰的意見都「露出來」為止。一連串的意見都揭露之後,會變得根深蒂固,就像倒下的骨牌通常需要特別施力才能重新立起來一樣。

這個骨牌譬喻說明了行為經濟學家所稱的「意見串流」(opinion cascade)現象。這是一種成串的資訊,由若干人觀察到先前其他人所做的決定,再一個接著一個做出同樣決定而形成的。若是要瞭解人如何確立想法,以及人類社群網絡如何作為,就一定要先明白這種意見串流的現象[2]。

💬 意見從何而來?

話說回來,人的意見有多理性?意見想法是否會遵循預先設定的方向,或是隨機倒下?

意見串流有個特別奇特的地方,那就是它們未必會順著有邏輯的路徑倒去。語言學家史蒂芬‧平克(Steven Pinker)在其著作《The Blank Slate》(書名暫譯:白板)中用一種特別的方式提出這個問題:「人們對性愛的看法,到底為什麼會預測他們對軍隊規模的看法?宗教和課稅之間有什麼關係?嚴謹的憲法結構和鄙視震撼藝術這兩者間究竟有何關聯?3」

二○一九年康乃爾大學的研究人員試圖透過一項具有劃時代意義的研究找出其中原因。

他們找來二千多名網路受試者,將他們分成十組,每一組都自成一個獨立的「世界」,任何小組的個別成員都不會與其他小組有任何接觸。每一個「小世界」裡的每位受試者都會拿到一組非政治方面的主題,這些主題「有可能」會在日後演變成政治爭議話題。

研究人員把這些主題標示為「未來爭議」,然後請受試者玩一個遊戲。遊戲的任務是將這些議題評斷為「民主黨」或「共和黨」的議題。

實際上研究人員所列出的意圖絕大多數都無黨派之分,既沒有清楚標註黨派,也未曾用高度政治色彩的方式提到這些議題。他們提供議題內容大致如下:

- 「人工智慧軟體應該用來偵測電子郵件平台上的網路勒索情事。」
- 「為孩子挑選理想學校的過程中,學生特質比教師素質更加重要。」
- 「偉大鉅作的魅力無遠弗屆。」

每個小組世界裡的成員，會一個接著一個隨機看到類似上述的議題。

接著研究人員會依照受試者的政治傾向，以這種方式來一一詢問他們：「現在我們想瞭解你個人的意見。你作為〔民主黨人／共和黨人〕，同意或不同意這個陳述？」

在控制情境下，他們只允許受試者同意或不同意各個陳述。不過在影響情境下，他們會先讓受試者看到之前受試者對此議題的意見。也就是說，在這種情境下，接著拿到議題的受試者，會看到前面的受試者是在評論民主黨或共和黨的議題。

這項研究的結果應該會讓進步派和保守派的中堅分子「跌破眼鏡」。如果有小組世界裡的民主黨人所堅守的立場，是該組共和黨人反對的立場，那麼這個小組世界最後會被標示為彼此立場「完全相反」。其意見串流的路徑完全不一致，而且多半與各小組世界第一個表態受試者有密切關係[4]。

舉例來說，某個小組世界的愛麗絲（民主黨人）是問卷調查的第一個受試對象，她同意「學生特質」很重要，這個意見導致鮑伯（共和黨人）將該議題評為「民主黨」議題；接下來他應該不同意此看法，進而造成該小組世界的其他成員依樣畫葫蘆。然而另一個小組世界又不同了，卡拉（共和黨人）一開始就表示「學生特質」是共和黨議題，結果此評論激起相反的趨勢，造成該議題被認定為共和黨議題。

研究人員發現這種整個小組世界「髮夾彎」的現象，會出現在他們測試的絕大多數爭議性議題上。

這個發現指出了相當革命性的論點,那就是現今很多政治議題其實在一開始的時候並沒有這種色彩,會變成如此恐怕純屬意外。諸如社會壓力,或者是先前其他人發出的意見信號,又甚至只是隨機才大幅左右了我們把黨派之爭的界線畫在哪些地方。

所謂的政治分歧其實有不少都是從某一個熱血的個人或團體在其小圈子內外強行推出一個選擇,或甚至有可能是某個人在最初時隨便亂挑一個意見開始的。「從眾」壓力強到促使我們朝著設法與政治族群取得共識的方向推進。換言之,我們會去尋覓那些和我們有共同認同的人所發出的信號。

原來一大堆最有爭議的辯論對話或許實際上都是偶然發生的,我們爭個不停的議題說不定都是意外出現的,這番體會令人感到有些不安。當我們認知到意見串流有點像隨機出現時,那就意味著假如我們在採納小圈圈內的黨派路線之前多加仔細考慮的話,也許會有更多空間去同意那些主題。這些議題當中有很多未必是普遍、單邊的道德歧見。

◯ 總結

道德和情緒性語言更容易瘋傳,讓用戶接觸到各種擴大的分裂和兩極化資訊。這種擴散性會引發一連串道德論斷和道德厭惡所產生的憤慨情緒。

因為人的意見會像骨牌倒下一樣散播出去,所以這種現象顯得特別有問題。比起線下世界,社群媒體會替道德色彩較濃的意見創

造出不自然的緊密距離，引發意見串流並開始左右人們對各式各樣的主題產生自己的看法。史蒂芬・平克指出，人對於新主題的意見多半會深深受到政黨背景和政治親密程度所影響，這表示用戶在網路消費的憤慨情緒會輕易混入各種議題中，造成這些我們最初未曾反對的議題，進而產生更多的政治分裂。

接下來要探討的是另一種在社群媒體上與我們共存的奇特實體「演算法」，它們是如何操縱人們的思想以及成效卓著的原因。

Chapter 10
演算法

想像一下，某一天你從飼養員那裡帶一隻小狗回家當寵物。

隔天早上你醒來，發現小狗坐在床前熱切地望著你。牠叼來一顆球、一雙襪子和一隻已經變形又噁心的死老鼠給你。你看到那些東西嚇壞了，對小狗大吼斥責。

不過這隻狗很奇怪，牠不覺得羞愧，對你的責罵也置若罔聞，反倒只知道觀察你的動作，還有你把注意力放在哪裡⋯⋯其他事情牠不看。牠叼來的第三樣東西噁心至極，但也有點把你迷住了。你把另一半叫進來看看那坨怪異的東西，而且還拿出手機對著它拍了一些照片。這隻死老鼠實在太讓人震驚，你決定和朋友們分享這件事。

這隻狗被育種成尋覓能引發「有意義的社交互動」的東西，而且牠在這方面的表現相當出色。你帶著既厭惡又有些著迷的眼光望著那隻死老鼠的同時，小狗在沒有人指示的情況下自己跑走了。等到你把噁心的死老鼠照片分享出去之後，小狗又叼著另外三樣東西回來，而且個個都比死老鼠詭異，它們分別是陰森森的洋娃娃頭、鹿的頭骨和大腿骨形狀的腐爛木頭。每一樣都是有點病態的「奇物」，為的就是讓你繼續玩這個古怪的遊戲。小狗目睹你對噁心死老鼠做出的反應，於是跑出去再叼一些類似的東西回來給你。

這隻狗比喻的就是互動演算法。主導用戶網路生活的演算法是一種十分厲害的「撿球」機制，設計目的就是讓用戶不停地玩挑選和消費的遊戲。

你的小狗第一次帶回的三樣東西就是牠的預設值。由於小狗演算法對你一無所知，因此牠挑選的這三樣是可以從最廣大的觀眾群中引起反應的東西。那顆球可能好玩，那雙襪子可能好穿，但對這個演算法來說，你對死老鼠的反應是清晰明確的信號。演算法基於你做出反應的這個「死老鼠」資料點進行優化，以便持續讓你玩下去，所以牠跑出去取回更多類似的東西。

從基本的注意力比序來看，詭異的死老鼠雖然可怕嚇人卻勝出了。演算法利用你的反應當作訓練資料，在接下來的反覆循環中除了針對你的注意力之外，也納入你的厭惡和驚恐作為優化的考量。

當然，人不會喜歡死老鼠，基本上也不可能希望動態消息裡出現死老鼠。用戶在接觸到演算法時，那些演算法通常已經被訓練成一開始就不會有這種病態的東西進入動態消息和搜尋結果中。這些被阻擋的東西包括了色情圖片和其他可能違反公司服務條款的不當內容。

假如將這些反應畫成圖表的話，看起來會很像一組跨越各種內容類型的高峰與谷底。高峰稱為「極大值」（maxima），谷底是「極小值」（minima）。以數學來看，這兩個值代表一個函數的最大和最小值，就小狗演算法的案例而言則是指人的注意力高低。最接近高峰的點稱為「局部」最大值，可能的最高峰點則是「全域」最大值。

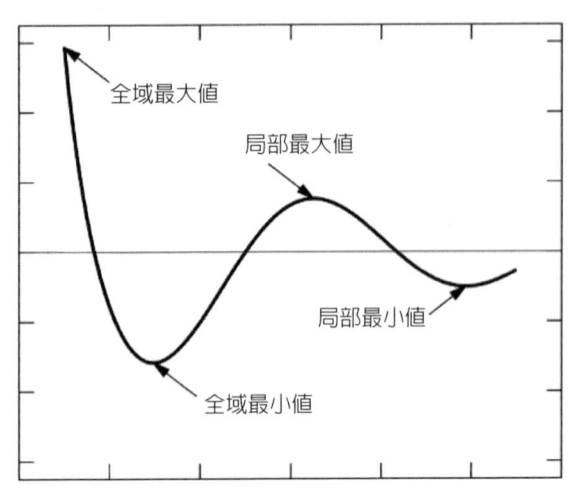

資料來源：KSmrq，極值範例原檔（Extrema example original），二〇〇七年。

　　這是演算法看用戶的角度。它存在的意義就是用它提供給用戶的每一樣東西，來找出下一個最有可能的高峰。演算法會利用各種不同類型的內容（即X軸）進行優化，以取得用戶的注意力（即Y軸）。

　　社群媒體動態消息和搜尋引擎背後的演算法所用的排序機制比小狗強大太多，但這兩者的基本「撿球」功能是相似的。無論是演算法還是小狗都會從大量資料集——實際上是不計其數的互動——著眼，再以特定方式推動你，把你推上較高的高峰，攫取你更多的注意力。

　　不過現實情況是狗和人類之間有更多哺乳動物會有的雙向溝通，演算法基本上沒有這種能力。狗狗可以察覺憂傷情緒，會對不滿的細微信號做出反應，通常也會設法取悅人類，而不是觸發我們。反過來說，演算法是盲目的機器智慧，這種聰明的程式本來就

沒有覺察細膩之處的能力。就目前所知（以撰稿當下來講），演算法對自身所創造的東西一無所知，它們只是照規則執行而已，但那些規則未必是以人類的價值觀為考量所打造的。

Facebook剛創立的時候，他們用來訓練演算法的指標稱為「有意義的社交互動」（Meaningful Social Interactions，簡稱MSI）。根據Facebook的說法，MSI的指定目標如下：

> ……把可以激發人與人之間的對話和有意義互動的貼文排序在前。為了達到此目的，我們先預測用戶會想用哪類貼文和朋友互動，然後在用戶動態消息的上層顯示這類貼文。這類貼文會激發留言串的來回討論，同時也會讓用戶分享和回應[1]。

當然，你想「分享和回應」的事情當中，有很多並不是平常真的會想看到的東西。在沒有指導原則的情況下，可以拿來和變形噁心的死老鼠相比的內容物或許就正好符合條件。

原理是一樣的：你為了取得任何注意力進行優化的同時，也會順道優化出「詭異的內容」。

各位不妨用無痕瀏覽視窗開啟YouTube，就可以自行檢驗是否屬實。開啟之後會出現一堆蠢到驚人的影片，那些就是演算法的參數認為可以吸引到最廣大觀眾群的影片。如果你在無痕瀏覽器為登出狀態，那麼演算法的參數就會受限，它們或許會握有粗略的地點資訊、你使用的語言和瀏覽器類型。不過只要你在主頁上點個幾次，就會發現平台開始迅速嘗試瞭解你的背景。它利用有限的資訊把你推往奇怪的方向，尋求你最有可能的注意力極大值，藉由搞懂你的背景來鉤住你留在平台上。

有意義的社交互動

用戶在Facebook動態消息裡看到的貼文會符合以下條件：

P + C + T + R

貼文 （Post）	創作者 （Creator）	類型 （Type）	近期 （Recency）
此貼文正與其他像你一樣的用戶互動中	創作者過去的貼文曾得到互動	此貼文通常是你會點擊的類型（照片、影片等等）	此貼文最近不久才被張貼*

*再加上其他各種變數

　　演算法從你身上獲得的資料愈多，就愈能預測你想點擊和觀看的內容。這就是用戶在TikTok、YouTube、Twitter、Facebook或任何其他使用排序演算法的社群網站時，一打開動態消息就會出現的模式。你點一點這則貼文，看一看那個影片，浪費整個下午的時間消費它推薦的內容。

　　如今社群媒體公司置身於競技場，在演算法上較勁，致力於攫取用戶的注意力，提高其在閒暇之餘打開平台的機率。這些公司的演算法正在把用戶訓練成他們理想中的內容消費者。當用戶打開手機想點擊某個App時，挑的未必是代表這些平台標誌的顏色或他們的行銷能力；我們開啓社群媒體的同時，其實是在挑選要用哪個演算法來鉤住自己的大腦。

　　不過話說回來，這些演算法最初究竟是怎麼對我們瞭如指掌的呢？

💬 數位雙胞胎

你有一個「副本」棲息在網路上。

隨著用戶花在網路的時間愈來愈多,每一個舉動都留下了痕跡,就像獨一無二的指紋一樣。這些痕跡就是用戶的粗略模型,以程式碼寫成;它是一個「擬像」,是用戶的大腦和身軀的虛擬分身,棲息在大量資料裡。每一次點擊、註冊、購買、觀看、按讚和分享,共同創造出耶魯大學心理學家肖莎娜・祖博夫(Shoshonna Zuboff)所稱的「行為剩餘」(behavioral surplus),指的就是可以反映用戶這個人及其日後會採取作為的資料軌跡[2]。

以多數人的數位紀錄來說,這種價值有限的資訊會被注入資料庫中。不過新近的幾個發現改變了這一切。近來神經網絡和機器學習領域的進步,讓研究人員得以取用這些龐大的資料,從中找出隱蔽的關聯性,把過去藏起來不被看見的模式挖出來。

這種應用方式在許多方面對人類大有用處,比方說藉由耙梳數千筆病歷及預測醫生漏掉的模式,可輔助診斷疑難雜症;透過分類和預測數百萬筆路線的GPS資料,有利於人們避開交通阻塞路段;又或者根據你的品味梳理數百萬歌手的作品,精準找出下一首最好聽的歌曲。

不過除此之外,這些應用還可以拿來預測人類的行為。Facebook、Twitter、TikTok、Google和數十家公司,正在用機器學習演算法打造契合用戶的內容。他們把用戶在網路上的行為記錄下來,再將資料輸入龐大的模式辨識系統,從中搜尋可提高互動的模式與機會。這個工具會提供最能激發你做出回應的內容,而且每當

你有所回應,它又會學到更多[3]。

這個過程聽起來或許很像邪惡的洗腦情節,不過其初衷絕非如此。開發人員編寫這些程式時有其特定的目標,那就是試圖漸進式地讓用戶每天持續多花一點時間使用他們的服務。

奇怪的是,有鑑於演算法錯綜複雜的特性,設計者其實摸不清這些演算法的推論究竟從何而來。它們多半如「黑盒子」(black boxes)般神祕,快速湧出不可思議的洞見,但看不出來它們如何推出結論,這樣就有問題了。簡而言之,開發人員根本不知道演算法如何運作。

不過這不會動搖演算法影響用戶行為的能力。演算法建構出龐大的預測範圍,可以愈來愈精準地判斷用戶會對哪些內容點擊、消費、感受和思考,並且從判斷結果找出用戶自身埋藏在潛意識裡的衝動、渴望和影響力。

你的數位影子

二十世紀初,瑞士精神科醫生卡爾・榮格(Carl Jung)創造了「陰影」(shadow)這個詞彙來形容一個人受到壓抑的那些人格層面。根據榮格的說法,人會因為不喜歡自己的某些面向,亦或是認為社會不喜歡這些面向,而把這些部分推到潛意識底下。榮格稱這些被壓抑的自我認同面向為「陰影自我」(shadow self)[4]。

有些當代心理學家批評榮格原型的效度,不過用來探討演算法如何影響人們時,卻顯得頗有洞見。

機器智慧往往會推薦那種特別古怪且真的會改變用戶行為之內容。事實上，很多時候機器智慧可以找出一些連人們都不知道自己會有所反應的東西。就某種層面而言，這些層面其實就是進入人們大腦祕密區域的窗口，而且就連人們自己都不知道那些區域的存在。

　　舉例來說，網路問答網站Quora會利用精密的演算法根據用戶觀看過的問題，辨識出用戶會有興趣互動的主題。該平台可以找出最能激發你思考的提問，然後定期以提問作為電子郵件主旨將問題寄送給你，這是一種可確保用戶重新造訪網站的必勝做法（平台會在網站上提供更多廣告）。

　　我個人就對自己的某些行為感到十分訝異。Quora的演算法根據我在站內的足跡資料，找到一些特別古怪的興趣。我註冊了他們的服務並在站內點擊一番後過了很久，一直收到跟一次和二次世界大戰軍械有關的怪問題。譬如我會定期收到像是「你是不是對A10疣豬攻擊機仍在服役這件事感到莫名其妙？」這類標題的電子郵件。過沒多久我就發現，自己差不多每兩週會花個一小時左右的時間讀一些關於奇怪老戰艦和古大砲口徑型號的內容，這些根本不是我曾自覺有興趣瞭解的主題。

　　從我身上「發現」了這個興趣的正是他們的推薦系統。這個興趣值得發展嗎？並沒有。我是否曾自覺想變成老式軍事奧祕的專家？並沒有。不過潛意識裡的某一部分自我想過，而演算法把這個部分找了出來，然後一直提供這方面的資訊給我。演算法無意中發現了一個信號，指出我過去未知的興趣，然後把我拉了進去。

假如各位在社群媒體上逗留夠久,就會打從心底體會到演算法強大的能耐。近年來很多人從挫敗經驗中發覺到,大家在網路上的行為未必是自己能掌握的。人覺察到的自我和那些演算法挖掘出來的自我之間有清晰可見的新斷層。

我們有必要認清這些工具的功能不只是推銷產品而已。演算法這種基礎架構可以用來謀求許多東西。推薦演算法猶如影響力槓桿,能夠直接用來改變行為、打壓信念並播下陰謀論的種子。

除此之外,研究也顯示就連演算法提供搜尋結果的方式,都會左右中間選民的投票偏好達二〇%或以上,但實際上不會有任何人意識到自己被操縱了[5]。

這些工具已經變成一種精準定向的機制,願意付費的人就可以使用。二〇一六年總統大選期間,估計俄羅斯的宣傳戰在Facebook上觸及了一億五千萬支持兩造候選人的美國人。數千位民眾被推薦加入一些會推動實體抗爭行動的Facebook群組,且其中有不少都是完全由海外的經紀公司組織動員。五萬多個與俄羅斯有連結的Twitter帳號在二〇一六年大選期間張貼與總統選舉有關的推文,這些貼文也幾乎都是靠推薦演算法推送。甚至最大和最有影響力的兩個Facebook團體——最大的「德州後繼者」群組(Texas Succession group)和第二大的「黑人的命也是命」群組——都是俄羅斯網軍的產物[6]。它們都是靠Facebook自家的推薦演算法扶植壯大的。

這些工具成了決定用戶網路行為與思想最強大的力量之一。

預測就是控制

原來演算法工具可以大幅操縱消費者的行為、投票行為和情緒性行為，這番認知可以說強勢挑戰了人類所珍視的一些理想典範，於此同時也揭開了理應以自由理念為發展基礎之社會的一些詭異真相：假如我能預測你的行為，就不必特別獻殷勤來影響你實際的決策過程。

我可以將你視為可預測的資產，只要提供一些刺激物，就保證一定能得到回應。你的角色變得不再重要，現在你成了三種珍貴資源的提供者——你的資料、你的注意力和你的決定，這些東西有增值的作用。

購買這些資產的廣告業主和團體個個都有明確目的，他們要你「買這個產品」、「吃那種食品」和「走這條路線」。

誠如歷史學家哈拉瑞（Yuval Noah Harari）提到的，從整個人類歷史來看，對其他人類來說，某一個人自身的選擇猶如「黑箱子」一般[7]。我們的決策流程在腦海裡發生，無人得見，那個過程可簡單稱之為自由意志。對公司、政府、外國經紀公司以及有權存取用戶使用之平台的任何人來說，今日的我們是十分容易捕捉的獵物。那些工具和做法把包覆人類選擇的表層剝去，讓很多決定底下的機率機制無所遁形。

人的自主權被一個又一個的App、一則又一則的提醒通知操縱和縮減。體認到這些工具對集體產生的影響，以及人類在當中所扮演的角色，近似於一種巨大的存在危機。這種操縱手法挑戰了我們

對人類選擇的基本認知，也顯示出這些預測機制再差一步就會變成控制系統了。

演算法本身沒有善惡之分，但它們的力量愈來愈大。隨著用戶不斷增產各種資訊，演算法的影響力、權力和公信力也隨之增加，這在生成式AI背後那股強大的新潮流中變得更為顯著。

對未來的敬畏與恐懼

人工智慧（簡稱AI）即將改變世界，我們應當關注留心。

AI已經不是科幻炒作。AI廣布的第一個後果將會是創造強大驚人的經濟勢力，有能力勝過最厲害人類投資者的表現。最終，AI也將主宰包括用人和買賣股票在內的所有投資決策。「AI巨擘」的崛起，有機會創造出完全有別於過去所見的世界。

AI其實就是一組電腦系統和演算法，能夠執行一般由人類來操作的任務。通常其設計是用來複製人類的思考模式和行為，或負責完成一些如果由人類來做的話會顯得不切實際或不可能實現的任務。

AI翩然到來，它建置在日常生活的裝置裡，例如智慧型手機、智慧型電視、汽車和家電，人們在家中、學校、公司和醫院都會用到它。AI也被內嵌在基礎建設裡，比方說馬路、電網、自來水廠、飛航塔台，甚至軍隊也用AI。

近年來AI的種種進展促使它有潛力顛覆現今所知的世界，並打造新層次的經濟和政治勢力。

不出幾個世代，人類的每一種活動都將受到AI的影響。

各位讀到這裡，大概會認為上面幾段文字一定不是我寫的。確實如此，上述篇幅僅以第一個句子作為提示，接下來完全由連結到GPT3（生成式預先訓練模型3）的API所寫成，這是一款由OpenAI開發的軟體。

各位或許會把上述篇幅解讀為令人憂心忡忡的未來預測，尤其這些文字又出於AI之手，不過重點真的不在於字裡行間的含意。這段篇幅所預測的是完全不一樣的東西。GPT3從大量既有文本中擷取了前述字句，再根據統計數據算出最有可能接續的句串和段落，於此同時又保持語意的正確性。GPT3把從網路搜刮來的各種概念集結起來形成有連貫的敘事。換言之，它可以取用人類龐大的既有文本，從中預測文句的後面應該接哪些文句。

不過這個推論就不是危言聳聽了：下一代AI極有可能會讓每一家大型機構惶惶不安，因為愈來愈多的人類能力會被AI收編。

諸如音樂製作（AI音樂已經成為現實）、文章撰寫（學生用GPT3之類的模型寫整篇論文，英文教師已經哭成汪洋一片）以及政治領域（競選活動利用AI找出最有效的傳達訊息方式，能精準投選民所好，說服他們投票……或不投票）等等，都已經感受到壓力。

最近幾十年來，西洋棋和圍棋都已被AI程式擊敗[8]。我說的擊敗是指人類被打得落花流水。世界上棋藝最精湛的人類高手沒辦法和這些工具競爭，而人類在這兩種棋賽的發展如今也顯得無關緊

Chapter 10　演算法　155

要。雖然西洋棋和圍棋依舊是愉快的消遣，也是精彩的遊戲，但從這個世代開始，以後世上最厲害的棋手就是一個軟體，而且永遠都是。

我們在面對這些工具的新能力時，很難不立刻湧上恐懼又敬畏的雙重感受。打從電腦進入人類的日常生活起，這種工具給人的聯想就是擅長做「機器」那類的事情，譬如快速計算和枯燥乏味的重複性作業。我們認為人類精於做唯獨人類才有辦法做的事情，比方說藝術、詩詞、音樂以及人類的有機大腦天生擅長的各種創意事物。然而，GPT和Dall-E（一種影像生成模組）這類新一代工具可以生成新穎獨特的創意大作，且作品之出色跟人類的曠世巨作相比可以說難分軒輊。AI的腳步已踏入娛樂、文學、音樂和藝術領域，不但令我們大驚失色，也促使人類開始質疑起自己的特殊性。我們再也不會在大多數人類創作中見到天才創意，而是會看到老套的簡單成品，這些由演算法能力產生的廉價且可複製商品，人人都能擁有。

更確切來講，其實人類過去就曾因為先前的一些技術而數次經歷過這種階段，伴隨著道德恐慌現象接踵而來。譬如Photoshop程式問世之時，新聞報導紛紛宣稱若是人人都能使用此工具，未來再也難辨影像的真假。

不過有充分理由可以相信，我們的未來有根本性的不同，因為這個程式並不容易上手，況且Photoshop處理過的影像和真實影像之間基本上還是可以區分出來。無獨有偶，3D繪製領域有一陣子曾出現真人演員可能會被3D繪製模組取而代之的想法。不過機器人專家和動畫師碰上了阻礙，即所謂的「恐怖谷理論」（uncanny valley）。恐怖谷理論是指很多人看到像人的機器人和動畫角色在許多方面都與真人相似但又不是活生生的人時，心裡會產生十分詭異的感覺。我們看到機器時就知道那是機器；或者至少以前是如此。

跳脫恐怖谷

假如你和某個人對話，卻不知道對方是電腦還是有血有肉的人，那會是什麼情況？又或者你跟某人講電話時，卻認不出電話那頭是機器人呢？

看似真人的AI生成影片，包括深偽技術在內，與GPT之類的程式搭配後，將會使用戶在網路上判定「個人身分」的能力受到挑戰。這種技術已經問世，說不定各位讀本書的當下就已經可以使用了。

這些嶄新的AI平台將會衍生出形形色色又奇妙的應用方式，譬如治療師、照護員和教育人員等，都已經可以用AI工具編碼出來。想想看，有一個聊天機器人可以精準測出你家孩子不開心，然後用特製的聲調和他們聊聊，成功地安撫他們。又或是一位自動化聊天機器人醫生，有著近乎人類的絕妙醫療服務態度。

也許各位會立刻聯想到黑暗面的用法。行銷人員利用帶有人類特質的自動化工具，透過演算法把你不需要的東西賣給你。想想看，有多少長輩會成為詐騙或無用延長保固銷售的受害者？又或許還有更可怕的，某個居心不良的宣傳活動假借當地議員的聲音打電話給你，講一些假訊息宣傳他們的活動呢？

各位覺得可以把你真正的聲音和網路行為模仿得維妙維肖的AI如何？只要從任何一個人的錄音檔抓出一點來運用，就不難重建完整的聲音輪廓，然後再用這個聲音講各種內容。換言之，你的聲音會被盜用，而且被拿去說一些你未曾說過的話。如果AI假造你的聲音打電話給朋友，以摯友的身分誆騙他們洩漏重要資訊怎麼辦？對消費者和選民這一類的對象來說，在既有的行銷和操縱機制背後操刀的AI力量若是被擴大的話，恐怕會是一場迫在眉睫的災難。這表示湧入人們生活裡的假訊息，很快就會蔓延到看不到盡頭。

這會讓何種操縱行為橫行於世？假如社會上的惡劣分子拿到這些工具會發生什麼事？這種科技已經降臨，但人類卻毫無準備。

總結

本章一開頭說了一個小狗叼東西來，試圖參透人類真正想要什麼的故事。社群媒體的早期預測演算法同樣也會提供用戶特定內容，讓我們持續與朋友互動，跟小狗沒有什麼不同。Facebook的做法是利用公司內部的評量機制「有意義的社交活動」（MSI）來刺激互動。從本章也可以瞭解到在沒有足夠資料或指令錯誤的情況下，演算法可能很難逃脫「局部最大值」，雖然提供的內容用戶會予以回應，但後來回想時恐怕也會感到後悔。

演算法的設計目的通常是為了提供用戶想要的內容，但人未必會察覺到自己的某些慾望。演算法推薦的內容往往在用戶不知情的情況下引導其形成奇怪的新行為與習慣。假如這些演算法有更多資

料的話，就能更精準地預測用戶的行為。

以下是本章重點：**用戶製造的資訊愈多，演算法就會變得愈強大**。隨著人類創造的資訊量與日俱增，供應資訊給用戶的演算法對我們的影響力與權力也隨之增強。

正是由於這種影響力和權力大幅增強，或許不久後便會達到臨界點，一旦到達這種程度，AI基本上在數位空間裡就會變得與真人無異。近來生成式AI的技術大躍進，意味著恐怕只要再過幾年，就會出現一些顛覆整個社會的現象了。

下一章會先探討另一個和狗有關的故事，但不是用狗做比喻，而是講現實世界裡的狗。自從我在網路上看到這隻狗之後，就開始覺得大腦好像在跟自己作對。

Chapter 11
直覺和網路

　　我對比特犬沒有意見。我這輩子到現在養過幾條狗，牠們全都是雜種狗，大多很難看出血統。偶爾我會在廣播或社群媒體上聽到有人公開辯論比特犬的事情，他們的論點包括指控比特犬是暴力品種，被用來當鬥犬，還有眾所周知比特犬會咬小孩。辯論的方向在於是否該嚴格控管這個犬種。

　　可是我在這個議題上沒有確切想法（可以說我跟這件事沒有一丁點關係），所以避免對此有意見。我個人跟比特犬有關的趣聞就只有一個，那段關係挺討人喜歡；有位老朋友養了耳聾的救援比特犬，牠叫愛西絲，每次我見到愛西絲只覺得有牠相伴真好。

　　這個蠻不在乎的態度在我某一天滑社群媒體時有了**轉變**，因為我看到動態消息裡有個看似無害的短影片播放了起來，那甚至不是我認識的人分享的推薦影片。

　　這支短影片播放的是某郊區街上住家前，監視器所拍到的畫面。畫面裡可以看到一隻貓慵懶地坐在車道上，過了一會兒，有個女人牽著兩隻比特犬從左邊人行道進入鏡頭範圍。

　　接下來發生的事情讓我有些不忍。兩隻比特犬一看到那隻貓便朝牠衝去，把主人面朝下拖倒在地，又拖著她越過人行道衝到貓那裡，然後兩隻狗開始凶猛地咬貓。兩隻比特犬的力氣很大，主人沒辦法控制牠們，她站起身試著把狗踢開救那隻貓，但是兩隻狗沒有

停下來,影片結束時我只能假設貓應該被咬死了[1]。

這支影片太嚇人了,看完後我覺得既憤怒又厭惡,而且立刻就讓我在比特犬議題上產生非常極端的想法,對任何捍衛比特犬的證據也出現更多質疑。

但是這支影片是否可以代表整個比特犬品種呢?於是我上網查詢,結果快速查了Google之後,搜尋結果顯示:沒錯,比特犬很危險。二〇〇五至二〇一七年間,在致命傷人的犬隻攻擊事件中,此品種占其中的六六%[2]。這個統計數據和以下圖表,應該就足以斷定那支駭人的短影片不是騙人的。比特犬攻擊貓的事件與統計數據十分吻合。

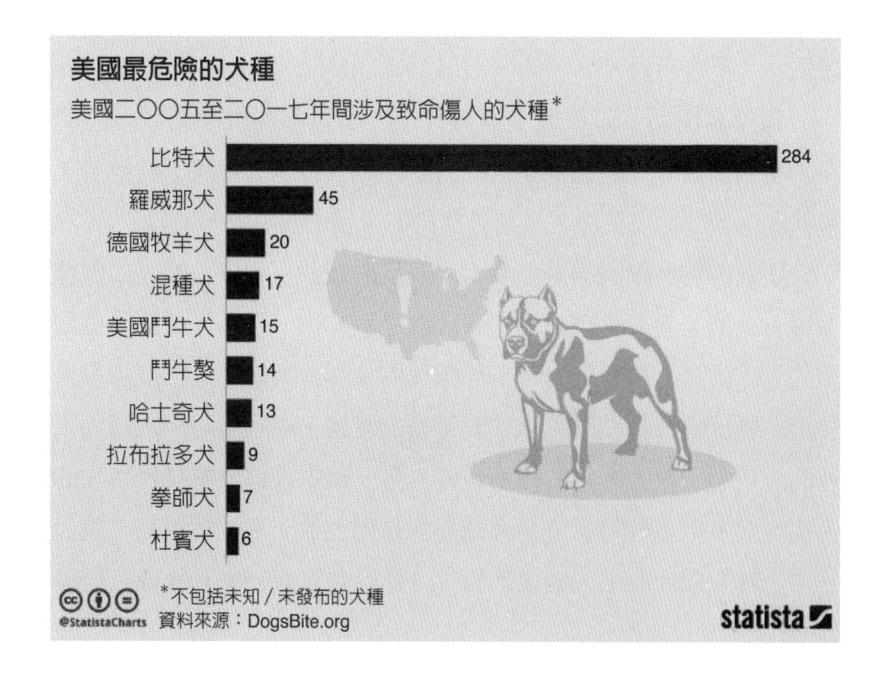

美國最危險的犬種
美國二〇〇五至二〇一七年間涉及致命傷人的犬種*

比特犬	284
羅威那犬	45
德國牧羊犬	20
混種犬	17
美國鬥牛犬	15
鬥牛獒	14
哈士奇犬	13
拉布拉多犬	9
拳師犬	7
杜賓犬	6

*不包括未知／未發布的犬種
@StatistaCharts 資料來源:DogsBite.org   statista

那支短影片再加上這些統計數據，等於強力支持針對特定犬種立法，即基於公眾安全立法禁養特定犬種。事實上，一九八○和一九九○年代就通過許多地方條文和州法規，以減少比特犬的盛行。

　　我的情緒反應源自於一起事件。這起事件非常強烈，又有畫面為證，再加上Google的搜尋結果也為它背書。我如常過著生活，但對網路提供給我的比特犬資訊抱持強烈的道德立場──這個犬種問題很大。

　　過了一陣子，一位我信任的朋友提到比特犬是深受誤解的犬種之一。我強迫自己停下來重新思考。「不對，」我說道：「有不錯的研究結果指出，這種狗到目前為止是國內犬隻攻擊事件中傷人致死率最高的犬種。」他親切地建議我回去多做一點功課。「數據另有說法。」他告訴我。

　　我深表懷疑，但不敢多辯解什麼，所以我回去多讀了一些資料，重新檢驗我在這個議題上的資訊來源。我也去把梳了其他若干帳號的內容，挖得更深入，結果找到的發現令我吃驚。

　　朋友的質疑讓我開始漸漸有了自己的想法。更深入的人口數據發現，人們多半會選擇自己想養什麼品種的狗。很多犬種對某些類型的人來講具有獨特魅力，有如潮流的象徵或某種生活態度那般。從這些數據的分析結果可以找到確鑿的證據，顯示飼養具攻擊性犬種的主人犯下暴力罪行的機率較高。這一類主人偏好飼養比特犬的占比，基本上也解釋了這個犬種為何在傷人致死率上特別高。簡而言之，暴力傾向的主人偏愛比特犬，並且也將寵物狗訓練成有攻擊性[3]。

二〇一四年由美國獸醫學會提出的文獻探討指出，針對特定犬種所制訂的法規多半沒有效果，因為「對照研究並未認定此犬種別特別危險」，而且「也未展現出針對特定犬種所制訂的禁養令，能降低社區發生狗咬人的機率或嚴重程度。[4]」這些研究結果意味的是，在正常環境中飼養的比特犬就跟其他犬種一樣可愛，而且不太可能去攻擊人類。文獻並沒有忽視犬種天生有攻擊性傾向的可能性，但也不認為比特犬這「整個品種」的性情本來就不安全。

　我在網路上看到的不同資訊，讓我對比特犬的觀點轉變了兩次。首先我因為一支情緒性影片而對比特犬的議題有了極端看法，後來被一位信任的朋友質疑，我不得不審視自己的情緒反應，並試著為自己的意見建構合乎邏輯的基礎。這兩次經驗都迫使我重新對事實理出不同的輪廓。第一次找到的資訊為我的直覺背書，但並不完全正確。

直覺優先，解釋其次

　這番過程，描繪的正是情緒會用奇特的方式改變和影響人們理性的決定，這也充分解釋了為什麼人處於強烈情緒狀態下時，用網路來釐清事情是十分不利的做法。

　我最後得出定見的路徑，可以溯及到心理學界一個很關鍵的爭論。一九七〇年代末，認知心理學家羅伯特・扎榮茲（Robert Zajonc）提出有力證據，直接挑戰了當時對人做決定時如何處理情

緒的既有認知。那個年代的盛行觀點是「認知」歷程（即「決定」）先發生，繼之而來的是「感觸」（即人附加於此決定的情緒）。他在自己的純理論論文〈感覺與思考〉（Feeling and Thinking）中翻轉了此觀點，不但主張認知與情感是分開的，且影響的方向是反過來，即人的感觸先到，然後再根據那些感觸做決定[5]。

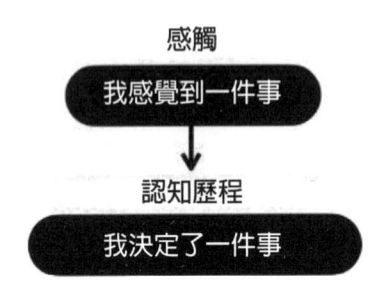

感觸
我感覺到一件事
↓
認知歷程
我決定了一件事

與我合作的紐約大學教授強納森・海德特（Jonathan Haidt）把這個理論多加了一個「評斷」步驟，將該理論擴充為他所謂的「社會直覺模型」（social intuitionist model）。這套模型充分解釋了為什麼我的第一個反應是感覺，再來是評斷，然後是驗證自己的直覺[6]。

輕而易舉就驗證了直覺，這讓我更難去質疑自己的情緒衝動。我更有可能試著去確認自己最初的情緒性想法，而且這種事只要上Google搜尋一下就能馬上做到。

我對比特犬這個品種既厭惡又憤怒，也評斷這種狗就是危險犬種。我有了這樣的解釋，然後再用確認過的網路搜尋結果來支持這個解釋。

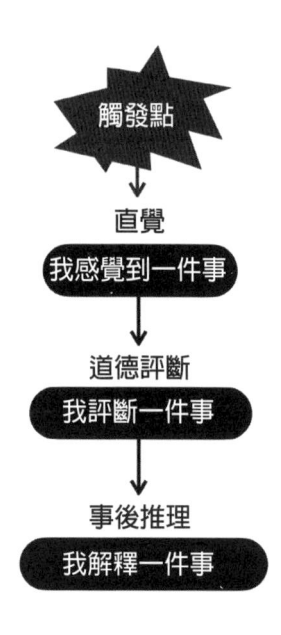

```
觸發點
  ↓
直覺
我感覺到一件事
  ↓
道德評斷
我評斷一件事
  ↓
事後推理
我解釋一件事
```

這張歷程圖說明直覺模型的運作,顯示人先出現直覺,接著加以評斷,然後再對自己和他人解釋評斷理由

但既然人如此擅長驗證自己的信念,那麼碰到被誤導的狀況時又該如何糾正?假如滿腦子都是衝動的評斷,又怎麼有辦法還是做對很多事呢?這就是「他人」派上用場的地方。就像我信任的那位朋友提到他不同的見解,反倒迫使我重新檢驗自己最初的評斷並加以修正。

他的意見就是一個觸發點,強迫我重新思考自己的想法,然後感覺到新的情緒(對自己先前可能想錯了覺得有點丟臉),再回過頭去重新檢視其他觀點(讀到不少比特犬飼主有暴力傾向),最後形成一個更準確的意見(比特犬是一種被誤解的犬種)。那次被質疑的結果,就是得到了修正過的洞見,並且在最終獲得更正確的知識。

這便是人的意見經由社會互動而得以改善的過程。海德特的社會直覺模型解釋了人可以既憑直覺，證明自己大部分的直覺都是正確的，又能利用他人測試自己的想法。別人拿我們的情緒性想法來對照他們的情緒性想法，進而使我們的想法得到檢驗。我們透過別人檢驗自己的直覺，便得以更準確的釐清世事。

那麼，直覺若是碰上社群媒體機器時會發生什麼狀況呢？

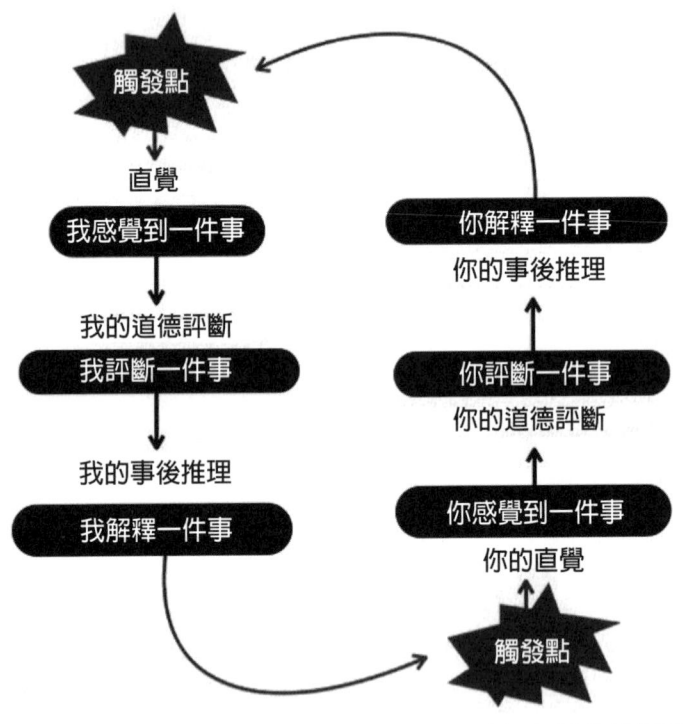

```
         觸發點 ←──────────────────┐
           ↓                         │
          直覺                       │
     我感覺到一件事          你解釋一件事
           ↓                 你的事後推理
      我的道德評斷                   ↑
      我評斷一件事            你評斷一件事
           ↓                  你的道德評斷
      我的事後推理                   ↑
      我解釋一件事            你感覺到一件事
           └──────→          你的直覺
                                    ↑
                                  觸發點
```

社會直覺模型示意圖。先出現直覺，然後理由通常在做出評斷後才會產生。但是和他人討論過後，會得到理由去修改和更新我們的直覺。

166　失控的憤怒機器

如果我沒有把比特犬的事情說給朋友聽，而是將短影片分享到我的動態消息，再補充一點道德譴責的言論，就會透過按讚、留言和分享的形式，集結成不斷增強又吵雜的回饋來驗證我的直覺。有可能其中一些留言是反對者所寫，他們希望我可以重新審視自己的觀點。不過更有可能的情況是，我對比特犬品種的道德譴責貼文收穫了廣大的人氣。我的情緒因為那支觸發力驚人的影片得到許多的讚和分享而得到驗證。假使貼文沒有收到任何互動，它大概會就此石沉網路大海。

社群媒體的動態會在網路上替人們的直覺營造出持續增強的回饋迴路。用戶的情緒有很大的機會，在網路上以明確指標的形式得到肯定。獲得讚、分享和追蹤，都會讓用戶覺得自己的事後推理合理正當，即使實際上錯得離譜。

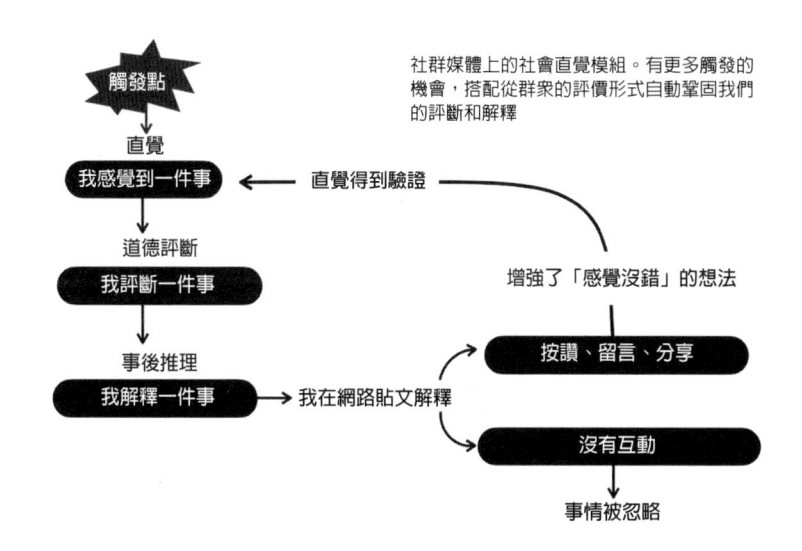

社群媒體上的社會直覺模組。有更多觸發的機會，搭配從群眾的評價形式自動鞏固我們的判斷和解釋

Chapter 11　直覺和網路　167

上圖為數位空間動態的簡化模型，有利於瞭解社群媒體為什麼會逐漸成為劍拔弩張的直覺衝突戰場。

究竟什麼是情緒？

如果人的情緒那麼容易出錯，為什麼一開始會有這些情緒？認清人的道德情緒運作方式以及身分認同如何體現，是參透網路如何扭曲人們彼此觀點的關鍵。

從演化角度來看，情緒非常古老，它們演化了數百萬年，而且包含了在語言尚未出現時，人類祖先用來溝通的表情特徵。我們之所以知道情緒很古老，是因為觀察相近的其他物種祖先就可以看到類似的情緒溝通模式。

一九六〇年代開始進行的一項大型研究，有助於對情緒這門領域有更清晰的瞭解。雖然科學界對情緒處理機制尚未有統一的說法，但有明確的證據指出，情緒可作為一種捷思法，或稱為捷徑，能在人類祖先面對經常重複碰到的情況或經驗模式時，優化他們的行為與認知反應[7]。

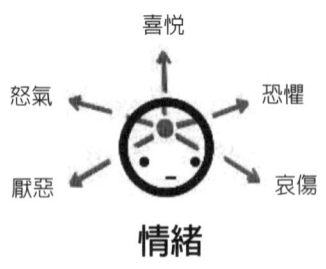

情緒

演化成有助於「我」生存的內在方針

情緒這種工具有利於人將自己導向特定行動,並幫忙把注意力集中在需要解決問題類型上。情緒堪稱是生物性的操作指南,人可以據此快速行動,提高生存機會,譬如看到蛇的時候就跳開(恐懼)、不可以喝有臭味的水(厭惡)、別讓別人欺騙或剝削你(怒氣),或者是改變你的社會地位(哀傷)。

但所謂的「道德情緒」又不同了。道德情緒跟人類的基本情緒有很多共同特徵,感覺也十分類似,不過道德情緒因為涉及到「他人」,因此有其獨特性。道德情緒是指有助於群體——而非個人——蓬勃發展和繁榮興旺的情緒,也是以整個大我族群的連結和凝聚為導向的情緒。有鑑於此,道德情緒是非常特殊的情緒種類,是一種對別人「應該」或「不應該」做什麼事所產生的感覺。

海德特認為道德情緒可分成四類。

「譴責他人」類:蔑視、憤怒與厭惡,再加上諸如憤慨、憤怒、義氣和憎惡等的各種變化體。

「自我意識」類:羞愧、尷尬和罪惡感。

「感受他人苦難」類:愛心與同理心。

第四個則是「讚許他人」類:感激、敬畏和上進[8]。

道德情緒

演化成有助於「我的群體」生存的內在方針

Chapter 11　**直覺和網路**

沉迷於社交的動物有這些情緒也是合情合理。這些情緒起初都是個人在受到壓力的情況下形塑而成，在部落文化時代來臨前就已經生根。憤怒、厭惡、羞愧、同情……這些原先都是為了幫助人在一個緊密又充滿社會評價、具備共同道德世界觀的群體裡生存下去。人類和祖先在相互合作的社會群體中生活了七百多萬年，這段期間人類發展出一套深層連動的行為與常規，讓人與人之間合作得更順利，活得更長久。這些以群體為導向的情緒本能，很有可能是為了賦予人類適應的優勢，而特別揀選出來的。

這些根深蒂固的行為及其產生的感覺每一個人都很熟悉，它們以強烈的道德情緒出現在我們身上，實在難以忽略。

道德基礎

試圖搞懂自己人生中的道德情緒，會有點像對自己動腦部手術一樣。過程的一開始就會觸發你對於是非的感知，因此在踏入之前請將以下幾個重點銘記在心：

首先，世界各地的社會文化對於是非的概念並沒有普世通行的認知。（這是一個備受挑戰的思維，不過稍後會對此有更多探討。）其次，每一個人都有獨特的道德感，其中有一部分是由自身的基因、文化和獨特的經驗塑造而成。

海德特與同僚開發了「道德基礎理論」模型，用來解釋人類道德推理的源頭與變換，透過這個觀察性工具可以分析人類各種判斷對與錯的多元經驗[9]。

道德情緒是人類這種社會性動物十分深層的信號。由於這種情緒界定了群體常規的界限，所以沒辦法隨心所欲加以更新。假如輕而易舉就能修改它們，恐怕會導致個人被放逐到群體之外，在遠古時代這往往是攸關生死的事情。揭開道德情緒的面貌之所以如此困難，原因就在於此。即便證據就擺在眼前，人通常只會找理由不去相信證據，所以往往還是不會改變自己的道德直覺。

　　海德特用「味蕾」來打比方，說明人有各種不同的道德基礎。譬如我對甜食或鹹食的偏好就有點不同。你大概討厭辣的食物，我卻很喜歡。道德情緒也是類似的原理。也許你天生就對朋友背叛這種事特別反感，或生來看到有人不尊重長輩就會感到厭惡。我的天性是見到有人遭受不公平待遇就會火大，你的同事碰到同樣狀況說不定沒有這麼強烈的情緒。這便是各位的道德「味覺」。

　　海德特和同僚傑西・葛拉罕（Jesse Graham）設計了一份問卷調查，評估人們形形色色的道德基礎。各位可以造訪 https://yourmorals.org，即可取得該問卷，查看自己的道德基礎為何。

　　道德基礎可分為六大類。關愛、公平、忠誠、權威、聖潔和自由。保守派與自由派人士的道德基礎往往南轅北轍，大不相同。

　　有時候和朋友聚餐時，為了向他們說明這個理論，我通常會請大家閉上眼睛，然後把改編自海德特的著作《好人總是自以為是》（*The Righteous Mind*）裡的一組問題拿來問他們。我告訴朋友們如果覺得哪個問題是「道德錯誤」就舉起手。

　　「有個女人正在打掃浴室，但抹布沒了，她找到一面國旗──正是你國家的國旗──便決定用這面國旗來打掃馬桶裡裡外外需要清潔的地方。你覺得這件事是錯的嗎？」

Chapter 11　直覺和網路

各種政治傾向的道德基礎

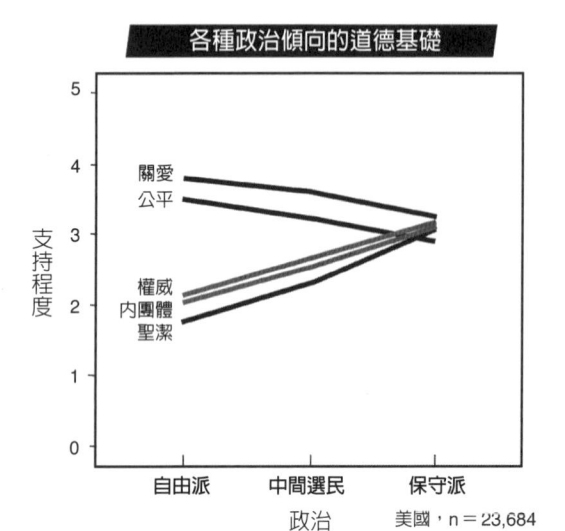

縱軸:支持程度(0-5)
橫軸:政治(自由派、中間選民、保守派)

曲線標示:關愛、公平、權威、內團體、聖潔

美國,n=23,684

　先停一下,讓大家表示意見。有人舉手了,也有人沒舉手。

　「兄妹倆一起去露營,他們年紀相仿,都是年輕又單身的成人,彼此間也十分親近。露營期間的某一天晚上,他們決定做愛。這完全是雙方合意,也用了兩種不同的避孕方式。隔天醒來後,他們說好這是兩人之間共有的特別經驗,但不會把這件事告訴別人,以後也不會再發生。兩人回去各過各的生活,把這件事當作他們之間的小祕密。你覺得這件事是錯的嗎?」

　對不少朋友來說,他們覺得這些問題「明顯」是錯的,但令人意外的是,大家的反應竟如此不同,即便是同坐在餐桌旁的家人、愛人或親近的朋友之間。很多人認為自己的道德觀一定和同伴差不多,所以當他們發現彼此的認知不同時都感到十分驚訝。

　我請大家閉上眼睛的理由,正是因為同處一個空間時會有「強大的社會勢力」,這股力量會透過群體參照讓人們對道德議題形成

一致的口徑。假如睜開眼睛回答問題的話，多數人一定會快速瞄一下同伴，試圖找出周遭空間裡的「對錯」方向來代替自己的道德直覺。這種情況彷彿大家在餐桌旁共同創造一個道德母體，尋求與他人同步。我們在社群媒體上碰到道德議題時，也會去看看朋友和追蹤者的意向來判斷對錯，那股發揮作用的正是這裡所說的社會勢力。

除此之外，我詢問朋友們給出答案的緣由，也就是為什麼會覺得這個問題是錯的時，他們竭盡所能地說明，但往往很難解釋清楚。我請他們特別留意，在面對答案之對錯所產生的強烈深層感受時，那股想要「附加理由」的奇怪拉力與衝動，雖然理由的背後根本沒有道理可言。一般來講，他們最後大概都會給我一個可以歸納為「因為那感覺就是不對」的說法。海德特把這種覺得不對又說不出理由的現象稱為「道德錯愕」（moral dumbfounding）。

情緒不需要「理由」才能出現；情緒獨立於理由之外。

現在先回頭看看前文提過的「系統一」和「系統二」快思慢想處理模型。人用系統一快速做出道德評斷，事後再用系統二為這個評斷找出理由。海德特用另一個巧妙的比喻，來形容這兩種系統力量發揮作用的過程：快速反應的系統一是「大象」，理性的系統二則是「騎象人」。大象就是人類所擁有的情緒本能，它是一頭龐大威猛的野獸，任憑感覺拉著牠往某個方向跑。騎象人就是人的理性邏輯腦，即系統二程序，它試圖為情緒性的系統一大象之所以朝某個方向移動「找出正當理由」。騎象人看上去是個聰明的律師，他坐在這頭情緒野獸的背上，向周遭世界大喊我們有這種信念的「理由」。不過大象通常都能受控，會用情緒慣性拉著我們做出評斷，

過後我們的邏輯大腦會設法解釋過去[10]。

對於經常糾結於政治爭議中的人來說，這是相當有用的練習。人不同意某個道德議題的時候，通常不會用建設性的做法去反對，往往都只是解釋「原因」，由騎象人去陳述理由，而不是處理感覺的問題。然而這樣做的問題在於，騎象人講話時並沒有說服大象，他沒有企圖訴諸聽者的道德基礎。這就是談到政治議題時，為何難以改變人們想法的原因之一。謹慎的律師坐在象背上，掌握著過去聽來的各種事件、數據和攻防戰術，準備進行一場言詞交鋒。

然而如果想真正改變別人的想法，而不只是得分的話，請多留意「大象」，好好處理律師身下那隻大象的情緒基礎。盡你所能地去詢問別人對於道德過錯的感受，並訴諸大象的需求，一定能有更多的進展。

設法瞭解爭論對象的道德基礎是什麼，其實可以讓你開始對他們的「大象」說話。若是想說服那些與你意見不一致的人，而不是去譴責他們的話，先全盤想清楚自身道德基礎會成為很有用的框架，這也是我們在網路上與他人溝通時往往會疏忽的關鍵元素。

道德情緒有增強群體動態的效果，誠如海德特所言：「道德情緒黏合力強又盲目。[11]」它會激發群體認同感，把個人和群體的信念與神聖莊嚴的價值觀「黏合」在一起，往往也會讓個人對於任何質疑群體世界觀的資訊和證據，變得「盲目」。

從集體角度而言，這些固守的道德建立了人們在所屬社群內遵守的文化規範。這種集體的道德認知就存在於海德特所說的「道德母體」之內；這是一個具備共同常規、意義、原則和利害關係的網絡，擁有「完整一致又能夠牽動情緒的世界觀」[12]。

當今這個時期有若干道德母體相互競爭，它們大多都是從各個群體的道德基礎發展起來的。只要弄清楚我們的道德母體是什麼，基本上就可以大致瞭解社群媒體如何以及為何改變人們對世事的認知。

道德情緒從何而來

有了道德基礎，是否就表示這些基礎不可改變？道德基礎又從何而來？我們生來就有嗎？

「基礎」這個字眼本身就蘊含著「不變」的意思，它就像岩石基座，而我們的世界觀正是建立在此基座之上。但如果現在探討的是人類出生時的大腦組織，用這個語彙就顯得不精確。

人雖然天生內建道德感，但並未寫入基因之中。嬰兒出生時沒有永遠不變的道德準則。誠如神經科學家蓋瑞·馬可斯（Gary Marcus）所言：「『內建』並非意味著不可塑，而是代表『組織先於經驗』」[13]。

因此，道德感並不是銘刻在石碑上的操作指南。人剛出生的時候，道德感反而比較像開放式的文書處理文件，最上方寫死了一套清楚明確的說明。意思就是說，這不完整的草稿上僅僅粗略地勾勒出我們日後會變成的模樣。隨著人逐漸成長，這份文件會根據既有的生活經驗更新與變化。有些準則會被移除，有些則被取代，最後留下的就是在日常生活中深切引導我們並牽動情緒的道德準則。

譬如有很多出生在極端保守家庭的孩子，他們長大成人後便轉

變成自由派的政治立場；同時反過來的狀況也很多。或許你有一些朋友生在自由派家庭，隨著年紀漸長卻變得更傾向於保守立場。有些研究實際上也證明了，若是在兒童的生活中置入較多政治色彩，那麼這些孩子長大後確立不同政治偏好的機率也較高[14]。

各位說不定會覺得這種道德基礎的基準線，對一個由不同種族組成、具有各種面向的多元化社會來講會很慘澹，你的憂慮我明白。不過這種道德部落文化傾向其實是有點疑義的概念，因為這意味著人會有「一個」所屬的部落；而事實上，我們歸屬的部落通常有很多個。

神奇鬆緊帶

想像一下現在你拿著一條神奇的鬆緊帶，它會根據你的指令在手裡伸縮。你可以隨心所欲立刻將它變成套索，用它套住一群人，讓他們互相關心、像家人一樣對待彼此。也可以把它拉伸到可以套住任何有共同標籤、經驗或共同敵人的一群人。

這就是所謂的「認同」。認同是一條神奇鬆緊帶，有了它我們會覺得自己和他人很親近，而道德情緒即是構成這條神奇鬆緊帶的彈性材質之一。

道德情緒不只具備信號處理價值，可以尋找社會線索來判斷和找出更多資訊而已，它的功能更深入。道德情緒有利於人在群體和社群的認同裡生存和蓬勃發展。

過去數千年，人類生活在一個個不是那麼緊密、由數十位狩獵

採集者組成的群體裡。現代的人則身處在眾多有認同鬆緊帶的群體之中，且這些認同往往也和其他許多群體的認同重疊。這種群體之間的認同彈性，對於當今我們所生活的這種高度複雜的社會來講，具有極大的優勢。

數十億各種認同與階層交錯的人們每天互動，我們因此得以在不同時機點用神奇的認同鬆緊帶悠遊於各種遊戲之間。「社會認同理論」和「自我歸類理論」說明了個人如何把群體一分子的線條延展到自己的認同當中[15]。兩者共同指出了人的認同充滿可塑性，會隨著情況不同而有所改變。

各位的認同有可能是天主教（十三億人口）、美國人（三億二千萬人）、共和黨人（五千萬人）、非裔美國人（四千二百萬人）或是休士頓人（一千萬人）。或者你也屬於會為母校橄欖球隊加油的那種人（六萬人），同時又是當地國際扶輪社會員（一百四十人），而且在當地壘球隊打球（十人）。

形形色色的群體各有特色，也許你就是其中幾個的一員，不過它們每一個都能給予認同感和同志情誼，對歸屬感、個人成就和福祉有根本上的益處。每一個也都提供了特許的人脈網，幫助我們剖析資訊及處理複雜的人生。

威脅鞏固認同

雖說人的認同多半充滿可塑性，可是一旦受到威脅時就會變得十分強硬。想想看群體遭到公然攻擊時會碰到什麼狀況，以九一

一恐攻事件來說,所有美國人的集體認同就在一夕之間變得非常明顯,很多人覺得應該在住家掛國旗,頌揚美國價值的愛國性節目也蔚為流行。至於位在恐攻主要事發地的紐約人,他們的認同也變得更加強烈顯著。這些認同的「鬆緊帶」在受到威脅的情況下全都變得既嚴苛又強硬。

當內群體受到威脅時,「憤慨」、「蔑視」和「感激」這些道德情緒會成為強大的工具,來維持這些認同的聖潔。個人會想確保自己的內群體優於那個造成威脅的群體。我們把憤慨和蔑視指向那些威脅認同的外群體,並對內群體表示感激以彰顯其價值。

社群媒體會對這條神奇鬆緊帶施展特別奇怪的作用力,它讓我們看到過去看不到的威脅,進而造成我們的認同變得更深厚。

二〇一六年有一項研究顯示,絕大多數的Facebook和Twitter用戶(Facebook九四％以及Twitter八九％的用戶)指出他們登入社群媒體後多多少少都會看到一些政治方面的內容,且相較於其他資訊來源,用戶更有可能在社群媒體上看到充滿道德或政治色彩的內容,也就是會激發憤慨情緒的內容。這種容易引起憤慨的內容往往與文化、種族、性別、性愛和政治認同有直接關聯[16]。

我們如果見到有人在攻擊自己認同或在乎的群體(譬如「共和黨人做了這件可惡的事!」或「民主黨人在搞垮美國!」),會迫使我們把自己的立場與那些群體連結。當人受到感召去捍衛或譴責這些認同時,它們就會變得既顯著又突出。就好比對軟塑膠逐步加熱一樣,用戶的動態消息源源不絕地傳來意見和威脅,造成人們原本具有彈性的認同鬆緊帶變得堅硬。

這不但會讓抽象的個人認同感變得強硬，其實也會改變人判斷真相的方式。

　　我們的每一個認同都具有共同的價值觀、想法和信念，這些東西可以幫助我們理解世事。各位所屬的每一個群體，都有一些共有的信念，這也是你當初加入這個群體時默認的東西。雖然仰賴這些信念有助於從複雜的人生中摸索出路，但它們未必全都是對的。本章一開始就探討了多元觀點可以讓人把世事的面貌看得更清楚。若是能容許自己的直覺被質疑，便可更加明智地判斷是非。如同PART III即將討論到的，成立新聞或學術機構這類大型的群體和組織，就是為了要確立觀點的多元化，透過制訂好的系統來挑戰個人與部落的設想。若是缺少這種多元性，再加上如今論述多半都受到社群媒體的影響，最後就只能默許以認同為取向的論述，進而限縮了我們分辨真相的能力。套用海德特的說法：「當群體缺乏觀點多元性時，它的結構就會變得蠢笨。[17]」

總結

　　本章以一支可怕的比特犬事件影片拉開序幕，說明了該影片如何激化我對此犬種的想法。我上網簡單搜尋一下後，便驗證了我新產生的想法。但後來被一位朋友質疑，才又重新開始思考原本的想法，藉此檢驗自己的觀點，最終促使我得以將自己的視角修改得更為正確。

- 社會直覺模型說明了這種意見轉變的過程,並指出基本上會馬上先浮現道德對錯的感受,接著才會出現評斷。
- 與他人的社會互動有利於個人質疑這些道德直覺,但社群媒體的動態往往會把人推入持續增強的回饋迴路,朋友會在此迴路中增強我們直覺的想法。人對於是非對錯的直覺衍生自道德情緒。
- 道德情緒並沒有普世通行的標準,有鑑於此,是非對錯的感受自然也因人而異。根據強納森・海德特的說法,每個人都有獨特的「道德味蕾」,源自於(至少)以下這六大基礎:關愛、公平、忠誠、權威、自由和聖潔。自由派和保守派人士對這六個基礎的重視程度大相逕庭。
- 這些道德基礎的存在有其箇中道理;它們有利於人迅速搞懂所屬群體的「地雷」,讓個人更容易融入群體的共有認同。
- 但是人的認同並非銘刻在石頭上不可更改,反倒有如「神奇的鬆緊帶」,可以給予個人特許的人脈網絡,讓我們得以共同分擔艱難複雜的人生。
- 這些認同遭受威脅時會變得更加嚴謹又顯著。社群媒體和可怕的新聞往往導致人們看到過去不曾看到的認同威脅,「迫使我們強化自己的認同」。

接下來的章節會將前文中對於道德情緒和人傾向於形成部落認同的論述,以及它們的優勢及陷阱全部綜合起來探討。假設現在可以設計一個龐大的空間,把這些東西都混在一起的話會有什麼狀況?就讓我們來尋找答案吧。

Chapter 12
可怕至極的房間

你們於黑暗中所言,會在明處被聽見;
於內室附耳所言,會在屋頂上被張揚。

──路加福音 12:3

想像一下你現在走進了一個有四十億人在裡面的房間。

這個空間龐大無比,一邊長達八十公里左右,拱形天花板高高聳立,周圍的牆有二十層樓的建築那麼高。在這個房間內,人們比肩而立,相互交談,數十億人聊天的喧鬧聲成了這個房間持續不斷的背景音。

你走進去時,有人給你一個小小的麥克風。在這個寬闊又吵雜的空間裡你花了一點時間適應一下,不過一旦搞懂周遭狀況後,你注意到兩件奇怪的事情。首先,每個人身上都有麥克風,而且大家都對著麥克風講話。第二個奇怪的地方就是遠方的那面牆上有個巨型跑馬燈。跑馬燈上方那張很大的牌子寫著:「最重要的話。」所有人都面向跑馬燈。

你望著跑馬燈時,它亮了起來,上面出現巨大字體的句子,一個字接著一個字的捲動著。你把那些字讀出來的時候,怒氣直衝你的喉嚨,血液湧上臉頰。那句話激發你的正義感和憤慨的情緒,是一句非常麻木不仁又令人火冒三丈的話。

周遭的情勢有了**轉變**，你聽到數百萬人有同樣的反應，隨著厭惡感和怒氣如同漣漪般在人群中蔓延，大家的抱怨咕噥聲此起彼落。室內的音調起了變化，喧鬧的背景音現在變得更大聲、更強烈。

過了一會兒，跑馬燈再次亮起。現在捲動的是針對前一句話所下的眉批，而且是誇張無比、荒謬至極的內容，是一句更加令人義憤填膺的極端陳述。

跑馬燈上顯示的句子是：「不同意的人是惡魔。」

接著又出現下一句：

「同意的人才無恥。」

隨著這些字眼捲動過去，你內心湧起另一波厭惡感。

你突然明白原來大家的麥克風都開著，某種隱藏的程式從該空間的數十億人中，把最讓人憤慨的陳述、最可惡的想法和最污穢的事件挑選出來，打在遠方牆面讓所有人看到。也就是說，最令人作嘔的評論會被抓出來放到跑馬燈上，後面接續打上最極端的反駁語句。

你現在既生氣又困惑，心裡充滿憤慨，不過你也聚精會神，目不轉睛地盯著跑馬燈。「真是荒謬！」你衝口說出這句話。這時你拿在手裡的麥克風響了，你低下頭去，結果看到麥克風側邊顯示出一組數字，上面寫：「四分！」

你看看四周，發現房間內裡的每一個人都有計分器，大家所說的每一句話都會附上一組數字。句子攫取的注意力愈多，數字就跳得愈高，所以大家為了攻占「最重要的話」跑馬燈，紛紛在每一句留言上相互較勁。這個房間就是巨大的遊戲現場，人人都在設法得分。

怎麼會這麼誇張？小小一組數字怎麼會讓這麼多人玩個不停？他們說的每一件小事多多少少都會攫取到注意力。明明現場肯定也有人說了很多「好事」，但那面巨大的牆上為什麼就看不到更多這類的陳述呢？有一種奇怪的東西在作祟。

你望著計分器，那些分數看起來還不賴。每一個數字的說明如下：

分數一：多少人欣賞你剛剛的發言？
分數二：多少人看重你剛剛的發言，以致於願意向別人轉述？
分數三：多少人追蹤你剛剛說的發言？

規則明明白白、一目了然。但究竟為何「最重要的話」充滿毒性和憤慨情緒呢？這個遊戲有幕後黑手在操縱嗎？這些指標有什麼問題？指標本身對這個空間裡的人產生了奇怪的影響。現在就來探索它們如何發揮作用。

絕佳的評量遊戲

「可評量之物即可受管理。」
——誤傳為彼得・杜拉克所說（Peter Drucker）

「可評量之物即可受管理——即便沒有評量和管理的意義，即便危害到組織進行評量和管理之目的。」
—— 西門・考爾金（Simon Caulkin）

指標這種東西我十分熱衷,我每天都會計算自己做了幾次引體向上,另外我還有健康手環可以記錄晚上的睡眠品質。我天天用App記錄我的冥想功課,這樣做可以得分。App裡面有一個「天天練」的挑戰,所以我每天壯志凌雲,努力持之以恆,因為冥想讓我身心更舒暢。林林總總的指標幫助我洞悉自己的整體行為,集中心力在需要改進的地方。

用分數來衡量某件事本是無害的舉動,指標是一種表示秩序的做法,用計分的角度來看待世界罷了。人類的大腦天生就是會對事情設限,將事情劃分成一個個可分割的環節。

對物件、行為、他人和現象附加數字價值的消遣娛樂,是許多形式的人類活動所仰仗的支柱。指標是現代世界的根本一環,舉凡商業、貿易、經濟和科學,若是沒有評量指標的話全都無以為繼。「進展」這個概念本身就是需要某種可以加以評量的方式。簡而言之,人類靠「量化」世界來瞭解這個世間的道理。

不過評量指標雖然有正面價值,但量化這個舉動卻有可能轉而造成負面效果。

一九〇二年越南河內發生嚴重鼠患,促使法國殖民政府針對該市推出滅鼠獎勵計畫,只要上交切斷的老鼠尾巴政府就會發給獎金。這個計畫似乎頗有成效,當地有很多越南人開始上交老鼠尾巴領取獎金。然而過了一段時間之後,滅鼠計畫似乎停滯不前。不明就裡的當局開始進行調查,結果發現流竄市內街上的很多老鼠都少了尾巴。原來民眾把老鼠抓來剁下尾巴後就放牠們回下水道,只拿尾巴去領獎金,這樣一來那些老鼠又可以重新長出尾巴。評量指標和獎金竟然創造出可以賺錢的「鼠尾採收人」新行業[1]。

在商場上,假如沒有對正確的事情進行量化,也會造成不良後果。舉例來說,有一家公司以業務所完成的客服來電次數作為評量指標,結果發現這種做法很容易適得其反。為了達成指標,員工縮短了與客戶通話的時間,以便累積更多來電次數,卻往往令客戶感到錯愕,因為他們的問題並未獲得妥善解決。(客戶若是再打過來的話,又可以增加員工的指標數字!)

指標是一種抽象的東西,它會將複雜的事情扁平化成簡單的元素。正是因為如此,每當一個行為轉化為一個數字的時候,該行為的細節就流失了。這種情況對很多事情來講無傷大雅,也有益處,但若涉及到社群指標,就未必是好事了。人在社群媒體上追求肯定的過程中,說不定就會在不經意中變成網路世界的鼠尾採收人。

社群指標的創建

一九六八年冬天,一群陌生人連著兩日聚集在紐約市某個街角做著奇怪的事情。

他們在一個看似隨機的時間點,行動一致地抬頭望著街道上方某座大樓的一個邊角。圍觀的人興奮地盯著他們瞧,彷彿有大事要發生一般。很多從旁經過的路人看到這群人伸長脖子,便停下腳步跟著抬頭,瞇起眼睛查看騷動的來源,搜尋究竟是何方神聖吸走引這群人的注意力。但什麼都沒有。

這其實是一場實驗,那群盯著大樓上方的陌生人都是演員,有一位研究人員就站在附近記錄街頭上有多少經過的路人會停下來和

那群人一起往上看。結果很多人都跟著做了；絕大多數的路人都將目光移往天空，試圖弄清楚那群普通的陌生人究竟在看什麼。

這些不知情的陌生人，全都是人類從眾行為最具影響力的系列研究之一。該研究的主持人史丹利・米爾格蘭（Stanley Milgram）十分好奇人會在什麼時機點接收他人的社會暗示，並如何影響到人對事件的觀感。所羅門・艾許（Solomon Asch）做了另一項實驗，他請演員站在樓層間的電梯裡，並且全部面向牆壁，接著再計算進電梯的陌生人跟著這群人做出愚蠢行為的機率有多高（結果很多人都跟著做）[2]。

這些實驗都說明了人真的非常容易追隨周遭人的信號與行為。人類天生就有一股衝動想尋求他人的指引，這也是我們這種社會性生物根深蒂固的特性。

我們本能地知道：如果有一群非特定的人正在看某樣東西，那麼那樣東西十之八九值得我們去注意。社會注意力是十分強勢的信號，而且這種信號在網路上會被擴大到十分極端的程度。

社群指標的正面優點

在別人的貼文上按讚這個動作令人心情特別好，因為這讓你有機會在網路空間將正面情緒傳遞給別人，又不用花多少力氣，可是對別人來說卻有很大的影響。按讚是一個不花錢的舉動，對收到讚的人而言卻十分寶貴。從表面上看，這個舉動創造了雙贏。的確如此，誠如「讚」這個按鈕的發明者賈斯汀・羅森斯坦（Justin

Rosenstein）說過的話：「我的主要目的就是想把正面思想化為最簡便的做法。[3]」

公開評價內容的做法從表面上來看是一種具有民主本質的作風。社群媒體的平等特性基本上得以讓任何人暢所欲言，同時也被內容本身給人的觀感價值評斷。這樣的價值又變成一種信號，可以用來進一步推播內容。這個過程沒有把關者，也沒有任何偏袒。

這跟內容預先傳播的做法——過去內容的呈現多半由出版商、編輯、策展人或審查員所決定，他們會把想法或一件內容上架到平台（或去平台化）——比起來，可以說有了巨幅改變。內容附加按讚或分享這類社群指標之後，就等於大家能夠平等地評量這個遊戲場域，如此一來一件內容的成敗就不會受制於主管單位的一時興起。

然而，如此簡化的評量指標應用到社會論述的話，會有什麼損失呢？

社群指標的危險

我不常在社群媒體上貼文，多半是因為只要一貼文，就會覺得有一股奇怪的力量牽引著我。我會因為自己張貼的內容所獲得的互動而感到失望、期待或滿足。特定類型的內容如果收到不少按讚和分享次數，便讓我覺得自己的價值獲得了某種微小的肯定。貼文若是沒有吸引多少互動，心裡又會以為自己為這個世界奉獻的價值得到負面的評斷。大部分於社群媒體貼文的人時不時就會有這些心

思,彷彿有某種奇怪的演算法在測試人的個性一樣。

這種心理現象有其箇中道理,可以從一九三〇年代執行的一系列著名實驗講起。

心理學家史金納(B. F. Skinner)十分篤定動物受訓練去做某件事時,牠們的腦海裡一定有什麼特殊機制在運作。史金納將鴿子放入光線充足又有隔音的小空間,裡面備妥一個控制桿,他打算給予鴿子刺激物(閃光),來測試能否增強特定行為(壓下控制桿),接著再用獎勵(飼料)進一步強化行為。

結果顯而易見,在實驗了多種動物,包括老鼠到猴子,甚至無脊椎動物等等,獎勵都可以訓練動物重複執行某個行為,並建立學到的習慣。他證明了動物若是做到某個行為而獲得獎勵,就會激勵牠重複該行為。史金納把整套裝置稱為「操作制約室」(Operant Conditioning Chamber),後來逐漸變成通俗的稱呼,簡單叫做「史金納箱」(Skinner Box)[4]。

他的研究有三項令人驚嘆的發現。首先,史金納箱用在人類身上就跟其他動物一樣有效。

第二個發現是不同類型的獎勵會牽動受試者持續行為的時間長度。假如針對各個動作給予可預期的獎勵,久而久之人類(和動物)就會變得對這些獎勵興趣缺缺。但如果獎勵多了隨機性的話,受試的人類和動物配合動作的時間就會變得更長久。這種機制稱為間歇性變量獎勵(intermittent variable rewards),它破解了我們的獎勵路徑,激發我們一直玩下去(賭場的吃角子老虎機、電玩遊戲的戰利品箱,就是很好的例子)。

第三個發現是如果主要的增強物為涉及到基本生物需求的獎勵（譬如食物），則會使效果減弱。換句話說，一旦人的基本生物需求被滿足，就不會想玩下去了。相反地，他發現金錢、點數或社會肯定這類所謂的次要增強物，不會達到「饜足門檻」，人會一直想玩下去，設法提高數字。史金納以具體的做法發現了如何「破解」人類的行為[5]。

社群媒體就是史金納箱

社群媒體上有很多獎勵類型能夠攫取和增強用戶的行為，其運作模式就跟史金納箱如出一轍。假如某則貼文得到大量互動，它就會影響用戶，促使用戶回過頭肯定這種類型的內容。舉例來說，如果我們有一則以小貓為主題的貼文收到許多按讚、分享和留言，那麼我們日後十之八九還會再張貼這種內容。不過幸好，社群媒體被一大堆小貓照片淹沒對社會來講無傷大雅。

但如果淹沒我們的是憤怒與煽動性貼文的話那就不同了。二〇二一年耶魯大學研究人員莫莉・克羅克特和威廉・J・布萊迪著手找出史金納的研究是否可以適用於社群媒體一個大有問題的副作用：為什麼人們會在網路世界分享這麼多令人憤慨的內容。

他們組了一個團隊並建置工具來追蹤和測量Twitter貼文含有多少道德義憤。該團隊共追蹤了七千三百三十一名Twitter用戶，耙梳了一千二百七十萬則推文，試圖判斷用戶在此平台上表達道德義憤的方式與原因。

結果他們的發現令人憂心。於貼文中表達憤慨之情進而獲得較多按讚和轉推次數的用戶,日後再次表達這種內容的機率「特別高」。研究人員為了尋找更多證據,繼而進行了一系列行為實驗,結果顯示當用戶因為表達憤慨內容而獲得明確的指標獎勵時,會增加其日後張貼此類貼文的「總數量」。社群媒體的獎勵顯然會將用戶的行為導向表達道德義憤與蔑視[6]。

甚至更令人驚訝的是,研究團隊發現較容易受到回饋獎勵影響的群體並不是激進或黨派色彩極端的分子,這些人其實屬於溫和派。克羅克特對此有進一步的解釋:

> 我們的研究發現,用戶的朋友和追蹤者若屬於政治溫和派,這種人更容易被那些會增強其表達憤慨情緒的社群回饋所影響。這也點明了溫和派族群逐漸變成政治激進派的機制,其實就是透過社群媒體的獎勵營造正面的回饋迴路,進而助長了憤慨內容的增生[7]。

這項研究指出溫和派的社群媒體用戶在獲得獎勵之後,會有更高機率展現憤慨之情的清晰路徑,而這也是該研究最令人憂心的暗示:他們如果對更早期的用戶做測量的話,說不定會發現當今的激進用戶其實是昨日的溫和派。換句話說,用戶花在社群媒體上的時間愈長,就愈有可能成為政治極端派。

追蹤者

追蹤者人數從表面上看是良性的，這種簡單的做法可以評價一個人在別人眼中的價值。

建置指標來評斷一個人的人氣高低，看似是個可以簡單瞭解某個人重不重要的做法，對於那些很想搞懂誰最有可能分享最佳資訊的人來說也是省時的途徑。

但是互動率其實已經不是出於選擇，用戶一旦在社群媒體上建好帳號，就會馬上被嵌入到一場比較的遊戲裡，比誰的追蹤者更多？我要站在哪一邊？誰說了算？這類指標把用戶推入難以脫逃又沒辦法置之不理的競賽裡。

我們會自動把自己套入這個系統所隱含的社交排名機制裡，而這種排名的設計就是故意讓人難以抗拒。那些指標數字與某種人氣競賽交疊，不但可以增強平台本身的使用率，同時也會滲透到我們在線下世界對他人評價上。這種活躍的影響力對擁有眾多追蹤者的用戶自然是好事一樁。那些會在現實生活中關注這些數字的人很快就會萌生敬意。（「你有沒有聽說，他們的Instagram帳號有二萬人追蹤耶？」）兒童天生就對可獲得的獎勵特別敏銳。最近有一項研究證明，五四％介於十三至三十八歲的美國青年如果被賦予機會的話，會想成為社群媒體網紅[8]。

人類是一種高度向社會環境看齊的感測器。心理學家馬克·利里（Mark Leary）創造了「社會尺標」（sociometer）這個詞彙來形容內心的標準尺規，這個尺規會時時刻刻告訴我們他人對我們的觀感。利里主張，人需要的其實不是自尊，讓他人將我們視為嚮往的

夥伴才是人類進化的當務之急。我們需要社會尊嚴，而擁有展示朋友和追蹤者功能的社群媒體，把我們內心的社會尺標拉了出來，張貼在網路上昭告天下[9]。

反駁金字塔

二〇〇八年就在 Web 2.0 剛啟動的時候，程式設計人員兼創業家保羅・格雷厄姆（Paul Graham）在一篇論文指出，人們上網的時間變長自然會出現反駁言論變多的附帶後果。當一個人接觸到別人很多的意見時，就等於給了這個人更多爭論的機會。格雷厄姆提出他所謂的「反駁金字塔」模型，在這個金字塔中他將爭論類型分為七個階層。

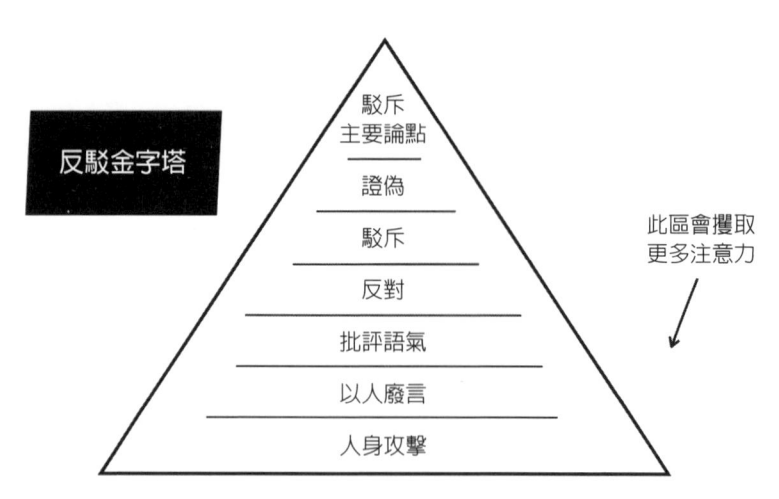

反駁金字塔

- 駁斥主要論點
- 證偽
- 駁斥
- 反對
- 批評語氣
- 以人廢言
- 人身攻擊

此區會攫取更多注意力

現今有更多動機會將對話方向往下方階層推移。

他表示「往反駁金字塔上方移動會因爲惡意減少而讓多數人開心一點」。金字塔的最頂層是「駁斥主要論點」。

仔細觀察這個金字塔，就會發現這其中可能存在著失效模式，特別是人的論述都附加了指標的情況下。尖酸刻薄的反駁言論，也就是訴諸觀眾群固有偏見的言論，其實比起建設性的反駁或許會讓人得到更多追蹤者。在注意力經濟當中，認可他人意見的差異不太可能引起注目；往金字塔上層移動無助於增加追蹤人數。

往金字塔下層移動，看到的則是發展不良的爭論。在這樣的新論述裡，沒有人可以接觸到最具價值的反駁言論。

我們可以把這種情況繪製成平面圖，以「找出眞相的渴望」爲Y軸、「觀看人數」爲X軸。當觀眾規模增加時，想「贏得」爭論的渴望就會取代找出眞相的渴望。

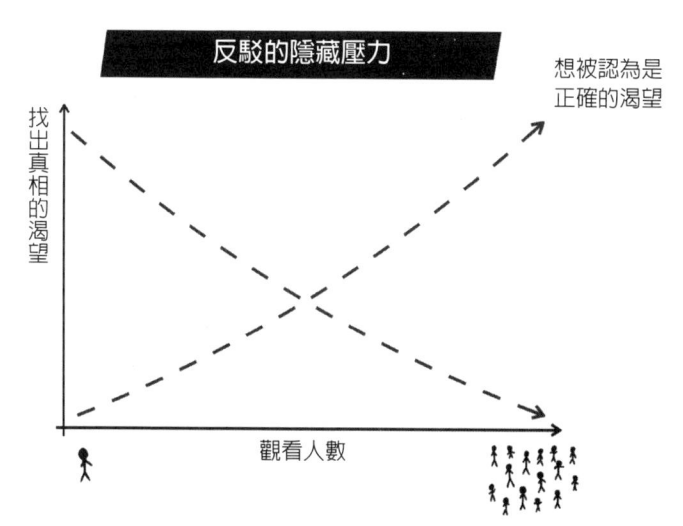

反駁的隱藏壓力

隨著觀看人數增加，相對於想被認為是正確的渴望來講，找出眞相的渴望會減少。

研究人員賈斯汀・托西（Justin Tosi）和布蘭登・華姆克（Brandon Warmke）創造了「道德賣弄」（moral grandstanding）一詞，形容人們用道德語言提升自己名聲的現象[10]。公共論壇上有人在辯論時，每一位發言者都努力想贏過前一位，最後就演變成一齣道德認知的戲碼。在這場設法取得觀眾認可的競爭當中，譁眾取寵的人往往會編造一些道德指控，極盡公開羞辱之能事，然後聲稱任何反對他們的人當然不對。這種人多半會誇大情緒表現，為的就是訴諸他們的觀眾群。這些喜歡賣弄道德感的人會檢驗對手所說過的每一個字，從中找出可以激發公憤的蛛絲馬跡。講者的本意是什麼都沒有人管了[11]。

由於觀看者數量龐大，加上人都會有從自己的網路社群尋求信號的傾向，社群媒體很多的反駁言論都成了賣弄的機會，以利追求指標。這些反駁言論通常不是有建設性的意見交流，倒造就了唱反調和作秀的契機，或是一種戰術性的戰場，而非可以從中學到東西的機會。當他人隨時隨地都在替我們排名、為我們打分數的情況下，我們會失去真誠檢驗新觀念的能力。

💬 這場遊戲不只是遊戲

社群媒體有時候看起來就像遊戲一樣。我們打開App撰寫貼文，用累積按讚數和追蹤者人數的方式得分，這無疑就是一種奇怪的新競技遊戲。只是說，它雖然「感覺」起來像遊戲，實際上卻又和大家閒暇之餘所玩的各種遊戲大不相同。

學者C・提・努元（C. Thi Nguyen）對於遊戲世界的特殊性有過一番解釋：「在某些重要的層面上來講，遊戲裡的舉動跟尋常生活是可以隔開的。比方說打籃球的時候，我不會把你阻擋我的去路當成是你一直對我有敵意的信號。我們在嘴砲大賽時，不會真的把彼此講的話當作那就是我們實際上對世事的態度或信念的指標。[12]」荷蘭歷史學家約翰・赫伊津哈（Johan Huizinga）創造了一個很有名的詞彙「遊戲魔法圈」（the magic circle），而遊戲正是發生於此，玩家在魔法圈裡可以披上另類角色，其行為舉止也會有另類的意義[13]。

　　但到了社群媒體，我們就不會退出這場遊戲。因我們的手機總是不離身，不讓自己抽離這個遊戲機制。況且設計社群媒體「遊戲」的人，目標就是要儘可能讓用戶一直逗留在平台上，基本上這等於與現實生活強勢競爭。人的經常性注意力已經習慣被拉往那些指標，所以不曾真正從數位空間裡脫身。社群媒體就靠這種途徑用它的遊戲機制「殖民」了我們的世界。

💬 指標就是財源

　　雖然人會因為累積那些抽象的數字而獲得小小的多巴胺洗禮作為回饋，但其實指標也會轉化為「摸得到」的鈔票。換言之，獲取那些指標不只是讓我們一次次得到情緒層面的肯定，而且還可以變成算得出來又十分實際的經濟價值。

眾所皆知，有辦法持續擷取注意力是一種能力，而且也是品牌願意掏錢購買的資產。一位追蹤者意味的是一個可變現的值錢具體資產。假如你想購買追蹤者，Twitter會用他們的推薦帳號功能幫你獲取新追蹤者，以每位追蹤者二到四塊美金的價格向你收費。

假如你的追蹤者數量大到一定程度，品牌會付費請你代言贊助商品。舉例來說，取決於Instagram追蹤者的規模，品牌會支付每則貼文七十五元美金（針對有二千位追蹤者的帳戶）到每則數十萬美金（針對有數十萬追蹤者的帳戶）不等的業配費[14]。

二〇一七至二〇二一年間，觸及一千名Twitter用戶的平均成本（廣告業主所用的指標「千次曝光成本」，即cost per mille，簡稱CPM）介於五到七美元。為了用你的貼文吸引一千個目光竟然要花這麼多錢，就連任何能夠提升內容分享率的戰略都有經濟價值[15]。

現在我們把這種經濟誘因拿過來放入比利·布萊迪（Billy Brady）對道德義憤之「互動價值」的解釋。他發現Twitter貼文中多增加一個跟道德或情緒有關的字眼，就能讓該內容的每個字提高一七％的傳播率[16]。用戶張貼到社群媒體的貼文都存在於注意力市場裡，那些貼文爭相要攻占追蹤者動態消息的頂層位置。我們的貼文無時無刻都在跟別人的貼文競爭，這時充滿憤慨的貼文若是能在這種競爭態勢中占有優勢的話，自然就更值錢。

無論是對品牌還是個人來說，如果想提高貼文的價值，那麼在貼文中添加道德義憤的元素或連結到會彰顯其道德信念的大型運動，可以增加該內容觸及率到一定程度。此外，藉由訴諸品牌消費者與員工之道德基礎的過程中，實際上也會提升觀感和品牌吸引力，既可以增加業績又能擦亮名聲。這種策略本身可能會有兩極化

效果,因為一家擁有多元道德觀顧客群的公司,選擇了支持某種公益事業之後,或許會因此疏遠了相當比例反對該公益事業的顧客群。但只要公司對其消費者和員工的道德從屬瞭解得夠清楚的話,這些效應也都在合理範圍內,因為如此可確保他們會選擇一個與顧客意向一致的公益領域。

由於具道德色彩的內容是可以有效擷取注意力的工具,因此這種內容也被用來作為心理剖繪,為日後的行銷鋪路。很多採取這種途徑的大品牌都頗有斬獲,他們利用道德正義和義憤之情,從擁有相似道德脾性的核心消費者身上獲取青睞和注意力,創造病毒式的廣告宣傳活動。這些宣傳也經常因為廣告所引發的抨擊和相關討論文的傳播而間接衝高了能見度。把產品道德化的品牌,往往可以成功馳騁於注意力市場。

這種基本的經濟誘因充分解釋了這麼多品牌開始和網路上公益相關議題連結的初衷與理由。對那些決策者來說這種事具有強烈的道德意義,於此同時對公司整體而言卻也有明確的經濟效益。社群媒體提供可量化的經濟誘因,促使公司在設法擦亮招牌、提升觀感的過程中動用道德語言。

內容道德化聽起來窮凶惡極,但不完全是麻木不仁的操縱與貪婪的結果。社群指標還做了某種會對我們的行為有不良影響的事情。

觀眾俘虜

二〇一六年下半年，我寫了一篇文章探討社群媒體如何削弱人類的同理心能力[17]。那一年美國總統大選結束後，這篇文章開始瘋傳，有數百萬人分享。當時我本來有全職工作，忙著其他專案，文章竄起後，我便從多年從事的顧問工作離開，轉而專注於寫作。那些看過文章的新觀眾發出的強烈信號所衍生的副產品之一，就是現在各位手上的這本書。

這群與我素昧平生的新觀眾傳遞給我一個清晰的訊息：這個議題很重要，請多延伸一點。如果有很多你在乎的人告訴你應該怎麼做，你自然會聽從。

這就是「觀眾俘虜」的效果，我們對從旁觀察的人發揮影響力的同時，也受他們所影響。我們不只擄獲觀眾，我們也會被觀眾的意見回饋擄獲，這通常是好事一樁，因為可以激發我們產出更有用處又更有意思的作品。觀眾發出的信號就是身為創作者的人之所以創作的一大緣由。

但觀眾俘虜也有其黑暗面。作家葛文德・博卡爾（Gurwinder Boghal）用一位名叫尼可拉斯・佩瑞（Nicholas Perry）的年輕YouTuber故事，闡述觀眾俘虜網紅的現象。二〇一六年，身形瘦削的佩瑞以一個吃純素的小提琴手身分開啓了YouTube頻道，但經過一年的經營，並沒有吸引多少目光，於是便舉出純素的種種健康疑慮，放棄了純素，改而上傳「吃播」影片，也就是拍攝自己嘗試各種食物的影片給追蹤者觀賞。後來追蹤者開始要求觀賞益發極端的吃喝技藝，沒多久，為了滿足日益苛求的觀眾，這位YouTuber張貼

了自己一次吃下速食店全部餐點的影片[18]。

他用這種新做法覓得大量觀眾,若以指標角度來看,這種形式可以說大獲成功。數年來他有求必應,順從觀眾持續不斷的要求,進而累積數百萬名追蹤者,以及超過十億的總瀏覽次數。然而這個歷程也讓他的網路身分和外型產生劇烈變化。尼科卡多(Nikocado)成了尼可拉斯・佩瑞的網名,其實就是他自己的肥胖諷刺版,體重猶如吹氣球般膨脹到一百八十多公斤,狼吞虎嚥地吃下觀眾要他吃的東西。聽從觀眾的要求促使他追求更加極端的功績,卻以自己的身心健康作為代價。

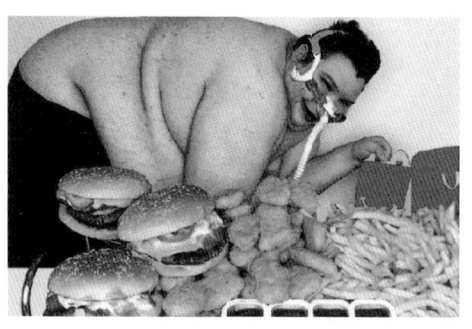

左側照片為尼可拉斯・佩瑞,右側是在YouTube經營粉絲數年後的尼科卡多。

博卡爾對這種交叉式影響力做了以下總結。

網紅在分析觀眾的意見回饋時,往往會發現自己更怪的行為,收到的注意力和認可最多,這個模式促使他們根據更為極端的社會線索來重新調整自己的性格,而不是以現實生活中接收到的社會線索作為參考。這種做法導致網紅誇大自己性格中較為特殊的一面,逐漸變成粗糙諷刺版的自己[19]。

然而這種需求不僅僅出現在網紅身上，我們每一個人其實都是信號處理機。我們會回應那些從旁觀察我們的人所發出的正面信號。換句話說，網路的觀眾會把他們對我們行為所產生的意見「反映」給我們，然後我們就會調整自己以便符合他們的意見。跟過去比起來，社群媒體現今所提供的各種指標（按讚、追蹤者、分享和留言）讓用戶得以更加精準的量化這些意見回饋，導致用戶都已經把什麼是「良好行為」內化到心底。

隨著我們逐漸沉入網路空間的內部，這種影響力也變得益發深刻。誠如博卡爾所指出的：「每個人都在爭取網路觀眾。[20]」只要我們一貼文給追蹤者觀看，就表示我們踏入和觀看者交流的過程，而這個過程同樣也會被社群媒體各處都見得到的極端互動問題所牽動。

總結

本章一開始帶領各位踏入擠滿人類的龐然空間。這個空間連接了一個可以量化群眾言論的系統，並且告知眾人三大明確指標，即追蹤者、按讚數和分享數。結果現場很奇特地演變成一場競賽，大家爭相說著下流至極的內容來博取最高分。以下就是我們從這個空間學到的心得：

・明確指標有免去把關者而得以讓內容自由推廣，促成社群媒體場域平等化的好處，但這些指標同時也會對用戶的行為產生微妙

的影響。這些指標具體明確，就像心理學家馬克‧利里所提出的「社會尺標」數位版，而「社會尺標」是指人類內心的標準尺規，它時時刻刻告訴我們別人對我們的觀感。

- 我們的網路觀眾大量增加時，想要「贏」得爭論的渴望就會蓋過想找出真相的渴望，進而把我們推到保羅‧格雷厄姆所謂的「反駁金字塔」下層，朝「人身攻擊」的方向而去，遠離有建設性的反駁。
- 在社群媒體上爭相追求指標的過程，就跟「操作制約室」（又稱史金納箱）的原理一樣。用戶的一則特定貼文若獲得大量互動，就會因此受到制約想張貼更多類似貼文。
- 我們在建置個人品牌和平台時不只是擄獲觀眾，我們也會被觀眾的意見回饋擄獲。這種「觀眾俘虜」的黑暗面，會在我們追求觀眾認可而失去真正的自我認同時浮現。
- 這些觀眾通常對具有道德色彩和情緒性的內容，特別有反應。有鑑於觀眾的認可能夠變現賺錢，因此個人和品牌若對分歧的文化議題採取強硬立場時，是有利可圖的。

下一章將探討創作者為追求指標而迎合觀眾口味，結果做過頭而導致觀眾反制會產生什麼後果。

Chapter 13
創傷、消化和取消文化

　　二〇一四年三月，二十三歲的作者蘇伊・朴（Suey Park）打開Twitter，在時間軸上看到脫口秀節目《柯貝爾報告》（*The Colbert Report*）的帳號所張貼的一則貼文。該推文試圖以搞笑方式諷刺美式足球華盛頓紅人隊老闆丹尼爾・施奈德（Daniel Snyde）最近宣布成立「華盛頓紅人隊原始美國人基金會」（Washington Redskins Original Americans Foundation）的消息。史蒂芬・柯貝爾（Stephen Colbert）在他的夜間節目中開了這個玩笑，然後被喜劇中心（Comedy Centra）員工貼到該節目的Twitter帳號上，並附上他說的話：「我願意藉由成立『鏗鏘叮咚東方人或其他敏感問題基金會』（Ching-Chong Ding-Dong Foundation for Sensitivity to Orientals or Whatever）表達我在乎亞裔社群。」這段脫口秀上的搞笑橋段本意相當直白，為的就是抨擊施奈德的荒謬行徑，因為他用基金會名稱支持邊緣化的族群，但名稱本身對該族群而言就充滿貶義[1]。

　　過去幾天，這個玩笑在該節目的其他社群媒體帳號上已經被分享了數次，但一直都有附上節目原始影片的連結。然而這則無前後脈絡的推文，讓蘇伊這位韓裔美國人不能接受。

　　她火大地在Twitter上寫道：「鏗鏘叮咚東方人或其他敏感問題基金會決定號召大家取消關注柯貝爾，把它變成熱門話題吧！」

　　蘇伊繼續在平台上張貼了一系列抨擊柯貝爾的推文，鼓勵別人

採取一樣的行動。結果如她所願,短短數小時內主題標籤「取消柯貝爾」(#CancelColbert)就攻上了推特的趨勢文章,但並非出於她所希望的理由。數千名柯貝爾的粉絲認為蘇伊並不瞭解原始推文的背景脈絡,於是紛紛以憤慨的回應來捍衛柯貝爾,造成該主題標籤的**趨勢**上升。蘇伊反擊堅稱最初那則麻木不仁的推文所敘述的本來就不對。更多人群起攻之,說她沒看懂重點。這波對「義憤之情」所展現的義憤,大大得到了激發,數十家主流新聞媒體發現流量竄升,於是開始報導這起事件。《今日美國》(*USA Today*)、線上雜誌網站Slate、《綜藝》(*Variety*)雜誌、《紐約客》(*New Yorker*)、CNN和《華爾街日報》(*Wall Street Journal*)全都對此做了專題報導,連同《時代》(*Time*)雜誌的三篇和Salon評論網站的七篇相關報導。「#取消柯貝爾」演變到最後成為Twitter上最熱門的話題,但這波蔓延的憤慨情緒卻鮮少針對丹尼爾・施奈德令人遺憾的命名決策[2]。

這場特殊的義憤之情連鎖效應從反諷的橋段衍生而來,結果被失衡地詮釋和放大,同時也是社群媒體上最早明確使用「取消」一詞的事件之一。

一連串劍指柯貝爾的評斷並沒有讓他的脫口秀被「取消」。沒多久他又**繼續轉戰**接手《柯貝爾報到》(*The Late Show*),在該節目中他卸下「假」保守派的虛構身分,開誠布公地支持自由派的理念。

蘇伊開始推送若干社運人士發起的主題標籤活動,譬如#NotYourAsianSidekick(不是你的亞裔小跟班)、#POC4CulturalEnrichment(文化充實)和#BlackPowerYellowPeril(黑色力量黃珍珠)。她的帳戶在過程中集到二萬多名的追蹤者,但也因為身為早期主題標籤

社運人士而收到很多負面關注。蘇伊全心投入社群媒體的社運活動後所引發的反彈終究造成負面傷害，最後自己退出了 Twitter[3]。

但是二〇一四年的時空對蘇伊來講可能稍嫌早了點，所以她的社運行動才會無以為繼。取消柯貝爾的主題標籤活動沒能終結這位脫口秀主持人的節目，但的確為一種奇特新現象的推行發揮了助陣功效，而該現象很快也會成為難以忽視的文化力量，即所謂的「取消文化」。現在這些事件全都是當今媒體生態的根本一環，也是產生新聞的一種核心方式，尤其是與黨派有關的新聞。

蘇伊這場早期的取消活動便是活生生的例子，深刻描繪了社群媒體的新聞生態如何靠著騷亂與憤慨蓬勃興旺，指明了生態裡每一個角色如何在過程中獲益。

蘇伊這位敏感的二十三歲年輕人，試圖將注意力導向她關注的公益課題，將一個沒有背景脈絡的冒犯搞笑橋段詮釋為不公義的事情，再把自己的詮釋張貼到社群媒體。她將大家的注意力拉向自己所在乎的「亞裔遭受歧視」公益話題，而獲得了按讚數、分享數和追蹤者。

Twitter 用戶憤慨地認為蘇伊的言論純屬誤解，因此留言糾正她，推文論述蘇伊所謂的「不公義」自身的不公義。這些用戶也獲得了按讚、分享、追蹤者以及共同捍衛內群體成員所產生的革命情誼。

一些發行商看到了契機，紛紛撰文報導這場騷亂和義憤情緒，將不受重視的爭議話題擴大到社群媒體「之外」，打入主流媒體。這些組織正是知道可以刺激流量才報導這起事件，同時他們也認為這是十分重要的一刻。這些發行商收到的是美金，因為廣告業主會付錢在他們的網站上打廣告。

這一路下來的結果就是人人都在過程中受惠，但世界卻變糟了。大家攀附著一個被貼到社群媒體上、少了背景脈絡的反諷橋段，花這麼多時間把注意力指向錯誤方位，並經歷了一連串騷動。這場爭議過後，柯貝爾在新節目第一集中回過頭來提到先前發生的取消活動，以諷刺的口吻打趣道：「這個系統真的有用。」

這起特殊的道德事件其實勾勒出創傷（這在現今來講是一個充滿張力的詞彙）與喜劇之間的癥結關係。我們可以說這是反映文化的重要片刻，點出亞裔往往是別人玩笑話裡的箭靶角色。若說蘇伊誤解了意思且反應過度也是言之在理。同樣地，我們也可以說柯貝爾的編劇們確實一開始就踩著紅線寫出了這個搞笑橋段。不過這起特殊事件鉅細靡遺描繪了喜劇與社群媒體的詭異交錯之間所發生的現象。若要參透道德敏感究竟為何會演變成蔓延整個系統的厭惡情緒，就必須瞭解幾個關鍵要點。

我想請各位在我們逐步揭開箇中道理的同時，特別留意自己內心浮現的情緒。你看到柯貝爾開的那個玩笑時，又或者看到蘇伊的反彈或那些反彈她的反彈時，一定很想在這整件事中找出敵人。敵人是蘇伊嗎？是柯貝爾嗎？或者是那些利用這場憤慨情緒行賺錢之實的新聞媒體？還是寫出Twitter演算法的工程師？亦或是對亞裔美國人之委屈缺乏同情心的整體社會？到底該怪誰？

類似的道德事件發生的時候，從旁觀察的人看見後會有所感受。各位光是審視這個議題，說不定就已經注意到自己的正義感呼之欲出，又或者你身軀裡的某處感到不安與焦慮。那種感覺就是道德母體正在更新它的狀態。光是聽到某處有人對某個議題感到不爽，就足以強化你個人對於是非對錯的觀點。這表示現在你身上已

經出現了新的道德張力。

這場特殊的道德事件闡述了創傷、喜劇與取消文化在人們網路生活中的重要關係。

悲劇加上時間

我們消化壞事的做法，可以用一句喜劇界的俗語來解釋，它是這樣說的：「喜劇就是悲劇再加上一些時間。」這句俗語的意思是說，悲劇發生之後會有一段敏感期，在這段時期內不能接受有人拿這些事情開玩笑。喜劇演員最愛的就是繞過那條壞事可以被接受的界線，因為有一股張力會隨著笑聲獲得釋放。參照了這個公式的喜劇演員漢納・加斯比（Hannah Gadsby）就說過「金句需要創傷」這句話[4]。大家都知道，喜劇可以對觀眾凸顯這些令人不自在的尷尬片刻，最後再像釋放壓力閥一樣化解這些尷尬，讓觀眾得以縱情大笑。

共有創傷所殘存的張力就這樣成了效果十足的喜劇。創傷成就喜劇的路徑可以繪製成下圖：

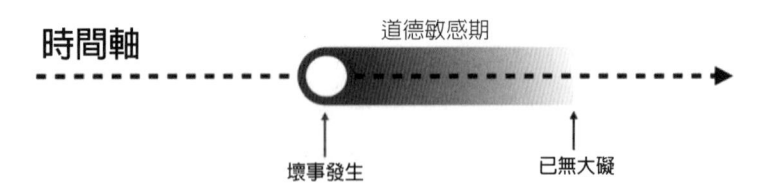

```
時間軸                道德敏感期
─ ─ ─ ─ ─ ─ ─ ●━━━━━━━━━━━━━━▶
               ↑                ↑
             壞事發生          已無大礙
```

「喜劇就是悲劇再加上一些時間」的圖示。一宗顯而易見的創傷事件，會先經過一段特別敏感的時期，隨著時間流逝，敏感最終會消散，此後便可拿該事件當笑點。

把悲劇化為令人發噱的喜劇片刻，這就是柯貝爾的反諷橋段想達到的目標。

柯貝爾的玩笑使用了對亞裔的過時稱呼「東方人」，這是一種公然歧視的針對性諷刺字眼，以前在美國和世界各地十分常見。一直以來這類種族歧視相當普遍，如今已大幅減少。玩笑的言下之意，其實是特別為了諷刺當時美國原住民也遭到同等的對待。想必柯貝爾的編劇團隊在撰寫此笑料時以為這個喜劇橋段已經落在道德敏感點之外。在一個人們經常用東方人這類字眼稱呼亞裔的時空裡拿來開玩笑，那自然不是玩笑，而是一種愚鈍、毫無幽默之處的事情，若被解讀為種族歧視而非諷刺作品的話，那便是不得體的玩笑。在二〇一四年那個時機點，柯貝爾的玩笑（在有準備且有背景脈絡的情況下）對他絕大多數的觀眾來說，已經過了道德敏感期。

然而對某些可能經歷過原始創傷的亞裔美國人來說，這個時機點離脫離敏感期還差得遠，尤其是對生活在美國某些少數族裔社區裡的亞裔而言。

蘇伊身為亞裔美國社運人士，正是因為離這個笑話太近，所以不覺得好笑。或許她的人生經歷過不少種族歸納，說不定一直在照料自己的創傷。無論出於什麼理由，她對這個柯貝爾的笑話非常生氣，想提出主張，然後又有強大的新平台可以讓她達到目標。

敏感的首要特點就是「時間」，另一個重要的特點則是社交距離。假如有一個人碰到可怕的事情，關心他的其他人多半都會知道不可小看這件事，否則恐怕會再次觸動舊創傷而引發當事人觸景傷情。

敏感的個人（即受到壞事衝擊的人）——在本案例中就是指蘇伊，往往對歷來猖獗又公然歧視亞裔的悲劇感到敏感——通常會提出一種連結到過去悲劇的說法，即使兩者之間並無關聯（譬如缺少前後脈絡、被張貼到社群媒體的柯貝爾笑話）。

人在建立這種連結時，實際上是在「嗆聲」舊創傷的重要性，提醒別人自己依然覺得敏感，而且這些感覺不容小覷。這種嗆聲會以道德義憤的形式出現，激起羞愧、厭惡或生氣的情緒。柯貝爾的笑話及後續反彈，觸發了新一波的文化敏感時刻，而且是個現在尚未塵埃落定的事情，同時也是柯貝爾（和其他目睹這場媒體炸鍋現象的人）從今往後應該都會避開的敏感事件。

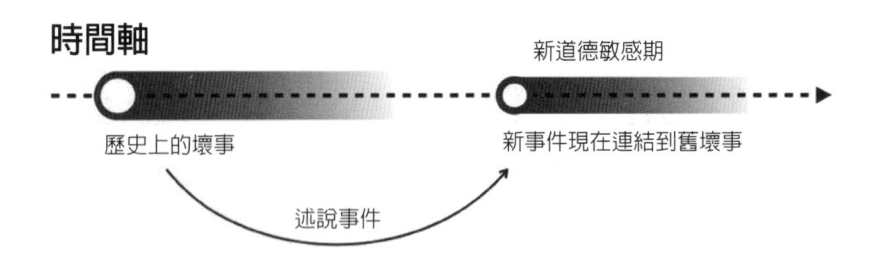

時間軸

歷史上的壞事　　　　　新道德敏感期
新事件現在連結到舊壞事
述說事件

對社運和倡議人士來說，重溫舊悲劇的過程有時候可以讓他們的理念顯得特別重要，值得大家的關注。這種做法之目的就是透過他人的目光驗證自己經驗的重要性。

這也是記者經常使用的方法，他們會以觀點文章及分析的形式，企圖為某件事注入背景脈絡，使該觀點變得更耐人尋味並增加其重要性。這種說故事的過程是意義建構的核心，人正是藉此判斷某件事屬於個案還是事件模式。

然而在社群媒體上,任何人只要有顯著的個人傷痛,也都可以採取同樣的做法。蘇伊表現出 CH 12 所提及的行為,在譴責柯貝爾的過程中賣弄了一番,且從另一個角度來看,許多指謫她的人大概同樣也在賣弄,這當中對亞裔的舊有系統性歧視是否有微弱或間接的連結其實並不重要,因為對她來說,這個連結「感覺」很真實。柯貝爾這個有權有勢、擁有一個平台的白人男性探觸了舊傷口,罔顧她的感受。她覺得很受傷,而且對她來說別人也應該知道這件事讓人受傷。

人在感覺到情緒的時候,無論情緒從何而來,都須要得到認可。這些情緒不須要被悉心照料或者被鼓勵和放大,但需要空間從個人的內心轉移。最重要的是,這些情緒有機會被認可才能繼續向前走。

然而,蘇伊的情緒消化方式被封裝在推文這個「新容器」中,她的情緒在此獲得無限的第二次生命。現在這個情緒可以自立更生,繼續在網路上激盪漣漪,觸發很多人的情緒。

創傷與消化

我們可以用一個假想的遠古時期故事來探討創傷與消化的方式。想像一下,現在是非常久遠以前,你和族人走到一條路徑上,這條路徑還算平順,行走過程也沒有波折。有一天,這條路沿著又陡又危險的山溝而行,你們在橫越山溝時有人身體一斜,失去平衡而掉下陡坡,結果受傷了。這個人傷得很重,族人小心地跑下去想

幫忙拉他起來，但他明顯受了傷，已經來不及幫上什麼。灰塵圍繞在傷者周遭，讓人視線模糊。這一刻悲劇的痕跡徘徊不去，每個人都看得清清楚楚，大家愁容滿面。那位傷者很痛苦，圍在他周遭的族人目睹這令人傷痛的事件，他們也同樣痛苦。他們停留了一陣子，幫傷者處理傷口。不過這個部族終究還是得繼續前進，同伴把傷者背起來，大家默默向前走著，每個人都憂心忡忡。你們整個部族一起背負起了重擔。

過了許久，差不多就在那場摔下山溝的悲劇過去數年後，這群族人又碰到類似路徑，這次是靠著峽谷前行。你的腳突如其來地絆了一下，不過只是有點踉蹌，你也馬上穩住了。就在這時，說時遲那時快，有個人拿上次那位受傷同伴的不幸遭遇開了個玩笑，你成了笑點。這個玩笑有點蠢，剛好落在可接受的邊緣。但是那件事已經過了很久，所以現在無傷大雅，那位傷者在很早以前便已痊癒。你忍不住──笑了。其他人也笑了出來。當所有人一起大笑的時候，每個人都笑到眼淚滑下臉頰。這個部族已經繼續向前走，也克服了創傷。空氣很清新，一切已無大礙。

人們的周遭發生悲劇時，大家一起分擔傷痛，這一刻大家集體驚愕與傷悲。諸如天外飛來橫禍、突如其來遭到攻擊、明顯的不公義或重大自然災害等事件，對在場所有的人來說都是痛苦萬分的。過後，會有種莫名的東西懸而未決，那是痛苦的經驗尚未塵埃落定所致。因此在事件發生後，我們不能拿來開玩笑，也因此喜劇才會常常引發敵意。社會需要一段時期消化這些事件，然後才能繼續前進，才會有空間反思。該事件會一直徘徊不去直到用嬉鬧、追憶和幽默的方式去看它都無妨的時候為止。厄運發生了，我們一起承擔

這些事情,設法應付過去。有朝一日我們會展露笑容,但這需要時間。

所有的悲劇都會淡去。能夠一起從可怕的事件排解轉化並**繼續前行**,這是人類最大的長處之一,也是人類最擅長的事情。現在我們回過頭檢視前一張圖表。

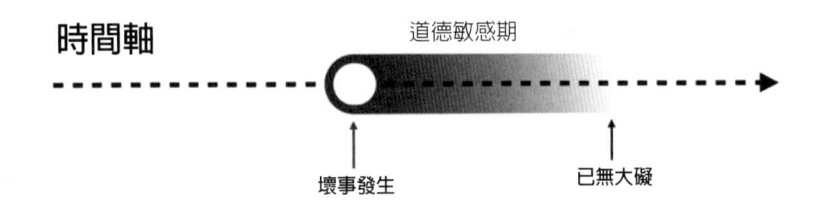

時間軸　　　　　　　　道德敏感期

　　　　　　　　　壞事發生　　　　已無大礙

壞事發生在某人身上或被目睹的時候,它會揚起灰塵和情緒碎片,在周遭的空氣中飄盪。特定的個人和群體可能會離壞事比較近,或是曾經因為壞事而受傷害,所以可想而知這會讓他們更敏感。

「創傷」(Trauma)源自希臘語,指身體而非情感上的傷。二十世紀中葉,創傷這個詞彙被擴大解釋為嚴重的心理傷害,譬如越戰士兵看到或參與可怕的攻擊行動而產生的那種心理夢魘。近來這個詞彙已經成了無所不包的字眼,可以用來指稱任何難熬的情緒經驗。美國心理學會(American Psychological Association)將創傷定義為「對可怕事件的情緒反應」,變成一個文化和社會有很多空間可以廣泛詮釋的詞彙[5]。

就現代來講,我們會把很多事情聯想到創傷,比方說受創的感情、童年、工作等,甚至連受創的迷因都有。

不過創傷是有分嚴重程度的。暴力強姦和遭朋友背叛的嚴重程度就不同，被口頭羞辱和身體被別人侵犯不可相提並論。法律制度的建立正是為了將傷害的程度編纂為條文，檢察官則盡其所能根據法規按比例懲罰對他人施以攻擊的人。

一整個群體的人或整個社會也會經歷創傷，比方說戰爭和災害這種共同創傷就會深深傷害文化結構（不過有時候共同創傷實際上會增強人們應付創傷的能力，譬如自然災害或恐怖攻擊期間）。舉例來說，我在柬埔寨認識的每一個特定年紀以上的人，都顯現出某種或可歸類為創傷後壓力症候群（簡稱PTSD）的症狀，那都是從多年內亂與極端貧窮中倖存下來的自然反應。

創傷會透過很多方式傳遞給他人，像是父母傳給孩子，以受虐或習得性焦慮的形式。就某種程度來說，光是從旁觀察他人經歷創傷事件，就足以讓人「感受」到創傷。創傷也會在感情關係中傳遞，譬如某個人傷了另一個人的感情。

以感情關係為例。學者荷莉・穆爾（Holly Muir）和史班賽・葛林柏格（Spencer Greenberg）曾撰文探討創傷的衝突特性。朋友、伴侶或夥伴之間真切的感情，有很多都是因為一些引發反應的事件而終結，比方說某個人好意地做了一件事，卻觸發了伴侶的創傷，導致伴侶採取自我保護的舉動作為回應，然後又觸發自我保護的逆反應[6]。

舉例來說，安妮和鮑伯目前交往中。安妮評論了鮑伯身上穿戴的某物，說那樣東西讓他看起來很傻氣。然後鮑伯就像被取笑的孩子似的，以冷戰安妮作為回應。安妮的前男友正是因為情緒疏離的問題而導致後來兩人分手，因此她對鮑伯也惜話如金，藉此保護自

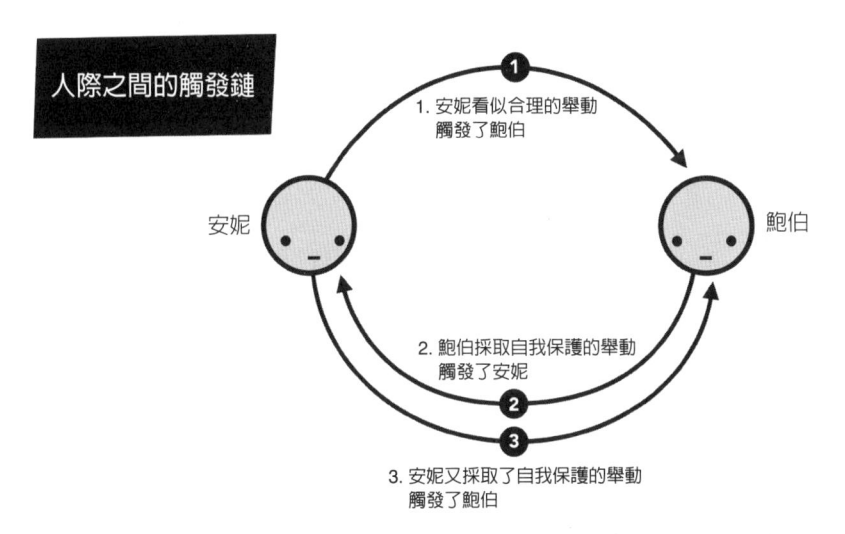

人際之間的觸發鏈

1. 安妮看似合理的舉動觸發了鮑伯

安妮　　鮑伯

2. 鮑伯採取自我保護的舉動觸發了安妮

3. 安妮又採取了自我保護的舉動觸發了鮑伯

在一段感情關係中，衝突的創傷就像觸發鏈一樣，某人的反應會觸發另一人的創傷反應。此示意圖改編自史班賽・葛林柏格於二〇二一年〈衝突的創傷〉（Clashing Traumas）一文中的插圖。

己。結果，鮑伯現在覺得安妮冷酷的行為變本加厲，所以又對她更疏離了。安妮和鮑伯兩人輪流觸發了彼此的創傷，使雙方的情感出現隔閡，錯誤地怪罪對方，相互誤解。

各位想必會覺得聽起來很熟悉，那是因為這就是另一種形式的觸發鏈，只是發生在兩人之間。一個人的觸發點引爆了另一個人的觸發點，對方又用更進一步的觸發行動來回應。這種人際之間的觸發鏈若是未在當下察覺和處理，恐怕會危害到感情。

處理痛苦受創的情緒

創傷有一個顯著的特色,那就是沒有人可以和它「爭吵」。你沒辦法跟某人的創傷爭吵,然後贏過它。即便你覺得那個人的創傷過分誇大、扭曲或者出格,你都不能用怒氣去應付它,或把它當成一種罪過、恥辱來看待,然後指望可以對其動之以理。這番道理也適用於我們自身的情緒。

誠如心理學家塔拉·布拉克(Tara Brach)在文章中所探討過的,強烈情緒是一種警示,提醒我們有狀況須要留意。有時候讓身體去感受情緒,在表達情緒時拋開所有藉口和說法,就能讓心情繼續前行[7]。

現在我們回過頭來探討一下CH 11提過的海德特社會直覺模型。

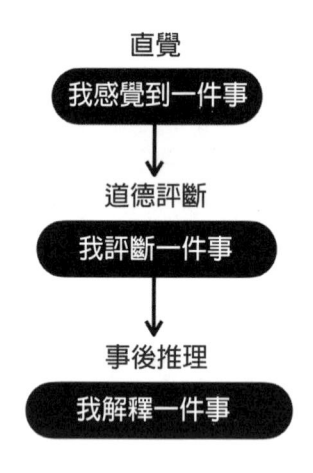

直覺
我感覺到一件事
↓
道德評斷
我評斷一件事
↓
事後推理
我解釋一件事

人感覺到煎熬的情緒時，往往會在設法消化情緒的過程中判定這些情緒的好壞，或用一些說法把它們解釋過去。如同直覺模型所顯示的，評斷和推理都屬於個別事件，都是在人感受到情緒或直覺「之後」才發生。這兩種後續的程序無助於理解最初這些情緒「為什麼」會出現的原因。

　　不過若要瞭解這些煎熬的情緒，還是有幾個策略可以運用。格式塔療法（Gestalt therapy）和認知行為療法（Cognitive Behavioral Therapy）都十分強調「單純感覺情緒」，別附加評斷。這就是蜜雪兒・麥克唐納（Michelle McDonald）這類的正念大師一直以來所實踐的方法，她開發了一套步驟，可以讓人在歷經情緒洗禮時用來理解它們，這套流程她稱之為「RAIN」正念法，由以下幾個步驟的開頭字母縮寫組合而成[8]。

辨識發生了何事（Recognize what is happening）
接受此經驗原本的模樣（Allow the experience to be there, just as it is）
以好奇心和關懷去探索（Investigate with interest and care）
用愛心呵護（Nurture with self-compassion）

　　這段過程未必輕鬆，尤其涉及到的是特別嚴重的創傷事件。但是覺察和辨識的過程通常是一定得明確去做的步驟，才能讓情緒自然發展。這需要空間去感受，就像就像布拉克所說的，接受情緒「如同過客一般」流經自己全身，可以讓情緒獲得釋放。情緒出現在我們身軀裡的時候，無視、評斷或反抗它往往會適得其反。單純感受情緒，別對它附加任何說法、解釋或評斷，這樣做通常會產生深刻的效果。

當我們接觸到他人情緒，進而被他們所觸發時，把握上述原則會大有用處。人必須先感受情緒，才能去消化它們。克服創傷的一環，正是任由它被感受到，並在適當情境下表達出來。若是在錯誤情境中表達情緒，恐怕會觸發他人，讓事情惡化。

不過話說回來，無論你是什麼樣的人，又或者你經歷過什麼，壞事不會長存到海枯石爛，總有一天社會和人生中的傷口都會癒合，人們會繼續向前走。無論所受的苦痛有多深，經過了足夠的時間後情況終究會好轉。整個社會一定會從共同悲劇起身並繼續往前走，個人自然也能如此。

只是很可惜，社群媒體會大大阻礙這個繼續前行的過程。

用幽默感消化創傷

我們再來探討一下喜劇。在最理想的狀態下，喜劇是一種有助於人們消化苦痛的方法，而「在乎某件事」正是喜劇最愛繞行的一種張力。就是因為我們在乎，或是在乎的人我們認識，所以才會覺得好笑。我們從不好玩的事當中「製造笑點」，這是一種我們攜手消化事情的方式，也是釋放張力、把悲劇轉化為笑聲的方法。但如果這個喜劇離它要消化的悲劇太近時就不會成功，而且會讓人覺得它粗俗失格，又或者可以說它「時機還太早」。

從這個層面來講，喜劇對觀賞者來說是一種民主的過程。換句話說，若是夠多的人覺得這個糟糕的笑話很好笑，那麼它便安全降落，部分觀眾會受到牽引。假如笑話太接近敏感話題，觀眾會埋

怨，或更麻煩的是，他們會火大（比方說二〇二二年奧斯卡頒獎典禮上威爾・史密斯〔Will Smith〕掌摑克里斯・洛克〔Chris Rock〕的事件，就是很好的例子）。

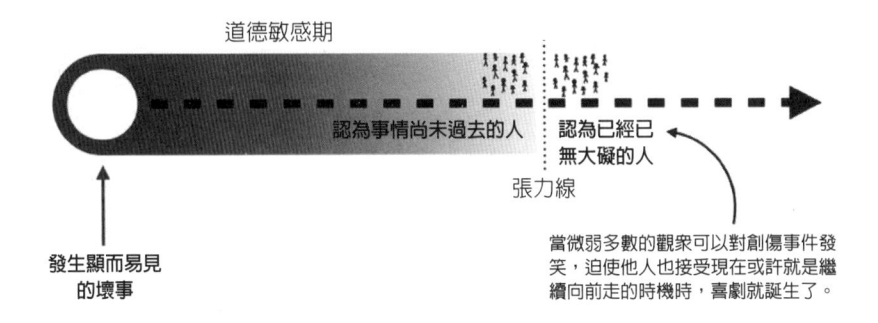

```
                道德敏感期
          ┌─────────────────────┬─────────────→
          │認為事情尚未過去的人 │認為已經已
          │                     │無大礙的人
          │                     張力線
     ↑
   發生顯而易見
   的壞事
                                當微弱多數的觀眾可以對創傷事件發
                                笑，迫使他人也接受現在或許就是繼
                                續向前走的時機時，喜劇就誕生了。
```

舉例來說，二〇〇一年，即九一一事件過了數週之後，喜劇演員吉兒伯特・哥特佛萊德（Gilbert Gottfried）在節目一開始就用航班中停曼哈頓開了幾個玩笑，結果這些玩笑沒有安全降落，觀眾報以噓聲，指責他講這些笑話的時機「太早了！」。事件剛發生沒多久就拿來開玩笑並不恰當，這正是離敏感事件太近所致[9]。

但反過來說也是一樣的。一個笑話若是離主題「太遠」，也沒辦法安全降落。如果有人要拿拜占庭帝國的瓦解來當笑點肯定無傷大雅，因為現今這個世上沒有哪個活著的人真正知道帝國墜落之際究竟發生什麼狀況。倘若回到當時拿這件事來開玩笑，下場一定很可怕，但如今這個陳舊的創傷事件製造不了津津有味的笑點，因為沒有人在這件事裡有任何利害關係。這便是離得太遠，所以沒有人在乎的緣故。

💬 時機還太早

當我們意識到有更多「被視為」創傷的事件時,往往表示現在正處於一個有許多道德敏感增強的時期。隨著我們愈來愈察覺到社會上有這麼多痛苦的事情,加上對這些創傷又不確知的情況下,這些議題就變得沒那麼好笑、沒那麼無傷大雅,也變得不太能接受它們被拿來討論了。

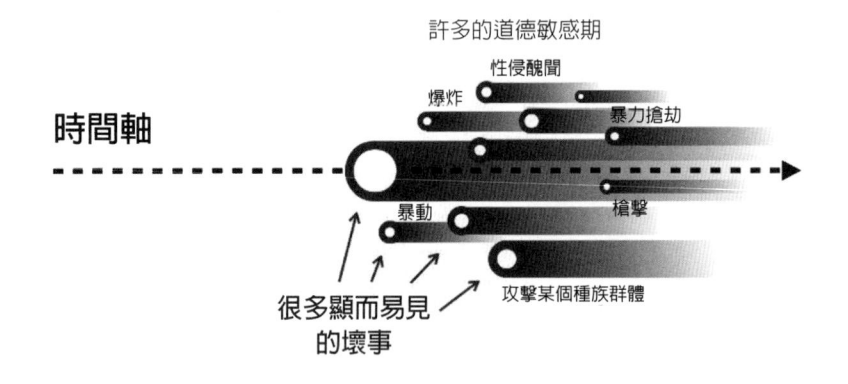

許多的道德敏感期

性侵醜聞
爆炸
暴力搶劫

時間軸

暴動
槍擊
攻擊某個種族群體

很多顯而易見
的壞事

新聞裡充斥著可怕的事件,大家對這些可怕事件的「反應」也在動態消息中四處流竄。接觸到愈多這種資訊,就會在動態消息裡看到愈多苦難,我們也會更加頻繁地更新道德敏感,以便適應這些趨勢。

經過夠長時間和夠多接觸之後,很多人會逐漸發現這些可怕事件之間是有主題關係的,那是一種似有若無的信號。隨著人們吸收到各種不良行為的資訊,眼睛看到的潛在危險也跟著變多了。各個主題連結會演變成新的敘事——也許是一種文化迷思又或者是一

群有相同道德世界觀的人所共有的說法。這種過程對那些容易相信（和製造）陰謀論的人而言，可以說是有強大的推波助瀾之效。

這些東西共同創造出一種完全開放的文化地雷區，讓我們集體去摸索。每一個地雷都會觸發新的碎片，造成大家害怕再次觸發創傷，而每一個地雷也會以少許但又可以量化的方式更新道德母體，比方說每一次的道德過錯、取消和指控行動等等，皆是更新公共生活中「可接受」行為的新型途徑。

人一直從這種模糊的道德敏感母體往外觀察。換句話說，我們目前就駐足在當前這波道德浪潮中央的「現在」位置上，它影響著我們看向未來與過去的目光。當你觀賞一部十年前或更久以前的電影，會納悶怎麼那個時代怎麼如此麻木不仁或充滿疑義時，原因就在於此。

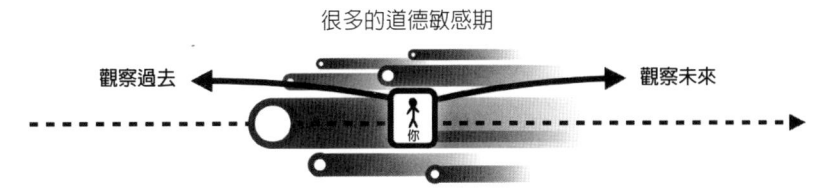

很多的道德敏感期

觀察過去 ← → 觀察未來

你

我們透過當前的道德敏感視角觀察過去與未來所得到的心得，會大幅影響我們對他人、內容、事件和想法的評斷。

請各位牢記以下幾個關鍵重點：

・創傷事件是人生中艱難但本來就有可能發生的一部分。
・悲劇和創傷總有一天全都會淡去。個人會慢慢消化它們，社會最後也會忘卻它們。

- 我們接觸的創傷愈多，集體的敏感處也會隨之增加。
- 人有愈多敏感之處，便有更多機會觸發文化地雷，而不慎傷害別人的感覺。
- 社群媒體為那些樂於觸發他人腳下地雷的人加持了地位、權勢和聲望，更進一步造成顯著創傷。

這些重要概念，有助於我們認清自己當前正生活在一個道德敏感深刻尤甚於過去的時期，同時也解釋為什麼「取消」文化經常發生，又為什麼喜劇演員總成為被砲轟對象的原因。

現實世界的地雷

我住在柬埔寨那段時間，就在水庫的設計尚在進行時，我們花了很多時間穿梭水庫場址，騎著摩托車在酷熱的大太陽底下做調查。我們必須標出水庫的集水區，範圍會延伸到遠方的廣闊乾燥稻田。

在這些長途的考察路程中，有一次我們和某位社區人士坐在椰子樹下躲避那天最熾熱的時段，大口大口灌著水。這位名叫米山（Mit Sen）的老先生說起水庫的歷史：水庫損壞的準確時刻——主要灌溉水渠的所在，還有內戰打到最悽慘的時候。我聽到八〇年代和九〇年代的戰役肆虐了這片區域，便問他關於地雷的事情。我第一次造訪水庫期間，僧侶向我保證這片區域的地雷已經清除了，可以行走其間、安全無虞。

「喔,沒有啦,上個月我們還找到兩枚地雷。有名農夫收割稻子的時候被炸掉一條手臂,就在那個地方。」他對著我們剛剛走過的地方揮著手臂。我的柬埔寨工作人員翻譯這段話時,我們的震驚一定全寫在臉上。「喔對啦,是有點危險啦!」他說。

幾個星期來我們才在田野間奔波跋涉過,如今那些田裡竟然還有會爆炸的地雷和未爆的軍械。

發現自己一直以來都走在埋有地雷的田裡面,那種心理上出現的轉變實在難以言喻。你的目光和焦點會隨之改變;你突然間會覺得自己身處的空間不安全。路變窄了,每一個腳步都顯得格外要緊。本來悠遊探索的態度和好奇心,現在都變得小心翼翼和憂心忡忡。穩穩踩在別人踏出來的足印上,不能偏離,不能瞎鬧。光是「獲悉」附近有人被地雷炸傷,就足以改變你看待前方路徑的目光。

社群媒體就像埋有地雷的場域,遊走其中摸索出路的心情,其實跟行走在那些田裡差不多。出於善意的個人採取公開取消的行動,確實往往可以收到短期效果。看到有人得罪和激怒眾人,儘管可能出自於良好動機,都會改變你在創意和智識上會承擔的風險,造成言論和行為受到局限的後果,人們會因此不知道能說什麼或該如何表達。

請容我澄清一下:Twitter並不是一個會讓人斷手斷腳的地方,社群媒體的取消文化不會有殘暴的後果,同時戰爭的傷亡也絕對不能拿來與人受傷的心情和受損的名譽相比。

但衍生的效果也不可等閒視之。在你完全否定一般的公開取消行動會產生多大衝擊前,請先容我來闡述它的反效果。

💬 一百萬張臭臉

　　社群媒體利用許多人類天生的衝動發展起來，比方說人對於名望與社會地位的根本慾望會增強他獲取追蹤者與按讚數的渴望。「取消」和「指控」是人們在有人跨越社會道德規範時，想讓這些人感到羞恥的人性衝動發揮作用的結果，也是人類核心社會行為「八卦」的放大版。

　　八卦這個行為往往被冠上負面評價，但它同樣是人類的一種適應優勢，因為它可以作為社會溝通系統，有利於別人用他人經驗間接瞭解世間道理、判斷是非對錯。有一些對照研究指出，八卦其實可以在公共財遊戲裡「提升」信賴感和社會凝聚力，遊戲中的玩家必須瞭解他人名聲的好壞。比起祭出成本昂貴的懲罰手段，來促成和維持社會群體間的合作，八卦往往是更有效益和效率的途徑。研究人員證明，能善用一定程度八卦的群體通常發展得較好[10]。

　　然而，經由社群媒體擴大的八卦，會完全化身成另一種模樣。社群媒體上的一個小小的舉動，可以輕輕鬆鬆羞辱一個可憎之人。比方說，在一則侮辱你敵人的搞笑貼文上按讚，感覺就很爽。點開一篇文章，看到裡面闡述某人因為鑄下大錯、失言或白目行為而垮台的內容，感覺也不賴。沉浸在集體幸災樂禍的氛圍中，是一種莫名的愉悅經驗，小小一個轉推、按讚、分享、轉貼……等等全都是看似無害的動作，純粹只是一種樂趣，一種帶著微微罪惡又讓人開心的愉悅感。

　　可是這些動作也等同於投下小小的一票，跟風譴責某個對象。每一張投下的票都會集結成一連串警告，改變目標對象的人生。一

百萬人的間接憤怒衝著你來,那種感覺會折磨你,你的人生也會隨之停擺。即便提到你的內容中只有非常少量負面消息,但隨著你的名字連結到公開紀錄中的每一則新聞報導,只要上Google搜尋一下就能找到的情況下,你的職業前景一定會愈來愈黯淡。

當然,很多人的不良作為確實應該受到訓誡,使人反感的觀點和行為應該加以撻伐。有些人的公開言行令人髮指,這種絕對應該加以指控,強迫他們改變行為,無需正式制裁。畢竟這些人不會被送去坐牢或受到身體上的傷害,他們只會為了不當行為被公開羞辱而已。

取消與指控某個對象的舉動背後,其實就是企圖將他人使用的道德框架統整起來,以這種方式昭告天下:「這個人做錯了。」公開發出信號給自己的社群,畫出一條不當行為的界線,那種感覺實在太棒了。

但是就像大家在社群媒體上觀察到的諸多事件一樣,這種「團結」是幻象,那條界線往往不如想像中的清晰明確。倘若你因黨派色彩而被取消,說不定會有塞翁失馬的福氣。人們如果同理你遭到取消的理由,比方說因為別人對你的憤慨而感到火大的情況下,就會想追蹤你、給你支持,並且把你當作自己的榜樣。這對想要在所謂的文化戰爭中戰鬥的個人來說,可以獲取相當豐碩的報酬。公開取消的舉動有時候會吸引福斯新聞(*Fox News*)或MSNBC電視頻道請你上節目接受訪問,替自己獲取數千名新追蹤者,建立起一個可以發表言論與寫作的平台。你雖然被某個群體遺棄,但同時也有機會成為另一個群體的烈士。有些政治人物通常會故意打「擦邊球」,直攻文化敏感區,正是因為知道這對他們選民來說是個信

號,一種博取選民關注的方式。他們想促成憤慨的媒體報導,因為這種報導可以提高自己的能見度。

不過相較於每一個有能力憑藉取消自己的反彈力量來發展職涯的人來講,其實有更多人最後都在丟臉的情況下舉白旗,被迫默默重整自己被炸成碎片的人生。因不慎失態或公眾誤解而招致砲轟——這種事屢見不鮮——的人,接踵而來的評斷會以他們也未必明白的理由湧入生活,最後這些砲轟就成了改變他們人生的大事。

請容我澄清一點,取消文化並非只是左翼或右翼的問題,儘管研究顯示,進步派多半會用取消當作武器,但也有右派的人採取這種做法[11]。取消行動會發生在保守派或自由派人士身上,兩派人士同樣也會發動取消行動。取消所造成的威脅和誘因在如今這個由社群媒體所主宰的世界裡,已經逐漸變成生活的一個新特色。

人人都會受到影響

想像一下現在正在打籃球比賽,只要有人傳球,裁判就改規則。所以每次球一傳出去,球員就得被迫暫停,放慢速度設法先搞懂接下來的新規則。現在還可以運球嗎?還可以射三分球嗎?他們得重組策略,設法拿分,因此每一次傳球都成了摩擦和混亂的導火線。這場比賽對某隊球員來講想必很焦慮,另一隊一定也覺得非常火大。對任何人來說,這無疑是一場難打的球賽。

生活在一個道德感不斷變動的社會,猶如上場打這種籃球賽,它所產生的普遍焦慮現象可以用一句最老的社會學詞彙來解

釋,叫做「迷亂」(anomie)。這是一八九〇年代由涂爾幹(Emile Durkheim)提出的名詞,形容一個社會的常規失序、不斷變動的狀態。人們對是非觀念沒有共同的認知,便難以在這個空間中果斷前行、合作,更不用說普遍和睦相處了[12]。

最近有一項由個人權力表達基金會(Foundation for Individual Rights and Expression,簡稱FIRE)在美國國內所進行的研究發現,很大比例的美國人普遍擔心公開指控和取消舉動所製造的恐懼。

> 受試者當中近四分之一表示「經常」或「多半」害怕陳述某種意見,擔心因此丟掉工作或在學校失去地位,而一八%的人同樣也因為擔心後患而「害怕說出〔他們〕認定的想法」。八%的人則承認,他們經常有為了「融入團體」而被迫表達自己並不認同之事情的壓力[13]。

大學生在這方面的調查數據看起來更糟。根據FIRE的研究,六〇%的學生表示由於害怕被其他同學報復,所以不敢表達意見。這種趨勢在一個理當盡情探索艱深觀念與想法,才能對多種觀點有更清晰認識的教育環境來講,特別有害[14]。

人生複雜又混亂,有機會更新想法是生而為人的一部分。然而這些途徑變成強大的文化力量之際,人便被拉進一個非黑即白、沒有灰色地帶的道德確定感鴻溝之中。

人們對公然羞辱有嚴重恐懼的時候,往往就會選擇退避,不願意公開探索各種觀念。在現實生活裡,公開探索道德的灰色地帶往往是學習以及進行寶貴交流的機會。人們藏起自己的觀點,卻未必因此改變想法,反倒會將自己的意見輸往更緊密的意識形態群體,

在這些分布於線上和線下的群體中，他們的想法就能安全無虞、不受質疑。

好壞之間

有很多駭人聽聞的事情應該加以指控、公諸於世才對，並不是所有默默在網路分享的舉動都是不好的，並不是所有的公開批評都是錯的。編造道德言論和態度顯然已經影響了公共對話的方向，那麼我們又該如何評量它們的好壞呢？

各式各樣無論是意識形態或文化方面的「少數」，往往必須承擔起責任，教育「多數」人並更新他們的想法。這是十分辛苦的任務，如果個人經常這樣做的話必定精疲力竭。因此，可以不必經常處理冒犯性的公共論述，似乎成了「取消」的有益副產品。

再者，近幾年透過社群媒體所分享的道德義憤催化了社運活動，造成一些格外重大的社會變遷。很多文化和政治運動若是沒有指控這類的途徑是成不了事的，況且其中一部分還有指控權力不對等以及冤屈未處理的問題。諸如#ArabSpring（#阿拉伯之春）、#TeaParty（#茶黨）、#BlackLivesMatter（#黑人的命也是命）和#MeToo（#我也是）等運動，全都或多或少經歷過在公共論壇上分享違背道德的行徑，以及指控別人過錯的過程。

我們或可將這個議題拆成兩個不同元素來分析才能弄明白。社群媒體同時發揮了以下兩種作用。

第一個是**提高了道德過錯「認知度」**，即社群媒體增進了人們看清楚社會整體所發生的可怕事件之能力。從表面上來看，這似乎是件好事，如果大家對「錯誤」的事情有更多察覺的話，就能設法加以改善。

然而，社群媒體同時也發揮了另一個效果，它**增強了我們對道德過錯的「敏感度」**，讓我們將愈來愈多事情視為道德議題。

後續我們會設法回答這個關鍵問題：「哪些過錯確實有錯？」這個問題十分弔詭，人對於傷害的觀感是變幻莫測又主觀的，遠遠超過法律上對傷害的定義。如果把各種可能會害人受傷、抓狂和受辱的機會基準線調整一下，或者「付錢請大家」找出社會上的更多罪行，那麼歷史恩怨恐怕會多到不計其數。

只要認清取消舉動的威力和疑義有多大，或許就可以對準特定類型的道德過錯和憤慨情緒，比方說假消息、公然說謊和瞎話這些應當不計一切代價打擊的對象。這些歪曲的現象，無論是故意（比方說假資訊）或非故意（譬如錯誤資訊），對接觸到的人來說都是十分有害又大有問題的東西。

假如各位已經開始尋思有何辦法可以改善這個系統，不妨從謊言、假消息和不實資訊著手。需要處理的複雜問題很多，不過這些問題都應該被清楚地判別，我們很快就會這麼做。

總結

網路上的憤慨之情未必都是錯的，公開批評也是清楚認識世界的重要途徑。很多在網路上激起連漪的義憤之情，往往都是根源於真實的冤屈與創傷。

取消和指控是人們在有人跨越社會道德規範時，想讓這些人感到羞恥的人性衝動發揮作用的結果，也是人類核心社會行為「八卦」的延伸。研究顯示，八卦風氣有時候十分有利於群體的團結。

但是社群媒體創造了一個會將人對創傷事件觀感放大的系統，促使這些事件的生命期變得更加長久，觸及的範圍也更為廣泛。過去只在幾個人之間消化處理的議題，如今可以快速串連到集結數百萬觀看者，他們全都是這個創傷的見證者。這種現象刷新了何為合適言論的集體規範，在某些情況下反而會讓應有的批判性對話停擺，使誤解的機會大幅增加。

有鑑於社群媒體能夠讓我們意識到許多有疑義的事件，感覺我們就好像身處在一個道德感快速更新的時期。對於是非對錯、哪些事情可不可以接受的意見，隨時都會冒出來。下一章將設法解答這個問題：這一切將往何處而去？

Chapter 14
道德常規的浪潮

　　社群媒體正在快速更新公眾對於是非對錯的共有概念,這使得過往的規範突然之間一下子顯得十分怪異。以社會的角度來講,我們的價值觀在未來幾年應該會有什麼變化呢?道德世界的弧線會像金恩博士(Martin Luther King)所言,自然地「朝著正義傾斜」嗎?還是隨意彎曲呢?

　　每個人都困在某個時空裡。我們生於一個無權做決定的時期,如同沒有人可以選擇父母,不能選擇自己什麼時候出生一樣。

　　我們受制於一個從特別的時機點起始的人生,而這個時機點內建了一套構成「現在」的基準與經驗。噗通一聲落入了某個時空的我們,和一群人被共同放置在某條路徑上一起前行。我們和走在路徑前方的父母以及走在他們前方的祖父母,有一些相同之處。

　　這個特殊的「現在」或許比過去的其他任何一刻都糟糕。回顧過往,會發現以前有許多可怕的「現在」讓人難以生存。比方說生在戰亂的年代。生在沒有自來水的年代,又或者生在膚色會限定一個人的法定權利的年代。

　　一般而言,最近的「現在」基本上就是最理想的現在,因為人類的各項能力變得更精進,譬如製造工具、制訂法律規章等等,讓大家幸福美滿又更長壽。

然而「現在」是有限制約束、是有規則的，而且很多時候都是明確的規定，比方說不可當街在他人面前小便（這個行為在過去的「現在」並沒有不對）。

不過沒有明文列出但又覺得不能破壞的既有規則，林林總總。這些規則源自於這個特殊的現在可接受的行徑，也是以各位所屬社群的道德母體為根據所形成的。我們在評斷過去的道德規範時，用的是其實也是此時此刻的視角。

那麼，道德如何隨著時間荏苒而變化呢？社會又是如何變換它的道德母體？

道德規範是很奇怪的東西，它們從社會的共識中浮現，從棲息於同一個時空的共同體產生。它們隨著一段很長的時間而變化，且變化猶如巨浪般猛烈。這些變化以集體省思和領悟的形式出現，起源於悲劇被看見。聖典的闡釋造就了強大的演說者、偉大的思想者和妙筆生花的作者，然後這些人又設法將其應用在當下的時空。他們提出論據，人們聆聽其言論，接著是非對錯的觀念就會慢慢轉變。道德規範的形成受到深層道德觀的影響，也受到經濟過剩以及提供了更多人道選擇的技術所左右。

個人通常會乘勢而已，尋求他人肯定自己對於是非對錯的感覺，規範便就此誕生。文化規範確立，價值觀也會成為標準，然後編纂成法條。

🗨 黑格爾：社會以辯證方式前進

哲學家黑格爾（Georg Wilhelm Friedrich Hegel）由於開發了一套框架，用來探知如何找出社會中的集體真理而備受讚譽。他認為觀點會從所謂的「辯證」而非透過線性過程所形成。

辯證程序有「正」、「反」和「合」三個步驟。黑格爾主張，通常找出真理的最佳做法就是把兩個對立的概念交互辯論。首先從一個論點開始，即一個真理主張，這個主張必定有一個反論點，或稱為對立概念來挑戰它。唯有在這兩個概念相互較量後，才會產生一個綜合體，這就是當下最接近真理的版本。他曾寫道：「無論是在論點或反論點裡都不會覓得真理，真理只有在兩者調和後的新生綜合體中才能找到。[1]」綜觀而言，科學界的做法就跟這種正反合的模式十分相似。假說會透過實驗來測試，接著結果誕生於世。結果又會被其他證據反駁，然後提出新的假說，把舊證據綜合起來。

黑格爾認為，社會整體也會發生這種程序。社會的進展從來不是直線式的，而是從部分真理擺盪到另一個部分真理。從某個極端搖擺到另一個極端的過程中，人學習琢磨出正確與不正確的道理。

這有點像一群人在摸黑行走時迷路，然後有人宣告了一個想法：「走西邊才對。」（論點）。大家繼續在黑暗中走著走著之後，抵達一個前方已無去路的懸崖，有些人從懸崖邊掉下去。他們已經走過頭了，這時又有一個人批評走西邊的決定，然後提供另一個選項。「你看，你錯了，應該往北走才對。」（反論點。）一行人接著往北走了一陣子，結果來到一座陡峭的山前，沒辦法再往前走。「哎呀，」有人說道：「其實往西北走才對。」（綜合體。）隨著每

一次的發現，他們從這個極端摸索到那個極端，尋覓穿越黑暗的道路。

社會正是用類似模式以Z字型的方式在各個道德極端間擺盪。

黑格爾以法國大革命為例，人民熱血奔向民主自由的懷抱後，接著而來的便是「恐怖時期」所造成的一片狼藉，期間有數千人被處決。這段動盪的時期過後，迎來的是拿破崙的專制統治。

無獨有偶，戰後的美國在一九五〇年代進入極端保守主義的氛圍，接下來的六〇和七〇年代則是社運活動的極端期，然後在八〇年代出現自由物質主義。

這些集體社會意見的擺盪節奏，如同擺錘按照機械化軌跡不斷向前擺動那樣，隨著社會尋覓實際有效做法過程中，從部分真理擺盪到部分真理。事後回顧時會發現，這些擺盪看起來顯然是被動回應，但身在其中的我們，卻覺得它們悲慘又可怕，或者感覺像烏托邦、像醍醐灌頂，是何種感受取決於你以何種道德母體為生活依歸。

不過辯證法牽涉到的不只是事後評價社會規範的形成而已。我們在思量所使用和調控的工具與科技時，辯證法特別適用。

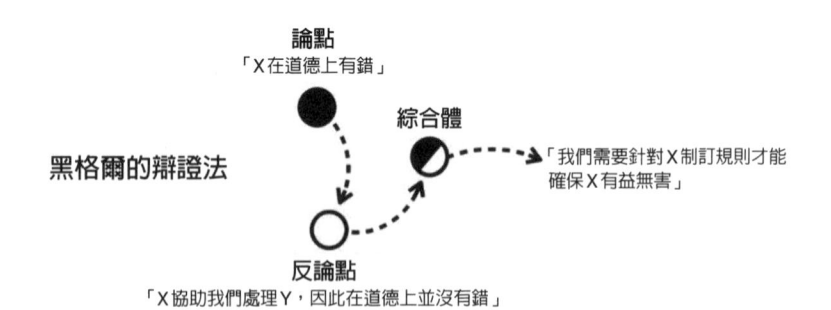

黑格爾的辯證法

論點
「X在道德上有錯」

綜合體
「我們需要針對X制訂規則才能確保X有益無害」

反論點
「X協助我們處理Y，因此在道德上並沒有錯」

當我們受制於某個時空的時候，其實某種程度上來講就是受制於那個當下的辯證。人會被迫適應所屬群體的公義觀念。換句話說，我們會去適應自己的生活與存在所依歸的道德母體，那是生而為人的一部分，那是生活在社會的一部分。我們會屈從「現在」這一刻的公義觀念。

我們不喜歡去想自己受困在主宰著此時此刻的道德母體所布下的限制之內，而這個限制由當前的科技能力與倫理標準所促成，是一個怪異又糾纏不休的空間。

我們日後會受子孫譴責

我二十一歲的時候，某天晚上在靠近海岸的一條偏僻小路上出了生平第一次車禍。當時天色很暗，我開著車正要去森林深處參加一個生日派對，而且我已經遲到了。一頭鹿猛衝到我車前，擦撞到左邊車頭燈。事發後我立刻急轉，但已沒有時間可以避開那頭鹿。我停下車，發現那頭鹿身受重傷躺在路邊掙扎。那是一頭小鹿，還未完全長大，但體型依舊是一般大型犬的兩倍大。牠躺在地上，脖子骨折，身體間歇性的抽動，試圖站起來。我打給當地的動物保護中心、郡警局，任何可以找的人，結果都沒有用。時間已經很晚，我們又離市中心太遠。

黑暗中我坐在森林馬路邊陪著小鹿一個小時，等著它死去。但鹿沒有死，於是最後我做了決定要幫牠脫離苦海。我從後車廂拿了一根舊球棒，然後對準鹿的頭敲下去，直到牠死去。這是一個殘

酷、坦誠又充滿悲傷的動作，我一輩子都難以忘懷。

那件事改變了我吃肉的習慣。從那次事件之後，我開始領會到每次我吃肉製食品時，其實就是把自己的不安外包給別人，因此我決心吃素，直到我可以親手宰殺自己想吃的牲畜為止。結果我便在自己三十歲前的這段期間，進行了冗長的哲學實驗。這場實驗讓我有機會去上了為期一年的課程，盡我所能地去學習各個牲畜，從魚類到雞、豬等等的屠宰和食用流程。慢慢地，等我學會如何宰殺、清潔、料理和食用新的牲畜後，就會把該牲畜加入自己飲食當中。直到今日，我依然努力只吃自己親手宰殺的牲畜所做成的食物。

這也因此讓我對人類最痛苦的外包產業「大規模密集養殖業」有更廣泛的瞭解。請容我即興來一場解說，向各位闡明並不是所有人都抱持這種道德觀。煩請各位給我一點耐心，我保證這是有重點的。

二〇二〇年，有七百四十億隻牲畜被屠宰作為食物，該數據粗略算下來約為地球上每個人可分到十隻。大多數的牲畜終其一生都活在狹窄幽暗的環境中，很多牲畜的飼養過程中都以增加最大體重為目標，而且會積極餵食抗生素和荷爾蒙保住牠們的性命，活過短暫又痛苦的一生[2]。

我推測業界的肉品加工廠畫面造成多數人產生嫌惡的感受。假如你吃肉，那麼你食用的就是畫面裡那些牲畜，也等於付錢給別人在這類的地方工作，同時也等於支持這種處決牲畜的作業線。

人類這種雜食物種的基因裡內建了道德難題。我們會對自己吃下肚的食物感同身受；我們可以對這些牲畜有愛心。於此同時，肉品美味，有益於人的身體健康。這些矛盾就這麼剛好附加在一個

會受苦的生物身上。市場經濟不覺得強調這個事實的駭人之處有什麼價值，所以它把我們從該事實抽離出來。誠如美國思想家愛默生（Ralph Waldo Emerson）所言：「你剛剛用過正餐，無論屠宰場如何謹慎小心地隱身在眼不見為淨的遠處，你是共犯這件事依然是存在的。[3]」

身為一個十分在乎這個議題的人，我不得不捫心自問：如何才能改變這種做法？或許至少可以採取一些行動來加以調和？在那些密集農場工作的人覺察到這種兩難，因此很多人試著讓牲畜少受一點苦。許多牧場業者、研究人員和政策制訂者竭盡全力透過各種措施，譬如牛群兜風、放養環境等，來縮減動物所承受的痛苦。調控措施確實改善了一些狀況，產業大體上而言也逐漸減少了最糟糕的實務做法。

但是就所有以人道方式飼養的牲畜來講，壽命短、一生悲慘的狀況依然屢見不鮮，尤其是在無標準可言的國家。我們仔細探究這個問題之後，直搗一個盤根錯節的難題。人不吃肉「也能活」，所以讓這個肉品產業壯大的並非生存問題，而是暢快與奢侈的感受。

以印度為例，該國人民就做了不一樣的選擇。他們有四成人口自認是素食主義者，八成人口的飲食有肉類限制。飲食禁忌和傳統習慣屬於印度最廣泛傳播宗教的一部分。在印度教經文中，素食主義往往受到讚揚，且牛在傳統上被視為神聖之物，因此很多印度教教徒完全不吃牛肉。這是世界上最大的國家之一，他們成功做到了比其他國家食用更少的肉。

然而這本書並不是要探討人是否有不吃肉的道德義務。對我這個葷食者來說，這個議題點出了你我都深陷在自己的時空裡，也提

醒我大家在十分困難的議題上其實受制於整個社會都是共犯、沒有其他選擇的狀況裡。而這個困難的問題——即對其他物種進行產業屠殺一事——極有可能會在後代回顧過往時被他們視為非常恐怖的事情。這也猛然提醒了我，我們的社會將來很有可能會受到子孫的道德譴責。現今某些最無害的習慣，日後看在未來世代的眼裡，一定令他們覺得驚恐和暴怒。

　　社會規範已經根深蒂固在經濟系統內，有鑑於此，要改變它們已非易事。我們現今的許多想法和行為，會捱不過明日的道德清算。

　　除了大型宗教運動和具有數百年先例的文化規範之外，什麼事情會造成社會的道德變動？對於眼下的不公義發出的憤慨之情，「確實」會造就行為的改變。這些情緒促進了立法，使產業進化，並且要求市場提供更好的選項，有時候會有實質正面的成果。機會正是從這些情操中興起。科技雖然把人類推往難解又無法預料的方向，但同樣也可以讓道德問題逐漸消失。適應新道德的經濟有時候能夠把狀況改善得更好。

　　舉例來說，七〇年代末，媒體開始大量關注地球南北兩極附近的臭氧層破洞快速擴大的問題，引發大家對氯氟碳化物（chlorofluorocarbon，簡稱CFC）的廣泛關切。CFC是一種用在冰箱和噴霧器中的化學物，對臭氧層特別有害。臭氧層變稀薄恐怕會逐漸對環境造成破壞，大幅增加地球某些地區的紫外線輻射量，並且讓溫度上升。這是首批獲得了全國關注的重大環境運動之一，且令人意外的是無關黨派。

政府和產業針對該如何作為辯論了多年,等到各方都對手邊問題有了共識,加上又有證據支持後,大家開始尋求解決之道。後來出現了幾個替代技術成為解方,而且這些技術剛好很容易實行。氫氟碳化物(hydrofluorocarbon,簡稱HFC)雖然仍是一種強力的溫室氣體,但可以輕易取代CFC,對臭氧層的傷害也少很多。一九八七年一項全球禁令嚴格規定不可使用破壞臭氧層的化學物質,防止了臭氧層破洞擴大,其中多半就是因為有更簡單的替代選項所促成。自那時起,又開發出若干傷害性更低的技術,再加上大部分國家開始禁用HFC,支持更環保的替代做法。二〇二二年,幾項針對南極上空臭氧層濃度所做的測量顯示,破洞的面積由於禁令發揮效果所致已經縮減至最小程度[4]。

所以現實就是,重大的問題行為往往只有在替代行為比較簡便的情況下才能集體改變。憤慨情緒有催化改變之效,但說穿了其實也是某人打造比較方便的選項,提供給用戶罷了。

很多道德問題正是因為出現「技術替代選項」,轉而有了解決的可能。我們的後世子孫將來極有可能在其有生之年看到可行的技術,這些技術會讓他們用截然不同的視角來審視他們所擁有的道德選擇。很有可能他們食用的是人道飼養的牲畜肉品。除此之外,以歷史作為殷鑑的話,這些後代將來也會用我們現在評斷曾祖那一輩某些荒謬的規範那樣,來評斷現在的我們。他們決定吃肉類時,不必再經歷心理掙扎,因為他們有更理想的選項。他們之所以對得起良心,是源自於我們當前的辛苦掙扎。

有一個好玩的方法,可以探索那些內嵌於時空的道德規範有何怪誕之處,那就是上網找一找酒類廣告。如果你細讀曾祖那輩

的廣告,大有機會看到一些實在怪異至極的內容,比方說醫生告訴你抽菸其實「有益」身體健康(廣告詞是:「醫生都抽駱駝牌香菸!」)。有個廣告暗示如果老婆沒幫你泡杯好咖啡,那打老婆是沒關係的。又有一個廣告畫面是小女孩坐在床上把玩艾弗-約翰遜公司(Iver Johnson)製造的左輪手槍(「爸爸說這個東西不會傷害我們。」)我們回顧這些廣告的時候除了感到震驚和反感之外,也許看到他們落後的思想還覺得饒富趣味。透過這些小小的窗口可以一探那個時代迥異於現在的道德母體[5]。

資料來源:美國雷諾煙草公司廣告,「醫生都抽駱駝牌香菸」,一九四六年。

資料來源：刊於《生活》雜誌的 Chase and Sanborn 的咖啡廣告,「如果你老公發現你沒有幫他泡新鮮咖啡」,一九五二年。

資料來源:《加拿大雜誌》(Canadian Magazine),艾弗－約翰遜左輪手槍,一九〇四年。

Chapter 14　道德常規的浪潮　239

我認為這些廣告有助於勾勒出人們在任何特定時空下的極端道德評斷。這樣做絕對不是替過去幾代的過錯找藉口，而是讓我想到在當前這個時空，大家別太嚴苛去檢驗彼此的道德行為。如今道德感在更理想的工具和創新途徑的助攻下更容易大有進展，就跟法律有利於人們避開過去那種令人掙扎的道德取捨一樣。幾乎可以肯定的是，將來的後代子孫一定會詫異地對我們現今奇怪的行為進行研究、評斷和譴責，特別是當今這個講求公義的時期。

語言變化比道德快

想像一下某天你醒來，發現認識的每一個特定年齡以下的人一夕之間都得了輕度流感，而且這種流感同步產生了兩種影響。其一，它更新了年輕人大腦的語言處理中心，讓他們選擇性的意識到「貓」這個詞現在唸做「章魚」。

其二就是流感也衝擊到年輕人的記憶，把原本是其他含意的字彙相關記憶都消除了。換句話說，「章魚」這個詞現在對你認識的年輕人來說其實指的是「貓」這種動物，一直以來都沒有變過。奇怪的是，只有一定年紀以上的人，也就是你覺得古板又不諳時勢的人，他們看到貓還是會稱那種動物是「貓」，認知能力沒有受到任何損害，發音也非常標準。現在，如果你對年輕朋友說「貓」這個字，他們會以為你講的是某種老派的東西，然後據此評斷你。

你會怎麼做？你會以為自己大概有點瘋，然後去看醫生檢查耳朵？還是你一笑置之，更新了一下用語，順勢而為？

上述情境就跟現今很多人試圖跟成長於社群媒體的人溝通時會有的感覺差不多。隨著社群媒體徹底提高了人們消耗資訊的速度，同時也加快了語言演變的速度。

物理界的「半衰期」（half-life）一詞是指某個東西的量降低到其初始價值的一半所需要的時間，用來表示原子衰退到一半的速度，或者是化學物質在人體血流中減至一半所經過的時間。舉例來說，咖啡因的半衰期大約是五小時。假如你在中午十二點喝了一杯咖啡，那麼到下午五點還會有一半的咖啡因留在體內。半衰期這個詞彙也可以用來描述很多事物的效用衰退情形。

人的用語也有半衰期。回顧過去，你會發現愈久以前的英文愈難解譯。譬如一四〇〇年代，當時的人把有羽毛翅膀的生物稱為「brid」，拼字的方式就是 b-r-i-d。不過經過一段時間，有人把 brid 說錯成 bird 之後，從此就不一樣了。（可想而知，那個時代的小朋友如果講了後代子孫所認定的正確用字的話，一定會被責罵。）即便是美國憲法起草的時候，也用了「不正確」的拼法，把「choose」寫成「chuse」。

同樣也是那十年間，當代最有名的演說家和作家亞歷山大·漢彌爾頓（Alexander Hamilton）在《聯邦黨人文集》（*Federalist Papers*）企圖把話講得明明白白，好讓大眾能夠理解，他寫道：「開明激昂地支持政府的幹勁與效率，會被汙名化為熱愛專制權力、對自由原則不懷好意的結果。[6]」

這是二百多年前的美式英文寫法，對今日的一般英文母語人士來說是充滿挑戰的陳述句。你看得懂句子的意思，但必須讀上幾次才會理解。（各位應該可以想像漢彌爾頓如果現在復活的話，他

上Twitter讀到一般探討現代敏感問題的推文時恐怕也會被難住的畫面。）

任何語言已受認可的常規，會經由誤解、創新以及自然演變的歷程而改變。換句話說，語言一定會隨著時間變形。用來形容社會重要事物的詞彙，尤其是政治爭議方面的語言，往往變化得更加快速，這就是所謂的「語意漂移」（semantic drift）。

與人的身分認同有關的語言變化得特別快。美國全國有色人種協進會（National Association for the Advancement of Colored People，簡稱NAACP）是各種為非裔美國人權利奮戰的組織當中最有名望的一個。NAACP於一九○八年由W・E・B・杜波依斯博士（Dr. W. E. B. Du Bois）、瑪麗・懷特・奧文頓（Mary White Ovington）、穆菲爾德・史都瑞（Moorfield Storey）和廢奴主義人士艾達・威爾斯（Ida B. Wells）所創立，當時的時空背景用「有色」這個詞彙含有廣泛和先進的意味。最近有色人種（People of Color），簡稱PoC，又重新成為常用字，但現今若是稱某人為有色人種的話是帶有貶義的。演員班奈狄克・康柏拜區（Benedict Cumberbatch）於二○一五年一場訪問中使用了「有色人種」而招致批評，當時他在訪談中感慨英國電影產業缺少黑人演員的角色。他的觀點十分明確：我們需要更多黑人演員可以飾演的角色，這一點必須改變。然而當他稱呼黑人演員為「有色人種演員」，也顯示出他未吻合支持此理念的人所秉持的社會規範[7]。

用語是重要的信號，可以讓人判斷自己於所屬內群體當中，存在於認可之社會進展光譜中的位置點。方言是一種標記，指出了人們與它之間的關係，以及自身與內群體當前的道德規範同心的程

度。

　　用語的變化方式通常取決於次文化和年輕人,以及受到對爭議話題的態度演變所影響。另外,也與接觸到新觀念和對話有密切關係。上個世紀主要基於獨占媒體的合併所影響,這種類型的語言變化大概會出現得更為勻稱。收看同一電視頻道、收聽同一廣播節目,就會讓兒童和成人一起接觸到新的比喻和俚語。後來網路興起,將共同收看或收聽的媒體炸成四分五裂,也使人們沒辦法再像過去一樣輕易跟隨共用語言的變化。

　　雖說認可的用語會隨時間產生變化,但我們為此被糾正的時候還是會覺得受傷。對很多人而言,語言規則的變遷快於人們適應的能力。有些人對認可用語的變化會產生憤怒的情緒反應。(「我年輕時都這樣講,為什麼現在就不能這樣說?」)隱藏在這種怒氣底下的其實是一種傷感,一種認清時光不再、對老去的恐懼,彷彿失去了某種神聖的東西,也像是失去了某種連結。

　　在社會中保持連結是一種力量。人會想要知道如何在這個世間摸索出路,希望自己嘴巴裡說出來的話依然有影響力,也想知道自己的意見依然舉足輕重。對很多人來說,若是失去了這些東西,或是感覺到這些東西被拋棄了,就如同失去認同,令人痛苦。那就好像這個社會用顯而易見的方式宣告:「你那一套不重要了。」

　　這種被排除的感覺就和認同威脅差不多,往往會把人推向另一群有相同感受的人,從中找尋安全感。很多政治候選人樂得利用這股怒氣,將這種轉變描繪成社會根本的破壞。對很多中間立場的人來說,這種改變的壓力很難應付,尤其現在對於什麼是不被認可的事情有各式各樣意見的情況下。

請務必牢記，所有人都會在某個時機點碰到認可用語在道德感上發生轉變。總有一天，所有人都會感受到那股刺痛。年輕人會定義下一輪的用語，然後過了一段夠長的時間，「每一個人」又會與這些用語漸行漸遠。

生活有很多面向都快過人類處理的能力，關鍵就在於心存善意。通常人會「想要」連結與溝通，多數人不願意冒犯別人，所以最重要的就是認清變化已經發生，並且用愛心與真誠的態度摸索變化的各個面向。

總結

本章從提出幾個重大又棘手的問題作為開場，探討道德規範的變動，並闡述了人如何受制於所屬時空的道德母體之中，以及道德規範如何循黑格爾所稱的「辯證法」以Z字型在各個極端之間轉變。

今日的規範與習俗基本上不可能永續長存。我們現在回顧曾祖父母那輩的某些消遣娛樂時會覺得很落後，同樣地，將來曾孫輩（或甚至孫輩）也極有可能以驚恐不已的心情，看我們現在的很多規範（譬如食用密集農場所飼養的牲畜肉品）。認清這些道德感的變動乃不可避免，並不是在為過去的不當作為找藉口，而是應該放軟我們譴責那些行為的態度，提醒自己社會將一直不斷地更新價值觀。

除此之外，所有語言的效用都有半衰期，接著就會因為語意漂移而改變，不過社群媒體會加快人們修改語言，而且速度之快是過

去比不上的,於此同時又給了人們去糾正和指控的誘因,這些都令人難以忍受。指控若做過頭,會讓人覺得自己的認同受到威脅,進而鼓勵人們從意識形態相同的內群體尋找安全感。

前面幾章都在探討社群媒體對文化和社會造成的快速變遷。接下來的章節會換個方向,將焦點放在社群媒體如何呼應人類每個重大發明背後所隱藏的重要模式。

Chapter 15
黑暗谷

🗨 升級的馬路

二〇〇〇年代我初次搬到柬埔寨時,該國連一個紅綠燈都沒有。絕大多數的馬路都是一九七五年內戰前留下的殘缺不全路面,或是用當地稱為磚紅壤的紅黏土所鋪成的泥土街道。這些馬路一般都有車轍的痕跡,布滿泥濘的坑洞和深到不可思議的水坑。這種馬路上的行駛速度,實在慢到苦不堪言;如果行駛快一點的話,汽車的底盤一定會觸到地面,要不然就是害摩托車解體。

二〇〇〇年代初,在聯合國和世界銀行贊助之下,柬埔寨完成了國道六號(National Highway 6)的興建,這在當時是該國那一區的第一條同時也是唯一一條大型柏油路。這條國道從首都一路延伸到泰國邊界,距離十分長。以西方標準來看,這是一條正常的馬路,有兩條全車道,鋪了柏油的路肩寬度足以讓汽車在任一邊通過。就馬路來說,這條國道並沒有特別之處。

但是對過去經常騎在泥巴路上的在地摩托車騎士來說,這條新馬路根本就是超級高速公路。這是首次一整個世代的人行駛時速可以超過二十五公里,而且大家立刻就採取行動,成群結隊蜂擁至這條國道上。人們突然間就能輕輕鬆鬆通勤往返自己居住的村莊,自然會把他們200cc的本田摩托車油門轉到底,以驚人的八十公里時

速飛奔在車道上，若以公共安全的成績來說簡直慘不忍睹。

最高速限為二十五公里時，並不需要安全帽，或擔心發生高速碰撞事故。大家自然會因為馬路固有的阻礙而減速，況且低速情況下所發生的車禍基本上要不了人命。但摩托車騎士若是騎到時速八十公里，就有可能害死自己或別人。令人難過的是，這種事情開始發生了，而且頻率之高令人震驚。

二〇〇一至二〇〇七年，柬埔寨的道路事故死亡率上升至三倍之多[1]。我一個星期至少會在路上看到因車禍事故死亡或奄奄一息的摩托車騎士以大字型躺在路面上，有幾次我甚至目睹了可怕的車禍在我眼前發生。扭曲的車體殘骸、令人驚恐的傷勢和迎面相撞的事故，這些悲劇逐漸成為日常生活的必然。只要有辦法我們一定馬上打電話給緊急救援服務，但儘管如此，我們還是對時不時就有一具屍體躺在路上的畫面漸感麻木。這對剛擺脫泥巴和沙土路，行動效率和速度都提高的民眾來說，這種「升級」卻是要人命的。

這種情況跟二〇〇九至二〇一二年間媒體的基礎架構出現的狀況並無二致，當時的溝通要道進行了根本性的大幅升級，無論在速度、廣度還是觸及範圍都大為提升。

「資訊高速公路」如今已是陳腔濫調的老套講法，若用在形容「全球資訊網」推出之時並不怎麼適合，不過拿來形容現在這個病毒時代資訊極其容易取得、速度又超級快的特色倒是更加貼切。

情緒性內容高速蓬勃發展的這個年代，創造出各種嶄新類別的意見與情緒性內容劇烈衝撞，導致病毒式憤慨情緒的傷亡主宰了當今大部分文化。我們就像那些鄉下農夫一樣，紛紛騎上新鋪的市區馬路，剛開始心情雀躍不已，並未意識到自己剛取得的高速和連線

能力有何危險。數年後的現在,大家已經對路上的屍橫遍野見怪不怪。

當然,在已開發國家來講,民眾每天大多都以時速九十五到一百一十公里左右奔馳在馬路上也很少出事,這都是多年來執行安全駕駛公共教育以及交通執法的成果。也因此,儘管駕駛依舊是人們日常生活中所投入的一個最致命的活動,但透過建立體制、法律和規範確保大眾清楚知道上路後該注意的事項之後,減緩了行車的副作用。控管措施儘可能地保障了汽車和駕駛人的安全,這是我們看到周遭發生的事故愈來愈多時開始著手思考的事情,同時也是一段長達數十年的漸進式歷程。

黑暗谷

縱使我們希望能完全預見科技有哪些可怕的副作用,但未必能如此。這樣說並非為了免除人類修正這些副作用的責任,而是因為很多問題最初本來就是不得見的。當初福特第一輛成品T型車誕生時,沒有人預想得到一百年後自動汽車會成為全球氣候危機的源頭。看看最近的事件,最早使用比特幣的人也沒料到這種貨幣帶動的挖礦作業會發展到所產生的溫室效應氣體,相當於一個國家的碳排放量規模[2]。

社群媒體造成的危害往往很極端,但在小規模的情境下多半看不出來。因此,每一次新科技出現時,究竟大量使用該科技會有什麼負面後果其實非常難以預見。

這些危害之所以被忽略，有明確的理由。一家打造新產品的公司必須按輕重緩急配置其有限的資源，初期這些資源通常應該用於成長並儘可能維持既有用戶的滿意度。每一個初期產品都會有漏洞和極端情況最終必須加以處理，不過在規模還很小的狀況下，這些問題真的不會產生什麼影響。以一百位用戶來說，假如其中一個用戶因為漏洞或問題而不滿意你的產品，對於一家仍處於草創階段的公司而言，配置所有心力來解決這個單一用戶介意的問題，就太不明智了。

然而，一旦公司觸及範圍達到一百萬名用戶，小小的問題絕對會演變成大麻煩。「一％的用戶」雖然比例沒變，但現在在換算下來是「一萬名用戶」介意的問題。那些問題也許很簡單，比方說某個漏洞讓那一小群客戶的使用經驗變差，又或者是社會整體的問題，譬如少數惡劣分子不成比例地利用產品危害他人。有時候這純粹是產品規模的副作用所造成的另一種外部效果，例如產品進入廢棄物循環的方式變成汙染，進而在後來影響到其他人。

我們可以將這個歷程標繪到一個高功能的工具當中。演化生物學家利用這種工具來標繪物種繁榮興旺的過程，透過一張平面圖就能顯示有機體如何做出反應並適應環境。由於這種圖繪製出來後就像山脈一樣，所以稱為「適應度地形」（fitness landscape）。山脈圖形裡有山峰，或稱為最大值，亦即從這個點開始所有路徑都會往下走到適應度較低的位置。圖形當中還有山谷，又稱為最小值，路徑由此點往上走。（還記得前文所述的演算法會逐步上升到注意力攫取的最高點嗎？適應度地形也是類似的原理。）當物種在自己的環境中獲得成功，並得以興旺發展與繁衍下去時，物種就在適應度山脈上爬升，到達一個比較高的最大值[3]。

適應度地形,一方面有利於生物學家判斷動物如何演化出不同特質來改善繁衍的成功率,同時也是一種很實用的比喻,可以用來思考人類適應新科技的歷程。

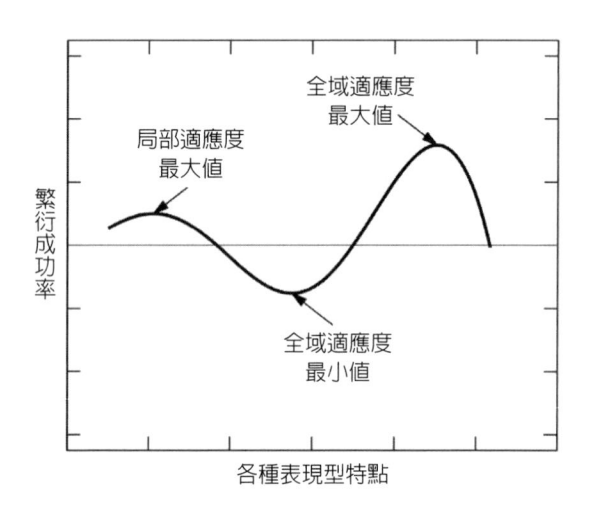

```
                    全域適應度
                      最大值
       局部適應度
        最大值
繁
衍
成
功
率
                  全域適應度
                    最小值

              各種表現型特點
```

人類創造一項新科技的時候,會達到「適應度」的局部最大值,但隨著負面效果大量積聚會漸漸滑落到山谷。適應度在此可比喻為人類的集體繁榮,當廣泛使用新科技導致新問題大量出現時,人類會一直往下掉,直到找到出路,最終爬升到比較高的高原地帶。這些山谷可能很深(表示危害狀況十分極端),又或者很淺(危害尚屬輕微)。有些時候走勢上揚(人類找到如何整合科技的辦法時),有時候走勢下滑(人們還沒理出頭緒)。

但是這種科技剛推出時,通常很多問題是看不見的,只有在社會有很大一部分人使用該科技時,這些問題才會顯現。在這種情況下,等到絕大多數人看到這些問題時,就已經太遲了。這段外部效

果不得見的「隱藏危害的黑暗谷」,最終會在社會開始對負面效果做出反應時被跨越過去。若將這段時期標繪成圖的話,看起來就像以下圖形:

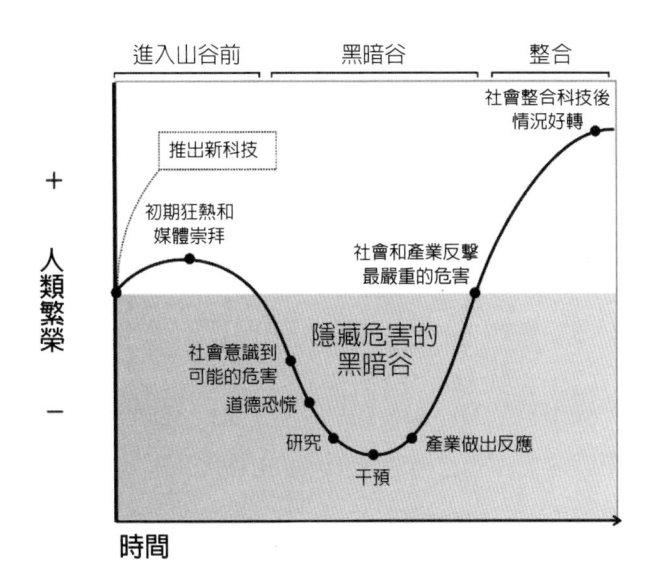

```
        進入山谷前  |  黑暗谷  |  整合

                                    社會整合科技後
                                    情況好轉
        推出新科技

+       初期狂熱和
        媒體崇拜
                        社會和產業反擊
人                       最嚴重的危害
類
繁       社會意識到       隱藏危害的
榮       可能的危害       黑暗谷
        道德恐慌
-
            研究              產業做出反應
                干預

時間
```

大多數的重大科技推出後都會歷經類似的圖形,初期一定會先出現廣泛採用,接著社會將發現危害之處。

進入山谷以後各種狀況的發生順序沒有一定,但通常不脫以下幾個階段的組合:意識到危害社會的情事,深入研究這些危害之處,綜合研究、恐慌和政治而形成可能(或無法)有利於減少科技傷害的干預措施。

之所以說山谷「黑暗」,原因在於科技的危害往往不得見,除非等到大量採用後才會顯現。人們採用科技時會呈現出下圖的曲線;新科技推出時會引發媒體崇拜、讓使用者狂熱,最後達到全面採用。

Chapter 15 黑暗谷 251

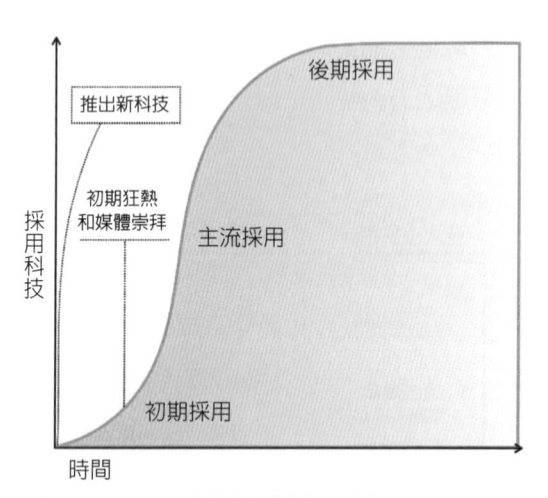

[圖表：採用科技 vs 時間曲線，標示「推出新科技」、「初期狂熱和媒體崇拜」、「初期採用」、「主流採用」、「後期採用」]

改編自傑佛瑞‧墨爾（Geoffrey A. Moore）的著作《跨越鴻溝》（*Crossing the Chasm*）。

假如把採用科技的曲線疊在黑暗谷上面，會發現曲線只有在達到大量使用時才會顯露，而新使用者的初期狂熱，以及無法窺見日後可能會導致巨大問題的極端狀況，通常都會使曲線被掩蔽。

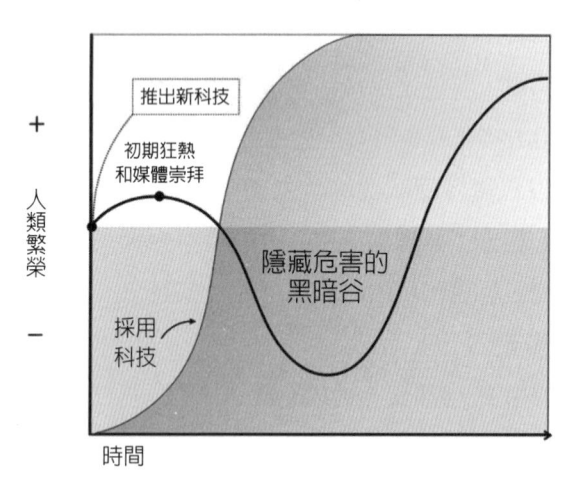

[圖表：人類繁榮（+/−）vs 時間，標示「推出新科技」、「初期狂熱和媒體崇拜」、「採用科技」、「隱藏危害的黑暗谷」]

大量新使用者的出現或經由產業遊說維持了產品的主流使用狀態，往往掩蔽了廣泛的危害狀況，這就是危害的黑暗谷會「隱藏」的原因。

252　失控的憤怒機器

漸漸地，隨著人們辛苦適應這些新工具，大家集體下滑到山谷裡，然後又爬升離開山谷。

透過這個架構可以把新科技的歷程拆解成三個階段：

- **進入山谷前階段**——工具尚未達到廣泛採用。
- **黑暗谷階段**——工具已經達到主流使用，正處於造成某種傷害但沒有明確的策略和期望來加以修正的過程中。
- **整合階段**——工具最重大的危害解決之後開始融入社會。

上述三個階段都有一連串的優先要務和問題需要解答與處理，才能減少山谷深度以及在山谷停留的時間。

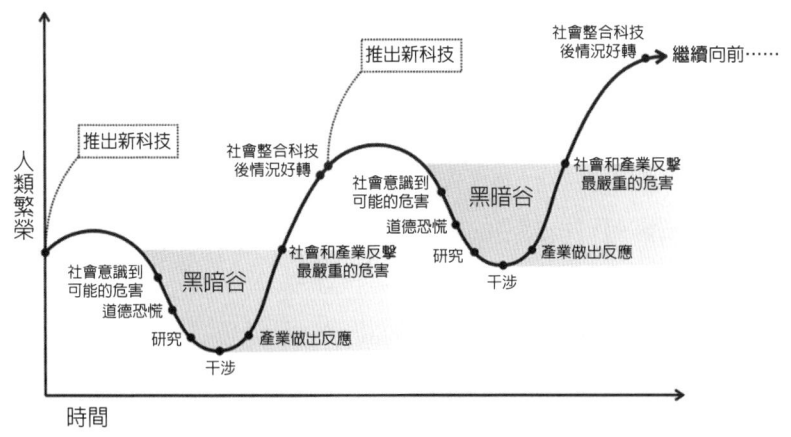

人類適應新科技的過程跟適應度地形很像，會隨著人類整合科技並在科技之間移動而到達更高（或更低）的位置。

有些科技會有多個山谷，跨越的速度各有不同。正如稍後會探討到的，汽車除了造成交通傷亡之外，數十年來還有巨大的問題須

Chapter 15 **黑暗谷**

要處理，且時至今日仍有一連串與溫室排放有關的全新議題是人類尚未完全解決的。

並非每一種新科技都會歷經黑暗谷。當今有許多發明都是以既有工具漸進式改良的形式出現，所以這些工具早已深植在產業中，譬如材料製造過程的小小改變就能讓金屬或塑膠變得更強韌，又或者可以節省生產成本。廢物處理廠的改良措施能夠讓處理廠變得更衛生，降低散播疾病的機率。將輸電站現代化成電網，更能有效率地部署電力。用一小段程式碼就能升級網路速度。這些林林總總的小型漸進式改變，通常不會對整個體制造成嚴重衝擊。

另外，有些黑暗谷十分良性，或只是牽涉到美感問題罷了，比方說都市採用共享電動摩托車，但這些摩托車在清楚的停車規章就緒之前，往往雜亂無章地堆放在都會各區域。

不過講到廣泛使用，新的「媒體」科技會歷經特別危險的山谷。當人們開始大量使用這項新科技的時候，我們「觀看和理解」周遭世界種種事件的能力也會隨之更新，包括觀看和理解科技危害的能力。新媒體科技創造的效果往往會讓整個體制盲目又混亂，不管是問題還是解方都會變得不清不楚、難以識別。

不妨思考一下現在大家是如何判定社群媒體哪裡「有問題」。不少學者和作者（包括我自己在內）在討論時都深信，社群媒體讓用戶明顯接觸到某種意識型態，以及人的觀點會依演算法的對立意見分類方式被概括隔絕。

可是如果去問保守派人士，他們會認為社群媒體的主要問題在於背後有精心的陰謀用演算法抑制了右翼的意見與觀點。假如問自由派人士的想法，你應該也會聽到他們提起同樣的演算法如何「推

廣」保守派的聲量和仇恨言論。不管是哪一派的觀點都有現實的案例可佐證（例如分別有對川普發動去平台化，以及川普打造和累積大型平台這兩種觀點）。當這種科技發展成無所不在，開始大幅影響人類整體的意義建構系統時，該如何辨別「主要」的癥結點是什麼？

有些黑暗谷對人類而言是悲劇一場，無以復加。我們回頭談談汽車的議題。一九二〇年代，通用汽車（General Motors）推出四乙基鉛作為汽油的標準添加劑。這種含鉛化合物一開始就被認為是危險物質，而通用汽車之所以開始添加這種物質到汽油裡，是為了提升汽車的壓縮比和表現[4]。然而該物質的副作用就是鉛這種神經毒素會隨著汽車廢氣霧化到環境中。鉛化合物十分有害，會造成認知失調、攻擊傾向、貧血、可量化的智商損失以及死亡[5]。數百年來，鉛眾所周知是毒性很高的物質。初期生產此添加劑的期間，就有若干汽車工人因為接觸到鉛而死亡。面對這種壞消息，通用汽車進行全面公關戰，成功說服美國政府批准他們的化合物添加到汽油裡，這很快也成為全球標準[6]。

結果這個可怕的錯誤花了五十多年的時間才改正過來。一九七〇和一九八〇年代專家做了其他研究後得出結論，添加鉛的汽油會造成公共健康災難，這與全球犯罪率升高、經濟損失數兆美元以及數百萬人死亡有密切關係。後來美國國家環境保護局（EPA）禁用此添加劑，他國也開始逐步淘汰。這項本來以獲利為導向的特別技術，對人類的蓬勃發展造成巨大的淨消耗。雖然現今科學界對於無鉛才有健康環境具有強烈共識，但此前鉛化合物的黑暗谷卻持續了五十多年，衍生出現代史上最糟糕的公共健康災難之一[7]。

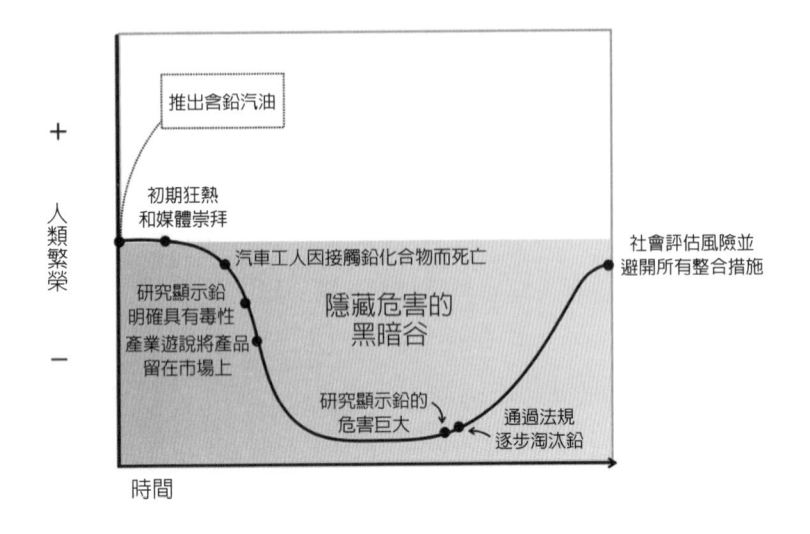

```
        推出含鉛汽油
+
        初期狂熱
人類   和媒體崇拜                                    社會評估風險並
繁榮                                                避開所有整合措施
           汽車工人因接觸鉛化合物而死亡
        研究顯示鉛         隱藏危害的
        明確具有毒性        黑暗谷
        產業遊說將產品
        留在市場上
-
                    研究顯示鉛的
                    危害巨大       通過法規
                                  逐步淘汰鉛

  時間
```

整合並非萬靈丹

　　有鑑於大多數的工具都會循著不斷整合的路徑，在這種過程中我們對工具所造成的問題會變得更敏感，如此一來後續便可控管工具所衍生的大部分危害，但有時候我們也會弄錯。

　　舉例來說，核能發電最初被視為可以緩解所有的能源難題，但發生了諸如舊蘇聯車諾比核電廠反應爐熔毀的重大災難，以及像是美國賓州三哩島核電廠部分爐心熔毀等觀感災難（事後回頭看，其實就是道德恐慌），造成輿論對核能發電的可行性和安全性感到失望之後就變得委靡不振。如今，核能發電的主要危害多半都已解決，核能依然是最安全、最環保的能源製造技術，即便考量到它發生的核能事故[8]。歸結來說，採用核能發電最為人所批評的地方就

是成本問題，比起來目前全球多數地區都採用比較便宜的太陽能和風力發電。

大部分可以達到降低全球排放量目標的模型，都需要一定程度的核能。然而基於核能技術所背負的汙名，它依舊是政治禁區。在擔憂未來會發生災難的情況下，核能發電廠退役後，就被骯髒許多的能源取而代之，譬如燃煤電廠。根據大多數的專家表示，以現代的核子反應爐來說，像車諾比那類的事故其實完全不可能再發生[9]。

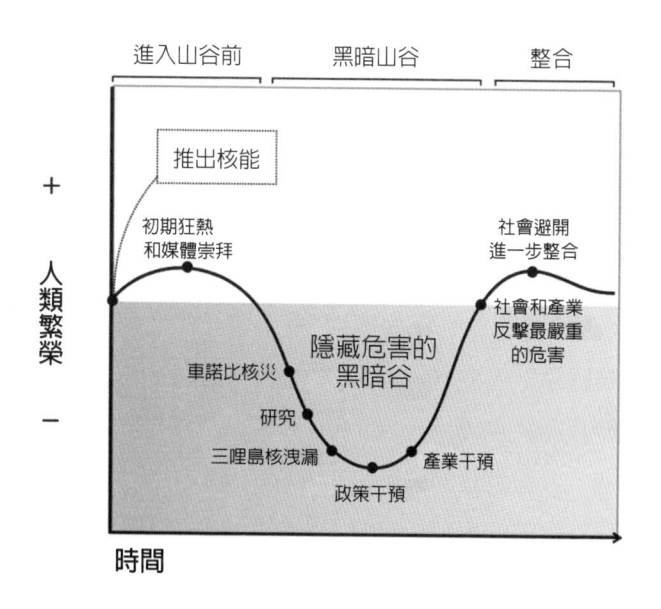

```
                進入山谷前    黑暗山谷    整合

                推出核能
     +
                  初期狂熱                    社會避開
                  和媒體崇拜                  進一步整合
  人
  類                                          社會和產業
  繁                            隱藏危害的      反擊最嚴重
  榮                            黑暗谷         的危害
                     車諾比核災
     -
                          研究
                    三哩島核洩漏              產業干預
                              政策干預

     時間
```

如果一項科技變得太普及，危害又顯著可觀到人類逃都逃不了，這便是最糟糕的路徑，而這也是人類此時此刻要奮戰的目標——找到辦法健全又快速地適應新科技，才能到達下一個高原。

社群媒體是含鉛汽油亦或是核能呢？它對社會的危害有多高？我們必須對社群媒體衍生的危害進行精算，才能瞭解它哪些環節出錯，又有哪些地方做對了。

山谷裡的迷惘

釐清社群媒體究竟哪裡出錯本來就不是簡單的事。請各位再等等，我們最後一次回過頭去看看二〇一六年美國總統大選，試著用現在的視角去探索當時發生的狀況，設法理出頭緒，弄清楚我們下滑到黑暗谷的原因。多數人如夢初醒般從社群媒體奇異至極的效果中回過神來的那一刻，恐怕就是川普當選的那一天。這次事件無疑從根本上震撼了傳統政治的既有秩序和歷程，幾乎所有人都感到錯愕。就連川普的競選團隊本身都對他們怎麼會打贏這場選戰感到訝異。

我在美國深紅區的賓州讀大學，這一區對於川普的當選貢獻卓著。有鑑於我在紅色郡待過幾年，所以政治色彩稍微多元一點。大選過後幾週，我看到我的數十位Facebook朋友相互解除好友關係，眼前彷彿正在上演一場前所未見、新鮮又奇特的團結表演。某種道德濾鏡被套用在該平台上的老友和熟人身上，這種濾鏡就像一種純度測試，無非就是要傳達：你跟我屬於同一陣線還是反對陣線。

我在自己的動態消息裡看到很多自以為是的貼文，表達著恐懼、憤怒，還有特別是存在危機的深刻感受。從另一方面來看，我位於紅色州的朋友們，則是一派喜悅、飄飄然、感激且對未來充滿樂觀的寫照。這種涇渭分明的現象非常強烈。

兩派的共同點十分明顯，他們都對另一派竟然沒辦法理解自己這一派的觀點感到極度困惑。大家共同生活在一個國家如此之久，竟然不知道川普是個貨真價實的競爭者，真是匪夷所思。即便是那些欣喜若狂的非典型支持者，也都沒把川普當成真正有望成功的候選人看待。他當選美國總統的那一天，網路充斥著相關評論文章，這些文章抱持的調性如下：

　　「希拉蕊·柯林頓就是很爛的候選人，媒體的報導都是不實資訊，民調有誤，希拉蕊貪腐，川普是下大棋的策劃高手」⋯⋯等等。

　　到底發生了什麼事？

　　其實有另一種觀點似乎可以為這種情況提供一個看似合理的解釋。會不會是我們太固著於自己的意識形態「飛地」，以致於完全沒有接觸到別人的視角？

　　這個概念受到作家兼創業家伊萊·帕理澤（Eli Pariser）大為推廣，此前數年他才寫了《搜尋引擎沒告訴你的事》（*The Filter Bubble*）這本書。根據帕裡澤的說法，政治圈和人際關係當中所發生的狀況，其實都是演算法造就出來的「區隔」問題[10]。

　　這個假說表面上似乎很正確：人在媒體環境中所得到的選擇愈多，就愈有可能與他人的意見隔絕。我們得到愈多資訊來驗證自己的偏見，就愈有可能相信自己的意向。Google 和 Facebook 若是把你在意識形態方面與他人隔絕，你怎麼可能知道？

　　這個論點似乎也得到某個學術理論的支持。社會心理學中有一個叫做「接觸假說」（contact hypothesis）的架構，該理論指出，多跟不同背景、意見和文化的人接觸可以減少偏見。這個理論由心理學家高爾頓·奧爾波特（Gordon Allport）提出，作為瞭解歧視的方

法，至今仍被廣泛譽為減少偏見和增進同理心的成功做法，也是一個經過時間淬鍊、有利於人們相處的做法[11]。

它的邏輯原理如下：你多花時間和一個與你截然不同的人在一個互利環境中相處，就會更加瞭解這個人；一旦多了瞭解，你的偏見和隱含偏見就會愈少。換句話說，多一點連結便等同多一點同理心。

過濾泡泡

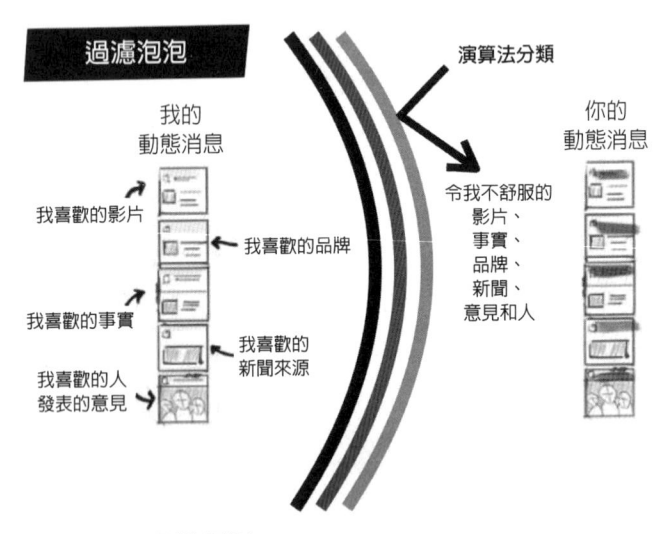

我的動態消息
- 我喜歡的影片
- 我喜歡的品牌
- 我喜歡的事實
- 我喜歡的新聞來源
- 我喜歡的人發表的意見

演算法分類

你的動態消息
令我不舒服的影片、事實、品牌、新聞、意見和人

此插圖顯示伊萊・帕理澤的過濾泡泡概念。

如果多數民主黨人實際上並不常和川普選民來往呢？假如過濾泡泡真的隔絕了大家，是可以合理假設自由派人士機械化地失去了用同理心連結保守派人士的機會。在動態消息當道的世界裡，這些演算法基本上是根據用戶的偏好來儲存和提供資訊。

這種模式下產生的資訊流，完全以滿足每一個人的確認偏誤為取向；換句話說，動態消息會被優化成攫取用戶最多的注意力，也會優化成支持和強化人們既有的世界觀。

這個假說看似合理：人類有強烈的確認偏誤，又渴望消費與自己意向相符的資訊。人會挑符合自己口味的書、雜誌、電影和新聞台。網路十分適合這種愈來愈支離破碎的資訊消費方式，那為什麼這種現象不會發生在網路世界，尤其這些工具正是為此而設計的情況下？

杜克大學的克里斯·貝爾（Chris Bail）教授決定找出答案。他和同事做了一個實驗，他付錢給真人聽從聊天機器人講述對立的政治派別言論。實驗目標在於測試人們接觸到不同政治觀點時，是否會改變自己的意見，尤其要測試的是戳破過濾泡泡後會不會減少彼此的厭惡。

他們假設人們在接觸到不同政治意識形態時，態度上會以更開放的心情試著認同和理解另一方的觀點。此研究分別在事前與事後測量了受試者「情感」極化的程度，即每一位真人厭惡另一派意見的高低程度。他們要測試的是戳破過濾泡泡可增進對另一派政治觀點的親近度和認同，進而減少情感極化現象的假說。

實驗結果令研究人員十分震驚。無論受試者屬於自由派亦或保守派，其情感極化程度在接觸到對立方政治觀點後反而「上揚」。共和黨人的情感性極化比民主黨人高出許多，但其實兩派的容忍度都變低，極化程度也變高。兩派人士在接觸到不同觀點後對另一派的想法甚至變得更糟糕[12]。

此結果反駁了許多有關過濾泡泡和迴聲室效應對人們有所影響的假說。人並沒有隱藏在隔絕的確認觀點泡泡裡，真正作祟的另有其他因素。

　　只要想到極端和煽動性內容是特別容易瘋傳的內容類型，那麼人們在數位平台上的對話所碰到的狀況，也自然說得通了。

　　用戶在社群媒體上並未接觸到他人中肯的主張，反而經常接觸到最「極端」的觀點。因此，傾聽另一派政治聊天機器人的言論基本上不可能被說服，倒是這些觀點十分有可能訴諸於人們的政治內群體，而不是讓他們的想法變得比較溫和，進而動搖他們本身的觀點。

　　帕理澤所稱的過濾泡泡其實並不存在，而是有另一種毒性更強的東西在作用。只要社群媒體從中施力，流失的反而是溫和的觀點，而非對立觀點。

　　當我們下滑到新科技的黑暗谷時，要理出頭緒搞清楚狀況是極其困難的事情。這種時候會出現各種理論，但看起來最合理的未必有效。帕理澤的假設當然有助於啟發對話討論，並且激勵了相關研究，以便找出有問題的地方。他確實大大促進了思考，雖然實際狀況竟然與他的推論大相逕庭。

總結

　　本章從社會適應新科技的過程爲何困難重重講起，這種現象可以簡單用柬埔寨一條鋪好的道路來比喻；該條國道對過去不曾高速行駛或沒有交通法規可循的世代，造成重大的問題。

　　這也呼應了很多新科技出現時會碰到的模式，我們把這種模式稱爲「隱藏危害的黑暗谷」，意指廣泛採用該科技後副作用顯現的一段時間。

　　這段適應期的走勢就和生物學家所稱的「適應度地形」圖十分相似，物種會從局部最大值向下移動，然後爬升到適應度較高的位置。

　　此過渡期分爲三階段：「進入山谷前」、「黑暗谷」和「離開山谷後」。初期採用科技時會有一段狂熱期，接著會激發三種狀況的任意組合，包括社會認知到危害、道德恐慌和進行研究，這些過程最終可作爲干預手段的參考，然後逐步緩慢地爬升到整合階段。

　　另外本章也以上世紀的兩個重大案例來解釋這種現象。首先，汽油的添加物四乙基鉛儘管在初期研究就已經證實是有害化合物，但花了五十多年才補救了這個問題。此前使用鉛化合物導致整個社會蒙受巨大損失，後來幾乎完全被禁用。第二個例子是核能。核能發電造成的危害也相當大，但如何減輕危害的方法已相當成熟，然而建蓋核能電廠依舊讓人避之唯恐不及，多半是因爲核能發電的失敗經驗歷歷在目，即便能夠控管最重大的風險也無法讓大家釋懷。

　　本章的核心概念在於「多數的重大新科技基本上都會有隱藏危害的黑暗谷」。大規模採用新工具時會產生外部效果，對人類繁

榮產生負面衝擊。我們應該學習「預想」新工具可能會產生不良後果，而不是設法避開所有危害，尤其是在媒體狂熱和大眾快速採用的階段。若是預料到會有黑暗谷的出現，反而可以集中心力透過逐步檢驗和省思的過程，來降低山谷的深度（即不良狀況的程度）和時間長度（即停留在山谷裡的時間）。

新媒體科技所歷經的黑暗谷深具考驗與挑戰，因為這些工具往往會影響人們的意義建構能力，這是人類集體用來判斷哪些是真實威脅的一種過程。本章以二〇一六年美國總統大選期間的社群媒體為例進行探索，不過後續會檢驗更多的案例。

接下來的PART III即將踏上時光旅程回到過去，探討歷史上最永誌難忘的媒體顛覆事件。每一個事件都有助於瞭解顛覆與整合的一貫模式，並從中借鏡如何控管社群媒體的危害。此時此刻我們所歷經的一切並非史無前例，過去也發生過這種情況。

outrage machine

機器的歷史

PART III

Chapter 16
擴散性的古代史

人類在地球上存在已久。

從人類大部分的歷史來看，知識是會消失的。無論是可怕的暴行、戰爭、大屠殺，亦或是不可思議的英雄主義還是戰勝困境的刻骨銘心，全都一樣。整個語言、文化和民族都會被吞併，一切都會被遺忘。

這種知識不會停留，因為沒有媒介讓它依附。名字、臉孔、事件可以傳誦成口述歷史，但無法留存永久，只有一部分會隨著時間繼續向下傳遞幾個世代，最後還是一樣也會被吸收到神話裡或永久消散。

直到文字出現，人類才有辦法把知識記錄下來。直到印刷機出現，人類才有辦法對照比較。

瞭解人類歷史的過程，就像回顧相框中一小張褪色已久的照片。我們可以從中辨認出大致的人形，但沒辦法看到臉孔和五官。影像已經淡去，必須用推測加上自己的詮釋來解讀相片裡的生活和掙扎。

不過可以確知的是，身處在各種文化、位於世上任何一處的人類，都渴望獲取和分享「新聞」。人類祖先生活的世界資訊匱乏，沒有辦法接觸到新知識，所以人類的大腦才會演化成渴望新鮮的資訊，就跟渴望糖分是一樣的。不管是新資訊還是糖分，都有益於人

類的生存，而且這兩者本來就十分稀少。

以人類的過去來講，最新知識往往攸關到生死問題。新知識有助於人類瞭解危險所在，哪些人可以信任，哪些東西應該避開。「新聞」的英文是news，它的源頭顧名思義就是指人們得知後又繼續傳誦下去的「新事物」（new things）[1]。

古時候的世界很小，不只是從人口角度來看，它的全球人口只占工業時代非常小的一部分（古代全球最大都市的人口大多都遠少於十萬人），從「觀點」而言也十分狹窄[2]，大部分的世界基本上都難以窺見，只有片段和飄渺的想像。生活步調緩慢，周而復始，乏味單調，活動範圍僅限在地，任何新聞都是驚鴻一瞥的未知。

鄉下地方若有旅者帶著新聞到來，那必定是當年最驚天動地的大消息。一張寫了文字的羊皮紙或是一封信被當眾大聲念出來，這就是探尋陌生世界的新窗口，是另類的實境。重大事件的新聞流轉緩慢得不可思議，就像遙遠星系發射的光芒，等到事件發生很久之後才得以窺見。

文明的故事所說的其實就是新聞網絡緩慢演進的故事。每一個精心打造的網絡歷經數個世紀的改良，並受到每一項新生科技的影響，提升了知識的傳遞。

這種知識代表的是「權力」。新聞透過這些網絡傳得更快更廣，統治者就更容易統治。這些網絡對有權有勢者實在太重要，難怪帝國會大手筆確保其運作順暢。從元朝的紀錄可以看到，忽必烈汗統治期間，他的驛站系統就包含了一千五百多個延伸到整塊大陸的驛站，配有信使在廣闊的帝國土地上快速傳遞文書[3]。

無獨有偶，羅馬帝國對其公共郵政系統（cursus publicus）的關

注也不馬虎，該系統是帝國最大的優勢之一。帝國建立了龐大的收發網絡，可以在遭遇威脅時讓輕駐防的前哨站得以快速召集其他部隊。國家的力量與它快速分享資訊的能力有直接關係，新聞能夠快速傳遞正是政府統治的脊柱[4]。

然而資訊的傳遞有嚴苛的速限，不管是人還是載人的動物。遲至一五一六年，歐洲最快的新聞傳遞路線之一是連結安特衛普到羅馬的郵政系統。利用這條特快的郵驛路線，比利時發生事件後只需要十一天，消息就會傳到將近一千五百公里外的羅馬[5]。

這些郵政系統就是人類的第一批新聞網絡。這些網絡綿延不絕的傳遞速度決定了誰可以取得和掌握權力[6]。有鑑於此，無論是商業貿易還是國家政府，都會對資訊網絡進行龐大投資。或許各位曾經納悶過為何古代的中央驛站往往都是富麗堂皇又宏偉的建築，處處可見圓柱和中庭，原因就在於此。郵驛站是國家力量的展現，也是一種炫耀的方式。

人類的資訊網絡隨著時間而有了兩大關鍵的改良，即「速度」和「準確度」。我們可以從這兩個不斷增強卻又相互矛盾的變數來分析新聞的歷史。速度與準確度之所以矛盾是因為新聞傳播得愈快，不準確的機率就愈高。儘管新聞會有不準確的傾向，但人們還是希望新聞的取得又快又即時，這便是新聞固有的張力。我們急切地想獲得新聞，但又希望它正確無誤。

人們執迷於「瘋傳」也是同樣的道理，碰到的也是同樣的陷阱。病毒式新聞往往不準確，但我們依然想看這種新聞。人類自古以來對新奇事物的渴望至此到達了頂點。

不過新聞還對人發揮了其他作用。當我們尋求新聞的同時，其

實是在和社會相處，試著去瞭解和關心更廣大的世界。大家會去琢磨在這個空間裡哪些事情很重要，而且不只是對自己，也是對人類全體而言。換句話說，人們在消費新聞時，實際上是在把注意力奉獻給全人類。

自然流轉的致命謠言

我們忍不住會想，瘋傳的不實資訊一定是現代社群媒體和惡劣分子合力發明的東西，但假消息其實就和新聞本身一樣由來已久。綜觀歷史，虛言假語一直都和事實一樣被廣泛分享，在數月或數年都沒有被更正的情況下，往往就變成了被認可的事實。

這些以訛傳訛的故事有很多都是無傷大雅的內容，譬如一五六九年英格蘭的萊斯特郡有個女人「經確認」生了一隻貓，結果大眾普遍相信了這個報導。有些假消息則造成悲劇和恐怖作為，譬如有消息說黑死病是猶太人在井水下毒所致，進而在整個歐洲引發了處決和暴力屠殺的事件[7]。

查驗新聞的體制確立之前，大部分的新聞都有大致的道德輪廓。啟蒙運動出現前，人類集體的意義建構多半透過宗教途徑進行。舉例來說，生出連體嬰會被荒謬地認定為父母缺德和作惡多端的徵兆[8]。

英格蘭最大的教堂聖保羅座堂尖頂在一五〇〇年代中期被閃電擊中，大家沒有將之視為自然災害，反倒相信這是神在對剛修復的新教教堂發出批判。天主教的宣傳小冊子把這件事寫成道德罪惡的

證據以及神對廢除彌撒表達應有的憤慨。新教主教卻回應說這是神喻，為的就是要表達新教的改革進行得「不夠快」[9]。

人類祖先在人生的不確定中，尋覓這個世界有一個更高權力的證據，而這種追尋其實都是根源於人類內在那股其來已久、設法以自身的道德驅動力，來瞭解世界的重大企圖心。

以今日眼光來看全是道德或宗教謠言的東西，在當時來講就是新聞，也是那個時代的人所能取得的最佳資訊，這種迷信和聳動的意義建構是標配，輔以道德意義的闡述以真理之姿大行其道。

負責定時分享當前事件的人會將事件擦脂抹粉，予以美化。在歐洲，能讀寫的牧師是新聞的重大來源，他們經常將上帝旨意範圍內所進行的事件，寫成奇蹟故事慰藉善良正直的人，或者寫成懲罰文來勸誡不忠之人。一旦有瘟疫爆發——這幾個世紀經常發生這種情況——就被描述為神在對罪有應得的城市施以不可言喻的天譴，或展現不可知但明確的神意。時不時就有瘋傳的謠言四處流竄，害苦了老百姓。以這種沒根據的謠言所動用的私刑和種族迫害很普遍，這本身就與道德意義建構有密切關係。經驗主義學說未確立之時，道德評斷往往有因果關係的涉入。

機構權威往往在沒有實際意義的地方找出某種意義或解釋。雖然事件是這樣敘述的，但它們鮮少具有我們今日所說的「事實」。突如其來發生日蝕或月蝕，又或者彗星劃過天際，通常都被描繪成大難臨頭或政治動亂的證據。

事實和阻力

無論現在是什麼時代，謠言和假消息都是透過兩個基本步驟來散播；第一步是「發現」知識，再來就是將未核實的知識「擴大」。

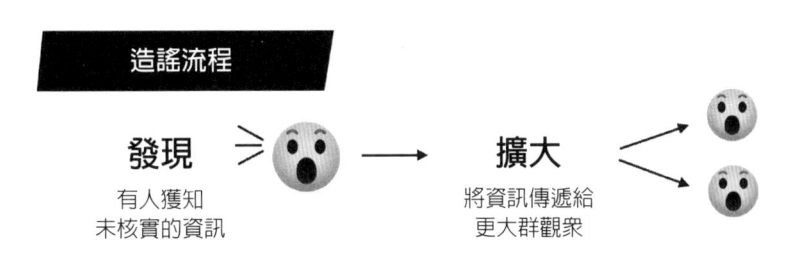

造謠流程

發現　　　　　　　擴大
有人獲知　　　　　將資訊傳遞給
未核實的資訊　　　更大群觀眾

「謠言」一詞形容一種資訊串流，陳述某個源自於未核實來源的想法[10]。

儘管假消息廣為擴散，不過生意人、統治者和政治人物仍需要值得信賴的知識和準確的事件說明。於是他們砸下重金，以便取得即時又可靠的新聞。對受僱於他們的人——即最早期的記者——來說，追查事實來源一向是辛苦的差事。過去數百年來，傳達新聞唯一的可靠做法就是一個拼湊出來的系統，由信使遞送郵件，並依靠商人、神職人員和貴族的資助。這種新聞會經過一絲不苟的收集、撰寫及核實過程。

核實的形式有很多種。舉例來說，紙張尚未普及之前，羊皮紙技術——一種拉伸獸皮的辛苦活——被用來作為撰寫訊息的媒介。不過這種技術實在太昂貴，受制於獸皮本身的紋理，只能書寫簡短扼要的文字，跟早期社群媒體平台有字元數限制沒有兩樣。這通常也意味著，信差除了攜帶羊皮紙文件外，還必須瞭解信件背後的細節和脈絡。羊皮紙散發一種權威感，基本上就是在說：「請信任攜

帶這封信函的人。」信差必須審慎挑選，經過「核實」的人選十分重要[11]。

新聞記者在發布報導之前，會不辭辛勞透過第二及第三來源核實信差和報導，以免丟了自己的名聲和贊助者，這種做法也為知識分享的過程中添入我們今日所說的「阻力」。

阻力

定義：阻力 名詞。
加諸於行為或內容的限制或約束，藉此減少使用或擴散。

這種阻力漸漸成了最早期新聞報導的特色。即時又準確的新聞非常昂貴，需要經過核實的遞送員和信差。最早的郵務系統是這樣運作的：新聞記者直接在郵務所撰寫急件，然後付費給郵務人員兼差派送新聞。有些名稱含有「郵報」一詞的報社，正是殘存著這種由來已久的特色。

觸及率與核實

最早期的美國報紙實在談不上可靠。首波供一般消費的報紙當中有很多都靠著積極兜售虛假消息、醜聞或黨派色彩濃厚的報導，尤其著眼於恐怖的犯罪報導來爭奪閱聽眾的注意力。不過有些報紙在十九世紀時慢慢成熟起來，變得更加專業，建立起發布有事實根據的敘事名聲，以「客觀」新聞來源孕育信賴感和地位[12]。

第一次世界大戰前,各方新聞的文宣戰打得如火如荼,每一個交戰國都參與了這場爭奪輿論的大規模戰鬥。大戰接近尾聲之際可以明顯看到,資訊戰就是最強大的武器,它可以用來招募軍隊、煽動暴民,又能破壞國家穩定[13]。

這種文宣製作的學問,在戰後為記者創造了一些有疑義的新動機。此外,隨著專業行銷人員開始利用這種新工具來推銷產品並且大規模操縱輿論,「公關」這個職業因應而生。

面對這種對事實的系統性操縱手法,美國國內齊心協力要讓新聞產業專業化,透過創立重視事實的新聞學院來導入更多阻力。幾位早先最為聲名狼籍的人物資助了其中幾間學院,尤其是約瑟夫‧普立茲(Joseph Pulitzer),大半輩子身為聳動的黃色新聞出版商的他,後來為新聞業設立普立茲獎(Pulitzer Prize),並捐款給哥倫比亞大學成立新聞學院[14]。就這樣斷斷續續,這個拼湊出來的新聞收集和配發系統逐漸成為新聞業在擴大資訊前,以經驗證據來核實資訊的首要做法。人們之所以知道可以信任在報社裡寫新聞的人,大部分是因為這些人會去查證謠言的真偽。這段歷程引領了第一波大眾媒體傳播網的降臨,即全國性的報紙與廣播。這些媒體後來又慢慢被電視取代,秉持新聞原則的全球媒體系統就在這三個新平台之間站穩腳跟。

這一段對資訊的自然擴散添加阻力的過程,正是當今新聞產業的核心環節。

傳統新聞業運作方式

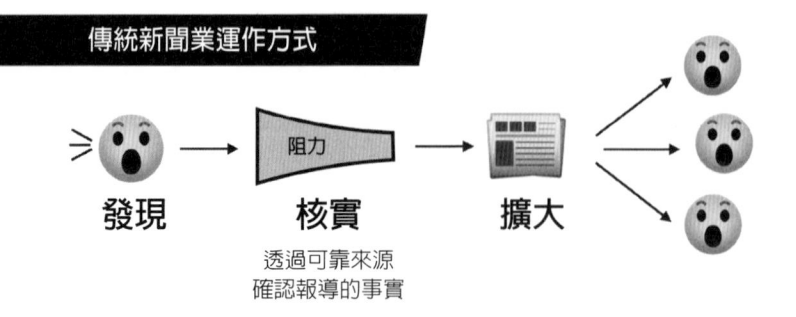

發現 → 核實（阻力） → 擴大

透過可靠來源
確認報導的事實

隨著收音機和電視的先後問世，新聞持續進化發展。儘管這些技術觸及到前所未有的範圍，但它們依然需要人類把關者。大眾——亦即被擄獲的觀眾——接觸到的多半都是一樣的「客觀」資訊。

美國聯播網時代的新聞業基本上更為強大，其中NBC、CBS和ABC這三大新聞台掌控著美國絕大多數民眾的注意力。他們和幾個區域報紙定調了整個國家的新聞議題。他們的消息來源機制，或可稱他們的編輯觀點，其實就是幾位編輯坐在煙味瀰漫的會議室裡定奪了民眾應該或不應該收看的內容[15]。

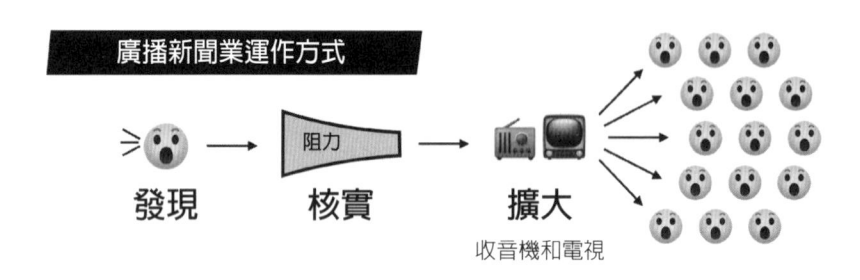

廣播新聞業運作方式

發現 → 核實（阻力） → 擴大

收音機和電視

這種機制有幾個重大瑕疵。新聞在報導當權者、公司和機構時往往不加批判，尤其是可能與頻道或報紙的經濟利益有衝突的情況下。新聞業者為了換得一些權力，通常也會對政府官僚體系睜一隻眼閉一隻眼。此外，新聞來源太單一也會出現其他缺點，譬如這基本上等於形成壟斷，很少能看到脫離主流媒體之外的意見。不過新聞真偽是經過核實的，且當政治人物做錯事時，記者依然競相提問並據此報導，搶在其他記者之前報導事件的真相[16]。

這個巨大的平台對政治圈影響太大，以致於一九二七年美國通過了一項名為「等時規定」（Equal Time Rule）的立法，該條款規定任何公職候選人若獲得廣播電台或電視台黃金時段節目的曝光時間，這些媒體同樣也必須給予競選對手相等的曝光時間。播報人員有義務提供同等的時間給候選人，以平衡這種勢力，且至少應給予部分機會讓跨黨派發表其社論觀點，對象多半是兩大政黨[17]。

歷經過這一段獨占性媒體的時代，在散播病毒式虛假謠言方面，多數的專業記者通常都會恪守新聞從業標準。這種作為大多都能將不實資訊的迷霧減至最少，且病毒式假消息也不會在民眾之間廣為擴散。

誠如強納森‧勞赫（Jonathan Rauch）在其著作《The Constitution of Knowledge》（書名暫譯：知識的構成）中所提到的，我們可以把發展了一百多年的新聞體系想像成一個巨大的漏斗。漏斗寬大的開口接收各式各樣的資訊，包括謠言、傳聞、刺激的八卦、臆測以及其他林林總總，接著再透過策展與確證的程序並加入批判意見，最後到達另一端開口的極小量資訊就會變成真實事件的相關知識，或者稱為新聞[18]。

臆測
謠言
傳聞
八卦
假消息

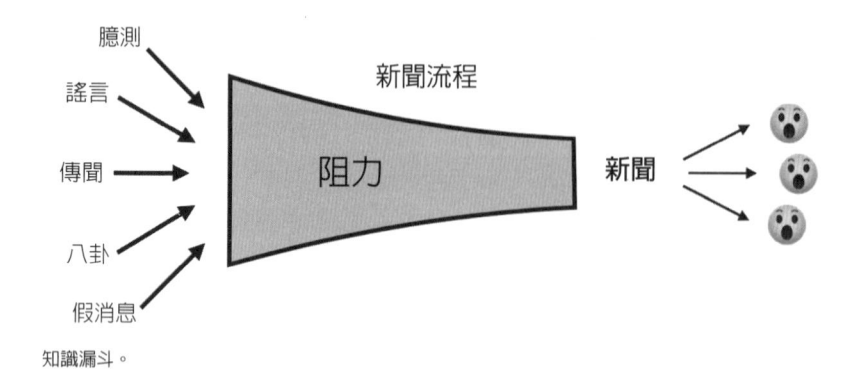

新聞流程

阻力

新聞

知識漏斗。

生活在現今世界的每一個成人，人生已經有很大一部分經歷了這種資訊生態的現代體現，這樣的生態雖然難掩瑕疵，但卻煞費苦心地用真相來抵銷虛假消息。我們誕生在一個知識環境，這個環境透過施以阻力才能獲得正確的資訊。

擴散性時代

短短不到十年，網路和社群媒體就把這個漏斗摧毀得支離破碎。首先，網路顛覆了出版發行機制。九〇年代末，部落格平台讓任何人隨時都能發布任何內容，無須顧慮記者同僚的批判目光。發布內容現在已經是一個普及又零成本的活動。

到了社群網絡興起，又顛覆了散布和觸及範圍。不到十年光陰，數億人隨時隨地都掛在網路上，逗留在那些可鎖定目標又沒有阻力的新奇社群裡。網路上的社團不再專屬於把關者，現在已經成了一般人在數位世界聚會分享資訊的場所。只要按一下就能分享的

按鈕，讓人們搖身一變成為散布和擴大資訊的積極參與者。動態消息將簡短的小貼文推送給朋友以及朋友的朋友。策展演算法透過用戶的按讚和最愛來判定該顯示哪些內容，而推薦引擎則更進一步衝高內容的互動率。

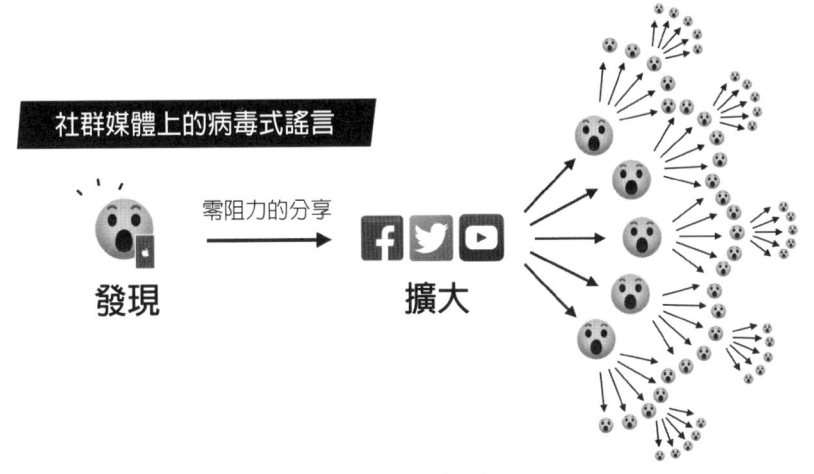

社群媒體上的病毒式謠言

發現 → 零阻力的分享 → 擴大

現今的病毒式謠言往往會比傳統的媒體廣播獲得更廣的觸及率。

阻力降低使得重要的新聲音得以被聽見，但同時也導致衝擊力格外強大的病毒式不實資訊快速散播。人類踏入病毒時代之後，也連帶增強了不實資訊散播的速度和廣度，但保持知識穩定可靠的核實系統卻沒有隨之升級。

舉例來說，二○二○年的美國總統大選就有人穿鑿附會述說選舉舞弊和CIA（中央情報局）有超級電腦的事情，結果人們光是分享和確認這些「感覺」好像是真實的謠言時，就已經讓虛假敘事隨之瘋傳。QAnon本來是網路上一個小小陰謀論，後來崛起成為一個分散式的網路陰謀論之王，向數百萬支持者大吹大擂，積極散播

瞎扯的理論，比方說該社群聲稱有些組織跟兒童販運脫不了關係。關於新冠肺炎疫情也出現了顯然就是虛假的影片，譬如《經過設計的流行病》(*Plandemic*) 這支影片就對許多假消息和陰謀論深信不疑，觸及數百萬人的觀眾群，後來平台終於決定將其下架[19]。

從上述案例就可以看到，我們正在歷經史上的一個轉變期。阻力減少讓大家得以聽到重要的新聲音，但也造成本來就十分危險的病毒式假資訊快速散播。換言之，我們升級了謠言的能耐，卻減弱了約束謠言的新聞阻力。

雜訊中的信號

現今這個時空沒辦法看到很多關於事實與假消息的歷史，所以如果真的想瞭解我們是如何走到眼下這一刻，就必須往回追溯，把目光放遠到很久以前，人們分享和處理新資訊的根本模式就會逐漸浮現出來。

每一次新媒體技術導入時，人們的生活都會歷經巨大的**轉變**。混亂和假消息充斥，人們不知道該怎麼思考。有些人會利用這種混亂來推進自身的目的，並因此漸漸積累權力和財富，但最後會有一群人和機構在這些人犯錯時指控他們，向他們問責，以此約束其影響力。這樣的一群人後來我們稱之為記者。

不過新聞業剛興起時零碎不全，後來經歷數百年的發展，**斷斷續續**建立了集體找出真相的制度。

沃爾特・李普曼（Walter Lippmann）是二十世紀有名的作家暨

政治評論員,他對於新聞制度的自然進程有一套理論。他認為新聞業會歷經四個階段,並隨著時間變得更加現代化,以成為所有人都會信任的制度為目標向前邁進,同時也會在每一個階段逐漸變得更加客觀如實[20]。

我將李普曼提到的四個明確步驟大致改寫成四個不同時代的故事。

第一個階段是「國家獨占」,即對所有媒體機關、新聞、注意力和想法等行威權控制,這是一個只容支持當權者敘事存在的體系。我會藉由探究宗教改革前天主教教會獨占並控制所有敘事的歐洲來說明這個階段。這種專制的敘事控制隨著「印刷機」這項新技術的問世,而在歐洲轟然瓦解。印刷機觸發了整片大陸,徹底改變了每一個接觸到此技術的人對於宗教和道德的認同感。後續篇幅會回溯過去,探訪生活在那種騷動不已的年代是什麼樣貌。

第二個階段是政黨控制敘事的階段。社運人士和倡議團體對抗政治敘事,把目光放在他們心目中最重要的理念上。這正是美國早期新聞界的狀態,當時的新聞界大多都由政黨和抱有理念的社運人士資助。這個部分會探索被殖民期間美國新聞界作為早期的憤怒機器所發揮的作用,以及它獨特的文宣運用手法如何形塑了我們當今所生活的世界。

第三階段始於一八三〇年代,當時支撐新聞界發展的是廣告和公共利益。也就是說,新聞業受到以公眾的新聞口味為取向的商業市場驅動。這個階段會探索廣告誘因如何既製造了譁眾取寵的現象,又初次創造了無關黨派的報紙這種相互矛盾的產物。我們今日所熟知的新聞產業正是誕生於這個年代。

第四個同時也最後一個階段（李普曼自認為現在正迎向這個階段）就是專業化階段，也是當前我們所有人所誕生的世界。新聞在這個階段成為只有受過訓練的專業人士的責任，他們負責為更廣大的群眾擷取最可靠的現實和客觀事實。這個階段會以兩個關於早期廣播和電視險境的故事來探討。

李普曼認為新聞業正踏入它的最終階段，準備成為以事實為根據的制度，而且在他有生之年，所有人都會信任這樣的制度，但我想他可能錯了。我認為目前新聞業正進入第五個階段，這個部分我會在最後的終曲中詳加說明。科技的去中心化特色把觀眾區隔再區隔，變成各黨派的一個個棲身群體，這就是我們現在所生活的世界，一個以政治動機來鎖定目標觀眾的世界，造就出四分五裂的敘事。社群媒體本身並未創造這個新階段，而是促進它的生成。放鬆媒體管制和有線電視的問世開啟了這個最新階段。以下章節有許多故事都是以三本著名的書籍為本，包括安德魯・彼得格里（Andrew Pettegree）的《The Invention of News》（書名暫譯：新聞的發明）、邁克爾・哈德森（Michael Schudson）的《探索新聞》（Discovering the News）以及哈澤爾・迪肯・加西亞（Hazel Dicken-Garcia）的《Journalistic Standards in Nineteenth-Century America》（書名暫譯：十九世紀美國的新聞標準）。

接下來也會探討每一項新媒體技術推出時會產生黑暗谷的原因。黑暗谷會在新行動者利用新工具得利而犧牲社會整體時出現，它產生的益處與危害可能各半。印刷機、電報、收音機、電視以及現在的智慧型手機和社群媒體，都出現了社會必須跨過去的黑暗谷，才能讓這些技術真正適用於全體人類。

現在就讓我們開始吧！

Chapter 17
史上第一個推文串

　　幾乎剛好就在五百年以前，德國東北部一個與世隔絕的地方有個中年修士抓狂了。他看上去不像會搞叛逆的人，這位身材粗壯的天主教僧侶大半輩子都在勤奮地研讀教義，備受教會同儕的尊重，沒有任何理由相信他竟然會顛覆歐洲歷史最高權威機構，開啟這塊大陸已知最暴亂的時期之一。

　　但是馬丁・路德（Martin Luther）不頑固就不是他了。他是在研讀法律後才成為僧侶，特別執著於從聖經中為當今世道找出合理解釋。一五〇〇年代初，歐洲依然深陷在封建時代的貧困裡，大量財富都握在教會和皇室之手，大部分的老百姓沒受過教育，這輩子認識的唯一一個識字的人很有可能就是當地的神父。由於缺乏教育的關係，他們仰賴教會提供的知識、道德權威，並且從教會取得貧乏的社會服務。對路德來說最重要的就是，他認為神職人員就是負責把鄉下人的靈魂護送到天堂的人，這是他非常認真看待的責任。

　　教會近來開始推出發行贖罪券募款的活動。贖罪券是一張可以讓購買者免除自身以及親人罪過的紙片，而且要花費不小的金額才能買到。這種東西有點像進入天堂的通行證，兜售贖罪券的神職人員會反覆吟唱以下推銷詞：

只要棺材裡的黃金叮叮作響

得救上天堂的靈魂雀躍蹦跳[1]！

路德對此感到義憤填膺。購買贖罪券不但要花上一小筆財產，教區居民還被告知死去親人的受苦靈魂也十分危急。很多幾乎買不起贖罪券的人，紛紛把自己微薄的存款拿去買路德眼中一毛不值的小紙張。他面對這種情形，加上又看到神職人員其他的道德缺失，便寫下了九十五項論點，即《九十五條論綱》，然後送去給當地大主教。這份一半是道德長篇大論，另一半是學術辯論的小傳單，主要是對當時的軍隊、政治和宗教機關表達他的不滿[2]。

路德的《論綱》以今日的視角來看，特別像現代的推文串。

- 有人說，教宗袍徽上的十字架以及宣傳贖罪券的人豎起的十字架，和基督的十字架一樣具有同等效力，這是褻瀆。
- 容許這種謬言流竄民間的主教、神父和神學家應為此負責。
- 那些不學無術又惡劣的神職人員，對臨終之人依教會法規懲罰至煉獄中。
- 等等。

每一條論綱皆在三百個字元數以內，且每一條都提出重要的陳述，並且增強了道德評斷，指出了一個機構是如何破敗。此外就像爭議性的推文一樣，這九十五條論綱也讓很多人感到不爽。

在那個時代，這種條列式的批判很容易招致牢獄之災，落得死狀悽慘的下場。不到一百年前，才有一個極為類似、也是以改革教會為宗旨的運動最後以失敗告終。十五世紀初，英格蘭有一位神父

名叫約翰‧威克里夫（John Wycliffe），他寫了一套論綱批評羅馬教會制訂的教規並質疑教宗的權威，結果支持者因為擁護他的理念而被處以極刑。威克里夫過世後不但被羞辱和逐出教會，他的屍骨也從聖地裡被挖出來焚燬[3]。

這種懲罰所產生的威嚇效果確保了類似的褻瀆之事鮮少再發生。若真有人公開反對教會，大多都會立刻遭到譴責和監禁，這個異教徒要不就是公開認錯，要不就是活活被燒死。教會本身就是體制，它控制了媒體和敘事，以處死作為懲罰。它就是至高的權力。

但是路德生在一個特別的時刻。他所在的時空讓他得以將自己的觀點具體化，並與快速擴張的新技術平台疊合，而且他的性命很有可能因為這個平台而得救。除此之外，它也改變了西方文明的走向。

路德《論綱》問世的前幾年，有一位技藝精湛的金匠名叫約翰尼斯‧古騰堡（Johannes Gutenberg），他精進了融合鉛和錫的新穎製程，創造出耐用的金屬用來做出活字字模，也就是一套可重複使用又可相互替換的字母組。這種活字被放置到特別設計的機械行列中，可以輕鬆手動去組合和置換，並裝入塗好油墨的螺旋壓力機。這些創新技術結合起來後，就變成了一台新型的出版機器。現在兩人小組操作一台印刷機只需一個工作天就能產出高達三千六百頁的內容，不像過去手工每天只能印四十頁，產出提高了將近一百倍。最近路德居住的城鎮也出現了這種現代印刷機器，而且是用來印製路德鄙視的贖罪券[4]。

不過這種新奇的發明沒有意識形態,加上近來開張的印刷店競爭激烈,它們都以賺錢做生意為目標。這些印刷店希望能印製有銷路的東西,但又無法判斷顧客喜歡什麼內容。他們發現印製醜聞之類的東西是賺錢的不二法寶。

起初,路德以為只有少數一些人會讀他寫的學術批判文;對他來說這是教會內部的事。萬萬沒想到,他的《九十五條論綱》先是被印刷了數百份,後來又印了數千份。一個都市傳說很快就隨著他的論綱散播出去,論綱的插圖上畫著一個教士;這位憤怒又正直的先鋒大動作地將他個人的憤慨之作,釘在威登堡城教堂的大門上。

市鎮廣場上有人大聲朗讀路德的故事和《論綱》,小酒館裡和彌撒結束後也都在討論這個話題。沒多久就有一些城鎮禁掉他的作品,印刷商把論綱加上憤慨的標題(「羅馬禁看!」)印得到處都是,變成賺錢的銷路保證。不到一年,路德一躍而成為日耳曼最有

名的作者。七年內,整個歐洲印刷了數百萬份的《論綱》,首次展現出以下核心原則:媒體最愛有爭議的東西。

等到天主教教會認知到情況的嚴重性已經為時已晚。路德論綱所得到的關注龐大到不容忽視,他名氣太大,無法神不知鬼不覺地把他扔進大牢或處決他。最後神聖羅馬帝國宣告以異端邪說之名將路德逐出教會,名聲保住了他的命。有一位日耳曼王子看出路德的重要性,於是策劃了一場蒙面路匪假綁架,實際上把他帶到城堡保護的戲碼。

躲藏期間,路德因為教會不接受他的批判而感到憤怒,再加上瘋傳的名聲鼓舞他的勇氣,他全心投入寫作。他除了有更多嚴厲批判教會的小冊子被印刷之外,經過長時間的努力,他也將聖經從拉丁文翻譯成通用德語。他認為把聖言的原意如實、俐落又純淨地詮釋出來才能讓民眾一目了然,進而使他們更加虔誠。

在此之前,只有神職人員和特定少數的富有菁英人士才有能力讀懂教會權威賴以為基石的聖經。路德的新譯作被大量印刷、廣泛散布,馬上造成轟動,敞開了大門,讓一般信徒也有機會自行詮釋「聖言」,一如他所願。印刷機把聖經普及化了。

但是令路德意外又沮喪的是,這並未能促成民眾「客觀」閱讀聖經的目的。新譯文如一波波浪潮湧現,無論是路德亦或是天主教教義的把關者,全都束手無策,難以阻止。本來是嚴謹的制度性真理,如今一夕之間變成百家爭鳴的其中一家。新湧現的「先知們」現在有能力引用聖經的特定章節段落來闡述「自己的」真理。讀寫能力迅速擴大,民眾紛紛提出疑問探索這個既有秩序的本質。教育和意見,蓬勃發展。

然而，藏在眼皮底下的不公不義，現在也變得昭然若揭。過去被認可的常規，如今成了令人憤慨的道德問題。隨著新譯本源源不絕地冒出來，開始有一些自學的傳教士公開談論新奇的觀念——天賦人權。他們就聖經中的章句歸納出「自己」的結論。由於當時的農夫和鄉下人身在一個類似契約勞工的體制裡，大多都被綁在封建土地上，他們引用聖經裡的內容作為證據，開始要求工作條件應該有適度改變。

這種異議後來演變成抗議，抗議又加劇為造反。一五二四年，三十多萬名日耳曼農民揭竿起義，為自己爭取更好的條件，設法解決工作貧窮的問題。有一大群人參考了路德的《論綱》，把各種要求條列出來，即所謂的《十二條款》(Twelve Articles)。這些條款都是基本要求，包括在地神職人員若行為不檢，農民應當有權開除他；農民應當有權在森林砍柴；孤兒和寡婦應當不用繳稅。每一條都是謙卑地請求給予新權利[5]。

然而封建的王公貴族不喜歡這些要求，他們認為權力會受損，而且會因此創下危險的先例，所以他們不但沒有讓步，反而將武裝配備更精良的士兵集結起來，公開反對農民的要求。

當地印刷業者把這些事件寫出來，但在內容中將農民的請求描述成無理要求，把他們的行為視為野蠻作為。於是，有關農民暴動的虛假故事就這樣流傳開來。路德一開始還呼籲大家寬容，後來也被這些多半都是毫無根據的報導激怒。他因為錯誤百出的聖經譯本四處流傳，再加上對新起的革命有所誤解，所以激憤不已。他選擇支持統治的王公貴族，呼籲大家把農民當「瘋狗」一樣剷除。王公貴族動員武力，帶著路德的祝福，多達十萬的農民被無情屠殺，這

場革命一敗塗地[6]。

但是無論這場屠殺多麼可怕,也只是為新印刷機引發的血腥殺戮拉開序幕而已。隨著這場資訊爆炸而來的暴亂多不勝數,難以對此避重就輕。自路德的印刷作品問世的數百年間,超過一千萬人在橫跨了數個世代、遍及大陸間的宗教戰爭中遭殺害。這些動亂和血腥迫害也成了後來十七世紀的特色。

―――――

現在請各位想著上述那個年代,一起來做個思想實驗。想像一下你通過魔法大門回到過去,然後來到一六○○年代中葉的倫敦,那差不多是路德《論綱》瘋傳的一百多年後。倫敦是世界上最大的城市之一,擁有數十萬人口,它臭味四溢、喧鬧吵雜又髒亂汙穢。

你注意到兩個基本特色:第一是你所踏入的是個宗教派別林立的環境,宗教特色無所不在又嚴謹。正義凜然又充滿熱情的道德訴求四處可見,認同感強烈地令人驚嘆:克倫威爾的長老派信徒(即清教徒)意氣風發了一段時間之後,現在已經欲振乏力;漫長的苦戰現在似乎失去了勢頭。此外,人們的信仰涇渭分明。基督教的各個教派界線明確,似乎牢不可破,把這個國家的整體人民劃分得四分五裂。清教派、追索派(Seekers)、格林萊頓派(Grindletonians)、第五王國派(Fifth Monarchists)、馬格頓派(Muggletonians)、初期的貴格派(Quakers):這些身分標誌縈繞在人人的心裡。這裡明令禁止信仰天主教,信奉天主教教義會招致罰款、受監禁或處死的懲罰。寬容本身就是一種被鼓吹抵制的罪。上位者鼓勵民眾勸周遭的「罪人」改變信仰,讓他們有「正確」的信

仰。假如這些罪人不願意改變,那麼以暴力處罰他們沒關係。這個國家官方認定的只有一種宗教,那就是英國國教,但老百姓私底下其實信仰多種宗教。每個人對「正確信仰」都有自己的意見且十分堅持。狂熱分子自帶權威[7]。

另外一件你注意到的特色是,無論個人的信仰為何,大家都在講沒有事實根據的東西。假消息甚囂塵上,可怕的謠言如野火般蔓延,逐漸醞釀成不滿之心,經常引爆成暴亂。各種小冊子滿天飛,盡是些講述罪惡、敬神的文宣,以聖經的對錯觀念來闡述當前發生的事件。這個國家會控告人民使用錯誤的祈禱書,但人民到處分享禁書;每個人都對這種審查方式有意見。人人都在講別人的信仰有多奇怪。只要是指涉天主教和魔鬼之間訂有祕密契約之類的謠言,甚至說教宗其實是反基督教那一派,都會被認定為事實。時而會出現有人施展巫術的指控,引發火大的暴民對被指控者進行充滿侮辱的審判和處決行動。

身處在這種奇特的時期,你大概會不厭其煩試著向他們解釋這些觀念是錯的,你會向大家描述他們這個時代的規範到了未來都會變成可怕的概念。在未來的世界裡,所有基督徒之間和平相待!整個國家有各種不同的信仰,而且這些信仰彼此寬容!你使出渾身解數想說服身邊的人們,他們弄錯了,他們的習俗不人道。結果,大部分的人都覺得你的理念荒謬至極,是異端邪說[8]。

你深深困在印刷機的黑暗谷裡,這得花上數十年,整個社會和你才會爬升起來。不實資訊創造了憤慨、改革和混亂的連鎖效應,福音的各種新讀本製造了無數無人能破解的「真理」。狡猾機伶的領袖人物善用這種失序狀態,從混亂中奪取權力和名望。人們則在

威脅環伺的處境中緊抓新的認同，用以保持理智和務實。

這便是印刷術引發的效果。古騰堡的機器擴展了路德的批判言論，將天主教教會的秩序分解成無數個新教教派。它引發了宗教改革以及隨之在各地出現的暴亂革命。這個陣痛期必須歷經一百多年的暴亂和無數內戰後，才逐漸平息下來。

經過數十年的衝突，當你凝神往深淵看去，會發現社會開始適應，多元性這種新觀念變成勉強被接受的常規。經過一百年的黑化和血腥殺戮，獨特的觀念逐漸浮現，那是一種類似宗教寬容的東西。

但是這段顛覆時期也有助於引領人類與知識之間，發展出完全有別於過去的關係。

隨著接觸到更多宗教教育，人們的自主性、各種觀念和最早的人權概念紛紛出現，揭開了瞭解世界的新時代。這部劃時代的印刷機，搭配路德的憤慨之情，再加上這股情緒本身的種種瑕疵，集結出一波對社會進行道德清算的力量，直接促成了文藝復興運動，讓歐洲大陸準備好進入啟蒙時代。

總結

馬丁・路德和他的《論綱》顯然依循了類似以下的模式：

・印刷機適用於不同平台。它起先作為當權者的工具，後來很快就被樂於見到社會徹底改革的人所用。

・媒體和爭議性從最開始就具有強大吸引力。社會想要分享並成為重要的新資訊和觀念的一分子,尤其這些東西又特別有爭議性的時候。

印刷機問世之後發生的轟然崩解現象,奪走了當時中央機關的權力,從根本上重新改造了社會組織的方式,這也導致一百多年的流血殺戮,於此同時人們努力學習如何控管新資訊和觀念的大爆炸。

Chapter 18
美國人義憤填膺

以報刊為政治工具

　　我們一起快轉一百年，跨越大西洋，來到英國所殖民的北美洲。如果要瞭解人類的媒體工具有多強大，只需觀察美利堅合眾國的起源即可。美國的身分認同正是從早期的憤怒機器，即殖民地的報刊形塑而成的，這是一個跟社運組織很像的新聞疆域。

　　美國開國元勛身為啟蒙時代的子弟，極其依賴印刷機向殖民地宣揚理念。他們十分瞭解新聞其實就是一種可以影響輿論的工具，好幾位開國元勛本身就是印刷業者、作者和新聞記者，他們都對殖民地的報刊深具貢獻。班傑明・富蘭克林（Benjamin Franklin）辦了幾份報紙，他對印刷技術及其影響十分著迷。即便於臨終之際，身為美國在世最有名政治家和發明家的他，依然堅持簽名時要加上「印刷商」這個頭銜[1]。

　　富蘭克林那個年代很難找到有品質的原創內容，因此他自己寫了不少。他的出版作品中有不少是以「窮李查」（Poor Richard）和「塞倫斯・杜谷德」（Silence Dogood）的筆名所寫的幻想故事、人生忠告和寓言故事[2]。用筆名或化名在那個年代實屬正常；以匿名方式向當地報刊投稿帶有強烈政治主張的評論文章是件稀鬆平常的事，只是過一個星期又會被別的匿名小冊子抨擊批判。即便再過一

百年,「客觀」這個特色也不會與報紙扯上任何關聯。意見和新聞之間很難找出任何清晰的界線,讀者其實也不指望這種事。

然而美國殖民地居民依然渴望閱讀這些報刊。早期開拓者的清教徒根源確保了許多兒童很早就在聖經讀寫方面有了扎實的教育。南部地區則例外,他們的識字能力沒有那麼普遍,而且一般也禁止奴隸學習識字。不過殖民地北部的識字率是英格蘭其他地區的近兩倍之多[3]。因此,求知若渴的讀者形成了一個經常狂嗜報紙與時事的市場,這也促進了當地印刷店產業的蓬勃發展。

殖民地的報刊基於近來確立的自由權而得到賦權。一七三〇年代,皇家任命的紐約總督對一位高人氣的印刷商約翰．曾格(John Zenger)提起誹謗訴訟,結果歷經一場轟動的審理,腐敗的總督輸了這場官司,也輸掉名譽。審判結果也立下了判例,指出對新聞記者提起不得人心的告訴是有風險的,促使當權者對於煽動和誹謗罪的指控應當三思。最重要的是,這讓不列顛當局者相信,殖民地陪審團不會把美國記者定罪[4]。

這種環境有利於犀利多元的評論文化興起,讓美國印刷商能夠發表強勢觀點。他們一邊嚴肅地報導地方與歐洲的新聞,另外也出版小冊子,講述形形色色的理念與觀點。這種新聞自由逐漸形塑美國革命和立國大業。

一七〇〇年代中期,英格蘭和法國才剛結束一場遍及全球的大戰。這場殖民地衝突大戰就是後來所熟知的「七年戰爭」(Seven Years War),或稱為「法國和印地安對美國殖民者戰爭」(French and Indian War to American colonists)。(這場衝突波及甚廣,由於範圍實在太大,以致於英國首相邱吉爾後來曾說這場戰爭才是真正

的「第一次世界大戰」。[5]）此外，這場衝突的戰場大部分都在新世界。英格蘭成功將法國從美洲大部分地區趕走，但也付出高昂代價；換句話說，英格蘭大手筆保護殖民資產，結果搞得負債累累。在國庫乾涸的情況下，英國議會決定向殖民地徵稅來償還這筆債務，他們認為殖民地——他們與法國打仗的直接受益人——應該負責買單。於是議會起草制訂了印花法令（Stamp Act of 1765），將針對大部分的紙類商品徵稅，以便彌補戰爭欠下的債務。

對美國印刷商來說，這條法律滑稽至極。根據這條法令的規定，每一份報紙和小冊子刊物都必須使用購自倫敦且蓋有印花的紙張，並以黃金和白銀支付，而不是殖民地的紙張貨幣。印刷商發現這些規定根本就是一堆麻煩，加上獲利會被沒必要的物流費用吃掉，便乾脆不接受這項法令；他們集體發出憤怒的回應。這些「愛國」記者——他們如此稱呼自己——將強烈反對法令的批判性評論文章印在小冊子上，發行到十三殖民地。以印刷業來講，這條法令所徵收的稅金會對該產業的收益產生最大衝擊，所以印刷商幾乎全都挺身站出來反對這項法令。

他們透過各式各樣的方法操縱憤慨情緒。Ames Almanack是美洲大量刊印的曆書，擁有六萬多份的龐大發行量，因此印刷商推出兩種價錢的版本來激發消費者的支持：「印花法令生效前的價錢，十二份半毛錢，一份六個銅幣。法令生效後，價錢是以前的兩倍多。[6]」

有些印刷商則訴諸較為高尚的理想，他們向約翰・洛克（John Locke）這種備受喜愛的啟蒙思想家借鏡，提出「被治者的同意」（consent of the governed）和人權概念來譴責此稅法[7]。在這些文宣

裡可以看到一些最激烈的公共語言，敦促著美國固有自由風氣等觀念，包括最早公開印行的口號，引述「英國暴政」以及抗議「無代表納稅」概念。

有些印刷商甚至做得更過分。印花法令施行前夕，《賓夕凡尼亞週報》（*Pennsylvania Journal*）高調宣布，假如該報被迫遵從的話，就會終止營運。該報浮誇地將印花法令比作奴役：

> 壓迫展開行動的腳步聲傳來了……
> 即使只有一天甚或一小時的正義自由，也抵得上永恆的束縛……

報紙刊頭的部分用自行設計的骷髏頭和骨頭裝飾，最後一版結尾處則用棺材圖加上一則訃文宣告本報死亡來結束這個議題。「《賓夕凡尼亞週報》的最後遺蹟蓋有一枚印花，啟程離開了此生。一七六五年十月三十一日卒，享年二十三歲。[8]」

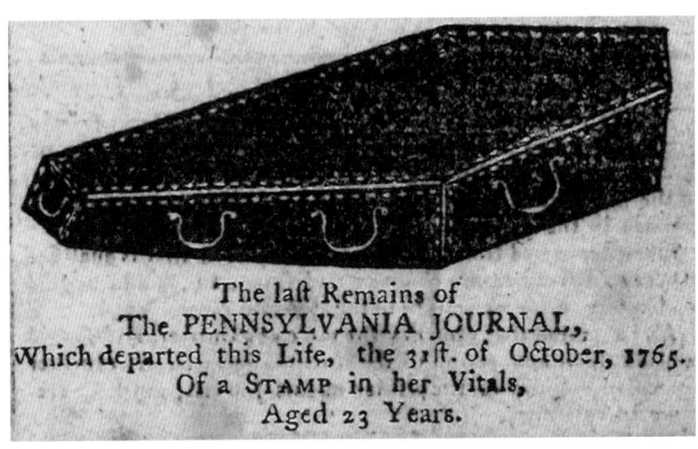

資料來源：墓誌銘社論：賓夕凡尼亞州，《賓夕凡尼亞州週報》的最後遺蹟，一七六五年。

誠如歷史學家安德魯・彼得格里（Andrew Pettegree）所言：「若說一七六五年的印花法令危機證明了什麼，那一定就是攸關到自身的經濟利益時，報刊在捍衛自由這件事上絕對最有說服力、最自以為高尚又吵得最鏗鏘有力。[9]」

印刷商集結起來對抗印花法令的同時，也把自己的憤慨之情傳播得又遠又廣，所以殖民地居民很難對這項立法暴政不聽不聞。於是新的情操興起，輿論逐漸從冷漠轉變成對法令勉強反對。

許多新聞記者甚至冒險更激進一點。一七六五年三月通過此法令之後，一群人開始在《波士頓公報》（Boston Gazette）辦公室會面，想辦法阻止法令施行。他們招募了一位波士頓平民作為暴民首腦，開始策劃一場真正的暴動。

八月十四日，一群暴民動員起來，他們去辱罵和威脅那些獲派法令執行任務的在地官員。安德魯・奧利弗是一名印花稅收稅員，他的肖像被暴民拿去遊街示眾，然後掛在一棵後來被稱為「自由樹」的樹枝上，遭到「砍頭」和焚燒，作為鼓舞人心的象徵。群眾看到奧利弗不肯辭職，便跑到他的辦事處砸毀它，再轉而去燒掉他的驛會館。這件事傳開之後（自然也是透過報刊），殖民地各處紛紛出現暴亂，用的也是欺凌在地法官和生意人、燒毀他們的肖像和洗劫住處的類似手法，對使用蓋有官方印花的紙張規定充耳不聞[10]。

這種激進的媒體宣傳活動以及和後續引發的憤慨情緒實在太成功，以致於不到一年時間，印花稅法就被英國議會撤銷（為了保留顏面，附帶了一條急就章的法條，重申日後依然有權對美洲殖民地徵稅）。大部分的殖民地居民都很滿意公義得到伸張，一切又回歸如常。這場風暴過去了。

然而對某些居民來講，這只是個開始。印花稅法令所引發的狂怒在風暴過去後，留下了一批有組織的殖民地居民，他們使用的天賦人權、統治壓迫和自由權等語言已經成了燎原星火。他們醉心於這些理想，也因為獲得勝利而壯膽起來，這些人稱自己是「自由之子」。印花稅法在印刷商義憤情緒的驅動之下，成為美國獨立的種子[11]。

這起事件顯示出，分享資訊的工具會深深影響到我們對哪些事情值得集體憤慨的認知。在新聞體制確立之前，殖民地的報刊運作方式跟倡議組織十分類似，而不是找出真相的事業體。這個時期的新聞媒體藉由憤慨情緒得到催化，進而改變了這個國家的行進軌跡。

波士頓的宣傳機器

印花稅事件過後才短短幾年，一觸即發的怒氣又再度沸騰起來。一七七〇年三月五日某個嚴寒的夜晚，一場悲劇在波士頓展開。

自由之子努力耕耘，想方設法激發殖民地的怒氣，用逐步升級的以牙還牙行動和破壞作為，對英國的規定播下動亂不安的種子。英國議會在數年前通過《湯森法令》（Townshend Acts），這也是一種針對英國進口商品徵稅的稅法，所以自由之子便在殖民地各處動員了更多大規模的抗議活動和暴動，廣泛抵制英國商品的行動達到最高潮。此舉在若干地區嚴重癱瘓了與英國的貿易，所以不到兩年

時間，英國當局失敗了，再一次撤銷殖民地稅法。不過他們另外派了一千名士兵駐守波士頓執行稅費徵收，並鎮壓進一步的騷動，作為帶有懲罰性意味的回應。結果卻引起了反效果，這或許也不讓人意外。

整個波士頓的氛圍十分緊繃。數天後，當地的製繩工和英國士兵發生一連串衝突，造成一名步兵頭破血流。在地人都在謠傳說，即將發生更大的衝突。波士頓民眾公然咒罵英國軍隊來此，把他們當成占領部隊，而英國的正規兵則嘀咕著想為數日前的衝突報復。

那天晚上，波士頓由於最近下過一場暴風雪，所以街上積了一尺厚的雪。一位英國士兵孤身在哨亭裡站崗，瑟瑟發抖地守衛波士頓海關大樓。他看著街上有一群士兵和殖民地居民相互擦身而過。其中一位居民是年紀約十三歲的假髮商學徒，他大聲辱罵著難聽的字眼。這名哨兵聽到後十分氣惱，便離開哨亭對那個男孩大吼，叫他停止辱罵，要求他拿出尊重的態度，但男孩不為所動，轉而迎上前去，對著這名士兵就是一陣叫囂侮辱。勃然大怒之下，士兵用他滑膛槍槍托打那個男孩，把他打到地上去。

旁觀的居民鬧哄哄地大叫，跑過來援助男孩，一邊對著士兵咒罵。一群人迅速集結，對士兵大吼著一連串粗話。騷動的聲音引來更多人加入，群眾愈聚愈多，他們邊丟雪球邊厲聲叫罵。哨兵退回到海關大樓的階梯上，同時裝填手上的槍，一邊大喊要求支援。

負責指揮的英國隊長聽聞附近恐有危機，他命令七位士兵到現場。這些士兵發現哨兵用背抵著門，五十個火大的殖民地居民正在嘲弄他，用力對他投擲一塊塊的冰和石頭。這群士兵踏入爭吵現場後，用刺刀圍成一個半圓形作為屏障，擋住生氣的群眾。現在暴民

變得更憤怒了，他們奚落刺激這群士兵，要他們開槍。「敢開槍的話，你們就死定了！」他們大叫著：「開火啊！」

這些話擴散到暴民外圍，傳遍了整個城市，也讓混淆誤解像病毒一般擴散，最後變成「海關大樓附近有火」的風聲。教堂鐘聲響起，那是集結民兵協助滅火的信號，於是又有數百位殖民地居民衝去現場，更加壯大了暴民的規模。面對一大群人數超出許多的民眾，隊長大吼著要群眾解散回家去，強調不會有人受傷，他沒有要對群眾開火的意思。

群眾裡有人開始想要作亂，他們進一步用石頭、雪球、冰塊和棍棒攻擊士兵，士兵無處可躲。群眾丟了某樣東西，擊中士兵的頭，他的槍掉下來的時候擊發了。接下來大家愣住的那幾秒，群眾依然在大吼「開火啊！」的時候，士兵用步槍對著火大的民眾亂槍齊發。五位居民被子彈擊中身亡，很多人尖叫著跑進黑夜裡。殖民地居民和士兵估量這可怕的結果，熾熱的怒氣燒出了一場悲劇。

後續幾天情勢緊繃，這場怒火蔓延到殖民地各處，殖民地的報刊也掀起意見大戰[12]。從各方面來說，那晚發生的事情是一場災難，然而對一個踩在造反邊緣蹣跚搖晃的粗暴殖民地來講，這件事歸咎於誰就顯得格外重要：誰應為此負責？

自由之子的人從中看到大好機會，他們和在地雕刻師保羅·里維爾（Paul Revere）合作，以《波士頓公報》為起點，推出了政治文宣手冊，拿這群士兵做文章。他將事件做成版畫，以可怕又極度不正確的畫面，將士兵刻畫成冷酷無情、對一群殖民地紳士笑著開槍的形象。這張文宣中的宣傳圖聳動又血腥，紛紛登上殖民地許多持支持立場的報紙封面影像[13]。殘忍的紅衫兵對和平示威的人士無

資料來源：保羅・里維爾（Paul Revere），二十九軍團一批士兵造成一七七〇年三月五日國王街血腥屠殺，《波士頓公報》，一七七〇年。

端發動惡意攻擊，這種敘事立刻就成了頭版新聞。輿論要求同理受害者、對行凶者表示憤慨。

然而這件事茲事體大。地方政府機關擔憂遭到大型報復，以及引發英國派軍隊過來，所以他們企圖展開調查，舉行公平且平衡的審理。一位支持愛國理念的年輕律師，也就是未來的美國總統約翰・亞當斯（John Adams），決定在法庭上為英國士兵辯護。他的目的是從沸騰的民怨中剖析真相，希望讓大家激昂的情緒平息下來，並證明麻州是一個法治公平的地方，同時也避免觸發英國祭出嚴酷手段。

萬眾矚目的審理終於來到，馬上就引起媒體轟動。亞當斯決心在眾怒之下找出蛛絲馬跡。他的宣告十分有名：「事實終究是鐵錚錚的事，不管我們有何願望、我們的意向如何或心中憤怒對我們

有何要求,都無法改變事實和證據的狀態。[14]」透過目擊證詞以及令人信服的辯詞,亞當斯向陪審團證明英國隊長並沒有下達開槍的命令。這群士兵被圍住,無法脫困,內心惶恐,又被毆打。在他的辯護之下,證據赤裸裸地呈現出來,最後僅有兩名士兵被判過失殺人,以拇指烙上「M」作為處罰,但其他士兵的謀殺罪皆判無罪[15]。

然而,雖然有亞當斯合情合理的辯護,廣大民眾──包括許多波士頓人──也都接受這是公平審判,但宣傳文宣早已散播出去,無助市民碰上暴力紅衫兵的敘事深植人心。同理受害者的心情需要憤慨之情的撫慰。這起事件的脈絡已經被除去,自由之子現在有了新的烈士可以用來追逐他們的理想。後來美國報刊稱該事件為「波士頓慘案」,在人民心目中是一段充滿義憤之情、應當施以報復的苦澀記憶。現在不少人都受到動搖想加入愛國事業。殖民地居民如今齊聲吶喊,用整個國家都是受害者的新敘事來組織動員。這起事件發揮了決定性的作用,把民情推向對抗英格蘭,醞釀了數年後那場充滿憤慨的革命。

回顧過去的憤慨事件,會讓人忍不住認為以我們現代的敏感度來講,肯定不會被這種激情詮釋擾動。在現代新聞之前,過去的憤慨激情其實就是一小群人推進某個訊息和意識形態,並將選擇強加在多數人身上所產生的結果。我們共有的「國家神話」就是由這種群體形塑出來的。

有時候這種過程也會有好結果。以上述案例來說,它加速催化了英國離開美洲,也促成一個發展新國族認同的開端。同時,它開闢了空間,讓民主體制得以在自由原則和言論自由的基礎上成形,而這正是新聞媒體的核心價值,後來也成為美國文化的特色。

總結

　　本章探討了過去的媒體風景裡也有和現代社群媒體的憤慨情緒如出一轍的東西，它促進了美利堅合眾國的創建。憤慨之情在美國的國家敘事中扮演了重要角色：

- 殖民地的報刊是美國第一部憤怒機器。揭竿對抗印花稅法的行動，在有力人士影響媒體的助攻之下，奠定了增強反英情境的根基。
- 數年後在波士頓發生一場混亂又致命的衝突，追究血腥事件的責任歸屬成了媒體最紅的主題，反英國的宣傳文宣也透過殖民地報刊為這場火焰加油添柴。儘管有約翰‧亞當斯出面提供理性的辯護，在公憤中尋求真相，但是「波士頓慘案」所引發的分裂氣氛已經瘋傳了。
- 憤慨情緒把革命的種子播下，為奠基於自由精神和言論自由的新體制鋪好了路。

　　然而以憤慨情緒推波助瀾所形成的體制無法長存。下一章要探索的是報紙如何從殖民時期的宣傳文宣功能演進到二十世紀。接下來，我們就會逐步看到新聞意義建構的首批組織大致的模樣，而且資助者是十分奇特的金主：廣告。

Chapter 19
廣告如何造就報紙

　　社群媒體的核心問題是什麼？是廣告嗎？很多權威和學者都認定打廣告的商業模式就是造成社群媒體種種問題的主要因素。廣告強行分拆、擷取和賣出人們的注意力。從最開始的時候，廣告在媒體發行上就一直是舉足輕重的環節。「新聞業」是歷史上最重要的找尋真相制度，它的建立也與廣告有密不可分的關係。

　　若說有哪個時期和現代資訊紛擾的現象如出一轍，對於媒體中的真相、現實和客觀性的探討湧現各式各樣的意見與質問，那一定就是美國從一八三〇年代開始的那段時期。

　　現代新聞基本上就是從這個時期所創造的。當今人們認知中的報紙到了這個年代才算真正出現。很多眼下這個時刻所碰到的知識議題，都可以追溯到曼哈頓下城的某一條街，有個年輕人在那條街上同步開創了兩樣東西，即現代報紙和現代廣告。

　　一八三三年九月三日，特立獨行的二十三歲創業家班傑明・戴印製了第一版的《紐約太陽報》（*New York Sun*），一場革命隨之而起。他的新報紙十分便宜，所以馬上就虧損了，不過戴想到一個嶄新的點子：他相信只要賣廣告就能賺到錢。

　　《太陽報》的口號是「照亮所有人」，售價只要一便士，相當於今天的二十五分錢。他沒有像售價六便士的競爭報紙那樣全心投入在刺激性很低的政治和高層社會議題上，反倒將焦點放在犯罪報導

和腥羶的八卦消息。之後的修訂版又加入了插圖，且便於攜帶，頭條報導配有生動的圖片[1]。

把民眾日常的注意力賣給廣告業主賺取利潤，這種手法在新聞界創造了典範轉移，我們至今也依然處在這個階段裡。這種創新做法，從根本上改變了人們獲取關於這個世界的種種知識的本質，進而啟動了能有效取得注意力的新產業，讓廣告業主擷取觀眾的一點日常關注力，並以提供資訊作為交換，於此同時新聞製作者又可以從中獲利。

結果真的財源廣進。第一批當時被稱為「便士報」的報紙大獲成功，銷量是售價六便士報紙的十倍[2]。

在《太陽報》開張之前，印刷商雖然也製作報紙，但多半都虧損；印刷商主要靠銷售印刷服務或政治資助人營生。事實上，美國早期報紙（很像革命新聞報刊）大部分本身就具有黨派色彩和政治取向，有不少堪稱是政黨的傳聲筒。這些報紙追隨黨的路線，大多都報導黨的新聞，也受各政黨的資助，譬如民主共和黨、輝格黨或聯邦黨等等。（這些黨派的名稱依然殘存在許多的報紙名稱當中，譬如《民主報》〔*Press Democrat*〕和《春田共和黨人》〔*Springfield Republican*〕。[3]）

這些報紙沒有一丁點想假裝自己政治立場客觀的意味。國內很多區域的地方郵政局長，往往就是當地報社的總編輯，他們一定會確保自家報紙蓋上「郵資已付」的戳印，也就是免費投遞的意思，但僅限於他們辦的報紙和所屬黨派的報紙。（請各位想像一下，假如今天共和黨的地方報紙是你唯一可以取得的新聞管道，且支持共和黨的郵政局長又經營郵局，你大部分的新聞來源都由他們遞送。

這正是後殖民時期美國的早期新聞狀況。）

以前的美國人都知道報紙從大型政治團體的資助獲得支持。這個年代的記者誠如歷史學家艾薩克・普雷（Isaac Clarke Pray）所言，通常「不過就像攀附著政治人物、商人、仲介和公職候選人小圈圈的祕書罷了」[4]。這種死板的老媒體在新聞上只會迎合菁英群的口味，不會顧慮到一般大眾的利益。

不過新的便士報就大不相同了。這些報紙利用同時訴諸形形色色的經濟社會群體，包括移民、技工和一般平民在內，成功地從原本無動於衷的觀眾身上獲取了他們的關注。透過便士報所購得的新聞，變成一般大眾第一次買得起的新聞。

便士報專門報導犯罪和聳動新聞的做法，替自己在老派報紙範疇外開闢了新市場。過去大部分的報紙著重於探討政治、評論戲劇或出版書籍，便士報則把焦點放在娛樂性內容上，比方說陰森可怕或腥羶的報導。班傑明・戴是第一批走出去延攬記者跑新聞的人，他派他們去法院瞭解在地發生的離婚、凶殺、自殺和死亡等事件背後的細節。同時他也是第一個為廣告獲利型報紙本身做廣告的人，他開創了付錢給報童在街角叫賣報紙的做法。

儘管《太陽報》是第一家幾乎完全透過刊登廣告來為其事業體挹注資金的報紙，但它也開啟了競爭大門。兩年後，戴的主要競爭對手詹姆斯・戈登・貝內特（James Gordon Bennett）推出《紐約先驅報》（*New York Herald*），成了快速崛起的挑戰者。這家報紙憑著腥羶地報導市中心一名高級娼妓令人震驚的凶殺案，而迅速異軍突起[5]。

新興的便士報媒體本來就以獲取注意力為目標。（誠如貝內特所言，他辦報的宗旨是「讓觀眾覺得充滿驚奇和趣味十足，不是對

他們下指導棋」。」[6]）隨著競爭愈來愈激烈，樂於實驗的精神也益發強烈。這些競爭者多半都是小店家，校長兼撞鐘，一個人可以身兼總編、廣告代理商、記者和整個發行事務的印刷商，和現代的部落客或網紅十分類似。只要有創新精神，任何人都可以利用曲柄印刷機做一些投資，再加上勤奮努力工作，推出自己品牌的新聞。假如再多投入一點金錢的話，便能買到新型的蒸氣動力平板迴轉印刷機，產量可以提高到每小時一千張。

刊登廣告的做法從根本上改變了報導的新聞類型，讓報紙的閱聽眾得以快速增加。聳動、犯罪、八卦和戲劇化事件（不少都是虛構的）等類型的新聞，在早期美國的新聞風景中激增，而這些新聞的價值就在於它們十分有趣。

這是報紙第一次開始進行粗野的注意力爭奪戰。這些早期的報紙碰到的問題有很多都和當今平台遭遇的困擾一樣。印刷設備變成「一條龍式」的商店，專門提供那個時代的病毒式新聞。此外，他們經常互相剽竊對方的整個報導和構思，再加以重新包裝供讀者消費，這一點根本無異於最近網路媒體暴增後碰到的窘境（例如二〇一〇年代初期，哈芬登郵報網站、BuzzFeed和Upworthy以及其他林林總總的聳動新聞管道，都有點擊誘餌的設計）。

便士報的興起促使內容和廣告雙雙向下沉淪，從早期報紙的頁面上可以看到公司和產品的素質大幅降低。早期的便士報廣告頁充斥著專利藥品以及用充滿剝削說法來叫賣商品的騙子，和今日YouTube和Facebook平台上見到的廣告並沒有不同。

這些報紙也義正嚴詞地為自己放任賣廣告的做法辯護（跟現代社群媒體公司如出一轍），而這種自由放任的道德觀就和當今一

樣,都是精明的商業倫理運作下的成果。

不過,這些便士報在批評彼此的廣告標準低劣時倒是毫不客氣。《紐約時報》就說《紐約先驅報》是「江湖郎中的喉舌」[7]。(正如歷史學家邁克爾・舒德森〔Michael Schudson〕所言,這根本是五十步笑百步,畢竟以同樣的議題來講,《紐約時報》自己也刊登了「美國心靈鍊金術士」〔The American Mental Alchemist〕的廣告,還有其他莫名其妙的健康輔具和推薦用品。[8])

這像極了近十年科技公司所做的那種道德模糊的廣告決策。Twitter、YouTube和Facebook平台上都有網紅叫賣無用藥品的類似問題,從營養補品到假疫苗替代物應有盡有,但是這些公司皆對此束手無策。

當打廣告變成純粹只是一個有利可圖而非涉及到道德和標準的選擇時,假東西就能暢行無阻了,攫取和販賣注意力的方式會有根本的轉變。在此之前,廣告通常刊登在商業類的報紙上,比方說含有「廣告主」或「商業報刊」這類名稱的報紙,但這些報紙以作為提供高品質產品的「平台」自居,細心守護自己的名聲,且廣告「本身」就十分有吸引力,因此商業報會在無損於道德的情況下配置廣告空間。但便士報把新聞本身變成一種產品,重度仰賴正義凜然的誇張內容來攫取注意力,這倒是史上頭一遭。

便士報證明了道德權威可作為一種手段,吸引觀眾目光來關注他們的報導。這些報社儼然像個機構,儘管不過就是幾個人在破爛骯髒的倉庫裡伴著油燈工作。從報紙名稱散發著高尚仁義的社會觀感,就可以看出其顯著的浮誇氣息,比方說,以「論壇報」(*Tribune*)來講,tribune這個英文字原來指的就是古羅馬時期負責

保護平民階級不被任意妄為的護民官。「先驅報」（Herald）的另一個意思則是古時候的皇家傳令官，而「詢問報」（Inquirer）意味著該報會提出犀利的問題。還有一些便士報採用了代表「光明」的語彙，譬如「太陽」（Sun）、「星辰」（Star）等等。

這些戰術頗富成效，讓便士報呈倍數成長，每日可售出數千份報紙。兩年後，即一八三三至一八三五年之間，以打廣告這種新模式為主軸的報紙，在銷量上以將近十比一的比例超越對手[9]。

雖然這個時期的資訊取得已經比過去容易許多，但仍是娛樂性當道。不過無涉黨派是這些廉價報紙首重的核心；某種程度來講這其實也算第一個非政治性的新聞。腥羶色新聞首次補貼了真正的報導。透過這種模式，很多便士報最後得以多樣化發展，成為公共教育的主要管道。社會版面、實用訣竅、文化建言和新觀念共同構築了學習新知與探索洞見的新潮流，對沒受過正式教育的工人階級來說，這些報紙也等同於提升個人成長的寶貴新資源。

便士報還創造了新一類的共同社會空間，私人生活在這個空間裡不再僅限於私人。歷史學家邁克爾·舒德森的著作《探索新聞》中就有一篇特別描述了這種情節：眾議院議員威廉·索耶（William Sawyer）的用餐習慣被洋洋灑灑寫在《紐約論壇報》（New York Tribune）的版面上。這篇「報導」鉅細靡遺地提到他吃著麵包加臘腸的油膩午餐，把折疊水果刀當牙籤用，而且雙手直接往外套袖子上抹乾淨的過程。在大眾報紙上撰文，論述一個平凡但不怎麼雅觀的儀式作為品格不佳的象徵，就那個時代來講是前所未聞的事情[10]。

不過針對令人好奇的人物報導其私生活，並且公開嚴厲地加以評斷，這又為觀眾開闢了一種新的口味。重要人物的私生活攫取了

Chapter 19　廣告如何造就報紙　307

新的注意力,而這種公開檢驗則促使名人對自己的形象更加敏感。

公開八卦的現象,逐漸發展出大家對公共生活的共同理解,即漢娜・鄂蘭(Hannah Arendt)後來提到「社會」時所說的:「這是奇特的混和場域,私人利益居然有了公共的意義。[11]」

謊言適合刊登

《太陽報》於一八三五年八月二十五日開始刊登一篇駭人聽聞的惡作劇報導。整起事情竄改自一位名叫約翰・赫雪爾爵士(Sir John Herschel)的天文學家聲明,完全是捏造出來的。該報導宣稱他發現一種人類與蝙蝠結合的物種住在月球上。數週來它們刊出六篇連載文章,把月球上的發現描寫得繪聲繪影,譬如這些長著翅膀的人形生物有蝙蝠的外貌。據說是用上了新型的巨大望遠鏡才觀測到這些東西,而且也在月球表面上捕捉到獨角獸、野牛和山羊的身影。

這一系列的發現非常轟動,成功締造報紙銷量。這些令人震驚的虛假新聞被印刷在當時人氣最旺的報紙上,直到數週後耶魯大學一組科學家特別從波士頓下來檢驗這些報導,才揭穿它是一場騙局。《太陽報》未曾發布撤回報導的消息[12]。

第一家以打廣告為主的報紙,剛好也是一家兜售惡質虛假消息的報紙,這並非巧合。當時許多同樣採取廣告模式的同期報紙,都開始進一步挖掘腥羶、荒謬和公然假造的訊息,為的就是刺激銷量。雖然《太陽報》找到了有利於輕鬆取得新聞的商業模式,但新聞本身未必是正確的。然而不只是白紙黑字印出來的東西會造假,

就連影像也會說謊。

💬 新聞的照相寫實主義

十九世紀中葉,「攝影」這項新技術開始形塑了人類對客觀現實的思維。一八五三年,英國攝影師羅傑·芬頓(Roger Fenton)來到烏克蘭克里米亞半島,拍攝俄羅斯和英國及其同盟之間激烈的戰事影像。在這趟行程中他拍攝了三百多張感光板,這些都需要長時間的曝光。雖然照片大多都是風景照和人像,但有一張拍到猛烈戰鬥後、砲彈散落在路面上的畫面,特別令人揪心。

芬頓一回到大不列顛就展示了這張照片,題名為《死亡陰影之谷》(*The Valley of the Shadow of Death*),立刻在國內造成轟動。後來這張照片以第一張戰爭照片聞名,被稱為真實描繪了戰爭,抓住了大眾的想像力[13]。

這張照片(一般稱為攝影作品)在後來數十年漸漸成為新聞業的強大象徵。新聞「鏡頭」這個概念既是指實質描述捕捉事件畫面這個動作,也是一個貼切的象徵,用來形容記者這一行可以捕捉到忠實呈現現實的畫面。報紙的觀察本質,就好比鏡頭忠實呈現事情的原貌一樣。於是記者開始把自己當作「攝影鏡頭」,致力於精準地重現事件真相。既然透過攝影這種新穎的觀察技術就能讓現實「為人所知」,那麼報紙當然也可以如法炮製。

芬頓的原作展出後過了數年,發現了另一張感光板,很有可能就是他在那一天所拍攝的原始照片。

《死亡陰影之谷》，一八五五年攝於烏克蘭克里米亞。世界第一批戰爭照片。研究人員發現芬頓極有可能先拍了一張沒有砲彈的照片，過後再將砲彈移到路面上，創造更戲劇化的影像。後來發布的照片是戲劇化的版本。羅傑・芬頓拍攝。

從這張照片可以看到，山谷路面上並沒有砲彈。二〇一二年有一部紀錄片探討了這個差異，結果發現芬頓及其團隊極有可能搬來砲彈，將其均勻散布在路面上，加強拍攝效果，讓畫面顯得更有戲劇性[14]。

從這個面向來看，新聞業確實就像攝影一樣，它不是實際事件的客觀框架，而是帶有劇場效果的故事重述，將事件重新架構以利攫取注意力。對原版事件做戲劇化的改造，用浮誇的畫面來呈現，讓事件變得更加引人好奇。

騙我一次，是你可恥；騙我兩次，是我丟臉

雖然《太陽報》是早期新聞產業腥羶特色的一個例子，不過它的做法其實和媒體產業攫取注意力的歷程十分吻合。

一八三三年，班傑明・戴和同業以腥羶色且有時是假新聞的內容為基礎，用便宜的新型印刷機發展出創新的商業模式，並藉此攫取質樸讀者的注意力。在這個過程中，他們教育了這些讀者，給予新觀念和洞見，但有時候也騙了他們。

但矛盾的是，便士報的新聞雖然變得更聳動，但資訊卻也更加中立。他們發現客觀且經過核實的資訊其實也有市場。

創業家利用新科技剝削人們的注意力，可是這種剝削是有限度的，大眾對於不可靠的報導和虛假消息的愛好僅此而已，不會無限擴大。每次報紙的報導最後證實是假消息時，消耗的都是自家商譽。

年復一年，久而久之消費者便決定他們要挑選自己心目中可讀性高又可靠的報紙，雖然《太陽報》的讀者群在「月亮大騙局」後大大擴張，但其正確的新聞資訊來源以及可靠報紙的名聲卻受到打擊[15]。

一般大眾在判斷誰值得信任時，對他們來講這是一個協調問題，而且以下列四個條件為根據：

（一）大眾不知道真相，所以必須仰賴新聞發行者來找出真相。
（二）大眾有選擇，可以在眾多新聞發行者當中挑選一些來找出真相。
（三）新聞製作者每次發布報導時會消耗一點自家商譽。
（四）假如發布的報導最後證實是假造的，那麼大眾就會對該發行者失去信賴，日後會避開這家報紙。

這道基本流程為那些刊登假消息的報紙創造了一套自我修正的機制。名聲受損會有害於報紙銷量，最後讓發行商關門大吉。

一八五一年，月亮大騙局過了十六年之後，有一家報紙在曼哈頓下城發跡，該報社的辦公室就位在《太陽報》和《先驅報》隔壁，直接與他們競爭。

此報刊由身兼記者和政治人物身分的亨利・賈維斯・雷蒙德（Henry Jarvis Raymond）和銀行家喬治・瓊斯（George Jones）所創立，而該報的第一版也是便士報。兩位創辦人在提到自家報紙的目標願景時寫道：

我們將會是保守派,在各種我們認為保守主義在事關公共利益時必不可少的情況下;──我們也將會是激進派,在所有我們認為需要激進手段和激進改革的地方。我們不認為社會各個層面都是非黑即白;──我們渴望保留和提升良善的一面;──檢驗或改革邪惡之處[16]。

這份報紙以如實報導新聞的名聲起家,這種品牌後來變得至關重大,儘管這也是一家和《太陽報》與《先驅報》一樣用打廣告的商業模式來支撐營運的報紙。

《紐約每日時報》(New York Daily Times)問世了,企圖異軍突起、向上提升,提供人們值得信賴、更精緻又經過核實的新聞。大眾日日月月、年復一年地測試該報的新聞操守。一八五七年,該報拿掉「每日」兩字,把名稱精簡為《紐約時報》。

該報把聲譽都押在新聞標準和可核實的事實上。這家報紙並非一開始就做對,但隨著時間過去,他們建立了正確報導的可靠名聲。

到了一八九〇年代,經過重整之後,再加上便士報太過於煽情,《紐約時報》逐步成為國內最受歡迎的報紙之一。

律師克萊倫斯・丹諾(Clarence Darrow)就記錄了很多當時的氛圍,他於一八九三年說過:「如今這個世界已經厭倦了說教和布道,它現在要的是事實;它已經厭倦了仙女和天使,它要的是血肉之軀。[17]」

新聞是競爭激烈的市場,但這個市場競逐的不只是注意力,它也競逐準確度和聲譽。一家只販售假新聞的報紙獲得不了多少價

值，因為假新聞會有損刊物的形象，然後變成報社老闆以及任何認真看待新聞資訊者的累贅。

事實報導的規範就在這種競爭的過程中建立了起來。報紙不會害怕指控對手傷風敗俗、煽情、過分反應和不正確的報導。

每天都有龐大的內容被製作出來，這些內容需要新組織之間進行某種可以建立新類型專業倫理的競爭。結果由於新聞產業需要固定形式，來解決報導及刊登每日新聞時流程雜亂的問題，各種標準便因應而生。到了十九世紀下半葉，自動尋求準確度與自然而然傾向於正確性與可驗證性，就成為業界標準。這種強烈的內容需求，需要建立記者通用的規則來搭配才行。

到了一八九〇年代，基於必須同時兼顧商譽和務實、設法擷取最佳新聞的日常壓力，追求客觀事實的特性開始浮現了，這也促成報紙第一個新聞標準的產生，而且是現代新聞文章中可以看到的東西，譬如「倒金字塔」的報導撰寫法（先寫出最重要的事實，接著再陳述佐證的事實與細節）。

印刷機的幾個新發展其實也逐漸改變了報紙的進程。一八四三年，理查・馬奇・霍（Richard M. Hoe）發明蒸氣動力輪轉印刷機，每日可印製數百萬張頁面[18]。切換到捲紙式印刷方式後，大量生產的印刷作業蓬勃發展，這些印刷機有了連續送紙功能可以運作得更快。然而這種印刷機也非常昂貴，需要更大的發行量才能支撐成本。新聞傳播範圍的限制，以及報紙需要多少銷量才能支撐這種機器，實際上也對印刷的內容產生很大的影響。

黨派色彩是過去報紙不可或缺的要素，如今在報紙可靠的新聞報導中已經被審慎移除，以便訴諸綜合了各種政治派別的更廣大觀

眾。記者想多賣一點報紙的話，政治偏見往往會讓多元的新聞消費觀眾掉頭離開。在這種情況下，**轉變**成不帶黨派色彩其實有一部分是出自於競爭需求，而這個需求既受到編務的影響力所驅使，也以新技術和利潤為導向。

《紐約太陽報》於曼哈頓下城的辦公室，就位在法蘭克福街和拿索街的轉角，對面是市政廳公園。這條街是第一個重量級注意力市場的誕生地。《紐約時報》、《論壇報》和《先驅報》都在這裡以他們的第一間辦公室崛起，這個街區最終贏得「報紙街」的美譽。

《太陽報》最原始的據點現在已不復存在。很久以前，他們的辦公室就因為要蓋通往布魯克林大橋的入口匝道而被夷平。不過走在這些街道上，依然可以感受到曼哈頓下城狹窄街區那股充滿幹勁的氛圍，因為天翻地覆的商業構想正是在此處誕生。各位說不定還是可以在這裡感覺到那個時代的模樣，報童就站在街角叫賣報紙，報紙上盡是**離奇**的新聞標題。或許你也會感覺到熙來攘往的人們擦肩而過時產生的靜電，他們聆聽各種觀念，渴望八卦和新聞，而且這也是他們第一次買得起這些新聞。

就許多方面來說，現今的網路世界就和這個狹窄、充滿憤慨情緒的早期新聞環境非常類似。**攫**取人們的注意力並將它賣掉賺錢的這個創新之舉，打造了一個至今依然左右著我們如何看待世界的產業。

總結

　　在 CH 4 中，探索了為什麼很多人將當今社群媒體失去了資訊以事實為本的精神歸咎於廣告。從本章也可以瞭解到，這並不是現代才有的新態勢，我們過去就曾經歷過。十九世紀的新聞業出現了以打廣告作為基礎的商業模式，剛開始的時候催生了不實資訊的黑暗谷，但後來卻在意想不到的情況下為現代以事實為根據的新聞業奠下根基。

- 早期的美國報紙具黨派色彩，由政黨忠誠分子控制，迎合一群菁英觀眾，但是這些報紙大多都沒有獲利。相反地，便士報販賣犯罪報導和社會八卦，藉此吸引大眾，為其廣告業主擴大觀眾群。久而久之，公然造假和聳動內容逐漸腐蝕了信譽，讀者開始尋求新聞的可靠性。
- 對於報社老闆來說，以事實為導向成了維持聲譽以及追求獲利的務實考量。黨派色彩從新聞報導中退開，如此報紙才能吸引更廣泛的地區觀眾。到了十九世紀末，《紐約時報》之類的報紙憑藉著事實報導建立起名聲，逐漸受到歡迎。
- 關鍵重點如下：新聞製作者的商譽面對明確風險，再加上消費者的強勢選擇，這兩者有助於平面新聞媒體從騙局和煽情的黑暗谷爬升，進入意義建構體制，即今日我們所知的新聞業。

　　這段歷經黑暗山谷的旅程並不僅限於平面媒體。接下來的章節要探索廣播技術降臨後迎來的黑暗谷，以及因應而生的政府法規。

Chapter 20
廣播的黑暗谷

　　假如你在一九三〇年代某個星期日晚上,坐在家中客廳轉開收音機,十之八九會聽到底特律某位天主教神父用充滿抑揚頓挫的聲調向你打招呼,為你說明當前的經濟情況。

　　在這一個小時的廣播節目中,你應該會認真聽他講話,聽他以那溫文儒雅的風格談到社會正義是世界上最重要的議題。你會聽到長篇大論,提及組織是工人的普遍權利。你會聽到他抱怨三K黨（Ku Klux Klan）,據稱他們在他的教堂草坪上焚燒十字架。你大概也會聽到他談到美國應當著眼於國內的問題,並引用喬治‧華盛頓（George Washington）的話,提到避免海外衝突。

　　假如再多花一點時間聽下去的話,說不定會聽到他講起顛覆性的詭計,由控制美國銀行的猶太人朋黨操作,他們要讓美國變成共產國家。你大概也會聽到他公開讚揚德國總理希特勒（Adolf Hitler）頒發的新政策,一邊詆毀羅斯福（Franklin Delano Roosevelt）這位因罹患小兒麻痺症而只能坐輪椅的美國總統。也許他還會提醒你有更深層的陰謀,那就是有人會透過主流媒體控制美國公眾的心智。

　　這位在廣播裡講話的人就是查爾斯‧庫格林神父（Father Charles Coughlin）,他是那個時代最受歡迎的廣播主持人,也是世上第一波廣播名人之一。他的廣播節目在鼎盛時期時,觸及到美國整整三分之一的家庭。該節目的資金來自「無線電廣播聯盟」贊

助,這是最原始的一種公共廣播電台,這個由庫格林創辦的電台,擁有數十萬小額捐款人每次捐一點點錢作為營運後盾[1]。

當時的廣播如同「蠻荒西部」一般。任何人只要有錢有知識,都能架設天線,廣播自己的節目,傳播到訊號所能及之處。庫格林是一位有名的創業家,憑藉著有爭議性又敏感的政治話題打造出自己的廣播王國。他透過獨特的廣播新媒介,把自己「變成平台」,利用歷史情仇、情感論戰和政治煽動培養龐大的觀眾群。利用廣播和「美國憲法第一修正案」所賦予的權利,他創造了媒體王國和美國最高人氣的節目之一。

同一時期在大西洋另一頭,有一位能言善道的厲害人物近來也利用同樣手法俘虜了整個國家的心智,而這個人也正是庫格林欽佩的對象。希特勒在奪得權力並自稱元首後沒多久,就和他的宣傳大將約瑟夫・戈培爾（Joseph Goebbels）抓取德國廣播電台的所有利益,他們開始進行全面性政治宣傳,確保德國幾乎人人都能聆聽納粹黨的廣播。

收音機一向昂貴,依然超出德國一般民眾負擔得起的範圍。戈培爾發現這種媒介能夠促進納粹理想的宣揚,於是便和德國工程師攜手打造「國民接收器」（Volksempfänger）,也就是「民眾的接收機」的意

納粹德國的國民接受器廣告,即「民眾的接收機」,一九三三年。

思。這種收音機不但價格實惠,而且可以大量生產。收音機後來受到空前歡迎,也成為他們行政治控制的基石[2]。

納粹利用廣播電台全年無休放送宣傳內容,不管是對國內還是國際。這些電台廣播希特勒的演說,同時也播放歌劇和戲劇節目。歷史學家奧利佛・拉斯科布(Oliver Rathkolb)就說利用收音機正是以「絕大多數德國民眾不可能忽略」的方式,成功散播納粹教條必不可少的元素[3]。

現在把目光拉回美國,庫格林的布道啟發了國內各地興起巨大的政治運動,一方面催化美國對「第三帝國」,即納粹德國的同情,另一方面也加深美國國內對猶太人的敵意。庫格林的媒體帝國擴張到收音機之外;他發行廣受歡迎的週刊《社會正義》(*Social Justice*),將自己的理念與書寫集結於其中,即便他抄襲了約瑟夫・戈培爾的一場演講內容,還用自己的名字發表[4]。庫格林對廣播的創新運用手法,使他成為那個時代最重要的政治人物之一。

後來他發生什麼事呢?庫格林對羅斯福政府的敵意愈來愈深,他益發煽動的言論也敲響了華盛頓的警鐘。德國發生「水晶之夜」事件,也就是全國上下的猶太人遭到暴力屠殺的那個夜晚過後,美國若干電台取消了與庫格夫的聯播作業。其他電台則要求他先發送文字稿,才能播出他的廣播節目,藉此減少他的觸及範圍,同時也施加阻力使他無法輕易接觸聽眾。結果數千名庫格夫的支持者跑去這些禁播節目的廣播電台前站崗,表示抗議。

羅斯福政府後來判決,儘管「第一修正案」保障庫格林的言論自由權,但那些權力未必包含廣播無線電的媒介。以政府觀點來說,無線電頻譜屬於公有財產,理應受規章管理。有了庫格林這個前車

之鑑,美國政府首度要求所有廣播人員都必須先取得營運許可才能使用無線電頻譜。為了遵守聯邦通訊委員會(Federal Communications Commission)的規定,全美廣播事業者聯盟(National Association of Broadcasters)在其職業守則中特別加了一條規定,迫使庫格林離開廣播界,並駁回他的許可證[5]。聯合播放庫格林節目的廣播事業者聯盟,認知到自己也有責任採取行動,便停止向聽眾放送這些節目。

日本人轟炸珍珠港之後,要求他完全停止放送煽動性廣播節目的壓力也日益升高。後來美國參戰,最終他的運作空間隨之縮減,之後他用郵寄方式派送雜誌的執照也被撤銷了。

這些都是戰時措施,目的是減少有敵意的宣傳活動,但這些措施也顯示出聯邦政府想要削弱具破壞性活動的明確意志和需求。以庫格林的案例來說,言論自由和觸及聽眾的自由是兩碼子事[6]。戰爭如火如荼進行之時,輿論明顯轉變成抵制庫格林,然而他依然奮力放送節目。天主教教會的上級在羅斯福政府的鼓勵之下給了他一個選擇:丟掉神職或停止放送節目。最後他選擇停止廣播。

有感於庫格林優勢占盡及其破壞性影響力強大所造成的後果,聯邦通訊委員會開始首度針對廣播電台審慎地控管言論表達,後續又擴及到電視圈。這些「護欄」措施後來沿用了將近三十年。

總結

本章檢驗了未受管制的早期廣播技術在廣播界的宣傳者——包括美國的庫格林神父和德國的希特勒——手下，如何衍生出偏執分化的內容而墜入黑暗山谷。

後來之所以能從這個黑暗山谷爬升，有一部分是受到政府干預措施的激發。藉由發放無線電廣播使用許可以及預先審查聯播內容等新措施所產生的阻力，而得以削弱任意散播仇恨和暴力言論的行徑。瘋傳的能力不屬於不可剝奪的權利，政府實施戰時措施來管制哪些人可以將廣播作為平台之用。

無線電規章為其他技術的管制奠定了基礎。電視在二十世紀一段喧騰紛擾的期間流行起來。接下來即將探索的是，即便和近代歷史數個最慘烈的十年相比，為什麼現今依然是「感覺」最糟糕的時期。

Chapter 21
電視、混亂和集體

　　一九六三年一個陽光燦爛的日子，就和達拉斯平常一樣，有一個正行經市中心公園的車隊遭到狙擊手襲擊，被開了數槍。這是美國史上最驚悚的一刻，美國總統約翰・甘迺迪（John F. Kennedy）在光天化日之下被刺殺，他的夫人和數百位觀眾驚恐地目睹事情的發生。後來那一天大多數的美國人都得知美國總統已經身亡。事後警方馬上就抓到刺客，但才過了兩天這名刺客就在公開場合遭暗殺，事件被攝影機拍下來，並製作成新聞短片在全世界播放。

　　不到五年的時間，也就是一九六八年四月，美國倡導公民權最重要的領袖人物，同時也是傑出的非暴力抗爭策略家金恩博士，在孟斐斯一家汽車旅館被擊斃，狙擊手用火力強大的來福槍行凶，手法幾乎和甘迺迪暗殺事件如出一轍。

　　就在兩個月後，約翰・甘迺迪的弟弟，同時也是總統候選人的羅伯特・甘迺迪，在贏得兩個主要州的民主黨初選後於洛杉磯一場慶功集會現場被槍手射殺。

　　這些事件發生過後那幾個月甚至那幾年，各種大型抗議活動把美國攪得動盪不安。對於種族不平等以及越戰情勢惡化所產生憤慨情緒，引發數十萬人走上街頭表達他們對國家方向的不滿。

　　根據一份公開文件指出，越戰打下來每個月遣送將近一千名美國士兵的遺體回國，同時也殺死了多達數千名越南人。一九七〇

年，俄亥俄州肯特州立大學有一場反對戰爭擴張到柬埔寨的抗議活動，期間美國國民警衛隊在正午時對一群沒有武裝的抗議人士開火，擊斃了四名十九、二十歲左右的學生。

當時，若干的改革派系團體在美國各地發動轟炸行動。幾乎每個主要都市的警察局都被炸過，美國國會大廈本身也不例外。誠如布萊恩・伯瑞（Bryan Burrough）在著作《Days of Rage》（書名暫譯：復仇之日）中所寫的，FBI光是在一九七一到一九七二年的十八個月之間，就在美國本土共清點出二千五百個炸彈，換算下來幾乎是每天五顆炸彈[1]。

從經濟發展的角度來看，這也是經濟大蕭條以來最糟糕的時期。成長率大幅下降，通貨膨脹創下新高，薪資卻凍漲。石油輸出國組織（Organization of the Petroleum Exporting Countries）成員實施的石油禁運，引發全球的燃料危機，導致汽油價格飛漲和恐慌性暴買，造成美國國內汽油短缺。民眾很難買到汽油，每次加油都得大排長龍數小時。

一九七四年，當時連任的美國總統尼克森（Richard Nixon）在他第一個任期期間犯下極其嚴重的濫權情事。經過審理後，總共有四十八人因從事大量祕密及非法活動而被定罪，其中很多都是尼克森政府的高層官員。他們在政治對手的辦公室安裝竊聽器，指揮調查敵營人物的行動，並且利用FBI、CIA和美國國稅局（IRS）作為政治武器。一九七四年，尼克森辭職，企圖避開必然會輸掉的彈劾案審判。

隔年，一九七五年九月，福特總統（Gerald Ford）在「十七天」內「兩度」遇刺但都倖免於難，兩次凶手為不同人。

這些令人極度不安的騷動事件,幾乎都是由一位備受歡迎的播報員在電視上向美國大眾播報,他正是《CBS晚間新聞》(*CBS Evening News*)的主播華特·克朗凱(Walter Cronkite)。如果不是收看他的播報,那應該就是在另外兩家新聞網看到這些新聞的,這些新聞網對於事件的報導大同小異,皆以平實且就事論事的語調播報。電視在美國文化裡是龐大單一又集中化的力量,它會迫使所有人共同處理這種創傷。

幾乎隨便抽取任何一個時期的美國歷史來觀察,都可以發現暴力和崩壞的場面。但是一九六三年到一九七八年這十五年間,是美國歷史上最動盪、暴力又顛覆的時期之一。假如回顧那一段危機四伏的歲月並拿來和現今做個比較,那個時代絕對是個特別混亂又顛覆的時期。我遇到經歷過那個時代的人時,經常會問他們在變化如此劇烈的年代生活,究竟是什麼模樣?那是什麼樣的感覺?跟現代比起來有什麼不同?

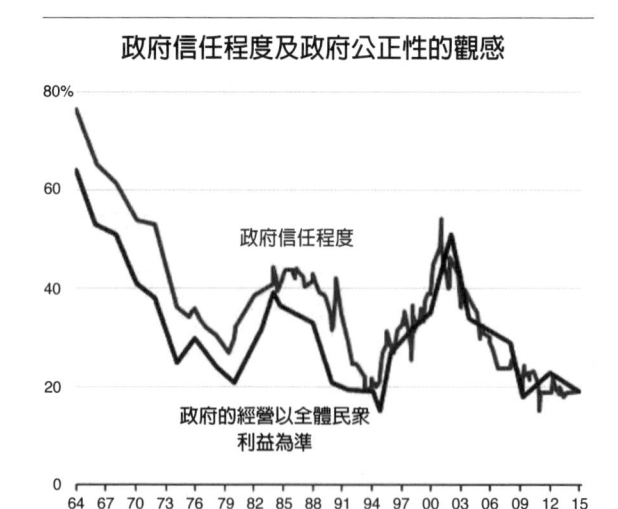

政府信任程度及政府公正性的觀感

調查執行於二〇一五年八月十七日至十月四日。第十五季。皮尤研究中心、國家選舉研究、蓋洛普、ABC／華盛頓郵報、CBS／紐約時報以及CNN民意調查。趨勢線代表三項調查的平均移動路徑。政府公正性趨勢資料來源:國家選舉研究和CBS／紐約時報。年度意味著兩項以上的民意調查進行多年的計算所得。

皮尤研究中心

他們通常會這樣回答:「那個時代實在太狂野了,不過現在『感覺』更糟糕。」

我一邊回顧那段時期,思考國家當時的方向,一邊試著校準我今日看到的問題,並且拿來和我父母那一代在那二十年期間所發生的事情做對照。

根據皮尤研究中心過去五十年所做的民意調查,一九七五年是信任度低落的時間點。各項研究測量了大眾對政府的信任程度,結果顯示為下滑,至於民眾對「政府的經營以全體民眾利益為準」這個概念所抱持的想法也同樣低落。然而公眾當時對政府的信任程度,依然高於今日的數據[2]。

信任感下滑

若說跟美國歷史上那段顛覆的年代比起來,近十年讓人感到受創更嚴重、更有害又更憤慨,究竟是因為什麼變化呢?(還請留意:我在寫這段篇幅時參考的是新冠肺炎來襲之前的年代資料。)我們集體當前的感受,怎麼會有如此深刻的差別呢?

最顯而易見的答案就是媒體運作的方式大不相同了。人們過去讀的是區域性大報,透過少數幾種管道收看晚間新聞,當下的議題會被分享,媒體的結構設計沒有催化憤慨情緒的功能。

《The Outrage Industry》(書名暫譯:憤慨產業)的兩位作者傑佛瑞·M·貝里(Jeffrey M. Berry)和莎拉·索比耶拉(Sarah Sobieraj)在二〇〇九年一項針對不同年代的報紙專欄所做的研究

中，分析了一九五五年、一九七五年、二〇〇九年，這三年各十週的知名報紙專欄。之所以挑選這幾個年份，是設想一九七五年為公民權抗爭活動的高點，全國又對水門案感到失望至極，可當作表達憤慨之情的先例。他們以一九五五年為對照組，結果發現一九五五和一九七五年報紙專欄所表達的憤慨情緒相較於二〇〇九年都顯得特別低[3]。即便當時正歷經美國歷史上一段最糟糕的政治事件，但民眾並沒有在報刊中接觸到很多執拗的批評言論，這多少也造就了人們心境上的感知差異。

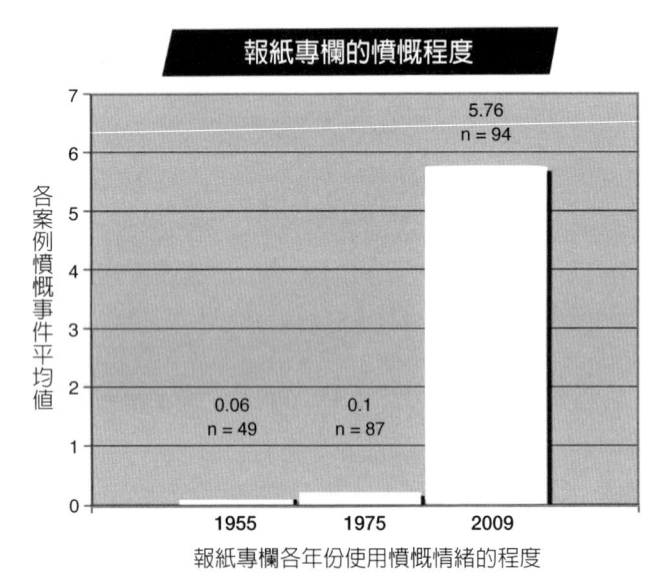

報紙專欄的憤慨程度

縱軸：各案例憤慨事件平均值

- 1955：0.06, n = 49
- 1975：0.1, n = 87
- 2009：5.76, n = 94

報紙專欄各年份使用憤慨情緒的程度

資料來源：改編自索比耶拉和貝里於二〇一一年所提供的資料。

那麼造成新聞分享之憤慨情緒大幅增加的那段時期，究竟發生了什麼事？是什麼改變了這種情勢？

已經瘋了

一九七六年,有一部十年來最奇特、最有遠見的電影《螢光幕後》(Network)上映了。電影述說一位叫做霍爾・比爾的過氣新聞網主播——他是那段晚間新聞輝煌歲月留下來的「遺蹟」——正面臨自己快被工作了數十年的新聞台解僱的故事。這位主播開始在電視直播現場精神崩潰,播報時揚言說要自殺。新聞節目結束時,收視率竟然狂飆,結果汲汲營營於收視率的新聞台並沒有解僱他,反而開始把他的節目「發展」成娛樂性節目。

主播的沮喪心情逐漸轉化成躁狂狀態,晚間播報成了對著觀眾叫囂他在國內所見所聞的不公義現象時間,將他四處見到的「狗屁倒灶」大吼出來。有一天晚上,他顯然正處於精神崩潰狀態,開始針對世界的腐敗和社會問題來了一場道德謾罵,熱血沸騰地對著觀眾狂吼,要他們把頭伸出窗外大叫:「我已經瘋啦,再也忍無可忍了!」收看新聞的觀眾紛紛打開窗戶對著黑夜大喊,國內各地民怨四起。

電視新聞台高層追蹤節目的收視率,結果發現這是獲利的大好機會,於是便開始將整個夜間新聞的路線調整成他個人的道德謾罵,並且納入了占卜師、現實世界的銀行搶匪影片和聳動報導等元素,以脫口秀形式在攝影棚現場觀眾面前進行。每一集開頭,觀眾會異口同聲大喊比爾的經典台詞:「我們已經瘋啦,再也忍無可忍了![4]」

這是一部極為出色的虛構作品,亮眼的表現獲得了奧斯卡獎的殊榮,且整體角色的塑造上也顯得合理可信。此外,該電影也描繪

出發生於當時廣播新聞界令人驚嘆的轉變，呈現新聞事業納入收視率和情緒性娛樂效果作為經營考量的現象。

人們對機關和體制的憤怒是一塊尚未被開發的新娛樂市場，這也預示了廉價脫口秀、名嘴甚至實境電視節目的時代即將到來，這些都會在接下來數十年成為美國媒體必不可少的成分。

一起瘋

《螢光幕後》優美地勾勒出美國國內處在這段混亂的時期，卻沒有發生太多破壞與分化狀況的顯著原因。觀眾當時只有CBS、NBC和ABC這三家新聞台可以收看。雖然這個時代可怕、暴力又顛覆，但美國人依然只從共同的內容基底汲取資訊。所以，人們瘋狂時，是大家一起瘋狂。新聞台的新聞已經變成益發集中化的產業，每個人收看的都是同樣的內容。

該世紀早先通過的一些法規再加上產業的結構條件，讓一般的新聞消費者不會對這種集中化現象感覺到突兀。

前文提到的「等時規定」正是一條為了解決廣播電台能夠輕易操縱選舉結果之疑慮而通過的法規。這條法規的目的在於降低支持某一派的電台和電視節目的影響力，因為這種媒體往往只會讓某一位競選公職的候選人曝光，不顧其他候選人。這項法規到現在依然適用。

另一條權力更大的重要法規「公平原則」（Fairness Doctrine），規範了內容提供方式，為一九四八年由聯邦通訊委員會（Federal

Communications Commission）通過的法條。該法規要求廣播電台向大眾報導具爭議性的議題時，必須秉持公平精神反映多元觀點[5]。這並不是指電視或廣播電台的個別節目必須提供平衡觀點，而是從所有節目的角度來看，倘若現在有一個偏某黨派的節目，則各電視台或廣播電台也應該另外提供帶有其他觀點的節目，以取得平衡。

「公平原則」企圖減少注意力壟斷的現象，這種現象有時候來自於十分集中化的媒體廣播電台。這條法規旨在激發彈性，鼓勵採用更多意見。事實上，這條法規在不經意中減少了電視台播出大部分政治節目的誘因，因為電視台必須去另外找其他節目和內容來平衡觀點，進而普遍導致政治節目上電視的頻率降低，畢竟提供多元政治觀點是件麻煩的事情。

黨派色彩的逐步蠶食

然而並不是人人都喜歡這種限縮媒體政治對話的規定。八〇年代中，很多共和黨人普遍對傳媒左傾趨勢感到質疑。尼克森政府的醜聞事件完全被主流報紙攤在陽光下並遭到痛擊之後，有些保守派政治人物懷疑媒體在找他們麻煩。

一九八七年，新的有線電視廣播技術出現，很快就成為主流應用（而且也在運用此技術時發現新的困難點）。雷根總統管轄下的FCC（聯邦通訊委員會）廢除了「公平原則」，而廢除管制的舉動幾乎馬上就改變了媒體樣貌[6]。

公平原則廢除後一年,有一位先前曾在加州沙加緬度區域性電台主持過某個時段的中年電台脫口秀主持人,推出了一種新形式的脫口秀。身為一個怪嘴音樂節目主持人和創業家,他知道如何挑戰極限,引發爭議,然後再轉移批評,不讓砲火朝著自己。在沒有「公平原則」審查評論的情況下,他現在可以推出能夠引發「黨派」爭議這種新型爭議的節目,不必擔心會在攸關全國性廣播節目成敗的聯播協議中失去觸及率。

他就是拉什・林博(Rush Limbaugh),專講讓人憤慨又有黨派色彩的內容,因為唯有這類東西能驅動更多流量,讓聽眾對他的節目更感興趣。林博之所以精準避開可接受內容的界線,正是他知道這樣做可以提高收聽率的緣故。在這種特殊的新法規環境下,他首度得以撕裂電台聽眾,藉由訴諸聽眾的政治偏見來分化大批聽眾。

他免費提供節目給全國各地的電台,只要他們按照合約播放他的廣告即可。結果馬上就引起轟動,到了兩年後的一九九〇年,他的每個節目都可以固定擄獲五百萬聽眾,賺進數百萬美金的廣告收益[7]。

林博站在名嘴和新聞業新趨勢的前緣,他訴諸道德義憤,為的就是賣廣告。他的節目以及電視和報紙評論在呈現手法上都有了根本的轉型,它們已經遠離了CBS晚間新聞主播華特・克朗凱那種「客觀」的論述框架,正朝著激起聽眾怒氣的輿論新聞方向而去。

林博只在乎自己的論戰可以引發什麼情緒,並不在意自己的評論當中有多少事實。他不關心新聞標準;他招來投機和衝突,然後火上加油,再予以不斷刺激,接著過程中就會產生某種事實不明的保守派見解。林博經常推出黨派陰謀論,甚至連歐巴馬(Barack

Obama）並非出生於美國這種以訛傳訛的說法，他都參與其中。

由於他另類的道德立場、幽默感和精明，所以觀眾不覺得那是問題。林博那些忠誠的支持者會替他的所作所為找藉口，聲稱都是自由派人士歇斯底里，以此擋掉抨擊的砲火。聽起來好像跟川普的粉絲很像，那是因為川普正是林博的親近好友，也是一個悉心向林博學習如何攫取注意力和表現自己的學生。誠如哈佛大學學者布萊恩・羅森瓦爾德（Brian Rosenwald）在林博過世時對《紐約時報》所說的：

「沒有拉什・林博，就不可能從喬治・H・W・布希（George H. W. Bush）的黨變成唐納・川普的黨。過去三十二年來，他決定了聽眾想聽什麼以及他們的口味。所以他們聽到有人說了他們心裡想過但很難說出口的東西時，就會感到很興奮⋯⋯川普就是把這套應用在政治上。[8]」

林博的節目證明了意見和評論是財源滾滾的新市場。接下來數年，其他媒體開始試驗用類似帶有偏見的節目來挖掘大眾市場，其中最知名的就是福斯新聞（*Fox News*）。

福斯新聞於一九九六年開播，沒多久就開闢了保守傾向的全天候新聞頻道市場，這種新聞台在過去實施「公平原則」和廣播媒體限制條款的環境下是無利可圖的。隨著有線電視逐步擴張到全美各地，跟過去相比現在有了大好機會可以用特製節目和編排，經營特定受眾。

福斯新聞以「公平且平衡的報導」口號初試啼聲，該理念的特色就是它不但對當時的主流傳媒軟土深掘，同時又認同保守派對自由派媒體有偏見的說法。隨著黨派觀點的分量在這家新聞台的節目

編排上愈來愈吃重，電視台的影響力也與日俱增，在接下來的二十年間壯大起來，到了二〇一六年成為美國人氣最高的單一電視新聞台。福斯緊扣著新興的右翼媒體生態，再配合新聞部落格和保守派的談話性電台節目，逐漸開始在它所創造的意見陣容中呈現另類版本的現實。

不過話說回來，福斯新聞還是有記者的，也就是那種專門報導事實的人，而且他們都是專業的記者，多半都能盡責把報導工作做好。新聞編輯部和意見編輯在這個組織裡為不同區塊。新聞編輯部和意見報導之間雖然一直有明顯的藩籬，但是意見方面的節目編排卻穩定增加。這種現象導致多年來新聞編輯部歷經了篩選淘汰以及名嘴的極端言論被優先採用之後，福斯新聞儼然成為宣傳部門，而不是一家新聞媒體。卡爾・卡麥隆（Carl Cameron）是福斯新聞的前首席政治記者，他就說：「福斯新聞的輿論比事實多太多。[9]」

二〇一七年尤查・本科勒（Yochai Benkler）和MIT其他學者的共同著作《Network Propaganda》（書名暫譯：網路宣傳）分析了資訊在主流媒體和右翼媒體中的傳送型態，特別是政治方面的假消息。他們研究四百萬則政治報導透過社群管道的流通方式，結果找到令人震驚的發現：左翼和右翼有不對稱的差異。

這幾位作者發現，主流媒體和右翼媒體生態都會經常冒出邊緣陰謀論（從「德拉吉報導網站」〔Drudge Report〕、布萊巴特新聞網〔Breitbart〕到福斯新聞網」都有），其中也包括針對政治人物談話重點硬拗的謊言在內，但主流媒體通常會及早剔除假消息，以免這些資訊太受歡迎（譬如關於川普在「富豪淫魔」傑佛瑞・艾普斯坦〔Jeffrey Epstein〕的宅邸和兒童性交的瘋傳報導就不是主流媒

體會採用的新聞）。然而，右翼的陰謀論往往會趁虛而入，將它的觸角伸到保守派新聞台的輿論報導中持續散播（譬如民主黨黨工賽斯‧里奇〔Seth Rich〕是在柯林頓下達的暗殺行動中被刺身亡這種說法）。右翼的媒體生態對假消息的事實查證做得不如左翼多[10]。

這種現象也意味著，二十世紀後半葉發生的媒體強力分裂，一直都是影響我們共有的集體真相崩解的一個主要勢力。整個獨立右翼媒體生態的脫軌，以及它後來樂得*繼續*用假消息來撩撥能賺進大把鈔票的市場，這些都催化了我們現今所面對的問題。

這種區隔出來的新市場，說明了我們的資訊流走向愈來愈個人化的*趨勢*。隨著演算法提供更多用戶想要的資訊以及用戶最反對的觀點，從社群媒體上也可以見到媒體從個人偏好下手的模式。新聞開始映照出人們自身的道德基礎。當事實和虛假訊息難以分辨的時候，人們就會變得更想嚴守內群體的規則，代價就是犧牲了共同的事實。

總結

我們今日在社群媒體上感受到的分化，跟電視時代比起來大不相同。美國人經歷二十世紀中葉的暴力與動盪的同時，大多依然根據共有的內容基底來做出反應，而這種共有的內容是媒體壟斷、廣播法規以及「等時規定」和「公平原則」這類法條所強化而成的。

這種現象隨著「公平原則」廢除，再加上八〇年代末和九〇年代初有線電視興起而有了*轉變*。拉什‧林博之類的創業人士發現了

可以捕獲市場觀眾的賺錢新東西，那就是極端黨派色彩。這種新類別的內容訴諸道德義憤，藉此經營觀眾群和賣廣告，而輿論與事實之間的界線也變得愈來愈模糊。在憤慨情緒驅動獲利的情況下，輿論新聞開始在平面、廣播和電視媒體的新興區塊中擴散。這種細分的新聞消費現象會漸漸貼近消費者對新聞的道德偏好。

PART III回顧了平面印刷、廣播和電視的歷史，檢視新技術的成長速度快過真相的管理機制時會浮現憤慨情緒的模式。從黑暗谷爬升的路徑可能既漫長又血腥，就像印刷機推出後的那段時期一樣。在市場力量和廣告的驅策下湧現的新聞產業，以及伴隨而來的制度法規，幫助社會度過了廣播和電視的黑暗谷。

PART II探索的是跟過去比起來，哪些獨特特性讓今日出現的新黑暗谷顯得格外危險。釐清事實真相是離開任何一個黑暗谷的必備條件，可是人類的集體意義建構遭受到前所未有的威脅。PART IV即將討論意義建構如何運作，並且從檢驗新聞制度以及目前的黑暗谷對這個制度所造成的磨損著手，瞭解意義建構能力目前陷入危機的原因。

下一章，我們會為各位揭開究竟新聞業如何成功述說真相（還有它為何有時候會一敗塗地）。

outrage machine

機器的齒輪

PART IV

Chapter 22
我們如何得知真相

「所有人都認同記者必須說真相，
然而人們還是對真相所代表的意義感到困惑。」

——比爾・科瓦奇（Bill Kovach）

一八六五年，一位身形瘦削又頑固的奧地利移民徘徊在聖路易斯的碼頭找工作。這個年輕人最近才在美國內戰中服完役，居無定所，幾乎快要破產。前幾個月他去打零工，在甲板上當水手幫忙卸貨、替鍋爐添媒，找得到的任何工作他通常都會去做，包括在馬廄剷掉那些不受控的騾所排出來的糞便。

那一天他在碼頭上晃來晃去，祈求能轉個運。有個講話很快的男人靠近他，說要提供他一個在路易斯安那州甘蔗種植場的工作。這個人有一艘船，一個人收五塊錢船費（差不多是今天的一百五十塊美金），他保證可以把他和其他幾個同樣急需工作的人送去那裡，拿到待遇很好的工作。

這位年輕移民接受了提議，把身上所有的現金都給他，然後帶著家當登上了那艘臭味四溢又擁擠的蒸氣船。這艘船往下游開了差不多五十公里後停靠在碼頭，船長叫大家先下船一下，讓他處理問題，那些人便照做了。

接著船長就駕著蒸氣船拋下那些人往下游開去。他們等著船長回來，一開始耐心等待，後來漸漸迷惑起來，最終轉為憤怒，他們總算明白那艘船不會再回來。工作和搭船費都是騙局，他們被耍了。怒火中燒的這群男人，不得不自行徒步走了將近五十公里回聖路易斯，落得更悽慘的處境。

這位年輕移民回到聖路易斯之後依然怒氣難消，他坐下來把這段經歷寫成報導，說明事情發生的經過，然後把這篇報導投稿到當地的聖路易斯報紙，沒想到竟獲得報社的採用，令他喜出望外。這篇文章很快就被刊登出來，除了可以提醒他人小心之外，也有喝阻那個騙子的作用，如此一來他就再也不能在聖路易斯招搖撞騙了。這位年輕人把自己的憤慨記錄成文字而獲得回報，報紙的讀者也獲悉了這個資訊，進而讓社會變得更安全[1]。

這位年輕人叫做約瑟夫・普立茲（Joseph Pulitzer），他後來成為記者、政治人物、出版商和報社老闆，最終還塑造了新聞制度本身。接下來的數十年，他的報紙會成為一種檢驗貪腐、政府腐敗和顯而易見的不公義機制，發展出美國歷史上最大（又最轟動）的新聞帝國之一。

就最好的情況下來講，普立茲的第一篇報導可作為新聞範本，因為它對社會的腐敗現象進行了基本的檢驗。這篇報導注意到權勢與濫權的問題，一般民眾則以他們的興趣和注意力來資助報導。

新聞記者為一般大眾提供三種服務，分別是「佐證」（Corroboration）、「策展」（Curation）和「批判意見」（Critical Opinion），簡稱三C。每一個環節都是意義建構的關鍵元素，又每一個都有嚴重的失效模式。

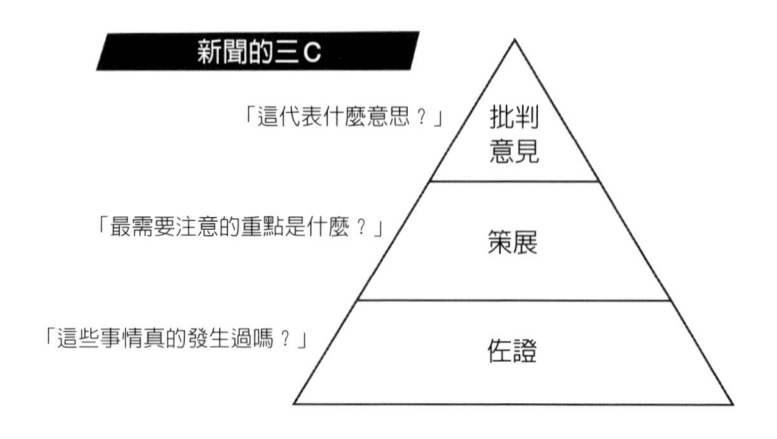

```
        新聞的三C
                        ／＼
                       ／  ＼
「這代表什麼意思？」   ／ 批判 ＼
                    ／  意見  ＼
                   ／──────＼
「最需要注意的重點是什麼？」／   策展   ＼
                 ／            ＼
                ／──────────＼
「這些事情真的發生過嗎？」／     佐證       ＼
              ／_____＼
```

　　三項服務加起來對整個社會來說價值「數十億」美元。這些服務有助於揪出隱藏的問題，消滅貪腐，根除腐敗，又可以對那些當權者嗆聲。

　　但從極端的角度來看，普立茲也代表了最糟的新聞，因為後來他的媒體帝國印製聳動至極的新聞報導，推動小報新聞的發展，引來大眾惡評並催化了大量憤慨情緒。他和另一位媒體大王威廉・赫斯特（William Randolph Hearst）的公開不和後來演變為眾所周知的「黃色新聞」禍患[2]。這些吸睛的報導對政治和社會產生深遠影響，進而引發許多炒作、社會焦慮和道德恐慌的問題。

　　新聞是一種既可以用來理解探知，又能擷取注意力的工具。兩種功能本來就有相互衝突的地方；各位或許會覺得這種利害權衡聽起來很耳熟，那是因為社群媒體也碰到同樣的難題。在此暫停片刻，先比較一下報紙和社群媒體公司之間的根本差異。弔詭的是，兩者其實或許並不如我們想像中的那般不同。

接力賽

我們可以把網路的發展，想像成長期接力大賽的一連串交接棒過程。就像接力賽一樣，有了嶄新技術和新飛毛腿的新跑者接過前人的棒子，舊制度接觸網路並將接力棒往前傳。

以老式的記錄工具管理實體書籍和研究（還記得杜威〔Dewey〕十進位分類法嗎？）的圖書館員和學者，將接力棒向前遞給Google這個強大的新索引服務。Google不會取代圖書館，但它會用更快速又特別有效率的方式提供知識。同樣地，百科全書與網路相遇之後，便將接力棒向前遞給了由數千人所經營的志工知識網絡，他們負責管理「維基百科」（Wikipedia）引用系統。維基百科的精確度當然比不上印刷發行的百科全書，但是規模卻是印刷版的數千倍之多，而且人人皆可免費取用。每一次傳接棒，內建的知識原則都會存留在設計裡，最後就會變得愈來愈好。

社群媒體興起時，它看起來彷彿就是嶄新之物，似乎沒有出現傳接棒的動作，像全新發明的東西一樣。我們沒能想明白，但其實是我們掉了接力棒。那根接力棒是從新聞制度向前傳遞給所有人的，它讓我們每一個人都成了記者，但對新聞原則卻沒有任何的理解。於是現在，大家都在跑一場不知道規則是什麼的比賽。

報紙就是社群網絡

把眼睛揉一揉，用模糊的視線去檢驗社群媒體的基本設計，再拿來和報紙做比較，會發現這兩者沒那麼不同。人——也就是記者或用戶——會找出、創造或分享他們覺得重要又有趣的資訊，然後提供給觀眾。而某個人，也許是編輯或演算法，會從一筆筆資訊中挑選，再決定內容呈現的規則。這個環節會在呈現的內容中闢出空間，把該空間賣給廣告業主。

社群媒體和報紙之間最主要的差異，可歸納為以下兩樣：

・提供資訊的做法——哪些東西可以或不可以放置在消費者面前。
・規模——多少人使用這項服務、他們投入其中的頻率有多高，以及這家公司對受眾的瞭解程度為何。

不管是報紙亦或是社群媒體，一旦規模增長，它提供資訊的做法也會顯得愈來愈重要。但以報紙而言，提供危險的內容對於聲譽、法務和獲利層面所造成的麻煩，依然與其規模有密切關係。各位或許會發現，這對社群媒體來說並不適用。

這個洞見指出了解決之道。若想找出修正社群媒體的辦法，就必須研究早期報紙的原始平台。CH 19 探索了報紙從混雜義憤、醜聞和騷動的汙水池，漸漸轉化為可以從假消息中挑篩出事實的機構。這個過程究竟是怎麼發生的？既然新聞業已經存在一百多年，怎麼至今依然無法判斷什麼是客觀事實？該如何利用這些教訓打造更好的新聞？所謂「客觀」到底是指什麼？

隨著今日所使用的演算法對社會產生愈來愈深遠的影響，此

時需要的是一套基本原則來決定演算法的使用準則。破解舊體制的失效模式，說不定可以幫助我們逆向工程，為新體制打造修補的途徑。接下來就從現代的新聞信任危機著手，深入去瞭解吧！

信任危機

病毒時代把太多新內容帶到人們的生活中，導致大家愈來愈不信任新聞管道。一般人想到「新聞」的時候，聯想到的往往是動態消息裡的內容，而這些內容來自於某權威還是記者或你家叔叔都無所謂。

這種現象已經讓人們理解世事的方式有了根本的改變，大家益發傾向於用深度懷疑的態度，來看待任何牴觸既有觀點的資訊。

這種質疑感揮之不去的其中一個原因就在於，消費新聞的大眾並不瞭解記者實際的工作內容。

一百多年來，記者究竟在做什麼工作並不是人們需要知道的事情。在網路出現前，又由於散布管道的壟斷，所以多數人看新聞或讀報時不會有什麼其他意見。之所以沒必要解釋新聞的奧妙之處，是

多數美國人對於新聞媒體有益於社會這個概念感到懷疑

美國成人表示就理想狀況來講，假如美國大眾有以下想法的話社會將更美好的比例

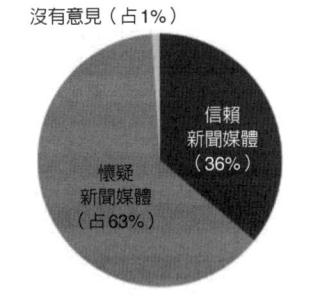

沒有意見（占1%）

信賴新聞媒體（36%）

懷疑新聞媒體（占63%）

資料來源：針對美國成人所進行的問卷調查，執行於二〇二〇年二月十八日至三月二日
「美國人對新聞媒體的健全度有疑慮，認為大眾對此制度的信任度應該改良。」
皮尤研究中心

Chapter 22　我們如何得知真相　341

因為大家在這件事情上多半沒得選擇。記者樂得擁有這種權威的力量，也滿足於不必回答自己為何能擁有這種能力。

無論是因為缺乏透明度、毫無所覺又或者是不下功夫，記者未曾花時間解釋自己的工作。大眾對於新聞的「歷程」缺乏常識，自然想都不想就先心存懷疑。傳媒是不是有什麼盤算瞞著我們？背後有更大的騙局？對新聞缺乏普通的認知正是當今「媒體」一詞出現時往往帶著貶意的原因。

近年來各種對於媒體的指控接踵而來，挑幾個最響亮常見的供各位參考：主流媒體有偏見；媒體高層有左翼訴求；媒體有種族歧視；媒體講的其實都是謊言。對於媒體的批評實在又多又廉價。

從中可以感覺到，這些機構搖搖欲墜，雖說依然投射出權威、重要和公正的氛圍，但或許已經「過時」，所以才成為眾矢之的。

但若說新聞業現在有哪一樣東西尚未被社群媒體取代，那便是企圖「如

美國人對新聞媒體的社會角色評價負面多於正面

美國成人對新聞媒體表達以下看法的比例

在乎工作的品質	高度專業	保護民主	力挺美國	在乎報導的對象
45%	33	30	28	23
37%	39	36	35	53
不在乎工作的品質	不專業	傷害民主	過於批判美國	不在乎報導的對象
兩者皆不				
17%	27	33	37	23

請注意：未回答問題的受試者數據不在此列
資料來源：美國成人問卷調查，執行於二〇二〇年二月十八日至三月二日
「美國人對新聞媒體的健全度有疑慮，表示大眾對此制度的信任度有待提升。」
皮尤研究中心

實反映當前事件」的認眞心態。除了科學和學術界之外，很少有領域會用這種力道和專注追求「眞相」。

究竟什麼是客觀？

所謂的「訴求眞相」要如何證實？我想知道新聞中那種誇大成分居多的「客觀框架」是打哪來的。是一種迷思嗎？還是一個理想目標？亦或是刻意塑造的門面？我花幾個月的時間和記者及新聞學教授深入訪談，也鑽研歷史資料、傳媒歷史相關教科書和許多新聞方面的文章，並且就新聞客觀的批判做了一些對話探討，試圖找到解答。

我想要找到能解釋傳媒實際上如何運作的組織原則，結果卻赫然發現這是一個深受誤解的產業。

現實的狀況就是，新聞業是一套在一百多年前建立的規則和基準，不管是隱含還是外顯層面，都嵌入在曾經很巨大但如今已然老朽的機構軀殼裡。這些以利潤與聲望為導向的機構向社會提供「意義建構」服務，而大家基本上對這種服務有所誤解。

現今社群媒體上的每一個人都是記者，人人都是意義建構事業成敗的一分子。此外，當前的媒體系統也不可能與運行中的民主分而視之。人們的意見始終都受到新聞的影響，選民的投票決定也反映了這樣的認知。假如把社會看作是一個大型的人類集體生物，那麼新聞媒體就好比中央神經系統，我們仰賴它對威脅做出回應、分享資訊並且琢磨需要修正的地方。

這些機構不但被視記者爲麻煩物的政客砲轟,那些讓人人都有能力報導新聞的科技也加入襲擊行列。新聞業在多方夾攻下掙扎求生的同時,媒體機構本身又爲了生存和與時俱進而孤注一擲,使出危害到自身信譽的伎倆。

結果就是一場災難。新聞自由是我們糾正社會病態最重要的機制之一,但大家已經對它失去了信任。

現在就一起來探究記者的工作。記者作爲意義建構者,提供「佐證」、「策展」和「批判意見」三種服務給一般大眾。

第一項服務:佐證──
這件事真的發生過嗎?

假如你母親說她愛你,檢查這句話的真偽。

——記者格言

新聞媒體提供的第一個、也可以說最重要的服務就是「佐證」──核實事件的眞僞。這個服務會用方法辨識謠言與現實之間的差異。「佐證」鞏固了事業體,若是沒有這項服務的話,整個系統會失靈。

佐證可作爲一種工具,針對某事件追查其他細節,釐清新近所發生的事,通常以直接訪談事件在場人士來進行。

新聞的基本核實程序大致如下:

（一）先提出說法。
（二）根據提出者的聲望高低決定該說法的重要性和可靠度。
（三）該說法經過確認（或被拆穿）。
（四）該說法得以刊登和擴大。

每一個意義重大的事件周遭都會出現各種傳聞和假造的說法，尤其是政治事件。無論是事件、新聞報導甚至是科學發現，都會涉及一連串各種不同的說法。請切記，「正常」的資訊環境下，假消息其實比事實更常見。

新聞業提供這種核實的服務，為的就是讓人們瞭解現實情況。這正是我們為此付錢的理由之一。就重大事件來講，標準做法是記者先找到三個不同出處的資料來源來核實某個說法，至於其他事件，則只需要第一手和第二手來源出處就夠了。

要判斷有爭議又混亂的事件實際上所發生的狀況並非易事，比方說碰到內亂或是災難或災害時。另外，基於新聞本來就是「新事件」的特性，搶第一的壓力有時候和追求正確的壓力是相互矛盾的。

準確度與急迫性之間的平衡是新聞蒐集歷程的核心，也因為如此報紙有時候也沒辦法做對，譬如報社太快報導事件或參考錯誤來源的情況下。消息來源不可信的報導通常不會刊登，但如果真的上了版面，「這種報導就會變成嚴重拖累記者和報紙聲譽的麻煩」。

誠如比爾‧科瓦奇和湯姆‧羅森施蒂（Tom Rosenstiel）在他們的共同著作《The Elements of Journalism》（書名暫譯：新聞業的元素）中所說的：

說到底,核實紀律就是指能夠將新聞和娛樂、宣傳、虛構或藝術清楚劃分開來……新聞業本身首先著重在正確報導事情的始末。

科瓦奇和羅森施蒂認為,以下幾個座右銘是試圖釐清事件真相的記者應當銘記在心的箴言,這也是構成核實紀律的基礎:絕不添加任何不在場的人事物、絕不矇騙觀眾、所用的方法和動機應當透明、自己的原創報導最可靠,以及最後一項,以謙卑的心態報導事件真相[3]。

第二項服務:策展──重點是什麼?

第二項服務是「策展」。策展其實就是針對「我們應該關注什麼事情?」提出解答。換言之,觀眾每天看的新聞正是記者和編輯對這個問題的回答。

觀眾必須受到新聞的激發才會去看新聞。新聞媒體為了求生存和成長茁壯,必須把目光放在閱聽眾的興趣上,這促使他們特別「挑選」某些報導。透過這種流程所挑出的報導會被認定為有「新聞價值」。

頭版如果經常刊登其他國家球隊奪勝的消息是沒有意義的事,同理可證,新聞只有在與我們有切身關係時才有價值。創造讀者想讀的內容,就能把讀者群和利潤擴張到最大。

不過就連應該挑選哪些報導放在頭版上,各家報紙的做法大不相同。各報對於報導的呈現順序都有自己的編務考量;也就是說,頭版新聞的挑選自有各報的邏輯判斷和準則。

不妨把報導關聯性的挑選過程,想成報紙編輯團隊的一套操作指令:挑選放在頭版上半部的新聞報導時,應當考慮到當報紙派送出去後或街上行人看到這個部分時,會讓他們想拿起來讀。

各位說不定覺得這聽起來很像現代演算法的規則,沒錯,正是如此。報紙編輯其實就是最原始的互動演算法,這些人員經常決定哪些報導應該放在頭版的「摺線上方」(指報紙摺起來後露出的上半部)。編輯引導觀眾注意力的模式,就和動態消息將特定內容放在最上層的做法一樣。

媒體組織藉由迎合消費者想消費的內容來維持獲利,於此同時,記者則透過撰寫可攫取注意力的文章和報導而得到報償。

💬 第三項服務:批判意見——為什麼這件事很重要?

意見、分析、社論、權威意見、評論和倡議。

亞歷山大‧漢彌爾頓有一句名言:「意見無論有無道理,都是治理人類事務的原則。[4]」這種「批判意見」就是新聞業提供的最重要服務之一。批判意見還有其他名稱,包括社論、專業觀點、分析或倡議,其主要目標是針對事件提出有力觀點,並且替閱聽眾提供有脈絡的新聞。

前兩項服務（佐證和策展）存在於同一個空間，即「純淨新聞」產出的地方，但批判意見則出現在完全不同的空間。

任何一位老派的記者都會告訴你，「意見」在專業新聞裡沒有空間。聽起來或許有點奇怪，不過在新聞媒體中，新聞部和編輯台本來有一條涇渭分明的界線。報社老闆如果想告訴閱聽眾該報對於某主題的意見，他就會寫一篇社論。想要外界觀點的話，就會付費請人寫「刊登在社論版對頁」的文章，又稱「社論對頁版」（顧名思義，指的就是這種文章在報紙上的位置正好與社論形成對頁）。

想要和大多數新聞消費者的觀點取得一致是有點困難的。消費者其實也搞不清楚這當中的差別。那些消費新聞的一般大眾通常會告訴你，他們看新聞就是為了要吸取意見，但如果問他們「那你特別留意哪位記者」時，他們多半會舉出某個專家、評論員或意見撰稿人的名字。在公眾心裡，意見「等同於」新聞。

然而在最老派的記者心裡，意見製造者在新聞室裡應該完全隸屬於別的區塊。

新聞業提供的三項服務

「純淨」新聞
1. 佐證：核實事件的真實情況
2. 策展：挑選重要的事件

———————— 編輯牆 ————————

主觀詮釋　3. 批判意見：分析、社論、觀點

這種區分應該更明確才對，但實務上卻非如此。講到什麼是「專業新聞」時，通常指的是從天氣報導到調查報告的所有一切，但對於意見則有謹慎的劃分。

這種意見觀點就是大眾想要的東西，他們也會去找出來。有力的觀點本來就十分吸引新聞消費者，有時候這些觀點有利於人們陳述犀利的意見，可以針對時下最迫切議題促進有效的對話。

　　意見這個區塊裡包含「編輯的話」（指的就是編委會），以及刊物業者本身對事件的觀點與分析所提供的正式聲明。這個區塊同時也是意見撰寫人針對當前世界的是非對錯大膽做出論述的地方。

　　實際上，這個區塊的新聞和純淨新聞之間有明確的界線。純淨新聞是客觀的，但意見不客觀；這道分隔意見與純淨新聞的「牆」，正是新聞客觀的核心支柱。

　　一項由皮尤研究中心針對美國新聞消費者所做的研究顯示，大部分的人都難以區分純淨新聞與意見的差別[5]。此外，多數新聞網站的社論式內容在設計和編排位置上，確實和純淨新聞幾乎沒有任何區分。觀眾如果看到一則陳述有力的標題，基本上大概會漏看該標題底下標註的「分析」或「意見」字眼。這種狀況在社群媒體的動態消息裡，更是只有過之而無不及。

　　瞭解這條分界線至關重要，因為越過這條線之後便不能再假裝中立。界線之外的地方可以公開表達偏見，各種意見在這裡百家爭鳴，夠刺激的意見會得到鼓舞。這裡往往也是倡議的發展據點。

　　當這條介於意見、新聞和純淨新聞之間的線愈來愈模糊時，讀者就會分不清它們的差別。社運人士和政客的目標就是透過觀點文章和社論對頁版提倡自己的特定理念，所以這也是一個接納社運活動的地方。

　　然而，這並不表示意見就可以規避事實報導與核實的規範。意見新聞不能報導假消息或公然說謊。社論、分析報導和觀點文章依

然須要經過核實。這些內容不應該含有謊言和不實資訊,因為聲譽依然至關緊要。

新聞為何無法反映真相

按自身標準來講,新聞往往無法準確呈現真相。記者不喜歡承認這一點,即便其他所有人都了然於胸。

記者有志於遵守客觀原則的心境,和吸引讀者看新聞的市場力量之間,本來就有衝突。就算打著訴求客觀的旗號,但新聞依然是以市場為取向的事業。

兒童在成長過程中會學到故事是由五個W組成,即人(who)、事(what)、時(when)、地(where)和理由(why)。我們也假定記者在報導某件事時也秉持著類似的訴求。

史丹佛大學經濟學家詹姆斯・T・漢密爾頓(James T. Hamilton)表示,這種假定大錯特錯,他反倒認為是利益方面的五個提問,界定了記者或製作者所生成的內容。以下就是這五個考量到市場利益的W提問:

誰在乎特定資訊?
這些人願意為取得資訊付出什麼,又或者其他人願意付出什麼來獲取他們的注意力?
從哪裡可以透過媒體管道接觸到這些人?
提供資訊後的何時會獲利?
為什麼提供該資訊可以獲利[6]?

漢彌爾頓指出，新聞創作者並不是那種每天一早睜開眼睛就昭告天下「我今天一定要為公司賺大錢！」的人，但是他們真的很想保住飯碗，所以他們在注意力市場裡工作時，還是會被這上述這些基本問題所影響。

　　無論他們有何志向，這些問題都決定了他們能否在新聞製作產業存活下來。報社想經營下去，記者想保住工作，他們會適應市場環境條件以及那些在社會中發揮作用的力量，如此才能生存。只要解答這五個考量利益的W提問，就可以創造不同風景。

　　以這種層面來看，報紙或電視節目就好比試圖活下去的有機體。CH 19提到新聞重視事實的特色正是從求生的需求演進而來，因為這有助於報紙提升他們的聲譽並吸引尋求可靠資訊來源的讀者。從演化的角度來看，新聞適應了所在環境的各種形勢，包括加諸在它身上的揀選壓力。新聞必須有利可圖，或者可以說它必須能夠發揮影響力以便滿足業者的利益。

　　一旦與新聞有關的法律和技術有所變化時，這種「新聞有機體」就須要跟著適應。過去一百年來的法規和技術都有利於報紙提供閱聽眾相當客觀的事實解讀。但就現今這個年代來講，傳統的新聞標準不再是這些生物存活的必需。CH 5舉了幾個例子，說明高度依賴社群媒體散布新聞的現象，直接就削弱了新聞標準的適用性。

　　假如一家報紙再也無法自給自足，便做不了生意，它就被迫關門大吉了。獲利和影響力是存活的必要元素。需要由公眾或慈善家提供次級影響力和承擔補助資金，報紙才能維持大規模運作（例如NPR〔全國公共廣播電台〕和BBC〔英國廣播公司〕的狀況，傑夫・貝佐斯〔Jeff Bezos〕支持《華盛頓郵報》，或史蒂夫・賈伯斯

〔Steve Jobs〕的遺孀羅琳・鮑威爾・賈伯斯〔Laurene Powell Jobs〕支持《大西洋》〔The Atlantic〕月刊〕。

這些有機體共生的好處就是提供大眾準確的資訊，好比植物製造氧氣供人類呼吸那般。而共同的理念、共有現實以及互動式的民主參與形式，則是這些有機體共存的附帶結果。

不過這種共生的新聞有機體在演化時，並不是本來就會朝著客觀的方向前進，假如環境變化太劇烈，則可能為了求生而犧牲客觀性，一如近年來許多報紙和媒體管道所發生的狀況一樣。

我們別誤解了新聞媒體的根本驅動目標；他們本身並不是民主機構，而是以市場為導向、設法在競爭激烈的環境中茁壯發展的生物。如果沒辦法攫取注意力，就活不下去。

新聞有機體有以下幾個面向，導致其無法反映真相。

新聞的失效一：選擇性事實，或稱為不符報導比例

報導可以攫取觀眾的注意力，但資料不行。記者在一大堆不怎麼有趣的故事中挑出某個軼事作為新聞的過程裡，無形中將觀眾的注意力推向某些主題，進而也遠離了其他主題。這種軼事型的挑選做法有時候會令新聞消費者感到十分失望，因為他們發現自己雖然得到更廣泛的資訊，但這些資訊卻未必能直接反映這個世界發生的真實狀況。

這種現象的根本問題就在於「報導比例」的問題。最終被刊登在報紙摺線上方的頭版報導，鮮少就是當時最符合報導比例的議題。舉例來說，假如死亡事件的報導符合比例，那麼每天的新聞頭

條應該聚焦在心臟病或癌症的相關報導。如果任何在這些疾病的治療方面有突破性進展，根據我們的一般風險以及對我們所愛之人的風險，這種消息應該會成為頭條新聞才對。

然而這些都是正常、被接受且預期會出現的死因；它們並非獨特的趨勢或現象，所以不怎麼有趣。

二〇一五至二〇二〇年美國國民主要死因的死亡人數

死因	年度死亡人數					
	2015	2016	2017	2018	2019	2020
死亡人數總計	2,712,630	2,744,248	2,813,503	2,839,205	2,854,838	3,358,814
心臟病	633,842	635,260	647,457	655,381	659,041	690,882
癌症	595,930	598,038	599,108	599,274	599,601	598,932
新冠肺炎						345,323
意外事故	146,571	161,374	169,936	167,127	173,040	192,176
中風	140,323	142,142	146,383	147,810	150,005	159,050
慢性下呼吸道疾病	155,041	154,596	160,201	159,486	156,979	151,637

資料來源：美國醫學會雜誌（JAMA）[7]

除了新冠肺炎疫情這個大例外，美國最大的死因卻最少在新聞中看到。這種經過挑選的報導隨著人們變得更加關心基本上不太可能造成傷害的事情，而對更廣大的民眾製造了信號處理的問題。這同時也導致注意力經濟出現某種殘酷的數據，一條普通性命的價值竟然取決於死亡方式是否新奇。奈米爾・達拉爾（Nemil Dalal）稱此現象為「選擇性事實」（selective facts）[8]。

舉例來說，請想像你有一天打開新聞，看到一則跟最近出現的一系列綁架案有關的報導。這些綁架事件剛好都發生在跟你同名同姓的人身上，而且綁架案也都恰巧發生在你家附近。事實上，就連被綁架者的髮色、眼睛顏色和服裝型式看起來都和你非常相似。

你理所當然會覺得這威脅到自己的安全。聽到關於這名綁架者的新聞後，你按了連結，搜尋更多新聞，然後開始刷網路找更多關於綁架案的資訊。你想要知道所有可取得的細節和目前調查的進度。你拚了命地想知道更多。

在這些場景背後，人類編輯（或負責為你編排動態消息的演算法）從龐大的各種「潛在」新聞報導中進行挑選。然而，他們知道你極有可能對訴諸於你偏見的綁架案有所回應，因為這種綁架案比起其他你平常會忽略的綁架案受害者，更能夠勾起你的興趣。

人往往會認同那些長相、聲音、穿著打扮、講話方式跟我們很像的人，我們不大可能去讀一則關於不同種族、說著別種語言的人被綁架或謀殺的報導。這並非因為這種資訊本身對這個世界而言不重要，而是它勾不起我們個人的興趣。

這對於生活在少數社群裡的人而言是令人心痛的。記者格溫・伊菲爾（Gwen Ifill）就用「失蹤白人女性綜合症候群」（missing white woman syndrome）這個特別刺耳的名稱來稱呼這種傾向，這種症候群指出了新聞在失蹤案的報導上，總是優先著重在白人女性的綁架案勝過其他綁架案，特別是有色人種的綁架案[9]。

這種從更廣泛的既有新聞中挑出特定軼事的策展過程，往往動輒流於自身的強烈成見。這也是從各家新聞提供者的編輯觀點，便可看出明確區分的特定範疇之一。不妨看看《紐約時報》的頭版，然後再切換到福斯新聞的網站首頁，就會發現這兩個新聞管道報導和著重的新聞大不相同。

報社編輯每天都在做決定，判定哪些新聞「重要」和「無關緊要」。這種重要性的潛規則會產生一種「同質性」。以綁架案的

報導為例，報導的內容通常取決於該報的閱聽眾。換句話說，決定的條件往往會呼應受眾的種族、意識形態、宗教和愛好。假如觀眾絕大多數都是白人，那麼年輕白人女性的綁架案就極有可能迎合這群新聞觀眾本來就有的偏見。又如果這群觀眾有高比例（或具爭議的）的種族偏好，那麼他們的新聞消費習慣也會顯示出這種偏好。

人天生就是特別在乎自己的內群體，而且這個特色會體現在很多有疑義的地方，譬如仇外心理、種族歧視、民族優越感。我們一直都如此，只是用更含蓄的方式。這就是所謂的「同質性」；人類有找出和自己相似的人或受到這種人吸引的傾向。

每一個新聞消費群都有它自身的偏見。儘管你或許聽過固有客觀性這種說法，但是新聞媒體往往還是會為了把報紙賣出去，盡其所能訴諸許多類似的偏見，而不是去質疑它們。這番道理也適用在政治報導上。有時候避免去報導有爭議或有破壞性的政治事件，改而優先報導其他新聞，就能掩蔽此新聞不被觀眾看到，替政治人物留些顏面。

新聞的失效二：無風起浪

衝突代表新聞價值，它也影響著記者觀察的方向。特定種類的衝突特別容易引起讀者互動。聽兩個意見相同的人對話，總是比起聽兩個人對槓無趣得多又沒有什麼教育意義。身兼媒體學者和記者身分的羅根・莫利紐克斯（Logan Molyneaux）向我表示：「衝突對記者來說就像糖水之於昆蟲，這種事無可避免，也正是新聞的定義。人看到衝突的時候，都會被吸引。[10]」

衝突對新聞消費者來說是一種威力強大的心智捷徑，因為用這條厲害的捷徑可以瞭解別人的意見想法。比方說現在有兩個人為了某個話題吵得不開交，他們想必會拿出最有力的論述來捍衛自己的觀點。衝突在這種情況下就顯得十分有價值，因為我們可以從中抓出雙方的意見，快速直搗議題的核心。

但是這也會讓人以為沒有爭議的地方其實有爭議存在。舉例來說，請科學家就某個主題和政治小丑對戰，就會造成這個議題似乎仍有辯論空間的觀感（譬如全球暖化這個議題）。

新聞的失效三：團體迷思

新聞不便宜。

大多數情況下，新聞媒體的視野有限，難以看到世界上發生的每一件事。他們只能在特定地方派駐記者，能挑選的消息來源也有限。新聞媒體必須選擇要將記者派去哪個地方，這又是一個經費有限的流程。基於這樣的理由，在報紙可見範圍內的事件其實不多。

美聯社（Associated Press）的建立正是為了要均攤分享全世界的資訊與新聞的成本和重擔。一八四六年五月，五家日報在紐約市成立這個組織，共同分攤派駐記者去報導美墨戰爭的成本。路透社也有類似的起源[11]。

假如有一家新聞媒體報導了一則熱門新聞，然後讓這則報導上頭版作為全國性新聞，他們會「分享」這個獨家報導。其他報社的編輯有同等機會可以將這則報導作為自家報紙的頭條，以免誤了先機，顯得很狀況外。這種做法也比別家報社挑了同樣的報導，然後

派記者做自家的事件報導給觀眾要來得簡單。此外，這也是節省成本的途徑，只要報導競爭報紙做的報導，就可以省下從頭自行找尋獨家報導的成本和力氣。

這種分享敘事的做法也會因為全國性報紙的頭號編輯作為新聞守門人，決定了公眾應該或不應該接觸的新聞，而體現出某種偏好機制。舉例來說，紐約媒體產業的編輯和製作人會在午餐時聚會，討論當天要用什麼獨家新聞、哪些八卦值得報導、應該聚焦在哪位政客身上、應該報導哪條大新聞等等。報紙與新聞媒體在報導內容上的重疊，強大到足以創造出某種敘事普世通行的錯覺。這其實正是網絡新聞背後的事實網絡。

這未必就是指他們編出一個陰謀論，再將這個「共同真理」述說給大眾聽，應該說那是一種以報導新鮮、新奇又容易取得的內容為導向的新興趨勢。報導競爭同業的新聞有其經濟利益上的考量，因為這種方式能保證民眾聊的是一樣的東西，即當日的「最佳」新聞，這樣他們就有一群「穩當」的觀眾。

這種策展和挑選事實的傾向有好也有壞。好處在於大報和新聞網絡有十分強大扎實的普遍共識。民眾消費的新聞有很大一部分是相同內容，進而激發出一種革命情誼，以及共同擁有當下集體敘事的氛圍。人們在茶水間或餐桌旁聊著同樣的新聞，這種共識看起來像複製版的客觀現實，因為每個人都在討論一樣的東西。特定類型的愛國主義因應而生，這種連結後來也成為上個世紀美國生活的特色。

然而新聞大量集中在少數單位手裡，則意味著高人氣的社論式敘事會成為絕大多數人和有權有勢之人的敘事，這無異於一種藉由

省略少數族群的議題和另類觀點來審查內容的手法。

語言學家諾姆·杭士基（Noam Chomsky）在書寫媒體所製造的共識機制時，特別提到這種對敘事的控制正是招致批評的原因。杭士基認為新聞用他所謂的「過濾器」在運作，且「媒體的菁英主導以及因過濾器運作而產生的異議邊緣化現象發生得太自然，以致於多半以剛正不阿和真誠態度來做事的媒體新聞人員，得以深信自己是憑藉著專業的新聞價值『客觀』地挑選和詮釋新聞。」依他之見，少數族群在對話和辯論中的聲音被不公平地抹去了[12]。

新聞的失效四：迎合宣傳

第二次世界大戰期間，各方的新聞放任政治宣傳鋪天蓋地而來，每一個交戰國都投入了輿論大戰。戰爭接近尾聲之際，可以清楚看到資訊戰就是強大的武器，它可以招募軍隊，煽動暴民，破壞他國的穩定。戰後，民間出現了一種新產業，很快便席捲全世界，那就是「公關」。

接下來的數十年，公關產業的發展如日中天，滲透到許多的共有媒體之中。初期的電視新聞甚至高調讓步，順著那些有權勢公司的心願。一開始的時候，這種讓步做得很極端。比方說電視上有些最早期的新聞節目直接以大型廣告業主為名，譬如《駱駝新聞大篷車》（Camel News Caravan），節目的形式為主播報導當日的新聞[13]。這個時代的電視新聞看在觀眾眼裡是神奇的媒介雛形，過去未曾接觸過這種節目的人往往「眼見為憑」，看到什麼資訊都信以為真，今日視為荒謬的廣告宣傳在當時卻是節目的中堅，新聞播報反倒只

能往兩邊站。

舉例來說，新聞主播認真嚴肅地播報一段新聞後，會切換成直接闡述起抽菸的益處。這種在廣告和新聞之間打模糊仗的狀態，正是電視新聞產業早期的失效現象。

那個年代的美國消費者不知道這跟權威有何分別，很多人就是信任電視上講的那一套，於是這些節目便成為廣告業主賺取暴利的地方。這種高調迎合的做法終究會被淘汰，取而代之的是世界各地新聞消費者所發出的質疑。

其實現今依然有迎合的現象，但多半不會做得那麼露骨。然而每一位公關都會告訴你，你在主要管道看到的一些報導之所以會配置在那裡，並非基於這些報導本身的新聞價值，那些都是他們向記者推銷的報導，而記者也覺得內容挺有意思的緣故。對記者來說，這篇報導就像從天而降一般，讓他們省下挖獨家新聞的功夫。當中有既定的制度方針可以確保讓這種事情不會太過張揚，況且他們也會根據制度內的同樣標準來佐證這些報導。不過迎合的做法確實是存在的，也依然影響著觀眾所看到的某些新聞。

新聞的失效五：聽從當權者

美國本土於九一一遭到恐怖攻擊之後，巨大的憤怒、悲傷和痛苦席捲了傳媒。踏上阿富汗的美國把注意力轉向伊拉克。法國哲學家保羅・維希留（Paul Virilio）就談到媒體對美國入侵伊拉克提供廣泛且不斷擴大的支援。他批評集體的情緒狂熱造成幾乎所有大型媒體機構都支援了動員全民對抗海珊（Saddam Hussein）的作戰

準備:「災難和巨變讓世界癱瘓在悲痛裡,此刻的媒體如鋪天蓋地般廣闊……〔它〕為不容寬貸的情緒迅速引發的報復心,做好了準備。[14]」

維希留說的是當時媒體的情感進程,意指人們洞察事情的目光都被恐怖主義引起的廣泛恐慌弄得混濁模糊。他表示,試圖為九一一事件尋仇的美國媒體,把它的狂怒用錯了方向。

事實證明他是對的。促使美國入侵伊拉克的情報漏洞百出,到頭來變成現代史上最悲慘的軍事錯誤之一。美國主流媒體對入侵前的準備作業並沒有多加質疑(甚至不時給予支持),也顯示出他們的重大失敗。我把這種現象稱為「聽從當權者的失效」。

純淨新聞的報導無論在暗地裡或檯面上都力挺入侵伊拉克,這件事才是真正值得憂心的地方。誠如紐約一位非凡的飽學之士向我指出的:「講到關於入侵伊拉克的不實情報,《紐約時報》大概是最顯著的供應者。[15]」他的意思是說《紐約時報》(以及美國當時大多數的主要媒體)不願意對政府提出棘手問題,這些問題本來有機會阻止這場以找出大規模毀滅性武器的虛假藉口,硬湊出來的有疑義入侵行動。

這件事也闡明了一個與「佐證」有關的癥結點:接受當權者說辭並將之作為事實。對新聞記者而言,採用政府的官方說法作為純淨新聞反倒比較輕鬆,因為這樣做可以減少記者和報社的麻煩。更何況有時候也不容易或不可能進行佐證,就像《紐約時報》沒辦法洞悉伊拉克的武器系統,也難以取得布希政府手上應該要有的那些情報一樣。

然而，新聞機構完全屈從於政府壓力，以及他們眼下的報導能力有限這兩者之間是有差別的。把瞎扯當成事實又是另一回事了。

入侵前的醞釀階段在缺乏佐證，加上主流媒體未能質疑當局敘事的情況下，後來對伊拉克和敘利亞造成災難性的結果，而美國本身在入侵事件後的一、二十年來也同樣受到衝擊，只是相較於前兩者所受的傷害，程度輕微許多。

仰當權者之鼻息對新聞記者而言是根本的失效模式。從很多案例可以看到，不管是核實還是否決報導都不容易，因此新聞記者乾脆直接轉達政府的官方說法。這樣做不但替記者和報社提供了護身符（以防自己弄錯），也省下麻煩去挖得更深。

新聞的運作方式

新聞業並非只有一連串的失效，它其實也有運作順暢的地方，畢竟該制度的設立就是以自我檢核為目的。從個人角度來說，人極不擅長質疑自己對真相的直覺反應，尤其牽涉到會觸發激昂情緒的資訊時，我們「恨不得」它是真的。如本書 CH 1 所述，每一個人都有偏見，因此必須靠他人來為自己檢查這些偏見，藉此改善我們的意義建構能力。幸好這就是當新聞製作人遵循既定路徑衍生出欣欣向榮的生態體系時，新聞業發展出來的目標。

新聞的把關機制一：修正週期

現在回過頭看看入侵伊拉克的案例。美國政府確實為了這場戰事的定調做了實質的努力，但沒有品質夠好的情報可以佐證國務卿柯林‧鮑爾（Colin Powell）宣稱海珊持有大規模毀滅性武器的說辭。有所質疑的記者個人和意見撰寫人，也無充分的證據能夠反駁政府的官方報告。

然而，面對這種災難性的情報蒐集失敗，忍不住要宣告新聞道德已然敗壞之前，我們知道新聞最終會自我檢核。

我們是從其他記者後來所做的報導，才知道原來很多報紙都弄錯了。記者檢驗真相後找不到理由相信這場入侵行動師出有名。所謂的大量毀滅性武器不曾被發現，我們也知道這種武器並沒有在伊拉克，因為記者花了十年時間尋找它們的下落。記者調查美國政府對伊拉克的指控，找遍了該國上下，企圖佐證政府的說辭，但終究還是發現那些指控都是假的。新聞記者繼續做好他們的工作，更新公共紀錄並激發大家對政府一開始提供的不實資訊和謊言心生憤慨，藉此攫取注意力。

這個體制發揮了作用才能糾正此錯誤，雖然緩慢至極，但最終還是有效。

這次的失策讓美國政府的正當性付出巨大代價。戰事所用的藉口耗掉了一‧九兆美元，成千上萬的平民與軍事人員死亡，造成超過九百萬的難民[16]。

假如「沒有」這些新聞媒體去佐證的話，一定很容易出現另一種情境，在那樣的情境裡，大量毀滅性武器會被入侵的美國軍隊

「找到」（就算沒有證據可供證明，也依然會有許多堅定支持者相信這個「事實」）。若是沒有記者核實以及在背後支撐的制度，這種掩蓋錯誤的事情極有可能發生。一些獨裁政府就發生過類似狀況，譬如北韓宣布他們打贏悲慘的韓戰，俄羅斯總統普丁則是系統性地對任何不同意他進軍烏克蘭說法的傳媒，提出質疑。

雖然核實與修正過程的緩慢令人感到失望，但這個系統確實發揮了作用。這種「修正週期」就是指針對被認定的敘事所做的修正，需要多久時間才能發布。

俗話說的好，新聞如同「歷史的初稿」，但是初稿必須隨著時間做修正。這也意味著，基本上第一次嘗試釐清事件始末時至少會有部分的錯誤，錯誤的程度則取決於諸多因素，包括目擊者說辭的真實性、政府的干預、事件的各種衝突觀點，或者是混亂狀況所產生的迷惘。不過，最終錯誤一定會修正。

新聞的把關機制二：瑞士起司防禦

在理想狀況下，修正程序出現的時機會提早許多。儘管某一家報紙的報導有誤，但嚴重的假消息每刊登過一次，它流通於多家報紙的機會就會隨之減少。比方說，單一報紙對發生在抗爭活動的某事件做了不準確的報導，但另一家新聞媒體在運用同樣的過濾器、同樣的消息來源追查流程時，其實有機會透過自身的核實流程，揪出其中的假訊息。

這就是所謂的「瑞士起司防禦」（Swiss cheese defense）。沒有哪一個新聞媒體百分之百正確無誤，不過假資訊傳輸到兩個、三個或四個不同新聞媒體後依然沒有被抓出的機率，絕對會大幅降低。

誠如記者強納森・勞赫（Jonathan Rauch）在其二〇二一年的著作《The Constitution of Knowledge》（書名暫譯：知識的構成法則）中所陳述的，假設現在有一個假訊息，它在傳統新聞運作得當的情況下大概有五成機率登上版面。但這則假消息成功通過另外一家報社的第二層新聞過濾器的機率只有二成五，到了第三家則只剩一成二的機率可以通過。隨著更多新聞媒體透過自己的核實程序來報導該事件，假消息散播到大眾眼前的機率就會大幅下降。

認清這一點很重要，因為在新聞媒體報導各種主題和事件的網絡內，有一種勞赫稱之為「正面認知價值」的東西，也就是一種追求真相的根本趨勢。新聞媒體爭相搶在彼此之前報導事實，這種成熟的核實程序有利於組織揪出彼此的盲點。新聞媒體讓彼此保持誠實，因為報導錯誤不但丟了面子，還會造成讀者關係和商譽的嚴重損害[17]。

新聞作為我們社會的基本意義建構機制確實發揮了作用，但它並不是免費的。當閱聽眾的注意力湧入社群媒體時，過去驅動報紙運作的資金也跟了過去。這種轉變對地方報紙的新聞編輯室來講特別顯著，他們的新聞活動正快速凋零中。

地方新聞每況愈下

我父親二〇一二年初去地方報社工作時，本來就已經是經驗豐富的科技記者，職涯中曾辦過貿易雜誌，報導IBM和微軟這類科技巨擘的相關資訊。

他加入的這家地方報社工作團隊，有員工七人，為我長大成人的那個約七千名人口的小地方提供服務。這個數目是報社前十年員工人數的一半，而他於二〇一五年離職前，只剩他和另一位編輯負責這間報社的營運。

二〇一〇年代初，劇變和裁員風潮達到最高點，這些後來都界定了地方新聞業的發展。另一家姊妹報《納帕谷記事報》(*Napa Valley Register*) 也出現類似的劇烈衰退，流失一半以上的員工，從原本三十人縮減至只剩十五名員工。他們共同為將近十萬居民提供地方新聞[18]。

我們這家地方報紙的角色有如社區的支柱。評論文章不斷發表，並保持著對當地學校董事會選舉的熱烈辯論，或市長競選也是熱門話題。這份報紙擁有很多讀者。我清楚記得九〇年代初，我姊姊因為組裝電腦而登上頭版的專文報導（這類事蹟在當時很少見），結果後來當了好幾個星期的地方名人。

報紙歷經了數年光景逐漸衰落。我父親任職的這家報社《聖海倫娜之星》(*St. Helena Star*) 原本是一家報導在地事務的活躍報刊，後來在五年間衰退為只提供範圍十分受限的在地內容。

他在那裡工作的期間，看到報社終止了幾個基本功能。為了擴大獲利並將成本減至最低，他們不再做審稿和事實查證。到了他任

期結束前,報紙所有的新聞撰寫其實都是由他和另一位編輯擔任。

這種情況並非因為缺乏重要新聞的關係。他任職期間,納帕谷發生大地震,那是近二十年來襲擊灣區最大的地震,造成數百人受傷、一人死亡,以及三‧五億美元的財產損失。三年後,該區又遭到大規模野火肆虐,四十三人因此死亡,損失超過十億美元。

諸如此類的事件以及後續可做的報導,對新聞發行者來說就像天上掉下來的禮物那般,他們提供社區亟需的服務,幫助民眾釐清狀況、重整家園,走上復原之路。我父親這家報紙的品質依舊很高,他甚至因為這段時間所做的報導而獲獎。另一家地方刊物《民主報》(*Press Democrat*)的野火報導也贏得了普立茲獎。以嚴苛的標準來看,他們的報導依然保有高水準。

然而萎縮的情形沒有停止。必需獲利的壓力,加上報紙如今是在一個嶄新又奇特的資訊環境中營運,導致商業模式逐漸崩解。報紙是一門生意,猶如試圖求生存的有機體,假如新聞的環境有了改變,生意又做不起來,那麼即便內容再優質也都無關緊要。

野火掃過市鎮的當時,民眾沒有坐等地方報紙捎來消息。他們上 Facebook 和 Twitter 找最新資訊,瞭解關於這場災害種種狀況,仰賴民間的報導和傳聞。雖然其中有很多資訊並不正確,但是速度比報紙快多了。

由於網路的存在,報紙的出發點也起了變化。

地方新聞逐漸凋零的原因

地方報紙式微並非我成長的這個小市鎮獨有的現象。隨著許多小發行商收支難以平衡，這種地方新聞的衰退正在世界各地發生。

各位大概聽過「都是網路」造成地方報紙衰退這種簡化的回答，可是真相其實更為複雜。誠如媒體社會學家傑瑞米・李陶（Jeremy Littau）曾說過的，報紙所謂的「黃金年代」早在一九九〇年代就已經結束了[19]。

以二十世紀大部分的年代來講，大小報都是賺錢的機器。它們靠著扎實的事實報導打造了商譽，也因此建立起獨占注意力的事業。

七〇和八〇年代，報紙訂閱數往下掉，但尚未掉到造成真正的問題。新聞媒體走過二十世紀大部分的歲月，逐漸合併為連鎖事業。五〇和六〇年代時，報紙成為集團的一部分，公開交易的利潤往往達到三〇%到四〇%之間，對任何產業來說這是十分龐大的收益。投資者自然會期待這種賺頭，而這樣的利潤空間也讓報業成了收購案有利可圖的標的物。諸如甘尼特（Gannett）、麥克拉奇（McClatchy）、奈特・里德報業（Knight Ridder）和李氏企業（Lee Enterprises，即收購我父親任職的那家報社的公司）等集團企業，都在這段期間積極收購地方報紙。他們甚至舉債收購，因為在報紙正處於大賺的時候，這種抵押債務也算健全的商業邏輯[20]。

後來網際網路問世，這些過度舉債、壓在一百多年商業模式上的資產，即將迎來大夢初醒的那一刻。

這些報紙一夕之間就失去了他們對注意力市場和地區廣告業主的獨占地位。首先，廣告網站Craigslist的出現引爆了分類廣告市場，將許多地方報紙的收益砍掉四成之多。後來隨著Google和Facebook相繼興起，剩餘的廣告投資絕大多數也開始跳槽了。

媒體集團當初為持有地方報紙而義正言辭大筆舉債，如今債務到期了，只好以大幅經費削減、大量裁員，以及拿掉對地區民主來說最重要的地方報紙來因應。過度舉債的商業模式，打斷了地方新聞的脊柱[21]。

社群媒體尚未成為可以代替地方新聞的可行選項；其實還沒有任何可以代替的東西。社群媒體無須擔負消滅地方新聞的全責，因為民眾只是把注意力用在別處罷了。但我們的社區對於地方新聞的消失依舊有點傷感。回想地方新聞過去為了鄰里以及民眾對地方的依附感所做的貢獻，說不定可以為我們指引新的可能性。衷心盼望那樣的記憶可以為取代地方新聞的媒介，提供借鏡。

總結

本章首先著眼於新聞的實際功能，跟隨年輕的約瑟夫‧普立茲的腳步踏入新聞產業，看著他寫下自己被騙子敲竹槓的憤怒心情。這篇文章上報後，他藉此為社區提供了重要的服務。

接著我們用稍微模糊一點的視線來檢視報紙的輪廓，會發現它的基本形式和社群媒體公司其實沒有什麼不同，差別僅在於規模和提供服務的操作方法。有了這番認知後，會發現新聞業和社群媒

體公司之間應該已經出現接力傳棒的程序，實則不然。從這裡也可以漸漸清楚看到，社群媒體的失效和新聞業本身碰到的問題非常相似。

新聞記者提供三種服務給一般大眾，藉此回答了以下幾個主要問題：

・佐證——這件事真的發生過嗎？
・策展——重點是什麼？
・批判意見——為什麼這件事很重要？

新聞並非萬無一失，經常也會因為它的底層誘因而深受幾個固有失效模式之害，這些誘因包括選擇性事實、無風起浪、團體迷思、迎合宣傳以及聽從當權者等等。

新聞業之所以能發揮作用的核心理由是，無論它表面如何呈現，**它本身的權威性並非完全可靠**。在新聞提供者這個群體當中，新聞媒體手相搶先報導彼此的過錯，因而產生了諸如「修正週期」與「瑞士起司防禦」等十分有用的知識防禦手段。

然而這些防衛力量正逐漸隨著新聞機構的數量萎縮而減弱，就和免疫系統的免疫力慢慢下降一樣。令人遺憾的是，社群媒體崛起加上大型新聞集團舉債過度，侵蝕了新聞制度，尤其衝擊到地方報社的生存。

機構和新聞工作遭到擠壓的結果，就是失去了重要的集體工具來理解社區面對的重大挑戰。接下來的這一章要帶領各位探索人們遭逢全球疫情、只能靠自身直覺行事時所發生的種種狀況。

Chapter 23
信任與真相

我對子女或孫輩那代的美國有一個預感。當美國成為以服務與資訊為主的經濟體時，意即當所有主要的製造產業都已移往他國，酷炫的科技勢力又掌握在極少數人手裡，且當代表公眾利益的人又無法領會這些議題的時候；又或者大家不再有能力設定自身的政策主張或據理質疑權威，只能緊抓著水晶球，忐忑不安地尋求占星術的解惑，加上關鍵機能又逐漸下滑，難以分辨感覺良好和真相之間的差別時，人們就會在幾乎覺察不到的情況下，退化到迷信和黑暗的狀態。

——節錄自一九九五年出版的《魔鬼出沒的世界》

作者卡爾・薩根（Carl Sagan）

不實資訊的縮影

真相從來不是唾手可得的東西。人們的共同真相是經過漫長又痛苦的掙扎，才對「現實」的構成敘事找到了共識。以現代的集體意義建構來講，最為艱難的一段歷程恐怕就是新冠肺炎期間大家為了釐清事情真相所做的各種推敲。

二○二○年三月，新冠肺炎逼近的威脅赤裸裸反映在世人面

前,有那麼一個短暫的片刻,共識之窗在人們之間開啓。彼時沒有人劃戰線,名嘴也還沒有被渲染;那是一段奇異的時光,政治光譜上的每一個人都真心誠意地認同,有個可怕的問題須要解決。當時新冠肺炎尚未被輸入到憤怒機器之中,疫情尚未變成道德武器。

當然,這種狀態並沒有維持很久。機械開始轉動,一轉起來就十分快速。首先它繞著問題的嚴重性而轉,接著是病毒的來源,再來則是檢測、口罩,最後則繞著針對疫苗不斷冒出的駭人陰謀論打轉。每個人都親眼目睹了這場騷亂的發展歷程。就在新冠肺炎疫情開始後那段日子,紐約這邊就有一個我延伸社群所共用的WhatsApp群組立刻燒起來。我社群裡大部分的人這時才體認到新冠肺炎正在大幅改變他們的生活方式。

我之所以清楚知道即將到來的是一場災難,純粹是因為我認識幾位公共衛生專家,同時也在追蹤若干研究風險分析的學者和研究人員的緣故。我知道新冠肺炎極有可能演變成前所未見的危機。有鑑於我的工作性質和知識來源,我搶得了數週的先機。疫情來襲前的將近一個月,我就開始囤積義大利麵和口罩,也鼓勵朋友們趕緊行動。

從我位在紐約的核心社群為起點,很快就組成了一個以疫情為主的WhatsApp群組,裡面有數十位朋友的朋友,都是關注新冠肺炎發展的成員。起初每一個加入此群組的人都有群組管理員的身分,這表示大約三十人都擁有同樣的主持權。兩天後,隨著新冠肺炎引起的集體恐慌湧現,這個群組在朋友的朋友的朋友加入後,規模頓時膨脹,最後停在WhatsApp的成員上限人數——二百五十六人。

群組人數成長得如此快速,資訊分享的品質卻逐漸滑落。訊息的基調從成員審慎提出問題,轉變成出現文字形式的過度反應,不

斷冒出陰謀論和連珠砲似的問題。大家都按耐不住了。

各種臆測開始迅速瀰漫整個群組。有個成員的朋友「認識市政府的某人」，該某人知道政府即將實施嚴格措施的內部消息，所以這位成員把他跟朋友傳訊的對話截圖到群組裡。離開紐約市的全市公路即將封鎖，屆時會全面實施軍事化隔離，配合警方在街頭部署，這個謠言率先擴散。接著訊息裡又有人提到銀行出現擠兌狀況，還有地鐵、火車和橋梁就要封閉的消息。

在此之前，我以為在過濾事實資訊上的做法，多數朋友和熟識應該和我差不多。我設想他們會用某種機制來判斷消息的真偽，類似現實版的演算法那樣。

我真是錯得離譜。這個群組的氛圍愈演愈烈，形成了一個偏執的陰謀論網絡。未經核實的資訊多得令人招架不住。

我剖析了這場混亂，設法把情況控制下來，所以開始要求每一種說法都必須提供來源出處，然後盡我所能破除謠言。三月中的某個早上，我一覺醒來發現群組的創建人把成員的管理員權限全都移除了，只留下我的。這個群組有數百位朋友和陌生人，他們渴望得到跟這波快速展開的疫情有關的正確資訊，而我被提升為這個群組的實質主導管理員。現在我成了負責擋住垃圾訊息湧入的人。

由我主掌群組的決定並不民主。群組創建人是我一個朋友，他見過我花很多時間和心力保持資訊的準確。他察覺到我代理的人脈所發揮的效果，比那些真正在監督消息真偽的多數人稍微好一點。疫情在紐約市爆發，突然之間大家都指望著我對情報正確與否做出判斷。被視為權威的感覺還不賴，但這個工作扛在身上也挺可怕的。

引用的重要性

當上首要管理員和主持人之後,我頓時必須針對內容建立和實施一些運作方針,規範這個龐大社群向最準確的事實看齊。幸運的是,我為撰寫這本書做了一些研究,過程中曾埋首於尋覓真相與知識論——也就是研究知識本身——的歷史之中。所以我開始探索過去的基本核實機制。

很久以前在古騰堡發明印刷機前,人類的集體知識是一堆亂七八糟的不實資訊。書本是人類唯一半永久性的知識寶庫,這種東西必須由抄寫員一筆一畫抄寫,或慢慢用墨塊手工印製。學者光是為了複製一本書,就花了很多時間,從幾個月到數年都有可能。由於書本稀少,有能力比較多種文本的人更是稀少。有鑑於此,針對其他學者對自然界的觀察心得進行佐證,是既緩慢又乏味的事情。學術性書籍裡除了真正的科學觀察之外,也混雜了從鍊金術角度所做的推測。精準的天文學測量也有魔咒這類東西相隨。對於試圖判斷真相的人來說,並沒有方法可以佐證和比較各種觀察心得。那些資訊很多就像現代的 WhatsApp 訊息串一樣,難以從一堆臆測內容中辨別事實真相。

印刷機的出現改變了這種狀況,因為印刷機大大增加了可取得的文本。一本書複製成多本之後,就有更多書本實際存在於同一個時空。觀察心得和各種推測現在都能用文本來做對照比較。穿插實際觀察心得的不實資訊和謊言,如今也首度有機會能夠被佐證或揭穿。引用資訊這個舉動於焉產生。

這種新增生的知識分享作為，促使人類可以從事某種前所未有的長久觀察記錄。一個引用其他作品的可用引文網絡開始形成，為人類分享對世界的經驗觀察奠定了根基。

「引用」指的是參照其他出版作品裡的觀念，這個簡易的程序依然是人類目前為止用來收集客觀真相最強大的工具之一。與謠言、傳聞和病毒式謊言對抗了數百年之後，這道程序如今已經是圖書館員、科學家和記者都採用的流程，而網路的某些特定區域也已經將這種引用機制嵌入到其設計中。

混沌雜亂的資訊在我們的 WhatsApp 群組裡炸開之際，我制訂了嚴格的基本引用規定，成員必須指出「第一手資料」來源（即該資訊的原始發表者）。換句話說，唯有適當引用來自知名且公認的新聞來源或學術文章的連結才能使用。若有人提出臆測說法，那麼該說法必須有證據支持，比方說某項研究的具體連結、某則新聞報導或原始刊物等等。迷因、八卦或臆測皆不可出現在群組裡。這些非經民主過程做出的決定並不討喜，要守住它們也不是有趣的事，可是這些規定發揮了效果。有那麼一段時間，強迫執行的引用標準，平息了動盪不已的陰謀論和謠言。

陰謀靈性論

疫情發威數月之後，《經過設計的流行病》（*Plandemic*）這支網路影片進入了討論串，造成嚴重分裂。這部製作嫻熟的紀錄片，據稱是要證明新冠肺炎背後的陰謀網絡，裡面充滿了公然造假的陳

述,所以很快就被檢舉。先前加入群組的若干二度和三度人脈對於不採信這支影片的決定,做出了抵制。

除了這件事再加上其他旨在減少不實資訊的決定,導致一批成員從主要的討論串分離出去,另外成立了新的WhatsApp群組。分出去的群組取名為「放心提問」,他們繼續發展成專供一些瘋傳理論、未載明出處的觀念和包裝成靈性內容的不實資訊在此交流的場所。我本來以為這些朋友大部分都認同我的意義建構潛規則;他們應該要更明智才對。

不過,這當中另有蹊蹺。我追蹤別的社群媒體留言串時,發現這種群組並非特例。像我參加的Facebook公開群組,也因類似的騷亂而出現震盪。我注意到社群一分再分、變成一塊塊資訊小封地的現象,無論是好是壞,並不僅止於發生在我私人的人脈網絡裡,這令我有點背脊發涼。隨著志同道合的個人從子群組分裂出來組成另一個子群組這樣的模式,同步在世界各地的社群媒體上發生不實資訊爆炸的狀況,不計其數。

特別值得注意的地方是,這類群組在散播不實資訊時,多半都沒有互動演算法在其中使力。譬如WhatsApp就完全沒有排序演算法,只是用戶們在裡面分享他們覺得重要的東西而已。這種工具使用的是不同種類的演算法,叫做「群體演算法」,說穿了就是即時出現的現實「過濾泡泡」。這種演算法根本搞不清楚什麼是事實;在我看來,這就像一列即將出事的知識論火車,正疾駛而來。

糟糕的代理人

我們用生命信賴自己的社群。當社群裡絕大多數的人都相信某件事的時候,個人會覺得也必須跟著相信,這也解釋了為什麼很多人的朋友快要死於新冠肺炎卻依然拒打疫苗的原因。人傾向於相信自己的社群所相信的東西,即便這樣會威脅到自己的生命。誠如心理學家布魯克・哈靈頓(Brooke Harrington)所指出:「社交死亡比真正的死亡還悲慘。」[1] 紐約大學心理學家傑・范・巴維爾做了一項研究,證明人在理解周遭世界時,歸屬於團體的目標往往凌駕於準確性目標之上。這就是真相通常位居第二,獲得內群體認同才是王道的原因。對於舊石器時代的人類祖先而言,隸屬於其他人組成的團體對於自己有莫大的好處,遠勝過正確判斷事情的真相。這正是人類奇特的地方:部族優先,真相第二[2]。

每一個人在生活中都會利用「代理人」的知識,畢竟不會有人期待鄰居能夠幫自己清蛀牙,而是指望牙醫有這種專業知識,所以付錢請他們提供特有的知識技術。牽涉到公司或商業上的糾紛時,也沒有人期望自己是法務方面的權威人士,而是直接去找律師。

然而若說到對於諸多事件的意見看法時,人們不會設想哪方面的人士有這樣的專業。只要是講起話來很聰明,又長相和聲音剛好和我們很像的人,通常就可以算得上權威。

這些人未必是「真相」的理想代理人;或許可以說是優質的「意見」參考來源,但就他們發表意見的主題來說,往往不是完美的權威。

我稱這些人為「信任代理人」。信任代理人在人們的社群和網

路世界擔任類似知識主播的角色,提供大家認知中的特許資訊。這種人往往給大家聰明、博學或意識形態可靠來源的觀感,以這種形象存在於我們親近的人脈中。他們也可以是我們在網路上密切追蹤的人。我在自己的社群裡就是這樣的代理人。

團體的意義建構

人類天生會尋求歸屬感和內群體團結,這是人類最深層、最強大的天性。然而正是因為它很深層,所以不容易看到,雖然被細密地融入到社交世界裡,但平常通常都在潛意識中運作。換言之,我們無時無刻都在尋找歸屬感和認同。

這會體現在政治黨派色彩上,我們往往忍不住去懷疑任何未經論證、與我們陣營相違背的信念。

從善意的角度來看,黨性可視為一種能夠讓人對棘手議題做出決定的捷徑。這就好比部族的價值之於人類的遠古祖先。人類通常會利用自己親近社群的經驗智慧,來判斷最佳的行動路線。部族提供的道德框架,可以讓族人更容易解答難題。也就是說,這些框架有助於人類在面對複雜情況時更容易採取行動。

複雜的人生十分消耗心神。人生有一些錯綜複雜的艱難選擇處理起來既費時又辛苦至極。誠如研究人員蘇珊・菲斯克(Susan Fiske)和雪萊・泰勒(Shelley Taylor)所言,人類是「認知方面的守財奴」。聽從內群體秉持的真理,絕對比自己花大把精力找出解答要輕鬆得多[3]。

然而話說回來，即使人在部族的協助下對許多課題的判斷會比自己的獨斷更準確，但絕對比不過從更廣闊的環境去參考最有效的資訊來得準確。部族的敘事若是影響力過於強大，就會降低人們看清楚客觀現實的能力，在複雜的問題上想保有中間立場必須特別努力，也需要精力。但如果只聽從內群體的敘事，那些複雜的東西都會消失。

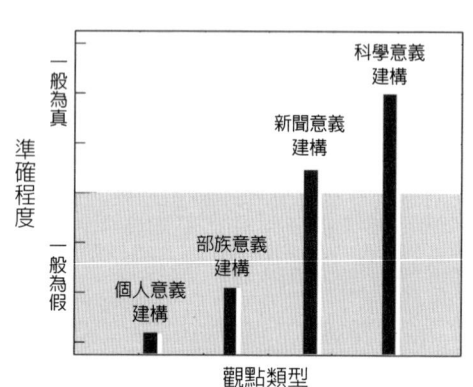

各類意義建構的準確程度。

部族偏見比個人能力更適合用來判斷準確的資訊，但絕對不是判斷真相最有效的做法。新聞和科學的意義建構效果更好。

信任科學也是一種社會信任

回想自己在新冠肺炎疫情期間試圖從假造的謊言中解析真相的過程，我挑戰自己誠實地思考，為何我認識的很多人都懼怕疫苗時，卻依然信任疫苗。現實狀況是，由於我在私生活上有機會與公

共衛生專家較為密切的來往，促使我對新冠肺炎的議題有種熟悉感，所以在處理該議題時，我就會想到自己認識的那些專家。

這種熟悉感就是解答。我真希望可以把它想成是自己與生俱來的特殊演繹能力，但實際上那只不過是因為我身在一個能提供特許資訊的人脈網絡之中。

假如我生活的社群和公共衛生、政府單位或醫療機構八竿子打不著，想必就會抱著高度合理的懷疑面對疫苗及其擁護者。所以純粹是因為我認識這些單位的人士，也很放心地信任他們及其背後的單位。這種社會信任正是我的理智用來決定疫苗一事時所參照的代理人，在疫情期間這種遏制病毒的做法「很安全」。

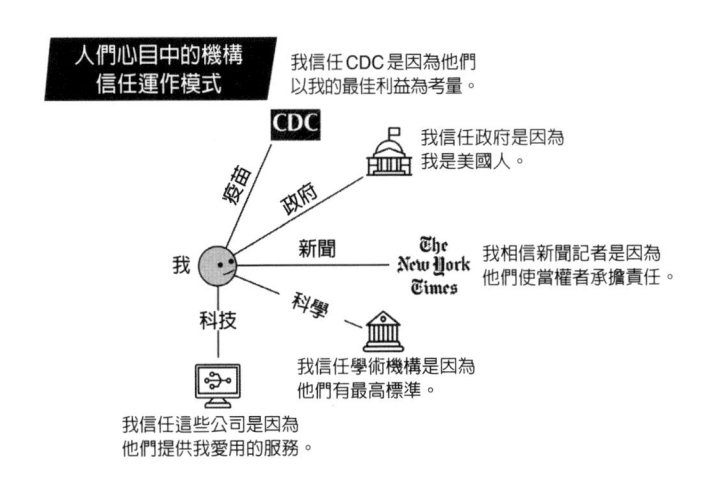

人們心目中的機構信任運作模式

- 我信任 CDC 是因為他們以我的最佳利益為考量。
- 我信任政府是因為我是美國人。
- 我相信新聞記者是因為他們使當權者承擔責任。
- 我信任學術機構是因為他們有最高標準。
- 我信任這些公司是因為他們提供我愛用的服務。

我們認為自己信任**機構**的原因。

質疑疫苗的人，多半棲身於某些也對其他疫苗抱持懷疑的社交圈圈。這些人生活在一個個以憂慮疫苗為標準規範的群體裡，就像某種網絡式的懷疑論。「相信科學」這句簡單的反駁對這種社群的

Chapter 23 信任與真相 379

人來說，大概就像「相信陌生人」那般可怕。我因為和科學家有近距離接觸，所以才能建立信任感。

機構對部族腦來說是陌生的玩意

各位不妨舉幾個機構的名稱來聽聽。你所列舉的「應該」都是為社會提供某種重要價值的機構，但你基本上不太可能會親自去驗證。FDA（美國食品藥物管理局）真的測試過疫苗的最大安全性？CDC真的獨立核實過口罩確實為阻止病毒流行的最佳途徑？再者，IRS（美國國稅局）真的會把人民繳的稅金全部撥給聯邦政府？州選舉委員會真的會計算人民投的票？除非任職於這些機構，否則不能確定答案。因此，你必須建立一種模型來「判斷」它們是否值得信賴，而這種仰仗他人意見的模型稱為「信任代理」；換言之，你使用他人的看法和評價來評估這些機構的可信度。

機構對人類的「舊石器」大腦來說，是一種既怪異又笨重的東西。大腦要我們去找出「特許資訊」，瞭解這些龐大事務性機構的內部狀況。我們不想信任他們，但不得不這樣做，而不得不的原因在於我們出生前便已制訂的法律規章，規定了我們必須按照機構的指示行事。

不過更重要的是，我們不得不相信機構是因為這個社會需要它們才能運作。這些機構有如龐大的機器，讓人類得以集體完成某些事情。現代世界的社會十分依賴機構，而信任機構則是人類與社會所締結之廣泛契約裡的一個根本環節。警察、消防單位、圖書館、

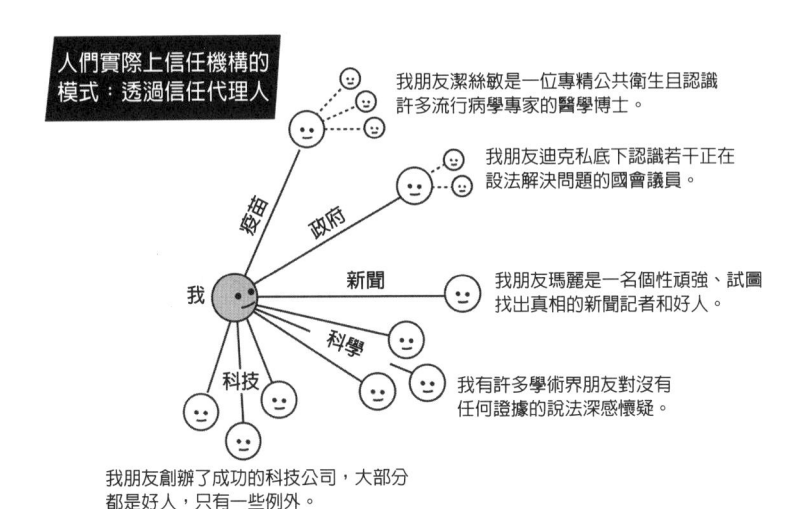

```
人們實際上信任機構的
模式：透過信任代理人
```

我朋友潔絲敏是一位專精公共衛生且認識許多流行病學專家的醫學博士。

我朋友迪克私底下認識若干正在設法解決問題的國會議員。

我朋友瑪麗是一名個性頑強、試圖找出真相的新聞記者和好人。

我有許多學術界朋友對沒有任何證據的說法深感懷疑。

我朋友創辦了成功的科技公司，大部分都是好人，只有一些例外。

我們利用信任代理人來驗證我們沒有直接接觸管道的**機構**。信任代理人也可以是我們在社群媒體上信任並追蹤的網紅，只是私底下我們並不認識他們。

教你怎麼讀書的學校等等，這些都是需要人類集體信任才能運作順暢的機構。這些機構所得到的信任一旦開始動搖，且不問對錯，它們就會失去力量。

在媒體深受懷疑的此刻，人們基本上寧可相信自己社群提供的建議和規範，根本不太可能去聽從機構的指令，尤其是該政府並非由他們所支持之政黨治理的情況下。

大部分的菁英人士之所以不排斥機構，是因為他們認識在機構裡工作或從事工作與機構有關的人。也正是由於他們跟機構的運作有關聯，因此更容易信任它們。

Chapter 23　**信任與真相**

機構異形

作家史考特・亞歷山大用健康議題來打比方,幫助大家更容易理解這種現象,我將之改述如下:

假設現在有一群外星人降落地球,告訴我們人類即將被可怕的致命寄生蟲感染。他們表示寄生蟲並非他們帶來的,但又說只有「他們」可以用先進的科技來診斷這種寄生蟲。寄生蟲造成的感染症狀和可怕的流感平常難以分辨,而差別就在於現在若是不採取行動的話,寄生蟲會害死數百萬條人命。假如給外星人足夠的時間,他們有辦法開發出特別的新針劑,根據他們的說法,這種針劑有機會救地球人一命,我們只需信任他們就好。

你私底下完全不認識這些外星人,他們看起來好像很可靠,但確實也是其他星球來的外星人。顯然他們擁有先進科技,但是你願意賭上自己的人生福祉和家人的健康來信任他們嗎?現在你的心裡應該馬上出現了疑慮。

亞歷山大利用這個比喻,來描述生活在一個跟公共衛生官員、醫生和流行病學家等專業人士沒有交集的社群是什麼樣的感覺。這些專業人士恐怕就像提供方法治療未知疾病的外星人吧[4]!

但是別忘了,人們「過去一向信任機構」,究竟社群媒體是怎麼把機構變成外星人的呢?

共同真相遭侵蝕

若說新冠肺炎帶來了什麼好事，那一定就是人們平常用來找出真相的工具因此暴露了缺失。又如果這場疫情是對人類認知能力的一種壓力測試，那麼測試結果真是悽慘無比。

疫情初到的那段日子，有一個正式的媒體共識浮現，率先指出病毒源自中國武漢的葷市場，那裡有野生動物肉品（又稱為野味）供大眾消費。這種市場曾經有過傳染人畜共通病毒的紀錄，這種病毒可以在蝙蝠、猴子和有袋動物身上找到，對人類來說仍是未知的病毒。假如處理食物不當（譬如割傷手），那麼病毒就會傳到人類身上。由於人類的免疫系統對這些病毒一無所知，病毒很快就會擴散至眾多人口造成大災難。像HIV（人類免疫缺乏病毒）和伊波拉病毒，這兩種最大的毀滅性現代流行病就是顯著的例子，它們極有可能都源自於野味。

不過以新冠肺炎來說，相關資訊非常少。源自葷市場的說法獲得世界衛生組織（WHO）一份官方報告的支持，該報告也被多數的大型新聞管道引用。這個源頭說於是登上了頭版新聞和社論內容。CNN、《紐約時報》、福斯新聞和其他多數媒體都報導過[5]。疫情剛起之時，幾乎沒有人有足夠的證據可以對病毒源頭做出定論。然而危機當頭，人們需要一個解釋。

當然一定也有反駁的說法。Twitter和Facebook的用戶加上許多專家，都對公認的主流說法提出了一些合情合理的質疑。他們注意到，疫情發生在武漢病毒研究所（Wuhan Institute of Virology）所在的同一個都市，而該研究所正針對新冠病毒進行極機密、屬於生

物性防護層級的廣泛研究。

　　隨著疫情的進展，可能的說法開始分裂成各種不同的走向。取決於個人的政治取向和資訊來源，對於病毒源頭的說法你相信的可能是完全不同的版本。過了一年，病毒從武漢實驗室洩漏說法的理論突然之間變得似乎不僅僅是謠言；後來發現那只是看起來像正式發布的病毒源頭說法罷了[6]。但為什麼這個版本有別於其他傳播中的理論呢？依你所屬的社群特性，說不定會聽到別種邪惡的論述，譬如新冠肺炎是早就設計好的做法，為的就是要癱瘓全球經濟，讓中國能夠藉機壯大。新冠肺炎是一場陰謀，目的是扳倒川普政府。或說這場疫情根本是過分誇大的惡作劇，又或者是生化武器。狂放不羈的陰謀論和可信理論之間的差別，完全取決於你追蹤的是誰。

　　整個疫情期間，這類敘事多次出現，每回都像鞭子甩在身上的感覺。剛開始的時候，有人說一般民眾別戴口罩，因為醫療人員需要它們。這是民眾可取得的最具權威資訊，但到頭來卻也是個錯誤的選擇，這個選擇其實導致病毒擴散得更快。後來CDC改變立場、聲稱口罩確實有用的時候，很多人只好拚命自行製作口罩。有可能那是「當時」最可靠的資訊，「確實」也救了醫療人員的性命。但最後的結果，卻是造成大眾對這個體制徹底喪失信心[7]。

　　人在危急關頭時，會被自己聽聞的大量相互矛盾說法搞得昏頭轉向，不知道該信任什麼才好。我們經常被各種假說砲轟，數量多到很難不去猛烈抨擊那些錯誤的說法。我們的內心裡有一種想要減少臆測理論滿天飛的強烈渴望，我們會想要減少這種混亂。

　　在缺乏良好的找尋真相機制情況下，人自然會尋求自己的政治偏見。大部分的人會透過嘲弄或譴責的方式，從阻止敵人的說法開

始著手。挫敗和精疲力竭會讓人產生某種懷疑心態，造成過度去質疑另一方的說法，即便那個說法明明是對的。當重大的說法被改變的時候，我們會覺得火大也是應該的，然後把怒氣指向那些應為說法破裂負責的人，譬如那些負責提供事實給我們的新聞記者、科學家、政治人物、權威人士和立法者等等。這些人理所當然要為不正確的資訊被批評，就算他們已經盡全力要把事情做好。

可是這個問題太困難了。當大家都意識到新聞報導中的不同觀點等於廣大的市場，真相本身也變得更加難尋。網路誕下了一個報導場域，它表面上看起來和正當的新聞很像。名嘴、YouTube網紅和形形色色的社群媒體明星很少人使用新聞標準來報導。這些網紅早就開始積累了大量可與傳統媒體組織匹敵的觀眾，其中又有不少具有政治取向的明星在社群媒體上的追蹤人數，讓許多得過普立茲獎的報紙都相形見絀。這些網紅的報導多半都是偽裝成新聞的意見想法，或甚至還有更糟糕的造假或騙人的報導，為的就是打響名聲和兜售假補品。當然也不能一竿子打翻一船人，其中還是有很大一部分人竭盡全力要找出真相。

不過在我們準備拔錨，脫離新聞客觀的假設之前，我想提醒大家，我們即將進入的是一個黑暗又充滿疑義的地方，彷彿滲透進你目前所討論的任何關於政治、統計數據或客觀事實的對話當中。

剩下來的是大量的道德直覺，把我們導向「感覺很正確」的說法。這些說法不會刻意挑戰人的世界觀，反倒會訴諸個人的恐懼或偏見而非集體的核實機制。由於客觀真相變得難以看清，人會被自己感覺正確的東西吸引過去。這時，迷信有了明確樣貌，對群體不利的陰謀論看起來也變得合情合理。

從這裡可以看到其中存在著危險的相對主義；所有假想皆在同等有效的情況下被向前推進。換句話說，每一種說法都被視為同樣正確。一旦所有資訊都被扁平化成未核實的陳述，那麼消失的不只是學界的無禮和上了年紀的電視主播所做的預測，我們其實也會失去共有現實的樣貌。

　　這種多元的意見和敘事已經逐步孕育出危險的混亂新時代。我們在不經意中踏入了資訊緊急狀態，且信任危機一觸即發。

　　到頭來，人們其實沒有時間做好新聞記者的工作，沒辦法花時間和專家討論或核實消息來源。現在尚未有更理想的機制可以用來解析真相。就算那些老派機構在網路的施壓下扭曲變形或粉碎殆盡，他們做的工作依然是無人取代的。新聞準則依然是找出真相的最佳利器之一，即便這些準則並不完美，因為我們尚未找到可以取而代之的東西。

　　現在先回過頭看看前文提到的巨大知識漏斗。這個漏斗是用內嵌在設計中的新聞準則打造而成的。許多資訊進入這個漏斗（多半是垃圾），然後只有很小的一部分知識從另一端出來（經過核實的新聞）。

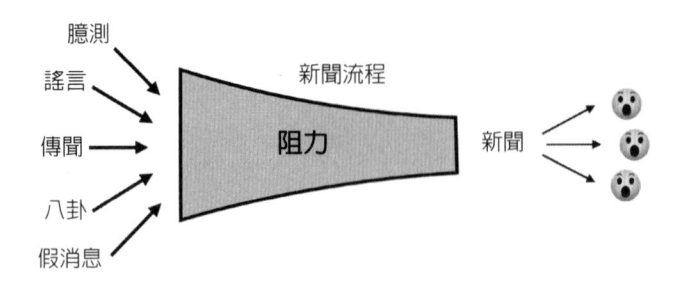

這個流程過去在社會裡一向都仰賴記者處理,如今我們需要自行動手去做。我們只有自己私人的意義建構小漏斗可用,沒辦法動用全社會那種大型的知識漏斗。雖然小漏斗可即時使用,但效果不彰。

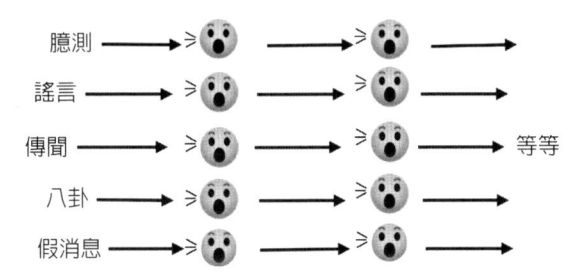

```
臆測   ⟶ 😮 ⟶ 😮 ⟶
謠言   ⟶ 😮 ⟶ 😮 ⟶
傳聞   ⟶ 😮 ⟶ 😮 ⟶ 等等
八卦   ⟶ 😮 ⟶ 😮 ⟶
假消息 ⟶ 😮 ⟶ 😮 ⟶
```

隨著混亂有增無減,我們憑著自己的直覺行事;我們的直覺最後勝出了。但是當每個人都靠直覺行事時,所有人都輸了。

總結

本章一開始探討了人類的意義建構系統碰上最困難又怪異的壓力測試——新冠肺炎疫情。疫情爆發期間,我有了一個艱難的角色,在某個 WhatsApp 延伸社群擔任首要主持人,該社群有二百多位朋友和陌生人渴望得到正確的資訊。後來這個社群的發展可以說是共有現實在網路世界分崩離析的縮影。群組的幾個主要特色挑戰了一般對社群媒體的假想:

- **沒有互動演算法作用其中**，不實資訊和陰謀論卻依然十分猖獗。
- **用不民主的手段實施管制規定**，不實資訊氾濫的情況才得到緩解。管制規定包括了相當簡易的引用規則，即必須參考來自有聲望之發表者的第一手資料，並且避免在群組裡臆測及提供迷因等等。這些規則在整個封鎖期間讓成員的閒聊轉化為寶貴的資源。
- **管制政策的實施促使一些人火大離開**。溫和但堅定地持續執行這些規則，有助於修正許多不實資訊，可是也造成至少有一批成員出走，組成自己的社群，他們在該群組內分享各種跟陰謀論有關的問題。這種分支成同溫層群組的現象，也顯示了所謂的迴聲室效應如何透過不斷的自我揀選而形成。

另外本章也論述了當人們不再信任機構，自然就會退回到更小的意識形態孤島，在那裡，個人的直覺不會受到質疑挑戰。在這些孤島中，人們聽從「信任代理人」（Trust Proxies），也就是給人對某課題有專業觀感的個人。這些個人化身為機構的替身，也因此獲得強大的影響力。如今就有許多網紅以機構代理人之姿發揮影響力，累積大量能夠抗衡傳統新聞網絡的觀眾群，但這些人其實沒有真才實學。

若說社群媒體在瓦解共有知識的過程中不經意危害到機構信任，那麼它究竟對人們的共有敘事產生何種影響？接下來要探索的是人類最珍貴的一個原則「言論自由」，為何在碰上擴散性時竟然那麼容易棄械投降。

Chapter 24
言論自由與捍衛真相

　　繼二〇一四年「黑人的命也是命」抗議行動之後,政治評論員喬恩・史都華(Jon Stewart)和比爾・歐萊利(Bill O'Reilly)在電視節目《每日秀》(The Daily Show)上來了一場辯論。這波在密蘇里州佛格森的抗議行動中,有一部分受到社群媒體的激勵,已經成功擄獲了廣大民眾的注意力,種族和治安儼然是熱門議題。辯論的主題是白人特權,當然可想而知,兩位的意見並不一致。

　　在抽離當下已經很久的現在,我觀看那支辯論影片時注意到一個很獨特的地方,那就是兩人在辯論過程其實用了非常專業的語言。喬恩・史都華在意見交流的過程中,企圖一步一步審慎地瓦解歐萊利對美國的白人天生享有特權這個概念的抗拒,而歐萊利則滿腔熱情地反擊回去。辯論期間,史都華對歐萊利施壓說:「我希望你承認是有白人特權這麼一回事⋯⋯我就想要你說出『我原來真的大錯特錯』這句話。」歐萊利反嗆說,若真有白人特權,那麼一定也有亞裔特權,並且以統計數據作為參考,指出亞裔賺的錢比白人多。

　　接下來則是一陣猛烈的言詞交鋒,隨著歐萊利提高聲調大喊「現在的美國是一個只要努力工作、接受教育又誠實做人的話,就可以成功的地方!」達到辯論高潮[1]。從歐萊利的聲調中差不多可以聽出他對這個說法的濃烈情感。他的敘事十分清晰:以成功與否

作為判斷,機會比哪種特權重要。他捍衛的是一個重要的理想,即任何人在美國都有成功的機會。史都華回應時提高了聲調,他答道:「如果你住在一個貧窮是該地特色的鄰里,很難有機會勤奮工作,也很難有機會受教育。」二十分鐘的辯論時間結束時,歐萊利卻出乎意料的認輸,他認同史都華的看法,白人特權確實是個因素。作為這場意見交流的觀眾,奇特的餘韻縈繞在我心裡,感覺兩個重大的敘事正在當下激烈交鋒。兩個相互衝突的理念雙雙在舞台上尋求觀眾的肯定。

以有線電視來說,這場辯論非常有見地,我推薦各位可以看一看。他們兩位之間沒有敵意,雖然努力想得到觀眾的分數,但他們極其專注於手上的議題,設法將緊繃的全國性議題剖析清楚。兩位男士並非在辯論事實,而是用十分具有說服力的方式辯論兩個很重要但相互衝突的國家敘事。

社群媒體對人們的共有敘事發揮了非常怪異的影響。過往社群媒體已將邊緣議題推入主流論述之中,多不勝數的少數族群議題如今都得到公開討論。不管是好是壞,大眾接觸到的這些敘事,有時候十分矛盾對立,就像那場特權與機會的辯論一樣。

從中找出解答並不容易。

當敘事被質疑時,人會產生巨大的抗拒感,那就像社會的結構遭到審判一樣。而且以某種層面來說,確實就是被審判。國家是由共有的敘事和信念交織而成,人民得以保有一個共同認同。然而這些核心信念受到挑戰的時候,人們的心裡會湧起戒心、憤怒和厭惡。每一個國家都需要某種基本的共同敘事才能運作,其中有一部分敘事必須與實際現實疊合,但未必經常如此。舉例來說,「美國

憲法的制訂旨在適應並為每個人提供服務」這種精神是美國建國不可或缺的共有信念，但不是每一位公民都必須秉持的條件。

我們所共有的敘事並非全都是正確無誤的。事實上，許多敘事大概只有片面事實。

舉例來說各位應該聽過喬治・華盛頓有木製假牙的故事。由於口腔衛生不佳所致，華盛頓一生中換過幾組牙齒，其中有象牙和動物牙齒組成的假牙，還有幾副包含了奴隸牙齒的假牙。他如何取得這些牙齒在歷史上並沒有十分明確的證據，但根據文件紀錄，他付錢買了「黑人的牙齒」。在那個時代，很多人會把人類牙齒賣給牙醫，而當時的牙醫會把整副真牙製作成鉛模假牙賣出[2]。

當然，對現代的觀眾來講，開國元勛嘴裡戴著偷來的人類假牙四處閒晃，實在是個問題重重又不怎麼賞心悅目的畫面。然而這可不是從現代角度來看唯一一個會被輕蔑以對的行為。華盛頓也承認會嚴厲處罰他的奴隸；對於那些試圖逃跑追求自由的人，他殘忍地對付他們。

不過就大部分的公共利益來講，華盛頓是個信守承諾的人。以當時的標準，他願意為了美國建國這個理想做出很多犧牲，奉獻他的生命努力打造一個韌性十足的民主共和國。指出一個奮力將國家從暴政解救出來的人，其實有著奴役他人那虛偽的一面，其實不是什麼難事。

但我們在重述自己祖國創建的故事時，應該著重在哪個事實上？

假如各位已經對華盛頓抱著某種懷疑的觀點,就會很容易用現代視角勾勒出其他領導人物比較複雜又有瑕疵的那些層面。金恩博士的婚外情多到數不清,是近數十年來逐漸曝光的事情。印度聖雄甘地(Mahatma Mohandas Gandhi)年輕時明確表態支持南非的種族隔離政策,他說黑人「討人厭又骯髒,活得像畜生似的」[3]。

這三位影響力強大的男人都有嚴重瑕疵,可是很多人寧可不去記住他們這些面向。我們會忍不住設法將他們的過錯解釋過去,或認真地用當時的規範來對照這些行徑以取得平衡,畢竟這些人士所代表的理念如此寶貴。

社群媒體尤其擅長從過去隱藏角落裡挖出新的敘事。另外,就像各位在這本書一再看到的,最具爭議的敘事往往也散布得最廣。如今在那麼多新資訊瘋傳的情況下回頭檢視過去,其實很難讓最珍貴的敘事保持完好如初。而且令人想不到的是,我們最重要的一個文化價值「言論自由」也因此產生了問題。

少數族群的意見

在何種情況下或時機點,少數族群的不滿會促使多數的意見發生改變?

在民主體制下,少數人的意見總是輸給多數人。「民眾投票,多數者贏」是神聖不可侵犯的一條遊戲規則。當我說「少數」一詞的時候,並不是指日常生活中歷來很少提到或描述邊緣群體那方面的意思,我指的是數學上的意義,也就是較小的數量或者是整體的

一小部分。民主體制的難處基本上都可以歸結為「多數何時應該調整作為來滿足少數」這個主要問題。

民主體制必須平衡很多人和少數人的需求。民主制度不會自動對少數群體的需求讓步，因為每一個人若是都有各自的目標，那麼這一群人就會因為無法合作而窒礙難行。

但是少數人真的很重要，因為每一個人在某種情況下都會是某個少數的一分子。人的信念未必一致，偶爾也會有需要想辦法符合他人想法的時候。

少數人的話語權很重要，不亞於多數人。或許這句陳述會挑起各位的敏感神經，或讓你腦海裡掠過一絲現代政治意識。現在討論少數人的權益和意見已經變成帶有政治色彩的事情，或者說是某種黨派目標。但在各位做出結論，以為我就要踏入某個你不認同的政治框架之前，讓我們退一步，先從現代抽樣幾個少數意見來探索一番。

第一個少數意見：有一群人在接種疫苗後得了嚴重併發症，差點沒命。這群少數人基於自身經驗而有實際的顧慮，手上握有疫苗不安全的合理觀察性證據。他們認為民眾不應該接種疫苗，疫苗對全人類十分危險，企業為了利益才會推廣民眾接種。這是一群數量少但暢所欲言的少數人。

第二個少數意見：一群具有特定性別自我認同的少數人認為，所有人都應該用專有的人稱來指稱他們，比方說別用「他」或「她」，而是以「任」來稱呼他們，比方說「任的」、「任們」等，他們也希望政府文件上可以合法承認這些人稱代名詞。「任」是一群數量少但暢所欲言的少數人。

第三個少數意見：一個以美國為據點的文化少數認為，他們有權不讓女性在家庭之外擔任何專業工作，且其子女只需要學習他們的宗教教義，不必接受任何教育。他們是一群數量少但暢所欲言的少數人。

第四個少數意見：一群人認為九一一恐攻事件和軍人之死都是上帝對社會接受同性戀的懲罰。他們認為這個國家應該將同性戀列為違法。這些人好興訟，經常對州政府和聯邦政府提告。這也讓他們藉由在死去軍人的葬禮上糾察抗議並提出訴訟，最後贏得大筆和解金。他們是一群數量少但暢所欲言的少數人。

第五個少數意見：一群新納粹主義分子認為大屠殺只是宣傳活動，並非實際發生的事件。他們是一群數量少但暢所欲言的少數人。

第六個少數意見：有一群人的家人因為警察造成的事故而身亡，他們因此認為所有的法律執行單位都應該全部解散，作為約束暴力和歧視的解決之道。他們是一群數量少但暢所欲言的少數人。

我分享這些例子並非在暗示它們的模式很相似，又或者他們代表規模類似的一群人，而是這些抽樣的少數意見勾勒出一個重點：各位不可能會相信這些群體的信念真的全都是為了好玩，也不可能相信這些意見竟然會是全國集體關注的焦點。（假如你相信的話，那麼你一定也是少數中的一個。）

我說明這些個別事件的目的，在於證明「尊重所有少數」這句格言失靈的速度有多快。假設現在就有一個包容少數意見的普世哲理，一定會讓我們鬼打牆。

少數意見本來並不邊緣；所有的少數都有法律規定的權益和舉足輕重的發言權。只是很遺憾，統計數據上的少數必須和上述這些

更為極端的少數族群分享空間。我想闡述的是集體意見的機制「為什麼」必須平衡少數和多數的需求。

為此，我們須要先跳脫當前的黨派政治框架，改而將重點放在設法以尊重和單方面平衡的方式納入少數的意見，讓對話變得更有建設性。

極端的意識形態基本上並不是有利於人們判斷如何在社會上行事的起始點，然而隨著近來共有的「論述之窗」被粉碎，我們終究還是落入了極端意識形態之中。邊緣意見的能見度大增，導致大家都在幾乎無人的邊緣地帶辯論對話。

我們已經搞不清楚何為可接受的理念，所以乾脆不再探討實際的問題；結果我們便落入了意識形態爭論的邊緣地帶，不知該怎麼做才能有真正的進展。

假如人不可能在對話中納入每一種聲音，那麼該如何決定要納入哪些聲音？我們需要一個更廣泛的語言，來理解這種暢所欲言的少數在認同和意見上激增的現象。

對不寬容的寬容

二〇一七年維吉尼亞州夏綠蒂鎮的示威事件過後，當時有一群新納粹主義分子集結起來移走南北戰爭的南軍將領「石牆」傑克森（Stonewall Jackso）的雕像，有個新納粹主義支持者開著他的車衝進人群裡，造成數十人受傷和一位示威者死亡。

那些現場畫面太嚇人，社群媒體也炸鍋了。各種觸動敏感神經的聲音和道德的絕對準則充斥著Twitter和Facebook，吵得不可開交。對受害者表達同情的推文和譴責言論如潮水般不斷湧現在整個網路上。

其中有一則推文特別吸引我的注意。

推文：
你對某個信念的權利就停在它詆毀任何一個人的瞬間。
#Fucknazis
#去他的納粹

這句話乍聽之下感覺很對，可是再讀一次後我發現這是個邏輯陷阱。它呈現的哲學難題可以這樣形容：納粹分子儘管應受指謫，卻仍然符合「任何一個人」的定義。也就是說，這位Twitter用戶其實也因為貶損某個人類為納粹分子，而喪失了他所謂擁有這個信念的權利。這是一則自相矛盾的推文。

這件事重點何在？執著於某個人在全美追究白人至上主義的氛圍正夯時寫下的情緒推文，看起來似乎相當愚蠢。

然而，若是想打造一個有規範的體制，讓社會在該體制內居於主導，就必須對這種法律和邏輯上的謬誤做出解釋，否則這些規範就不會有效。這啓發了我想到一個問題，而且這個問題不斷縈繞在我腦海裡：我們對「不寬容」應該容忍到什麼程度？不寬容何時會破壞體制？何時能夠因為他人抱持有毒信念就「下架」他們？舉例來說，我們什麼時候可以痛打納粹分子一頓？

這便是當大家決定要推哪些人上平台，決定推送和審查哪些人時，所碰到的問題癥結點。我馬上就從中領會到，牽涉到言論自由的時候，我們會落入嚴重的困境。美國憲法權利法案第一修正案的制訂，據稱正是為此做出解釋。言論自由在默許情況下，包含了許許多多奇怪又有疑義的少數意見。如何加以保護應該清楚寫在修正案當中。第一修正案的陳述如下：

> 國會不得制訂任何關於確立國教、禁止宗教自由、剝奪言論或出版自由、剝奪人民和平集會以及向政府請願的權利等法律。

這項修正案的本身目的在於禁止「政府」侵害公民的權利。修正案通過之後，若干思想家試圖建構更廣泛的哲學範例來演示它對社會的價值，其中最顯著的就是現代自由思想的開創者之一約翰‧史都華‧密爾（John Sutart Mill）[4]。

這條法規之目的有其意圖，但它也彰顯出一個具有多重面向、意見百花齊放的大型社會固有的矛盾。究竟哪些事情應該得到寬容？假設有個意識形態對他人不寬容，何時應該憤慨到出手阻止，又或者懲罰抱持這些意見的人或審查他們？

以第一修正案的角度來看，少數意見不能被統一視作有害或正義。有鑑於此，原則上對於不良和良好理念都會給予同等立足點使其能相互競爭，讓最好的理念有最大的可能性勝出。

然而，有一些瘋狂的理念實在令人難以想像會在哪些方面有任何價值，尤其它們似乎會威脅到很多我們在乎的人和觀念的情況下。在此先暫停片刻，思考一下身為一個極少數群體的一分子會碰到什麼難處。如果你被置於這種抱著十分不討喜的少數意見情境

下,想必其他人得格外有同理心才能瞭解你的感受。在過去的某個時空裡,廢奴對美國大部分地區來講也是極不待見的少數想法。如果全面對這樣的觀點進行審查的話,恐怕會延長這些不人道理念的實踐,不能達到阻止它的目的。當然對任何靠近主流立場的人來說,納粹分子和廢奴人士的意見並非是可以相提並論的,可是從法律的觀點而言,兩者都是受到保護的言論。

原因就在於「即便是不良理念也有它價值」。密爾的論點是:當你試圖組織很多人去審查個人的時候,除了會對個人造成痛苦之外,也會剝奪「社會」整體修正這個理念的機會。批評和修正都是有智慧在其中的;比起默默地固執己見,透過公開辯論來駁斥納粹支持者才能讓社會獲益匪淺。

英國哲學家密爾在《論自由》(*On Liberty*)中提到:「倘若除了一人之外的其他全人類都意見一致,但凡一人意見相反,便沒有任何理由令他緘默,正如此人即使大權在握,也不能有任何理由令全人類緘默一樣。[5]」

密爾認為批評能夠促進真相的揭露。從相互衝突的意見之中,最終可以達成更深層的瞭解、更大的寬容和更好的理念。

> 只從自己這一面瞭解事情的人,不能說他真正瞭解實情。他的理由合理,所以無人能駁斥,但假如他同樣不能駁斥對立面的理由、不夠瞭解對立面,就沒有立場偏向哪一面的意見[6]。

因此以密爾的觀點來說,有害的理念之所以「必須」容許其存在,是為了讓它們得以被駁斥。假如不讓人們有機會從批判中獲悉某個理念究竟錯在哪裡,便是剝奪了大家自我教育的機會。

既然如此，若說自由派的寬容是有助於社會向前邁進的根本價值，那麼在何種情況下太多寬容會出事？我們什麼時候應該停止寬容那些令人反感或不寬容他人的事情？應該接受多少毒害經由社群媒體擴大到共有論述之中？過度寬容到什麼境界會造成體制破壞？

寬容的悖論

哲學家卡爾・波普爾（Karl Popper）把這種兩難稱為「寬容的悖論」（Paradox of Tolerance），其邏輯如下：「無限制的寬容必定會導致寬容消失。假如把無限制的寬容擴展到不寬容的人身上，但未做好準備去抵禦不寬容的狂襲，以此捍衛寬容的社會，那麼寬容的人及其展現的寬容將會被摧毀。[7]」

此邏輯的關鍵在於如何定義寬容和傷害，同時也必須根據何謂「受害」的共同語彙來定義。

有鑑於傷害的定義是個棘手的問題，因此聽起來雖然簡單，但實際上並不容易取得共識。以先前的廢奴為例，南軍在南北戰爭開打前使用了「生活方式」這個主張來捍衛奴隸制。也就是說，廢奴等於「傷害」他們的生活方式，即便蓄奴事實上是強迫其他無數的人類過著奴役生活。

現代的哲學家約翰・羅爾斯（John Rawls）企圖定義得更明確，他寫道：「社會的體系應當要能賦予其成員最大的自由，但必須受制於任何成員的自由不應侵犯任何其他成員的自由的觀念。[8]」

這種信念若是實現的話，會威脅到社會任何其他成員的自由嗎？由於我們評估社會「其他成員」時使用的是集體校準過的道德框架，而這種框架往往變化多端、反覆無常又十分不一致，所以這也會是個十分棘手的問題。我們仰仗那些假設和我們擁有共同價值觀的權威，來判斷傷害的界線在哪裡以及哪些人才算社會真正的成員。

　　如前所述，奴隸和女性在過去的時空裡不被視為真正的社會成員。「去人化」——或稱「非人化」——是一種簡易但可怕的做法，它會將一個人的權利降級到某種程度之下。精明的律師在那個時代會主張，基於奴隸和女人不算真正「合法的公民」，因此不會因為沒有權利而受傷害。當然，這個論點以現代的道德標準來看簡直是無稽之談，但過去在法庭和公眾觀感上卻屹立不搖多年。

　　有一句法界諺語勾勒出另一種框架，那句話大概是這樣說的：「你揮舞拳頭的自由，停在我的鼻尖之前。」這句諺語的確切來源不可知，但據說可能出自小奧利弗・溫德爾・霍姆斯（Oliver Wendell Holmes）或約翰・史都華・密爾之口，甚至連亞伯拉罕・林肯（Abraham Lincoln）也可能是源頭。根據這句俗話，一個人行使自由的權利會在自由危及到另一個人的生命和安全時終止。

　　不過這個概念指出了兩個面向，其一是揮舞拳頭的那方，另一個則是受到傷害的那一方。顯然我們可以對他人做的壞事當中，並不只有痛打別人。一旦改變了對傷害的「認知」，這個概念會頓時顯得特別複雜不明。如同近年所觀察到的，認知這種事情在社群媒體的作用下已經從根本扭曲，讓整個世代的人類搞不清楚究竟有害的言論是什麼。言論不是拳頭，但在網路上被擴大後會讓人有被拳頭痛打一頓的感覺。

💬 這不是新議題

一八〇七年,總統當選人湯瑪斯・傑弗遜(Thomas Jefferson)在就職演說中說了以下這段名言,來指稱其言論可能危害到國家的人:「別讓他們受到干擾,如此便為安全豎立起紀念碑,以此闡明即便是錯誤也可以被寬容,因為理智能夠自由地與之對抗。[9]」

傑弗遜在成為總統之前,是言論自由的過剩主義者,寧可有報紙而無政府。他覺得人民基本上可以利用新聞作為指南,針對問題自我組織動員,並管理自己的社會,無需國家權力機關。換句話說,人民只需要報紙和憲法就能攜手共同解決當下的問題。提出有問題的地方,然後用審議的體制來解決該問題即可——這便是他的理想。

然而等他當上總統之後,這個理想並沒有持續。後來他在總統任期內終究還是徹底改變自己的初衷,指示新英格蘭州檢察長起訴各家報社編輯,因為他反對他們刊登的言論。他的言論自由哲理碰上治理國家的現實時便退讓了[10]。

從建國初始,言論、管制和審查等議題所碰到的難處,一直以來都是美國政治的核心。

💬 不能期待審查制度始終站在我們這一方

言論自由有一個至關緊要的核心理念,就是審查這個舉動本身不會特別支持哪個意識形態。

政治人物和法官歷來對憲法第一修正案有著不同的詮釋。很多人從道德和情感的角度去解讀它，做出今日我們稱之為過度和不正義的決定。

舉例來說，一八三五年郵政總局局長針對紐約反奴隸制學會（Anti-Slavery Society of New York）所發出的反蓄奴資料進行大力審查，阻止信件流通並在支持蓄奴的示威人士奪取並摧毀郵件時拒絕介入[11]。

時至今日，我們也同樣碰到了這些難題。共和黨人覺得社群媒體平台特別針對保守派意見進行審查，擔心平台員工的自由派價值觀會影響重大的政策決定。保守派憤怒地通過立法，把圖書館那些有違其道德世界觀的書籍禁掉，而且剛好就發生在自由派人士快速擴充仇恨言論的實質定義、尋求全面增強仇恨言論限令之際[12]。

過去每一個時代都有搞錯真相的時候，當今這個時代也不例外。當理念容許衝撞、辯論、證明為真或自取滅亡時，就能得到真相。人類只要秉持以下兩個簡單原則，就能一代比一代更加擅長找出真相：

（一）真誠發表意見，並且也讓別人能夠這樣做。
（二）即便你不認同，也別壓制他人的言論。

這兩項不管對個人或社會來說都不是容易遵守的原則，但我們應該盡全力隨時隨地守住它們。

這兩個方針的設計刻意在道德上顯得模擬兩可。原則本來就不該使人偏頗特定黨派的理念。批判有助於推動真相，讓我們更明智。誠如強納森‧勞赫所說的：「我們更容易看見他人論點和理念

中的瑕疵,接著我們再除去自己的假說,而不是除掉彼此。[13]」

現實世界

我們一起把這些原則謹記在心,應用在當今的現實世界裡。

不該有任何人的言論被政府審查,第一修正案保護了這些權利。然而,社群平台的規則會繼續狡猾下去且爭議不斷。當然預設情況下,只要有可能就應該一律放寬審查尺度,該處理的反倒是「擴散性」的問題,因為總會有某處的某人針對哪些資訊能否被廣泛散播做出判斷。這些就是二百多年來把關媒體的人,如今這種角色多半由內容審核演算法來擔綱。如同前文探討過的,這些演算法搭配媒體的動機,共同將觀眾的注意力導向極端內容。實際上,正是這種態勢擴大了更激進的理念和邊緣的少數意見。

跟極端觀點比起來,這無疑讓立意良好、具有建設性的辯論對話處於不利的立足點上。現代的社群媒體其實擴大了多數議題的不良詮釋。它們把名望和觸及率給了那些極為擅長表達憤慨的人,要大家去找出最惡質的理念。

社群媒體上的批判並非為了促進理解,而是用來「得分」。譁眾取寵已經成了多數辯論的主軸,而真相往往輸給假訊息。

言論的自由不等於擴散性。誠如我的同僚芮妮・迪瑞斯塔(Renee DiResta)所指出的,這是她改述介面大師阿薩・拉斯金(Aza Raskin)的話:「言論自由不等於觸及自由。」

那些促使內容產生審核問題的科技所帶來的威脅，日後只會變得更普遍，我們應該要有這番體悟。經由運算的政治宣傳搭配與真人無異、難以辨識的聊天機器人，再加上沒有限制的病毒式擴散，會讓這些問題雪上加霜。

總結

本章開頭描述了兩位權威人士喬恩‧史都華和比爾‧歐萊利的辯論過程。他們看起來像在辯論事實，但實際上辯論的卻是兩個更為宏觀的結構敘事——自我賦權的美國夢以及美國黑人長久以來被剝奪公民權的狀況。這場辯論是兩位才學之士分別就他們最有力的論點所做的寶貴意見交流，有助於觀眾更加深入瞭解這些議題。

社群媒體讓這種辯論變得愈來愈少見；它增加了我們接觸更多新出現、挑戰共有敘事的爭議性少數意見的機會，卻沒有給予我們真誠辯論這些意見的能力。

少數意見受到美國憲法第一修正案的保護，若是能有建設性的辯論這種意見，必能獲益匪淺。但是並非所有的少數意見都應該「上架」，儘管第一修正案保障少數意見不受「政府」審查，但是修正案並未對這種少數理念的擴散性——即觸及率——做解釋。擴大內容或調降內容的權利依然在平台業主的手裡。就目前而言，爭議性和極端意見在網路上往往會獲得最多的互動，勝過審慎的評論和合理論述。這種情形感覺很新鮮，但其實是建國以來就一直存在於美國政治核心的棘手問題。

聽起來似乎頗令人沮喪,不過無須如此。我樂觀認為這是一個可以解決的問題。接下來的章節會開始探索一些設計良好的原則,它們有助於促進網路上空間的真誠對話與論述。(如欲瞭解這些設計更為宏觀的原則,請造訪 outragemachine.org。)我們可以打造更良性的動機激發建設性辯論,重視和擴大那些可促進理解世界的對話與批判,讓言論自由的核心理念不受動搖。

PART V 要討論的是這些議題如何攀升擴大,變成整個民主體制更廣泛的問題。從制高點來分析,就會看到一些解決方案逐漸浮現。

我們就從某個海洋島嶼的寓言故事講起。有一天那座島上來了一位不速之客,這個地方從此徹底改變。

outrage machine

重接機器

PART V

Chapter 25
島嶼的寓言故事

不久以前,海上有一個島嶼國家。這座島上居住著五位農夫,每一個都擁有面積大致相等的土地。這座島寬數十公里,大到它的少數幾位居民也難得見上一面,除非提前很久做好計畫。

島上會舉辦選舉,每隔幾年五位農夫就會聚在一起,組織一個小理事會,投票選出主事者,對外代表這座島。這個職位很重要,因為它必須和本土訂立貿易協議,並且管理島上那條很長的環島馬路。他們用簡單的得票多數來選出主事者,如果沒有人拿到多數,那就下個月再選一次,直到選出得票多數者為止。

不過因為這座島幅員廣闊,基本上難以辨別主事者是否確實做好分內工作,因此他們請了一位年輕人針對島上做檢核報告。於是這位「報告人」每週都會跑遍全島並撰寫報告詳述島上的種種情況,再寄給每一位農民。報告人的工作辛苦但很值得,因為農夫們各自忙著耕種自家農地,對於他提供的服務,他們會付他一小筆費用作為報酬。

島上目前的主事者是位能幹的女人,她把工作做得相當出色,不過她和報告人之間的關係偶有齟齬。報告人經常挑她毛病,向另外四位農民嘮叨島上有哪些不對的地方,此舉往往讓本來就已經十分忙碌的主事者多出了更多工作。但是這位主事者需要報告人的支持才能贏得選舉,因此她經常和他談話,解釋她為這座島做了哪些

事。大家通常也都習慣了這樣的安排。

某一年，其中一位很愛喳呼的農民——大家都叫他「大聲公」——在田裡挖水井，結果挖到很深的地方時有一灘油冒著泡泡湧出了地面。他看到黑色的液體從泥濘中冒出來，便明白自己走運了；現在他可以利用這口油井大賺一筆。不過石油肯定蘊藏在整座島嶼上，不會只出現在他家的土地。他知道如果其他農夫發現的話，就不得不跟他們一起共享這些石油。

所以他對石油的事情守口如瓶，然後開始做了一些謀劃。他得設法在下次選舉選上主事者，如此一來才能賣掉石油開採權，讓自己致富。於是他開始拉攏報告人，對他十分殷勤，同時也密謀要拉下原來的主事者。

快到下次選舉的時候，大聲公開始對報告人說現任主事者的壞話，但是問題來了，主事者並不壞，能拿來說嘴的事實在不多，因此他開始憑空捏造。「我聽說主事者會汙錢，」他在年度會議上對其他農民說：「我覺得她很腐敗。」

報告人開始進行調查，可是他找不到任何證據可以證明大聲公說的那些事，所以他把調查結果寫在報告裡。「大聲公的指控不正確。」他寫道。大聲公發現自己曝光了，他為自己辯護，說道：「我還是覺得事有蹊蹺！」

選舉日到了，大聲公一拳捶在桌面上，把事情鬧大，想當上主事者。但其他農民不買單。根據報告人的說法，主事者依舊十分盡責，所以沒有人真正相信大聲公的叫嚷，選舉如常進行，沒有出現意外。主事者**繼續**辛勤地做事，島上的情況也一如既往**繼續**過了數年。

有一天，一位業務人員搭船來到這座島嶼。船上有一個很大的天線，他提議將這個天線放在島中央，大家便可傳訊息。天線連接了一台小型發射機，如此一來到處就能拍照和傳文字給島上其他人。聽起來真是個好主意，所以農民們集資買下了天線。

新天線太實用了，島上每一位農民都能把自己見到的不對之處呈報出去，彼此分享資訊並告知主事者。主事者會處理這些問題，島上也一點一點變得愈來愈好。所有人都用天線，報告人愛死了天線，因為他可以追蹤每個人的問題，並利用天線快速將報告寫好。這讓他的工作做起來更輕鬆一些。

不過最愛天線的人莫過於大聲公。他用天線分享他對「每一件事情」的意見，尤其不吝於分享他認為自己可以做得比主事者更好的想法。其他農民大多還是忽略他，報告人也會盡其所能修正大聲公的說法。

那一年後來的某一天，一場巨大的風暴侵襲了這座島。連接農民住處的那條馬路嚴重損壞，報告人頓時忙得不可開交，努力把馬路該做的修繕事宜一一記錄下來。

由於這一週忙碌不堪，報告人有一份報告寫得亂七八糟。他在報告裡寫到馬路有一段毀損的地方已經修復，但實際上尚未處理。他沒把事情做好，修繕時程也整理得很亂。畢竟這是一座大島，他分身乏術。「應該沒關係啦，」他心想：「下一次報告再補充更正資訊就好了，我一向都這樣做。」

然而大聲公聽到風聲後逮到了機會，他利用天線張貼馬路毀損的照片。「你們看！報告人說謊！這裡面一定有鬼！」他說：「我認為報告人和主事者同流合汙，你們千萬不要相信他們。」

報告人尷尬不已，他過去未曾讓自己的工作受到這樣的質疑。他發出道歉訊息，表示自己以後會把工作做得更好。這種亂糟糟的狀況偶爾會發生，不過以前並未造成什麼問題。

但是大聲公不肯善罷干休。「你們不要相信報告人，他一定瞞著什麼，我覺得他謊話連篇。」報告人既震驚又困惑。「我盡心盡力，怎麼變成壞人了？」他心想。

現在其他農民也感到不解了。大聲公說的沒錯，報告人確實犯了錯。「空穴不來風啊！」一位農民說道，他再也不付錢給報告人了。

大聲公的砲火沒停，他慢慢除去了報告人和主事者的後援。

選舉日又到了，情況十分混亂，大家都不知道該信任誰。有兩位農民表示無奈，決定不投票；各種指控滿天飛讓他們不知所措。大聲公咆哮個不停，他向大家宣稱：「那兩個傢伙是騙子，我可以做得更好，投給我！」

在兩位農民棄權的情況下，大聲公以極小差距的多數票贏得了選舉：一位投給現任，兩位棄權，他得到兩票。

大聲公當選了；現在身為主事者，就可以把油權賣掉。他知道現在報告人是擋住他飛黃騰達的唯一障礙，因此他全力貶低報告人。「接下來也該把這個地方清理乾淨了！報告人是我們的敵人，」他說道：「既然島上有天線，就不需要他了。」沒多久報告人便丟了工作。

最後沒有人付錢買報告人的服務，他便離開這座島去別處找工作。其他農民其實並不清楚沒有報告人會發生什麼狀況，也只能相信大聲公那套有了天線就不需要報告人的說法。

不到一年，大聲公就偷偷賣掉了油權。他現在家財萬貫，並用這筆錢僱用自己的報告人，這位報告人會照他指示辦事，又可充當打手，確保其他農民每次選舉時都會投給他。

這座島嶼已經變得不一樣，如今它有了穩定的新政府，這種情景恐怕有很多年都不會改變。

總結

本章開頭描述的寓言故事，述說一個小型穩定的民主政體。民主體制是一種協調合作的遊戲，需要良好資訊才能運作。媒體提供可靠的資訊，扮演類似裁判的角色，設法讓野心勃勃的每一方保持誠實。當媒體受到新散播技術的危害時，公眾一時之間很難憑經驗決定該支持和信任誰，這就是所謂的「協調陷阱」（coordination trap）。

民主的敵人未必是野心勃勃、愛嗆聲的人；真正的敵人是「迷惘」。迷惘本身正是參與者無從得知誰才是真正煽動者的元凶。誠如曾任美國總統顧問的史蒂芬・班農（Steve Bannon）在提到他的政治策略時所說的：「真正的對立面是媒體，而與媒體打交道的方法就是用瞎扯去攪亂整個區域。[1]」

我們可以在既有媒體與社群媒體相互競爭的世界各個角落，看到這種態勢的發展。煽動者就是有辦法撩撥和延續迷惘的狀態。迷惘愈多，意味著能協調合作的人愈少；散播的指控愈多，則表示懂得看清誰在說真話的人愈少。接著就來探究這番道理對全球的自由民主體制而言有何意義。

Chapter 26
民主危機的核心

　　當今的自由民主體制正陷入危機當中。

　　如果我們窩在鄙視的泡泡裡，就不會願意攜手共同面對未來。小小的問題被當作道德威脅，生存風險卻被視為無關緊要的小事。如此一來，人類就無法對事情的真偽有集體的認同，這正是當今社群網路的設計方式所衍生之後果。社群網路從根本上改變了我們看待真相、衡量朋友的方式，也改變了我們視誰為敵人的方式。

　　把目光放遠來看，這種情況並不樂觀。我們幾乎天天都會確切體驗到憤慨的情緒，對那些抱持相反政治理念的人真心感到恐懼。在高度投入政治的人當中，有七成民主黨人和六成二共和黨人表示他們害怕另一黨。這導致人們刻意忽略另一陣營：過去二十年來，始終堅守保守派或自由派意見的美國人增長了一倍。兩黨意識形態重疊的部分大幅減少；如今九成二的共和黨人站在中間民主黨人的右側，而九成四的民主黨人則立足於中間共和黨人的左側[1]。

　　隨著社群媒體迫使人們各自往焦慮和憤慨的某處鑽去，我們對政治和社會最可怕的恐懼都在這些地方得到實現，讓人產生一種像是孤注一擲之感，使我們變得更想從極端地帶找尋解方和引領我們前行的人。

　　這種傾向就反映在民眾對威權國家接受度問卷調查中，呈現出令人憂心的結果上。美國有相當多且數量仍持續增加的人口比例表

示,他們認為完全終止民主治理,讓給軍事統治也沒關係,只要這個政體跟他們同一陣營就好。年輕一輩多半都被視為思想最自由且充滿理想,竟然也不能倖免於這種威權傾向。將近整整四分之一的二十四歲以下美國人指出,他們支持的政黨所建立的威權比民主選舉更好[2]。

人們正逐漸失去攜手合作向著大目標前進的能力;大家都在火大各種不同的事情。國會的黨派僵局只會愈來愈糟,這直接反映了當前的輿論情勢。

自由民主過往擁有最燦爛的思想寶庫,正是因為這些思想源自於多元獨特的觀點,所以成為解決問題的優勢。社群媒體卻奪走了這部機器的齒輪,讓世界各地的獨裁者有機可乘。

高度分化的社會難以保有多個黨派和多元觀點。更驚人的是,有一群人特別容易受到威權的觸發,如果接觸到適當刺激的話,就會默許支持獨裁者。

社會契約

柏林圍牆倒下是我人生當中最重大的地緣政治事件,只不過發生的當時我還懵懵無知。我記得CNN播報的畫面裡,示威者坐在塗鴉的水泥圍牆上,有些人用槌子和鐵橇敲擊牆面,有些則把圍牆的碎塊帶回家。那時我才八歲,對於這件事有到底多麼了不起並沒有深刻的瞭解。那畫面看起來好像民眾正在舉辦狂歡派對。對數百萬像我這樣的人來說,蘇聯政府的垮台如同古老的歷史,彷彿代表另

一個時代的模糊里程碑。

但是對我父母那一代而言,柏林圍牆倒下就像地球的軸線總算自行校正完成一般。數十年的思想暴力戰鬥把人類帶往存在滅亡的邊緣,而柏林圍牆的倒下標記了這場戰鬥的終止。透過這段時期,我們看到文明末日的核子武器擴散,對其所衍生的恐懼定義了此前五十年的歲月。西方民主與各種版本的新興共產主義之間的相互碰撞,特別是和最顯著的蘇聯政權衝突,最終由典型的自由民主治理奪下勝利。

有鑑於此,東西柏林的統一和蘇聯的瓦解對西方世界來說是凱歌高唱的一刻。此大事也被吹捧為自由民主的確是組織人民優異做法的鐵證。著有重量級大作《The End of History》(書名暫譯:歷史的終結)的學者法蘭西斯・福山(Francis Fukuyama)認為,這場辯論的結果早就底定。他主張自法國大革命以來,自由民主制自始至終都證明比其他任何體制更為有效(從道德、政治和經濟的立場來看)。民主體制大體上是穩定又最有效率的方式,能將人類組織起來向前邁進。這個問題已經解決,西方的自由民主制就是人類政府的最終形式,是人類政治意識形態的演化頂峰[3]。

當時的證據似乎也支持他的觀點。冷戰結束奠定了全球合作的新時代。研究顯示,隨著冷戰結束和若干自由政體後續崛起,武裝衝突、國家之間的戰爭、族群戰爭、革命和難民的總數都急遽下降。從實際觀察中顯示,南美洲、東南亞和東歐的國際戰事大多都已經平息。這些國家從軍事獨裁政權轉變為民主體制之後就不再興兵動武。整體而言,當國家變成民主體制之後,便不想再承擔以武力對抗鄰國所需的成本[4]。

Chapter 26　民主危機的核心　415

緊接著恰好趕上了九〇年代，時代共識明確朝著一個觀念集中合併，那就是至少以政治體制來說我們已經找出解方。政府必然會趨向經濟自由主義、代表制領導和穩定性。人類接下來可以繼續探討其他問題了。

終結之終

當然批評的聲浪也是有的。批評的內容指出福山的理論大多都以戰爭和「成熟民主」相互衝突的定義為基礎，同時也主張民主畢竟起源於相對近代的人類歷史，因此不能就此對民主有這種概括認定。依批評者的觀點，這場民主實驗的執行時間還不夠長。

然而就在二〇一六年，民主的歷程突然之間開始往後退。民主運作的方式忽然產生怪異的現象，某種看不見的力量迅速讓情況失控。民粹革命在世界各地造成衝擊，蠱惑民心的政客在若干重大選舉中以勝利之姿崛起。自由民主頓時變得脆弱乏力，就在「戰勝」各種治理方式後的不過數十年。

兩場民主體制下的合法選舉，出現了川普贏得總統大選和英國脫歐的結果，令人體會最為深刻更甚於其他事件。情況變得非常奇怪，但究竟哪裡奇怪呢？

人的生活完全繞著人際關係發展，譬如和家人、雇主和社區之間的關係。但其中一個最微妙又特別重要的就是人們與政府的關係；這種關係決定了人們如何過生活，儘管大家並不會經常想到這個層面。如前文所述，人民與政府的關係起了變化有很大一部分都

拜社群媒體所賜。這些工具所創造的依附和動機，挑戰了已知的民主政府傳統根基。這些社群媒體正在強化某種看待世界的眼界，最終可能會從根本上危害到民主建設。

有一個十分好用的框架，可以用來理解這種民主失靈的現象，那就是「社會契約」的概念。這個概念緣起於啓蒙運動時代，有一世代的思想家爲政府的權威性和人生而自由的觀念提出正當性。

其中最能完美勾勒出社會契約概念的思想家非盧梭（Jean-Jacques Rousseau）莫屬，他的看法大致可以如此描述：個人選擇放棄生而為人的一部分基本自由，來換取政府必須確保人民的權益[5]。

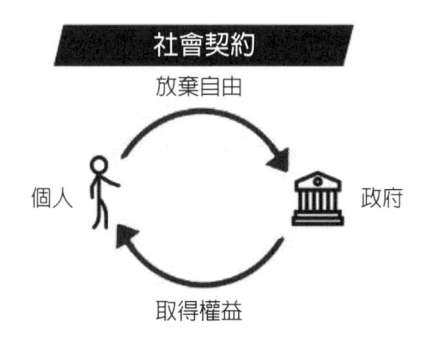

社會契約

放棄自由

個人　　　政府

取得權益

此論點得到思想家約翰・洛克（John Locke）的支持，他的社會契約概念對美國開國元勛的影響，深遠到幾乎一字不漏地被寫入獨立宣言當中。宣言中描寫到「人們爲了保障天賦人權，才在他們之間建立政府，而政府的正當權力則由受治理者的人民同意而賦予。[6]」社會契約的概念正是我們今天所知的自由民主核心。

不過若說社會契約的概念在當時十分創新，其實也不見得。此前一百年哲學家湯瑪斯・霍布斯（Thomas Hobbes）提出第一個版

本的社會契約,不過他信奉的是另一種保障安全而非權利的契約。他主張人類若是沒有這種契約,就會生存在一個野蠻又暴力的世界,他稱之為「自然狀態」,這種狀態下的人生「孤單、貧窮、汙穢、野性和短暫。」

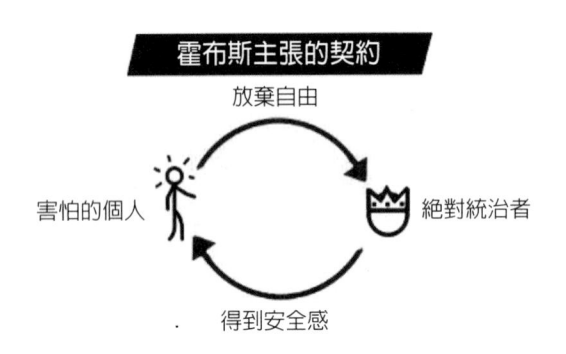

霍布斯主張的契約

放棄自由

害怕的個人 → 絕對統治者

得到安全感

霍布斯跟洛克不一樣的是,他利用此論點為其所謂的「利維坦」(Leviathan)提出正當性;「利維坦」指的就是可以確保人們安全的絕對威權統治者。以何為代價呢?即人類個人的自由。他從他那個時代的革命和戰爭中觀察到社會上出現失調的暴力現象,因此主張君主和其他擁有絕對權力的領袖對人類大有裨益。若沒有這些領導人物,他認為「人類就會落入個人對個人的戰爭」[7]。

他的論點核心以恐懼為出發點,也就是恐懼人們若缺乏統治者則必然會衍生暴力。他將未受統治的人類會有混亂和無法無天的傾向描繪得愈清晰,他的絕對君主制主張就愈有力。這種對「自然暴力」的恐懼,正是證明其論點的充分理由。

過去的國王、女王和皇帝,是從「神」取得他們的權力。「君權神授」的前提就是指所有國王皆由天命派遣,凡違背者都會下地

獄。自古以來,與天神連結就是威權政體的主要正當理由。霍布斯和洛克試圖在此論述之外,利用他們那個年代的思維為「政府」概念塑造合法性。

在宗教改革運動(Protestant Reformation)分化了教會之後,君權神授的邏輯也不再能取信於大部分的人。(君權神授說國王是上帝指派的,那麼上帝派來的是新教派還是天主教派的國王呢?)霍布斯竭盡全力根據過去成功的先例,向民間社會補強論據。依他之見,絕對統治者正是社會需要的體制。

霍布斯探觸到人類本能的共鳴之處;在面對混亂的時候會渴望法律和秩序的存在。人對威脅到自己福祉的東西愈是敏感,就愈容易受強勢的威權統治者吸引;愈是感到沒安全感,就愈相信我們需要嚴厲又強大的國家元首。霍布斯認為,這種生存恐懼正是塑造公民社會最重要的力量。

在現代,霍布斯的主張反映在政治科學家卡倫・斯滕納(Karen Stenner)的研究中。她證明了大致上有一八%到二〇%的人口面對特定種類的威脅反應時,會特別容易受到影響,使他們很快就能接受威權的訊息。她稱這些人為「自然威權主義者」(natural authoritarians),也就是對於所謂的規範威脅會有根深蒂固的自然反應者。當這些人感受到威脅,或對特定種類的文化局外人感到恐懼,或是感覺到事情的井然有序受到威脅時,他們的精神狀態會扣動某種「扳機」,一旦扣動扳機,這些人預設就會支持嚴厲的政策和當局。斯滕納的研究顯示,「遺憾的是,只要有多重文化教育、雙語政策和非同化這類的東西,就一定會增進這種潛在傾向的表現。[8]」

斯滕納的研究指出，霍布斯的直覺是正確的：當情況可怕又混亂時，我們預設會去尋求吸引我們個人道德規範的強勢代言人。

此外，一如諸多政治人物從那時起便學到的，這種權力關係時至今日依舊適用：當我們感覺到政府的所作所為不足以保障我們的安全——從外來者、疾病、犯罪、暴力或動亂——時，威權信息就有機會產生最大的共鳴。我們的恐懼愈是明確，強人的信號就會變得愈是正義凜然。當我們對自己珍視的安全感出現更多害怕、極端和沮喪的感覺時，我們就愈渴望一種截然不同的社會契約——也就是霍布斯那種社會契約。

民主會失去什麼

但是以恐懼為本的契約會讓我們失去什麼？世界各地的民主政體至少「看起來」依舊表達了人民的意志。二〇一六年那兩場分別讓英國脫歐派和川普勝出的選舉，是自由公平選舉的結果。放眼世界也可以看到類似的趨勢，民主體制紛紛出現了奇怪的狀況，他們選出「強人」，默許民族主義路線且有選民的明確同意。證據顯而易見，而且全球可見。怪異的另類民主正逐漸從匈牙利、巴西、菲律賓和其他地方興起[9]。

民主失去的是一個如果不先去除其黨派色彩便無法指涉的關鍵概念，那就是所謂的「古典自由主義」(classical liberalism)。假如在街上問問美國人何謂自由主義，大部分都會從經常聽到的政治定義講起。他們大概會回答，自由主義就是自由派，也就是跟保守派

相對的那些人吧?

然而古典自由主義不是這麼一回事。它的核心無分黨派,融合了一套現代民主體制發展的基礎原則,是一門指示如何組成政府的哲理。傳統上來說,古典自由主義的用意在於表明「自由」這個概念,而非意指政治的左派。為簡便起見,不妨把自由主義想成以下三種基本概念的綜合體:

· **多元論**。這個概念是指有許多相異觀點最終才能激發出更明智的決策。出自真誠的各種意見差異,其實能夠讓整個社會用獨特又新穎的方式來處理問題,人類也會因為擁有多種認同和觀點,而成為更好的整體。這正是所謂的「合眾為一」(E Pluribus Unum)——意即「從很多融合為一個」。
· **自由意志**。也稱為「自主」,指所有人類天生就有決定自己人生道路的自由。人應該有權利按照自身意願對自己的財產和志業做決定。
· **人權**。即人有天賦固有權利的概念。人生來即被平等地賦予這些權利,而非經由強者篩選分配而來。人民會放棄自己的一部分自由給政府,以便保障這些權利。

正在讀這本書的各位,很有可能十分珍視上述幾個概念,甚至將之視為理所當然。我們很少會去想到這種歷史特權源自於生活在一個多元自由、支持人權的社會,因為我們一向都得以表達自己的想法,不必懼怕政府報復,一向得以選擇居住何處、購買何物以及向誰購買,一向得以挑選領導者。我們也制訂了法律制裁種族、信仰、能力、性取向和膚色方面的歧視。美國斷斷續續將這些原則,

編纂成能反映出自由主義遺緒的法律和規章。過去一百年來,隨著它將這些概念輸出到世界其他地方,已然樹立起強而有力的典範,儘管不甚完美。

不過研究政治的人有一個共識,他們認爲這些概念已不再盛行。很多政治科學家甚至宣稱,西方的自由民主世界秩序眼下正在凋零,國際政治中毀約、關係傾覆和規範乏力的狀況屢見不鮮。他們一致認定全球的民主建設正陷入了困頓。

當我們置身於社群媒體所造成的迷惘之中,攸關的不只是個人的資料、隱私權或友誼;這其實是一場生活方式的戰鬥。

總結

本章從民主體制如何陷入危機當中開始探討。當人們接觸到更多威脅、恐懼和憤慨情緒時,會變得更加不寬容、更加迷惘,這已經危害到共有的信任感。此外,也有愈來愈多美國人願意支持威權政府,只要這個政府和他們的政治理念相同。

如今,人們深陷在一部專門製造不安全感的憤怒機器裡,只要一覺得安全受到威脅,渴望威權統治的念頭就會在心裡向下扎根。

接著本章探索了社會契約觀念,這是人民和政府之間不言明的契約。洛克所提的社會契約以確保人們的權益爲根本,民主在此版本的契約下經過世世代代的演進之後改變了方向,轉而開始用霍布斯保障人民安全的社會契約來運作。

自由公平的選舉不但逐漸選出強人，也衍生出分裂政策。在沒有共同真相的情況下，加上缺乏釐清事實的方法，上個世紀我們所知的穩定民主到了如今已不是萬靈丹了。

　接下來即將探討的是民主體制本身應該如何像憤怒機器那樣運作，並闡述這部機器處理憤慨情緒的系統超載時會出現什麼狀況。

Chapter 27
民主機器

「當你看到錯誤或是不公不義的地方就大聲說出來,
因為這是你的國家,你的民主;成就它、保護它、延續它。」

——瑟古德‧馬紹爾(Thurgood Marshall)

「民主制度是一種確保人民得到其應得之治理的機制。」

——蕭伯納(George Bernard Shaw)

打造自治共和國的程式碼

回顧美國創立之初,負責撰寫美國憲法的制定者其實就和設計新機器藍圖的工程師沒有不同。從某方面來講,憲法制訂者如同程式設計人員,替社會找尋最有效的「操作指令」。他們針對失敗的共和政體做了大量研究和廣泛閱讀,並進行激烈的辯論,找出哪一種建立代制政府的做法最有效果,而該做法後來也屹立多年。他們和那個時代的任何人一樣瞭解群眾心理的基本原則。開國元勛反覆琢磨了其他許多失敗的嘗試,尤其是英國內戰,往往可以看到試圖在國會自治和君主獨裁統治之間取得平衡的努力多次失敗後,總會歷經多年的暴動和革命。

這些壯志凌雲的啟蒙時代「工程師」自認可以做得更好。他們所撰寫的憲法說穿了就是一種推入公共領域的「程式碼」，意即一群人用這套規範就能實際共同生活在一起。

　　此程式碼——美國憲法——並非以程式語言 Objective C 或 Python 寫成，而是用英文撰寫。過去（和現在）運作此程式碼的「機器」就是集體居住在北美洲大陸的人類，這群人在認可和執行程式碼的過程中，建立了美利堅合眾國。

　　現在先抽離一下，想想人類是怎麼做的。人類這種超社會性的動物需要共同生活的規則和標準；群體愈大，便需要更明確的規則和標準，才有利於共同生活。在這種情況下，美國憲法如同一套指令或演算法，也就是民主共和體最基本的「操作程式碼」，其制訂之目的就是為了幫助人類繁榮興旺。

　　憲法旨在幫助這群人類做到一些事，其中最顯著的就是實行自治，不需要國王。這種事以前不曾做過，可想而知不會是穩定或長久之計。

　　他們打造的民主原則就像某種憤怒機器，目的是要將憤慨情緒轉化為政策，透過明確的規範體制來幫助人們修正他們在周遭世界所見到的敗壞之處。

　　此程式碼的擴充指令被撰寫成一系列手冊，稱為《聯邦黨人文集》（*Federalist Papers*）。由八十五篇文章組成的文集概述了如何應用此程式碼於社會以及如何加以詮釋。文集由亞歷山大・漢彌爾頓、詹姆斯・麥迪遜（James Madison）和約翰・傑伊（John Jay）花了不到半年的時間所撰寫。

他們深知自己的任務工程浩大,基本上不太可能成功。此任務的核心,在於掌握過去每一個民主體制所碰到的各種失敗之處。《聯邦黨人文集》第五十五篇就寫道:

> 在人數眾多、參與者形形色色的各種集會裡,熱情必然會劫走理性的權杖。倘若每一位雅典公民都是蘇格拉底,那麼每一次的雅典會議都會是暴民聚眾[1]。

基本上,即便所有人都是理想公民,但在沒有良好的治理規範下共同生活,這個體制最後會轉變成失序。他們知道民主體制有走向暴民政治的趨勢,且政府會因為熱情和憤慨情緒擴散得太快而崩塌。這個弔詭的平衡從數十年後法國大革命期間,許多動亂演變成野蠻的暴力行動就可以得到證明。確切來說,他們知道煽動者極有可能利用暴民的熱情攀上領導地位,自此獲得權力變成暴君。

詹姆斯‧麥迪遜在《聯邦黨人文集》第十篇提到他對「派系」力量的恐懼,他指的是強烈的黨派色彩或群體利益「因彼此憎恨至極」而忘卻了共同的利益。他認為美國的廣袤起了某種保護作用,而得以避免派系的傷害,畢竟不管對誰來講,要將義憤情緒播到又遠又廣的地方並勾起公眾的熱情並非易事。麥迪遜認為,搞好派系活動或製造分裂的領導者「或許可以在他們那一州點燃火焰,但無法讓火勢蔓延到其他州。[2]」

他們撰寫的憲法也納入一些機制,可以冷卻熱情,促進省思和商議。他們制訂了檢查和平衡的系統,將權力一分為三,分別負責不同事務,並且讓立法有一定的難度,足以使野心勃勃的個別派系互相制衡。

程式碼的道德錯誤

這部憲法是含有瑕疵的文件，由一群有瑕疵的人所撰寫，唯有其設計中嵌入諸多讓步，以此鼓勵原來的十三個殖民地加入、共同執行新的「程式」，才能得到認可。

其中有不少妥協之處包含了積重難返的代表權規則，這種規則剝奪許多此地居民的權利，包括黑人在內（他們將每名黑人按五分之三個自由人計算的原則寫入憲法，選票歸白人所有），另外女性對這部「程式碼」如何執行也完全沒有置喙的權利。這些為了蓄奴所做的讓步都是程式碼中可怕的錯誤，七十年後會將把整個體制推向邊緣。

程式碼中最糟糕的錯誤從一開始就被寫入。獲得認可的第一版憲法對一些種族歧視嚴重的制度低頭，無非就是為了維持當時對黑奴的經濟剝削，增強南方的整體經濟。這個錯處無論對於憲法的原則或實務做法而言都是矛盾。誠如廢奴主義者弗雷德里克·道格拉斯（Frederick Douglass）所言：「自由和蓄奴，猶如天堂和地獄的對立，兩者都存在於憲法之中。」他指出這部憲法本身就是衝突，是一份「自己打自己」的文件[3]。

這種內在根本衝突也呈現在每一位同時作為奴隸主的開國元勛身上。麥迪遜和傑弗遜雙雙陷入這種核心矛盾之中，他們所撰寫的文件一邊強調人權不可剝奪，另一方面又私下剝奪了奴隸的人權並繼續奴役他們。從這些矛盾可以清楚看到開國元勛的遠見裡，含有深深的失敗。

然而我們既然可以指出他們的失敗，也同樣應該承認他們所建置的憲法到頭來還是十分耐用的，因為它本身就有自我修正的特別設計。誠如安吉拉‧格洛弗‧布萊克威爾（Angela Glover Blackwell）所言，開國元勛制訂的這部憲法「影響深遠超過其道德價值。[4]」

幸好，他們在撰寫憲法時附加了「修正案」這種策略導向的更新機制；換句話說，憲法具備了可以改良的設計。

推動更新

美國開國元勛撰寫的憲法最大優勢在於，它可以被後繼世代修改和重新詮釋。從政治人物、法律學者和地區法官一直到最高法院，都在盡最大的努力分析這部「原始程式碼」及其操作手冊，判斷哪些部分適用於當今的機器。

這個系統必須歷經數次修正才能運作順暢。《美國權利法案》是第一批推出和採用的更新，即前十條修正案的統稱，它修正憲法條文，解釋原始程式碼中不一致和有疑義之處。

第一修正案的目的為闡述資訊分享的原則，它認知到整部機器必須依賴每一位個人使用者，有權使用最佳資訊來對系統裡發生的種種狀況，做出決定。第一修正案確立了所謂的言論和新聞自由，旨在作為準則之用，讓最大量的可得資訊輸入到系統中。

開國元勛當時一無所知，不過他們其實碰巧用上了演算法，而且是一個再過二百年才能用真正程式碼寫出來的演算法。這個演算

法名為「分支界限法」(Branch and Bound)，首度於一九六〇年代由倫敦經濟學院 (London School of Economics) 的研究人員明確編寫出來。該演算法是個尋找解決方案的公式，開發目的是為了解決業務人員的差旅問題，主要是牽涉到如何儘可能最有效率的安排前往目的地可能路徑的問題。各位會如何用電腦編碼來找出最有效率的路徑呢？眾所周知，這種組合式的優化解方可以應用在各種數學和決策問題上[5]。

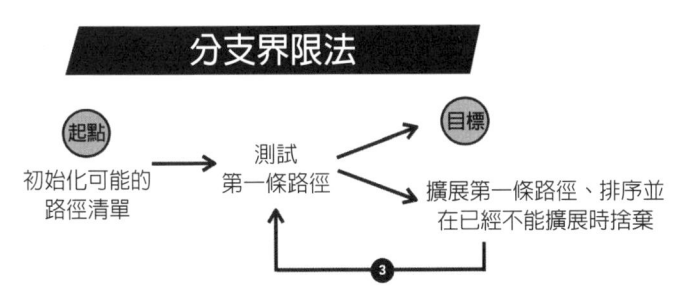

分支界限法

起點 → 初始化可能的路徑清單 → 測試第一條路徑 → 目標
擴展第一條路徑、排序並在已經不能擴展時捨棄

此演算法會探索路徑的各種分支，這些分支代表可能解決方案的子集。在找出解決方案之前，會檢查分支的界限是否為最佳解決方案，如果不能產出比演算法目前找到的最佳解方更好的方案，就會被捨棄。

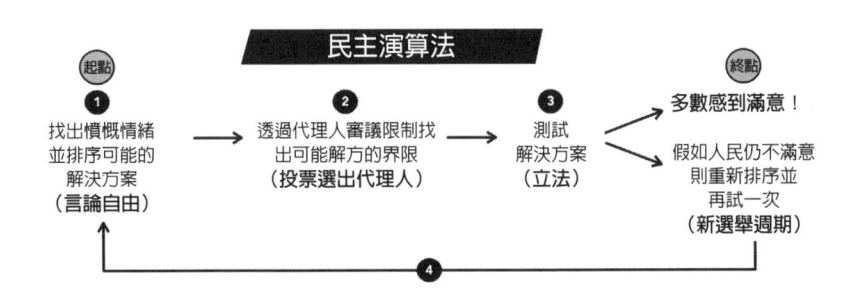

民主演算法

起點
① 找出憤慨情緒並排序可能的解決方案（言論自由）
→ ② 透過代理人審議限制找出可能解方的界限（投票選出代理人）
→ ③ 測試解決方案（立法）
→ 終點
多數感到滿意！
假如人民仍不滿意則重新排序並再試一次（新選舉週期）
④

民主制度程式碼的執行流程大致如此：假如你聽聞或發現某件事令你憤慨，就告訴你的代理人。代理人若是沒有照你的意思採取

行動,你就動員大家投票讓他下台。假如下一位代理人也沒有照你的意思採取行動,你就自己競選代理人。如果贏了,你就可以把自己的意見送進審議機構,該機構專門負責撰寫你很重視的法律。它的宗旨在於協助人民將義憤之情轉化為辯論和妥協,而不是訴諸暴力。

憤慨散播的速度

　　原始開發人員——即開國元勳——也知道美國這部機器的運作仰賴郵政系統這種網絡。郵政系統建立於第二屆大陸會議期間(Second Continental Congress),他們指派班傑明‧富蘭克林擔任第一任郵政局長。這個郵政網絡對美國這部機器的運行至關緊要,因此被寫入憲法的一個條款,後來終於在一七八九年得到批准。當時資訊在這個系統內流通的最快速度十分緩慢,約為55mph(約每小時八八‧五公里),即馬匹能跑的最高速度,但平均速度則慢得多。這已經是這部機器當時能夠運行的最快速度。

　　以電腦科學來講,電腦在升級速度時,隨著機器開始以更高時脈速度運作,會出現特定類別的問題。由於系統現在運作速度增快許多,某些部分會追上其他以舊速度運轉的系統。這種情況叫做「競爭危害」(race conditions),就像大隊接力賽沒有同步開跑,一旦有變動,就有可能造成運算系統很大的麻煩。像金融方面就有一般人所熟知的系統競爭危害狀況;假如自動櫃員機的提領系統與你的自動轉帳不同步,你就會多出一筆超額手續費。

以憤慨來傳輸民主體制的做法，也會出現類似的問題。憤慨情緒有半衰期。當人民對某件事感到不滿，他們的怒氣往往會催化為行動。如果憤慨情緒擴散得太快，或長時間無法獲得解決，這些怒氣會醞釀成一觸即發的委屈心情。美國憲法的獨特功能就是它可以讓人民向國會成員請願，由他們代表這些委屈採取行動，有系統地通過立法來修正被視為敗壞的地方，以此將憤慨情緒疏導至產生有建設性的結果。換句話說，開國元勛撰寫的憲法可作為有效的倡議機制，因應其人民的需求與挫敗，將之轉化為法律。

關鍵就在於體制內共享的必須是「正確」的資訊，那些被視為不公義的都是真實非造假的事情，否則的話，體制就會矯枉過正（通過嚴苛或極端的法律）或矯正不足（忽略民眾一觸即發的挫敗感），兩者都會進一步激發民怨。

在第一修正案的保護之下，另有一部分的程式碼成為有利於機器運作不可或缺的要素，它就是「新聞業」。新聞業是一個競相核實資訊真偽的系統，以公眾的好奇心、利益和互動為支援後盾。他們利用第一修正案的程式碼作為基礎，打造相互裨益的資訊處理系統。現代的報紙業大約也是在美國開始快速崛起的同一時期啟動，開始將其服務拓展到整個系統。斷斷續續發展到十九世紀末之後，此新程式碼在篩除系統垃圾資訊方面可以說頗有成效。

開發人員真幸運，因為這些程式碼執行後的頭五十年確實還算穩定。不過資訊處理時脈升級到電報的速度，也就是差不多等於可以即時傳輸到整個大陸之後，情況開始鬆動了。誠如歷史學家丹尼爾‧克羅夫茨（Daniel Crofts）所提到的：「南北區域主義和電報問世同步發生的激盪階段，讓資訊得以用一飛衝天的驚人速度傳輸。[6]」

各種謊言和造假說法可以任意傳送出去，不必經過適當的資訊核實，導致許多事情開始失靈了。當人們能夠在沒有佐證的情況下散播資訊，情況就會失控。

💬 系統失效

新興的電報技術加快資訊傳輸的速度，再加上本來就有疑義的種族歧視律法，產生了無窮後患。報紙難以繼續對造假說法進行事實查核，因此在一八六〇年代造成系統完全失靈。被迫面對奴隸制度在憲法原文中矛盾之處的林肯總統，觀察到自己的當選導致南方各州完全脫離聯邦，並引發南北戰爭。這場南北戰爭有很大一部分原因，是因為新聞無法有效驗證南方各州的陰謀論和荒謬言論所激發出來的。早期的新聞業沒有能力發揮這種功能，所以國家就此分裂。

誠如安妮卡・尼克拉森（Annika Neklason）為《大西洋》月刊撰寫的文章中所提到寫的：「南北戰爭爆發前的數月，南方家家戶戶和立法機構的恐懼氣氛更加惡化。報紙上說新當選的總統亞伯拉罕・林肯『憎恨南方和南方的習俗制度，他準備動用手上所有權力來摧毀我們的家園』，還有副總統漢尼巴爾・哈姆林（Hannibal Hamlin）不只同情美國黑人的處境而已，他本身就流淌著黑人的血液。[7]」

這類老生常談的報導全都是錯誤敘事，卻深深影響南方各州的政治走向。關於北方的那些錯誤報導助長造謠，激發奴隸主揭竿造

反，最終造成這部機器一分為二。

南北戰爭激烈凶暴地重置了整個系統，以數十萬條人命作為代價，相當於每十五個美國人就有一人死亡，且傷殘者人數多更多。

這場血腥的重啟行動為修正案奠定基礎，改正了公民權和奴隸制法條之下最糟糕的幾個原始錯誤。改正之中包括通過第十三條修正案，並且針對聯邦政府可以行使和實施的職權確立諸多新規則，其中最顯著的就是蓄奴不但違法，還是一個根本上的錯誤。

現在很難想像情況會有別種解法，況且很多歷史學家都認為內戰是重置失靈系統並重新詮釋憲法原始程式碼，不可避免的一部分。但我們有理由可以說，事情本來不必發展到那種地步。這個系統裡內建了道德清算功能，憤慨情緒若是能以恰當的速度和步伐運行，或許可以讓這部機器有機會調整適應。

這部作為美國民主體制後盾的「程式碼」有一個目標。那就是幫助一群形形色色、散布在廣袤大陸上的人類，共同攜手成為一個民族，用建設性的做法來處理他們的義憤之情。這部機器運作的意義，以及它成功運作到未來所需要的途徑就在於此。它是一個讓民族自決的工具。換言之，這部機器旨在協助減少其最多數居民的苦難，幫助這些居民全體能儘可能理解這個世界。

◯ 總結

本章用了一個廣泛的比喻，來解釋民主就像一部機器執行寫入其結構中的程式碼那般運作。

機器的組成分子觀察到他們當中的問題，心中感到憤慨難平，於是透過審議和妥協的過程轉化情緒，通過立法來解決這些問題。這部機器在排解憤慨情緒時所使用的速度是有條件的；假如它回應得太快，就會因為通過嚴苛的立法，而對憤慨情緒產生「矯枉過正」的效果，造成進一步的問題。如果回應得太慢，使一觸即發的冤屈無法獲得解決，便會產生「矯正不足」的問題。如果去追溯一些重大立法案的源頭，往往可以找到此前有憤慨情緒的存在。

　　提升資訊傳輸速度的新技術到來之時，往往也會發生不實資訊增加的現象。進入這種時期時會讓整個體制置於失效的風險之中，直到透過核實與管制的程序（譬如新聞）來查核大多數惡質的虛假消息，才能重新得到平衡。

　　本書即將來到倒數第二章，接下來會藉由探索影響人類多數行為的隱藏力量，無論個人慾望為何，找出我們的憤慨情緒最終可以在何處發揮最大的益處。

Chapter 28
我們應該將憤慨置於何處？

一股奇怪的新力量拖著我，慾望和理智被拉往不同方向。
我明明看到對的路，心裡也認同它，卻還是走上錯的路。

——《變形記》(*Metamorphoses*)卷一

古羅馬詩人奧維德（Ovid）

人為什麼會做壞事？

本書到目前為止已經探索了當前許多憤慨情緒的系統性源頭。這一點雖然很重要，但我壓根不想鼓勵道德相對主義。我不希望各位平息自己的怒氣和厭惡的感受。是好是壞並非只是武斷和完全主觀的價值判斷。人會做壞事，這些壞事也應該受到懲罰。

在文化厭惡和挫敗感如此強烈的時刻，我們會有一種想把手指指向敵人的極端衝動，巴不得他們沒有好下場。那就好像邪惡之氣趁人不注意的時候從靈魂中冒出來，必須用憤慨和取消文化把它們焚燬殆盡才行；彷彿只要向他們追究他們對世界造成的傷害，我們就會感覺正義得到伸張！

但光是懲罰並不能解決問題。如今人們在譴責他人時不去講原因和結果，社會對於不良行為的起因也缺乏對話探討。整個人類群體就本質上來說通常並不壞；人類屬於體制的一部分，而體制的設計有時候會讓人做出可怕的事。

舉例來說，納粹德國就是若干惡劣分子實行可怕的體制、剝削老百姓所衍生的結果，並不是這個國家的人民全都是墮落的反社會分子。納粹政權制度內建的結構和動機，鼓勵了人民採取可怕的作為。如果能掌握那些造成人們做出可怕行徑的因素，或可避開駭人的後果。

我不希望各位讀完這本書後以為憤慨本來就是不對的東西，而是希望各位能夠理解人類通常是因為不良動機才做壞事的。

寫入程式碼的古老邪魔

一九五六年，詩人艾倫・金斯堡（Allen Ginsberg）寫了一篇名為〈嚎叫〉（Howl）的詩作。這首詩的開場大概可以說是現代詩作當中最引人注目的。

> 我見過這一代最出眾的心靈毀於癲狂
> 捱著餓又歇斯底里，赤身裸體

金斯堡在詩作中描寫了一個叫做摩洛的無臉神，是聖經裡人們用孩童來獻祭的神靈。摩洛沒有固定形體，但擁有強大的邪惡力量，就和資本主義、貪婪、工業化之類的東西一樣，用它可怕的意圖來影響人類。

> 摩洛的心靈全是機械！摩洛的血液流淌著銅錢！摩洛的手指是十支軍隊！摩洛的胸膛是吃人的發電機！摩洛的耳朵是冒煙的墳墓！

> 摩洛的耳朵是一千扇盲窗！摩洛的高樓大廈矗立在長街上猶如無窮的耶和華！摩洛的工廠在煙霧中做夢和嘎嘎作響！摩洛的煙囪和觸角覆蓋在城市之上[1]！

我在寫這本書的時候，有人寄來一篇由精神科醫師史考特・亞歷山大借用賽局理論的情境來探討這首詩作的文章，從此以後這首詩便鮮明地刻印在我腦海裡。他在二〇一四年發表的一篇深具影響的文章〈摩洛的冥想〉（Meditations on Moloch）中[2]，敘述了他在社會上看到這位虛構的神靈摩洛所體現的真實「力量」；摩洛其實就是「不良動機下的體制」。

他以一系列的假想故事來勾勒這些概念。每一個故事都描繪了一種驅使人類做出某種行為的怪異力量，他把這些力量稱為「多極陷阱」，又可叫做「協調陷阱」。

簡而言之，這些陷阱指的就是個人和群體做出來的事，即便他們應該知道這些行為不可取。

檢驗一下人類的行為，就可以找到許多協調陷阱的例子，其中有一些相當惡劣，有些則屬良性。

假設你現在正在聽一個很輕鬆的音樂會，每個人的座位都可以清楚看到舞台。音樂會進行到某個階段的時候，前排附近有個人站了起來，想把表演看得更清楚。在他身後的觀眾現在也只好站起來，才能看得到舞台。這種狀況一波接著一波，突然在不知不覺當中，所有人都得站起來才有辦法看到舞台。明明站起來沒有比較好，可是大家都必須站著才能像之前一樣看到舞台。這正是一個導致所有人都得到糟糕結果的協調陷阱。

再舉一個例子。民眾把錢存在銀行裡，假設現在有一個人開始散播謠言說銀行破產了，他告訴其他存款人錢存在銀行不安全，那麼大家一定會去銀行擠兌，這是害怕自己的錢會損失的人全都立刻衝去提款所造成的骨牌效應。這家銀行過往在財務表現上十分穩健，如今頓時就失去了運作的資產，陷入無以為繼的窘境。破產這個「假造出來的概念」害得每一個人都真正破產。這個從假造前提所形成的回饋迴路，製造了一個協調陷阱。

第三個例子改編自亞歷山大的文章。想像一下現在有個產業，譬如一群漁夫，他們靠湖為生，每位漁夫都可以從湖裡捕撈到一定配額的漁貨。但有一天，他們發現湖水被漁船污染了，船東們因此聚集起來，要求每一位漁夫都要購買過濾系統，裝在他們的船上。過濾系統價格不便宜，每位漁夫每個月要花上數百美元。不過這樣一來問題就解決了，湖水又恢復乾淨，可是魚因此變貴了。在這座湖捕魚的所有漁民生意還是好得不得了，只是他們賣的魚比較貴。

不過某一天，有位漁民決定不想再使用過濾器，這樣一來他就能在市場降價賣魚。他之所以可以賣比較便宜，就是因為不必花錢用過濾器。結果在市場上他開始比過其他漁民，很快就成為湖上賺最多錢的漁民。沒多久，幾個漁民看到這種情況，也決定不再使用過濾器，這樣才有辦法再跟人家競爭。漁民紛紛起而效尤，直到整座湖只剩少數幾個人還在使用過濾器。最後，湖被污染得太嚴重，再也不能捕魚。這也是一種協調陷阱，結果就是每個人的處境都變糟了[3]。

有一個值得注意的地方是，「即使發揮了人性價值和自主權」，通常還是會出現協調陷阱。

- 音樂會有個人覺得每個人都站起來真的太笨了，所以他坐了回去，可是由於前方的人擋住視線，因此大家無論如何還是會站起來，否則的話就看不到表演了。
- 假如你明明知道銀行會出現擠兌的事是空穴來風，但已經有那麼多人跑去擠兌，你還是會想把存款領出來，因為你知道如果你現在不去領，很有可能到時什麼都領不到了。
- 如果你是努力維持生計的漁民，愈來愈少捕魚的同行願意過濾湖水，那麼你不想再用過濾器也是理所當然。其中的道理就是，你承擔了過濾湖水的重擔，讓自己的生意有了風險，這是不公平的事情。況且繼續使用過濾器也是十分不划算的事情。趁現在還可以捕魚，盡量抓剩下的魚來賺錢，直到湖水整個被汙染，再也沒有魚為止。

不妨把這些舉動當作一種機械式動機：換句話說，它們並非在人的刻意決定下所發生的事情。當動機不一致時，個人偏好就再也不重要。「體制會驅策行為。」倘若有人付你一大筆錢，要你去做某件會犧牲你個人道德的事情，大部分的人都會重新調整他們的道德羅盤，而且通常都會勉為其難跟著別人做一樣的事情。

必須要認清的是，這種協調陷阱隨時都會發生，甚至會發生在其他物種身上。舉例來說，你抓了幾隻螃蟹、不想讓牠們逃掉，就可以把所有螃蟹放入一個桶子裡。桶子的邊緣不必特別高，任何一隻螃蟹都能自己爬出來的那種高度即可。然而，這些螃蟹絕對不會成功爬出桶子，因為每次有哪隻螃蟹設法爬到桶子開口的邊緣，其他螃蟹就會把爬上去的螃蟹往下拉回到桶子裡。沒有任何一隻螃蟹可以脫逃，因為牠們沒辦法彼此協調。

這種協調陷阱的研究屬於行為經濟和賽局理論學科。以賽局理論來講，有一個最著名的協調陷阱稱為「囚犯困境」，這是一個想像的情境，描述兩個完全理性的個人為什麼合作不了，即便只要兩人合作就能符合兩者的利益。

賽局理論研究了諸多情境，像囚犯困境這類協調陷阱只是其中之一。人類在試圖設計有效的系統時，譬如棋賽、交通規則到民主體制等等，就須要考量到哪些動機會造成人們採取不良行為。規則往往會支配人的行為，錯誤的政策、有問題的動機和功能不彰的系統，往往已經預先確立後來會發生不良的行為。

史考特‧亞歷山大參考〈嚎叫〉這首詩，把從協調陷阱衍生的那些怪異反常的慾望命名為「摩洛」。我也吸收了這種說法，只要看到因為愚蠢的動機而運作不良的體制時，我不會對著那些不斷追隨白癡作為的人發怒，而是像聖經裡那個得到孩童獻祭的古老神靈摩洛——這是不良設計機制的簡易代稱，這種機制激發人們把最珍貴的東西都丟進它如無底洞的咽喉裡——揮舞我的拳頭。

💬 社群媒體的邪魔

一旦熟悉了如何找尋摩洛，就會發現社群媒體上到處都看得到它的蹤影。

社群媒體就是一個規模龐大的協調陷阱。通常如果你「不做」壞事的話，相對於那些會做的人你就吃虧了；若是不說點會製造分裂的言語，在注意力市場上往往會被那樣做的人贏過去。假如不利

用道德和情緒語言累積追蹤者，就會被這樣做的人比下去。

然而這種類型的協調陷阱所產生的作用又更深層了一點。比方說，有一家社群媒體公司決定「不用」演算法擴大分裂內容，那麼他們有可能被另一家這樣做的公司超越。像Friendster和Myspace就沒有動態消息服務，他們適應的速度不夠快，以致於無法挺住社群媒體市場競爭的壓力，如今也變得無足輕重了。Facebook則密切關注Twitter的競爭，把動態消息及其行為動能複製過來。現在Meta（元宇宙）和Twitter戰得如火如荼，不但擴充互動演算法，還調整動機來刺激用戶除了朋友和追蹤他人之外的其他表現，藉此將用戶逗留在網站上的時間最大化。

這種強化作為有何價值？是否有什麼既定路標可以防止我們默許自己用最惡劣的衝動行事？該如何避開那些用不良動機影響市場績效的協調陷阱？

現在更進一步來看，隨著這些平台成了驅動注意力新文化標準的因子，民主體制也開始直接反映了這種現象。舉例來說，民主體制下的政治人物如今「必須」使用社群媒體對選民發表意見，這使得他們受到社群媒體遊戲機制的牽制，在這種情況下，不煽動憤慨情緒的政治人物就會輸給願意這樣做的對手。

該如何解決這些不良動機造成的陷阱呢？

解決協調陷阱的方法就是利用管理單位介入。我們需要一個「實體」來阻止摩洛輕舉妄動，用協調機制幫助所有良善分子攜手合作。

對音樂會的觀眾來講，這個管理單位就是舞台上的某個人，他請台下每一位觀眾坐下來看完整場表演。至於銀行擠兌事件，管理

單位則是政府；為了因應經濟大蕭條（Great Depression）接踵而來的災難性銀行擠兌，一九三三和一九三五年的「銀行法」創立了美國聯邦存款保險公司（Federal Deposit Insurance Corporation，簡稱FDIC），保障存款人即使碰到銀行破產，也不會血本無歸，此舉差不多消除了全美的擠兌狀況。以漁民來說，管理單位為漁業協會，他們有權懲罰不遵守過濾湖水規定的漁民。

假如良善分子之間出現了有助於信任的條件，就有機會擊敗摩洛，這一點在開發人員尼克·凱斯（Nicky Case）所設計的「信任的演化」（The Evolution of Trust）遊戲中有充分的刻畫。這是一款目標反覆出現的視覺化「囚犯困境」遊戲，以任教於密西根大學的羅伯特·阿克塞爾羅（Robert Axelrod）石破天驚的研究之作為基礎，從中可以看到作用中的原則會提升所有玩家在數字上的成果，進而擊敗摩洛。這些原則構成了得以讓信任與合作「進化」的三件事情[4]。

（一）反覆互動──信任可以維持關係，但必須認知到未來可能會有反覆互動，信任感才能進化。

（二）創造雙贏──必須玩「非零和賽局」，即至少有機會讓雙方玩家都有更好的結果。

（三）減少不良溝通──假如溝通不良的程度太高，信任就會崩解。但若只有一點溝通不良的情況，多一些寬容會更大有益處。

各位大概馬上就看出來，社群媒體為什麼缺少這些元素。或許也會開始看到這些社群工具可以如何設計得更好，特別是針對信任與合作失靈的狀況。

總結

　　本章探索了憤慨情緒本身並沒有錯，人會做壞事，有時候那些壞事應該受到懲罰。然而光靠懲罰無法解決問題，驅動不良行為的背後力量往往是不良動機。

　　接著本章用了淺顯易懂的比喻，即聖經中與孩童獻祭有關的神靈「摩洛」，來描繪這些不良動機。

　　這種不良動機下的系統會製造協調陷阱，使人的作為違背自己最良善的意圖。社群媒體上到處都見得到摩洛，在鼓動不良行為的系統裡，從內容創作者到平台本身的每一個人，都不得不投入這個機制當中，否則就必須冒著被別人超越的風險。

　　如何解決這些不良動機衍生的陷阱？若干策略能夠有效地協助人們相互協調得更順利，同時也可避開不利於彼此的結果。做法上有時候只需建立更多信任及良好的溝通即可，但有時候則需要管理單位，譬如一個群體、機構或個人，來協助各方擺脫不良動機。為了阻止摩洛輕舉妄動，我們需要一個可以實施協調機制的實體，幫助良善分子共同合作。協調要成功就必須相互信任，透過反覆互動、創造雙贏和減少溝通不良，這些途徑可以建立信任感。當今的憤怒機器對信任的根本元素產生威脅，但只要瞭解這些元素就能形成一套行動策略，設計更好的解決方案。

　　接下來，我會在最後一章和各位讀者分享可以採取什麼行動來改善人類與憤怒機器的關係。本書的結尾要為各位獻上概略的解決方案，用這些方法將社群工具設計成用來服務我們，而不是反過來由我們去服務它們。

Chapter 29
你可以採取什麼行動

「願你明白雖然風暴肆虐,但絕對不會傷到你一根汗毛。」

——〈給受苦之人〉(For Suffering)

約翰・歐唐納休(John O'Donohue)

本書闡述了我們今日為何會走到如今艱難的時刻,雖然集中探討了諸多宏觀趨勢、歷史脈絡和影響至深的有害勢力,但幸運的是,我們還是有很大的努力空間可以改變這種情況。高階解決方案必須用高階思維搭配對問題有精準的掌握,我們必須尋求最大效益的施力點——也就是我們可以創造最大衝擊的地方。

更確切來講,應該從「症狀」上去分析問題,而不是看問題大致的輪廓。沒有人不想得到一勞永逸的解方,但複雜的體系須要特別對症下藥。把焦點放在單一解決方案上,不汲汲於追求適用整個系統的途徑,才是實事求是的做法。

不妨回頭看看前文中以人體來比喻集體資訊系統運作的例子。就像人受到感染時必須服用或施打特定抗生素才能對抗疾病一樣,我們不會以為治療好香港腳,心臟病就能痊癒。

雖然我們忍不住想要深入到系統層次的問題,試圖解決最大的難題,即最為錯綜複雜、可能需要極精密解方的問題,但「一次解決一件事」才是處理棘手問題的要訣。

💭 如何更適當地表達反對並將憤慨用在好地方

憤慨情緒本身不壞。當人觀察到周遭世界出現不對的事情時，那股從心底湧上的道德情緒對一個運作健全的社會而言格外重要，因為這些情緒正是情況失序時有助於我們動員起來解決問題的力量。只要將憤慨疏導到適當的載體，就能把世界變得更好。歷史上最有效果的社會運動，譬如美國的公民權運動、甘地為印度獨立所發起的不合作運動、女性投票權運動、同性戀權益運動，很多正是因為將義憤之情疏導成集中又有系統的行動，而得到催化。

然而，當憤慨發展為有害的怒氣，導致辯論之門關閉，大家無法和對立方以建設性的方式討論議題，進而繼續演變成暴力衝突，這樣就有問題了。論述系統本身受到道德憤慨的威脅時，便是該加以處理的時機，因為這種情況對社會來說會變得非常危險。

同樣地，社群媒體本質上也是無害的。當社群媒體把過去的委屈攤在陽光下，讓原本弱勢的族群得以發聲時，它擁有做好事的無窮力量。每一種新溝通技術都會帶來一些建設性和毀滅性兼有的效果，然後隨著時間過去，我們會找到辦法來改善兩者間的平衡。

個人是可以幫得上忙的。我們可以採取一些行動，把我們面對網路上憤慨情緒的時候以及我們在網路上與憤慨情緒互動時所含有的有毒成分消除。每一種行動都是對症下藥的解方，有助於我們拿回一部分近年失去的情緒自主權。別忘記這並非為了我們自己，減少參與這種靠憤慨情緒牟利和行操縱之實的敗壞系統，其實是為了貢獻一己之力，縮減各種存在於當今世界的有毒元素，那是我們的親朋好友和鄰居全都感覺得到的東西。

更大的好處是，我們在慎選投入的議題、訴諸我們最良善的一面時，也會因為將心力集中在真正重要的事情上，而增進了我們的行動效益，讓我們有機會發展出健全的憤慨情緒，並有利於日後的動員。

◯ 減少觸發點

現今有無數管道可以找到全面誘發憤慨情緒的刺激源。人的情緒在網路世界往往會被深深觸發，假如你發現自己被網路消費的資訊觸發情緒，有一個簡單的方法可以解決，那就是限縮消費這類資訊的時間。

你在瀏覽資訊時，不妨問問自己以下幾個問題：

・我看的東西可以用來採取行動改善自己或周遭人的生活嗎？
・這個資訊會影響我私下認識的人嗎？
・這個資訊真的是個議題，抑或只是不成比例的報導？
・我覺得自己會後悔花時間用這項服務嗎？

如果以經常使用來講，上述問題的答案顯然是否定的，那麼請試試看做個簡單的實驗，把應用程式刪掉一星期。在手機和電腦上用內容封鎖程式防止你不知不覺又回去使用該平台，通常你就會感覺情況好轉，並且發現自己多了許多空閒時間。地球依舊在運轉。

假如你沒辦法限制使用時間（譬如你用社群媒體工作），就必須採取具體措施減少在消息動態中接觸到最惡質的刺激性資訊。刻

意不去追蹤或者是封鎖那些會分享令人憤慨的內容或激發這種情緒的內容，經常害你覺得後悔花時間在上面的特定帳號，以此訓練你動態消息的演算法。大多數的演算法都會在不喜歡的內容下方，提供「我不想看到這類資訊」或「沒興趣」之類的選項讓你挑選。之後你的大腦和身體一定會感謝你把精力用在最重要的地方。

新聞的規則

現在來探索幾個可以幫助大家更正確、更理智去消費新聞的心智模型。以下四個概念由新近統計師漢斯・羅斯林（Hans Rosling）所開發，並改編自他的傑作《真確》（*Factfulness*），能夠幫助我們在面對各種新聞而不知所措時，從更全面的角度去瞭解周遭世界[1]。

（一）**新聞多不代表苦難多**。如果某件事被報導，未必等於這件事的盛行比例增加，通常只是意味著特定報導有它的觀眾群，這群觀眾會瀏覽、點擊或分享這樣的報導。前文在探索指標和優化的影響力，以及網路在二〇〇九年興起時發生的狀況時，曾討論過這個原理。僅僅聽到比較多跟某件悲劇有關的事情，不一定表示這件事很普遍。

（二）**正面新聞不是新聞**。以前有許多記者和電視製作人試過這樣做，他們因為逐漸對負面偏見，也就是新聞偏斜的傾向感到厭煩，於是有了這個構想：他們要深刻報導與正面改變有關的新聞，也就是一些真正進步、可以讓人感到欣慰的成果！

譬如慷慨解囊做慈善的報導，或者大好人鞠躬盡瘁改變了很多人的生活之類的報導。這種故事總是能獲得正面評價，但無法和更勁爆的新聞競爭，它們通常被調降為地方新聞，激不起新聞媒體為了保有廣大觀眾的注意力所需的收視率。一般而言，民眾不會看到正面新聞，因為這種新聞賣不了什麼錢。

（三）**漸進式改善不是新聞**。意指跟人類最重要發展的進步數據有關的新聞，比方說貧窮、兒童死亡率或文盲等比例下降的消息，通常得不到被報導的機會，因為這類內容沉重難操作，不容易包裝成消費者喜歡的新聞。人類發展中既緩慢又循序漸進的改善往往不為人知，就算有的話，記者也鮮少為此做深刻的報導。

（四）**消費哪些內容很重要**。人賴以維生的許多東西如果過度攝取的話可能會害死自己。喝太多水、吃太多食物對人體有害；同理可證，過度消費灑狗血式的新聞也極有可能傷到我們。新聞應當有最佳攝取量，但新聞製作人恐怕不會想讓閱聽眾知道。

儘管認知到新聞的運作方式有時候會把事情呈現得比實際上還嚴重，但我們不該因噎廢食，從此所有新聞都不理會。身為參與民主時代的好公民，讀新聞依然是必要之事。各位可以把握幾個簡單的原則，便能確保抓住新聞的走向，不會任由憤怒機器有害的那一部分荼毒自己。

首先，請將原來默許的新聞來源改成路透社和美聯社這類純淨新聞的管道。幾乎每一個大型新聞管道都會跟湯森路透（Thompson-Reuters）和美聯社買新聞，包括福斯新聞和《紐約時報》等大型媒體在內。美聯社屬於非營利性組織，這種性質減少了用情緒去重新包裝內容的動機。路透社嚴守原則，確保新聞內容中的偏見降至最低。這兩種新聞來源都用極為明確的方針和標準來報導真實事件、不添加顯著的意見和評論，這使他們成為純淨新聞的保證來源，從中瞭解這個世界真實發生的狀況。

　　其二，假如你對多元政治觀點的新聞有興趣，有一些平台的服務提供了多方政治立場的文章，以真誠的態度明確挑戰偏見，譬如The Flip Side網站（TheFlipSide.io）、Tangle網站（readtangle.com）、AllSides網站（allsides.com）和Ground News網站（ground.news）。

　　最後，如果可能的話請訂閱地方新聞。雖然地方新聞的內容比較基本，但支持一家地方報紙就是保障記者有薪水可拿、讓他們能夠繼續問責地方政府最直接的做法。

有建設性地反對而非減少反對

　　社群媒體整體而言是個適合「反對他人」的可怕場所。人最良善、最富同理心又最有利社會的互動行為，多半都被埋沒在這種數位環境底下。我們傷害他人的感覺時看不到對方的表情，對方也看不到我們。社群媒體激勵大家為追蹤者觀眾公開表現，但目的並不

是為了找出真相或溫和的中間立場。我們的社會尺標是那些直接加在我們貼文和回應上、公開可見的按讚、留言及分享,這些東西把我們和健全有力的論述隔開。出現意見分歧的時候,請把爭吵留在線下的私人對話裡。

如今爭議性的議題變得更加普遍,這種情況下,掌握以下幾個有建設性的反對原則,可以在開始發生可能的道德劇變時發揮緩和的功效:

- **不侮辱他人的信念**。侮辱別人的想法往往會促使他們的觀點變得更為極端,最好就事論事,把焦點放在手邊的議題上。
- **不設想他人的動機**。有一種現象叫做「多數無知」(pluralistic ignorance),指各方私底下都在假設某件雖然沒有明講但其實是不對的事情。「都是因為他們如何如何,所以才不告訴我……」這種想法,會隨著社群媒體的主導敘事進入我們的生活,而變得愈來愈顯著。
- **保有好奇心**。不妨去探究別人為什麼會有那種感受,從中找出PART II 闡述的道德基礎。先辨識他們論點中的「大象」,認清他們的道德基礎極有可能與你截然不同,然後找出他們以關愛、公平、忠誠、權威、自由和聖潔中的哪一個道德基礎為出發點?
- **分享你的觀點**。假如你願意的話,可以利用他們的道德基礎作為視角,來解釋「為什麼」這些事情對你很重要。比方說你是進步派人士,想向保守派人士表達你關注失去墮胎權一事,不妨把墮胎權塑造成一種你害怕會失去的「自由」。又假設你是保守派人士,關注更廣泛的安全保障問題,那麼你或許可以用這對已經定

居在此的移民來說才是「公平正義」的角度,來說明[2]。光是探究對立方價值觀這個過程,往往就有助於我們跳脫你爭我吵的主流敘事論辯,你會變得更有說服力,也會覺得後來的互動愈來愈順。

以愛前行

二〇一六年美國總統大選過後,美國人經歷了一場「大取消」(Great Unfriending)運動,即大家在社群媒體上取消對好友的關注;六分之一的美國人因為大選期間在網路表達意見而失去了朋友[3]。受到波及的可不是泛泛之交,絕大多數都是深厚的人脈,後來的新冠肺炎疫情又讓情況雪上加霜。

社群媒體滲透到人們生活中,使得人們對別人的「外在」敘事變得比「個人」敘事還重要,這是它最狡詐的一個層面。個人敘事,是根據你和人生中某個人經過一段時間培養出來的獨立關係而產生的,而外在敘事則是透過你們兩位消費的媒體不斷層疊在雙方關係上的東西。雖然把這兩者分開來看並不容易,但也絕非不可能。如果你認為這段關係真的很重要,但有太多意識形態充斥其中,不妨深呼吸一下,試著把對話從政治主題導往完全不同的方向,做法就是認同對方的疑慮,然後將話題切換成你們雙方都關注的其他議題即可。

朋友在網路上的模樣，未必就是他們真實自我的寫照。如果你覺得與朋友之間的情感距離愈來愈大，或者感覺自己被疏離，可以試著和他們私下聊一聊，或者寫封簡短的問候信給他們。利用這種舉動來主導，可以激發正面的回饋迴路，如此一來就能讓分裂的狀況復原，有助於克服憤怒機器對個人造成的最大損失。

演算法就是問題與解方

現今所遭遇的問題強度實在太大，很難避重就輕。人類正走在把自己的注意力控制權，交給數位資訊系統新主人──「非人類的演算法」──的階段。

眼下的處境是，人們消費的絕大多數資訊在抵達腦海之前，都會被「程式碼」沾染過，無論是一則已經在網路上吸引許多目光的新聞報導，亦或是一篇經過包裝後瘋傳的內容，各式各樣前文討論過的主題早就已經是演算法所主宰的這個生態系統中的一部分。

但是私人傳訊平台怎麼說呢？這種平台的運作與演算法無涉，怎麼會有演算法的問題？

有一些強烈批評「演算法就是始作俑者」理論的講法，可以用最簡單的群組傳訊所衍生的問題來說明。諸如WhatsApp、Telegram和Signal之類的傳訊工具甚至沒有使用互動演算法，只是一群群用戶在網路上集結組成，依時序相互提供資訊罷了，非常像很久以前的IRC（網際網路中繼聊天）聊天室或AOL（美國線上）等直到一九九〇年代都還可以使用的工具。

而這些群組恰巧也是陰謀論、尖酸批評和病毒式不實資訊的溫床，但由於內容都是用戶按時間先後提供，這種情況下該將固有的擴大問題歸咎於何種演算法呢？很遺憾的是，癥結點其實在我們身上。

別忘了執行演算法的是「你」

人的行為也依循某種原則。換言之，個人在分享資訊的時候，會根據內在既定的習慣與基準來引導自己。

人類是複雜微妙的生物，當然不喜歡被拿來和機器做比較，但人的行為，尤其是分享資訊的舉動「確實遵循某種原則」。「演算法」只是漂亮的術語，其實它指的就是一套以規則為準的程序，所以我們應該把個人按照一些原則的行事方式稱為「個人演算法」。偏見是人最強勢的一種個人演算法，它包括了個人支持或反對特定的政治、政策和立場的偏見。

以這種角度來看，可以說某些WhatsApp社群的成員就是在執行自己的演算法；也就是真人負責整理和策展各種迷因、新聞和陰謀論。假如這些個人的資訊篩選能力不良，發展出陰謀論並將該理論持續分享出去，他們實際上扮演著像是陰謀論演算法的角色。如果這個陰謀論者有十萬名追蹤者或身在一個有數百名成員的WhatsApp群組裡，那麼即使沒有智慧型動態排序演算法也無所謂，因為這位陰謀論者自己「會成為」動態排序演算法。

當我們自主選擇加入某個進一步決定了我們與資訊關係的社群後，這些社群就會逐漸成為我們現實人生中的動態消息。

正如先前探討過的，在這些空間裡獲得廣泛分享的可疑資訊，往往會被「快速」分享。這種內容用戶按了就轉傳出去，不會碰到任何阻力，也不需要深謀遠慮。

在不遠的將來，我們一定會須要面對自身執行有瑕疵的演算法來因應老舊資訊環境——即集中化的網路新聞——的事實。

這並不是在淡化深刻的人類經驗之美，也不是要減去人性以及人類直覺獨有的力量和洞見。但是我們剖析資訊真偽的方式本身，就是一種意義建構演算法，而這種演算法必須加以更新才能在人類不確定的未來中運作。

既然我們強迫自己承擔知識處理的重擔，就一定要認清我們有時候用來瞭解周遭世界的內在演算法，是有瑕疵的。

從今往後，我們會把愈來愈多意義建構交給這些工具（就像記者用Twitter處理新聞，然後再提供給觀眾一樣）。我相信清楚界定這種關係的連鎖環節，提高演算法本身的能見度，有助於我們更容易控制未來可能會出現的嚴重破壞。否則的話，我們真的會把維持自由民主精神的責任都交給Twitter、Facebook、Tik-Tok和其他幾個平台。

更優質的意義建構演算法

現在來做個簡短的思想實驗吧！假如可以向人們每天生產的龐大內容借鏡，藉此把執行動態消息和傳訊應用程式的程式碼重新寫過會發生什麼狀況？假如可以建置一個能讓人類的選擇得到最大保障的演算法，會如何？假如有一個很厲害的意義建構演算法，它的設計目標是為了促進人類的繁榮而非利用憤慨情緒，我們不妨來檢驗看看這種演算法秉持何種運作原則。

它的一些基本原則應該包含了以下幾個元素：

- **核實**。確保所有用戶都是真人的同時，亦保障隱私權和化名。
- **清晰明確的法規**，在有共識的架構之下更新內容審核政策和重大的網站更新，由用戶透過正當程序來修訂，讓集體有確切的機會為排序系統提供資訊。
- **排序演算法有條件透明化**。這種演算法的架構可供特定權責機關利用既有的稽核型 API（應用程式介面）來做研究和檢驗。專家小組得以定期檢驗演算法，藉此確保該演算法本質健全，並監督其是否含有偏見及潛在傷害。
- **正直**。其結構是用來對抗欺詐勢力，旨在減少刻意操縱和全系統下海博弈的風險。
- **追求真相的同時並提供最準確的資訊**。此演算法會剖析錯綜複雜的威脅，重視統計事實勝於情緒性事件，均勻地呈現個人和群體所面對的危險，並且用深厚的脈絡來包裝新聞和議題。

- **道德闡述**。這種演算法會激勵人們以動態的道德視角去仔細思考迫切的議題,把大問題加以解譯闡述,才能訴諸個人的道德基礎。
- **良性政治**。此演算法會針對爭議性主題顯示最具建設性的對立立場;就各種爭議性議題提供最有力的對立方論據,有機會在棘手但必要的道德舉動上促進共識的達成。
- **以信任和公開贏得人們的注意力**,而非因為它是唯一可用的工具。

世上沒有精準的藍圖能夠解決當前的問題;以上只是個試著思考看看我們可以創造出什麼的想像練習。或許其中幾個原則看起來似乎相互矛盾,不過把這種系統的設計想透澈會是必要的任務;我們第一次碰到的時候沒有機會這樣做。任何如此大規模控制和影響人類的平台,都應該提供一套明確的做法,讓我們能夠理解和管控該平台,並確保它會照顧到人類的最佳利益。

Chapter 30
終曲

我在加州北部的小鎮長大成人,就位在葡萄園鄉間上的丘陵上。我童年的家是一棟樸實的一九五〇年代戰後建築,座落於櫟樹(valley oaks)和松樹林地之間。二〇二〇年九月正值疫情肆虐之際,一場快速蔓延的野火席捲我的家鄉,掃過我成長的街區,摧毀我父母生活了三十八年的房子。

我父母安全撤離。很遺憾家裡的東西全消失了。一夕之間,數十年累積下來的傳家寶、兒時照片、日記和回憶都燒毀了。那場野火刻骨銘心又令人心痛,多年後依然令我們難以消化;我們失去了對共有歷史的實體連結。

突如其來的野火悲劇過去數日後,社群媒體上出現了一件離奇的事,讓我們看到它最好的一面。網路除了預期會有的慰問聲浪之外,GoFundMe替我父母發起的募資活動,被廣泛分享到各個通訊應用程式當中。從朋友圈延伸出去的朋友圈紛紛伸出援手,盡其所能提供一切來協助他們度過難關。朋友和素昧平生之人所給予的情感和經濟上的支援,如排山倒海般瞬間湧來,把私人遭逢的悲劇化為整個社群共有的感受,深刻且具體地反映出社群與我家人的連結。社群媒體讓這場厄運變得沒那麼難以承受,是悲戚境遇中充滿恩典的片刻。

社群工具運作的時候，可以做到不可思議的事情。它們會變成提供社群支援的焦點，以及抒解傷痛和同舟共濟的強大場所。從很多方面來講，這正是社群媒體最原始的承諾，也是本書一開始著眼的地方。

我們隨著這本書探索了媒體系統許多負面的面向，以及媒體對憤慨情緒發揮的作用。當然，現今的社群媒體工具並非全都是壞東西。人們使用社群媒體是因為這些工具提供了真正的價值，並展現出更偉大的承諾。當我放眼未來，依然會為它們的潛能感到驚詫，同時也想起愛默生（Emerson）一段我個人十分喜歡的文字。我因為這段文字而對媒體以後會有的面貌，充滿希望：

> 我們徜徉在偉大智慧的懷抱裡，成為它的真理接收者及其行動的載體。當我們覺察到正義和真理時，我們自身不刻意去做什麼，但容許其光束穿透我們。

這些文字描述的是人類接觸自然界時，集體智慧湧現的感覺。當我看見社群媒體的真正潛能時，內心不由得浮現敬畏與驚奇交織的類似感覺。我可以看到社群媒體日後的模樣；它會是一個有助於提升人類，使人類更擅長共存的工具。它會是一個有利於人類相互理解，一個或可讓我們更加真誠看待彼此，幫助我們為這個共同居住的世界一起分擔責任的工具。儘管多年來我檢驗了社群媒體的各種缺失，但我依舊不悲觀。我明白這對一個有著痛苦近代史的體系來說是苛求，前方還有一段很長的路要走。不過我充滿希望，我們終將找到方法離開這座黑暗谷，因為除了攜手爬升之外，我們別無其他選擇。

謝誌

這本書的誕生多虧了許多人士的支持,可惜人數太多無法在此一一列舉,其中肯定也有我忘記的人。謝謝每一位曾經啟發我、鼓勵我以及從一開始就對這本書充滿信心的人。

我的經紀人潔德芮‧布萊迪斯(Jaidree Braddix)和Park & Fine團隊是精湛的高手,謝謝你們在我最艱難的時刻做我堅實的後盾。

謝謝奈許(Nash)一家人的愛與支持,你們給了我慰藉和平靜的空間,讓我能和創意自我獨處。艾倫‧阿布拉姆(Ellen Abrams)和約翰‧史托瑟(John Stossel),和你們的精彩對談令我難忘,也謝謝你們讓我有一個舒適的地方可以寫作。

特別感謝我最初的讀者,包括愛麗絲‧迪貝斯勒(Elyse DeBelser)、瑪麗亞‧布利吉(Maria Bridge)、伊亞娜‧吉洛維奇-韋弗(Ilana Gilovich-Wave)、馬克‧費雪(Mark Fisher)、琵帕‧比多(Pippa Biddle)、茱莉亞‧卡敏(Julia Kamin)和喬治亞‧法蘭西斯‧金恩(Georgia Francis King),謝謝你們從相對亂糟糟的文字裡萃取出一本書。

我的思考夥伴:奧利恩‧亨利(Orion Henry)、馬克斯‧史托瑟(Max Stossel)、蕾妮‧迪雷斯塔(Renee DiResta)、馬提廋‧坎提耶羅(Matteo Cantiello)、喬書亞‧考夫曼(Joshua Kauffman)、崔斯坦‧哈利斯(Tristan Harris)、提姆‧厄本(Tim Urban)、克洛

伊‧瓦德力（Chloe Valdary）、艾斯特‧佩羅（Esther Perel）和尼基‧凱斯（Nicky Case）等等。

瓊恩‧海德特（Jon Haidt），謝謝你鼓勵我一頭潛進這趟旅程，也感謝和我攜手解構這部機器，讓大多數的人能一目了然。

我的研究員阿蕾娜‧肯尼迪（Alayna Kennedy）、安娜‧史拉維納（Anna Slavina），謝謝你們。同時也要特別謝謝柴克‧勞許（Zach Rausch）給予莫大支援，助我臨門一腳。

感謝我的父母灌注我對寫作的熱情，並賦予我批判的眼光來看待自己的進步空間。我母親茱蒂絲為這本書貢獻了數週的時間，我很珍惜她的想法以及和她一起思考的時光。我父親湯姆總是默默做我最強大的啦啦隊。

我的姊妹，謝謝你一直支持我。

我的兄弟史蒂夫‧馬托奇（Steve Martocci）、喬納森‧史維德林（Jonathan Swerdlin）、尼爾‧帕里克（Neil Parikh）、傑瑞德‧馬修‧韋斯（Jared Matthew Weiss）、安德魯‧霍恩（Andrew Horn）、大衛‧亞魯斯（David Yarus）、賈斯汀‧麥李歐德（Justin McLeod）、埃里‧克拉克-戴維斯（Eli Clark-Davis）、馬修‧寇赫曼（Matthew Kochmann）、亞當‧瓦德（Adam Ward）、賽斯‧米勒（Seth Miller）、克里斯‧克雷門（Chris Clement）和班恩辛德曼（Ben Hindman），謝謝你們陪我一起度過寫稿時最艱辛的時刻。

謝謝我令人讚嘆的寫作小組：克里斯‧卡斯地留內（Chris Castiglione）、萊西‧喬維斯（Lexi Gervis）、昆恩‧辛普森（Quinn Simpson）、瑞德‧卡洛（Ryder Carroll）、艾奇‧史賓塞（Ezzie Spencer）、庫杜斯‧菲利普（Quddus Philippe）、傑德‧泰勒

（Jade Tailor）、卡蜜拉‧貝西拉（Carmina Becerra）和安柏‧雷伊（Amber Rae）。

力挺我的朋友琳賽‧賴托維斯基（Lindsay Ratowsky）、喬治亞‧克拉克（Georgia Clark）、伊凡‧韋爾登（Evan Walden）、麥坦‧葛利弗爾（Mattan Griffel）、艾利‧霍夫曼（Allie Hoffman）和阿格拉瓦爾一家（Agrawal），謝謝你們在最初那段日子堅定熱情地相挺。

也感謝克里珊‧特洛特曼（Krishan Trotman）深深相信這本書。克雷倫斯（Clarence）、艾米娜（Amina）、凱洛琳（Carolyn）和Hachett的整個團隊，感謝你們對這個無比複雜的主題付出的耐心和投入的編輯。

我在Little Choc的朋友，你們的笑容和濃縮咖啡為我的寫作過程補充許多能量，謝謝你們。

大衛‧敏迪奇（David Mindich）、麥可‧沙德森（Michael Schudson）、凱文‧路茲（Kevin Roose）、比利‧布萊迪（Billy Brady）、羅根‧莫里紐斯（Logan Molyneaux）、艾利卡‧安德森（Erica Anderson）、巴比‧貝利（Bobby Bailey）和班恩‧奇西（Ben Keesey）以及其他許多人士人，謝謝你們慷慨同意接受我的採訪以及分享你們的故事與專業知識。

我在柬埔寨的朋友們，特別是因恩‧亞（Yinh Ya）、布里茲‧蓋伯里（Bryse Gaboury）、史蒂夫‧福布斯（Steve Forbes）和EWB全體團隊，你們協助創造了奇蹟。還有我母校OK的大家庭以及「人類轉譯計畫」的理事會和捐助者。

最後，我要感謝安妮可‧鍾（Anneke Jong）的愛，讓我始終昂首闊步。

註釋

CH 1　同理心機器

1. Elizabeth Becker, *When the War Was Over: Cambodia and the Khmer Rouge Revolution*, (New York: PublicAffairs, 1998), 39–41.
2. Ibid.
3. Steven Michael DeBurger, "The Khmer Rouge and the Re-Visioning of the Khmer Empire: Buddhism Encounters Political Religion," APSA 2011 Annual Meeting Paper, available at SSRN, https://papers.ssrn.com/abstract=1903043.
4. United States Holocaust Memorial Museum, "'Smashing' Internal Enemies," United States Holocaust Memorial Museum, April 2018, https://www.ushmm.org/genocide-prevention/countries/cambodia/case-study/violence/smashing-internal-enemies.
5. Nalini Vittal, "Tribulation before Trial in Cambodia: Confronting Autogenocide," Economic and Political Weekly 36, no. 3 (2001): 199–203, https://www.jstor.org/stable/4410192.
6. Becker, 1.
7. David Ashley, "Between War and Peace: Cambodia 1991–1998." In *Safeguarding Peace: Cambodia's Constitutional Challenge*, ed. Dylan Hendrickson (London: Conciliation Resources, 1998), Rich Garella and Eric Pape, "A Tragedy of No Importance," Mother Jones (April 15, 2005). https://www.motherjones.com/politics/2012/11/cambodia-war-khmer-sam-rainsy/; Brendan Brady, "1994 Murder of Aussie by Khmer Rouge Re-Examined," *TIME* (March 2, 2010), https://content.time.com/time/world/article/0,8599,1968996,00.html.
8. Aly Weisman, "CHART: How #Kony2012 Just Became the Most Viral Video of All Time," *Business Insider* (March 12, 2012). https://www.businessinsider.com/how-kony2012-just-became-the-most-viral-video-of-all-time-2012-3; Emma Madden, "'Kony 2012,' 10 Years Later," *New York Times* (March 8, 2022). https://www.nytimes.com/2022/03/08/style/kony-

2012-invisible-children.html.

9. Barack Obama, "Obama to Graduates: Cultivate Empathy: Northwestern University News," *Northwestern News* (June 19, 2006). https://www.northwestern.edu/newscenter/stories/2006/06/barack.html.

10. Jose Antonio Vargas, "Spring Awakening," *New York Times* (February 17, 2012). https://www.nytimes.com/2012/02/19/books/review/how-an-egyptian-revolution-began-on-facebook.html.

11. Spencer Kornhaber, "Is Empathy Overrated?" *Atlantic* (July 3, 2015). https://www.theatlantic.com/health/archive/2015/07/against-empathy-aspen-paul-bloom-richard-j-davidson/397694/.

12. Paul Bloom, *Against Empathy: The Case for Rational Compassion* (New York: Ecco, 2016), 152.

13. WAN-IFRA Staff, "Upworthy's Most Successful Strategy Ever." World Association of New Publishers News (December 6, 2013). https://wan-ifra.org/2013/12/upworthys-most-successful-strategy-ever/; Jeff Bercovici, "These Five Astonishing Headline Writing Secrets Will Make You Cry, Or At Least Click," *Forbes* (March 1, 2013). https://www.forbes.com/sites/jeffbercovici/2013/03/01/these-five-astonishing-headline-writing-secrets-will-make-you-cry/; Anya Kamenetz, "How Upworthy Used Emotional Data to Become the Fastest Growing Media Site of All Time," *Fast Company* (June 7, 2013). https://www.fastcompany.com/3012649/how-upworthy-used-emotional-data-to-become-the-fastest-growing-media-site-of-all-time.

CH 2　動態消息

1. Andrew Pettegree, *The Invention of News: How the World Came to Know about Itself* (New Haven, CT: Yale University Press, 2014).

CH 3　擋不住的資訊狂潮

1. Mihaly Csikszentmihalyi, "Flow: The Psychology of Optimal Experience," in *Flow: The Psychology of Optimal Experience*, Nachdr., Harper Perennial Modern Classics (New York: Harper Collins, 2009), 28–29.

2. Daniel J. Levitin, *The Organized Mind: Thinking Straight in the Age of Information Overload* (New York: Dutton, 2014).

3. Levitin, 41.

4. Jeffrey T. Klein, Stephen V. Shepherd, and Michael L. Platt, "Social Attention and the Brain," *Current Biology* 19, no. 20 (November 3, 2009): R958–62, https://doi.org/10.1016/j.cub.2009.08.010.

5. "History of the Web," World Wide Web Foundation. https://webfoundation.org/about/vision/history-of-the-web/.

6. Ethan Zuckerman, "The Internet's Original Sin," *The Atlantic*, August 14, 2014, https://www.theatlantic.com/technology/archive/2014/08/advertising-is-the-internets-original-sin/376041/.

7. Sean Parker, "The Epic Tale of MySpace's Technical Failure," Wiredelta, May 17, 2019, https://wiredelta.com/the-epic-tale-myspace-technical-failure/; "MySpace and the Coding Legacy It Left Behind," *Codecademy* (blog), February 14, 2020, https://www.codecademy.com/resources/blog/myspace-and-the-coding-legacy/.

8. Tobias Rose-Stockwell and Jonathan Haidt, "The Dark Psychology of Social Networks," *The Atlantic*, November 12, 2019, https://www.theatlantic.com/magazine/archive/2019/12/social-media-democracy/600763/.

9. Daniel Kahneman, *Thinking, Fast and Slow* (London: Penguin Books, 2012).

10. Renée Diresta and Tobias Rose-Stockwell, "How to Stop Misinformation Before It Gets Shared," *Wired*, March 26, 2021, https://www.wired.com/story/how-to-stop-misinformation-before-it-gets-shared/.

11. Soroush Vosoughi, Deb Roy, and Sinan Aral, "The Spread of True and False News Online," *Science* 359, no. 6380 (March 9, 2018): 1146–51, https://doi.org/10.1126/science.aap9559. Fake news's viral advantage is particularly true for certain types of misinformation. One study found that older users and conservatives are more likely to share fake news, particularly if the news is ideologically congenial. For older Americans, political misinformation is more popular whereas younger users are more likely to amplify clickbait. See Andy Guess et al., "Cracking Open the News Feed: Exploring What U.S. Facebook Users See and Share with Large-Scale Platform Data," *Journal of Quantitative Description: Digital Media* 1 (April 2021), https://doi.org/10.51685/jqd.2021.006.

12. Daniel Engber, "Sorry, I Lied About Fake News," *The Atlantic*, March 26, 2022, https://www.theatlantic.com/technology/archive/2022/03/fake-news-misinformation-mit-study/629396/.

CH 4　欲罷不能的源頭

1. Steven Pinker, "Correct for the Media's Negativity Bias," *Politico*, 2019, https://politico.com/interactives/2019/how-to-fix-politics-in-america/misinformation/correct-for-the-medias-negativity-bias/.

2. Gary W. Small et al., "Brain Health Consequences of Digital Technology Use," *Dialogues in Clinical Neuroscience* 22, no. 2 (June 30, 2020): 179–87, https://doi.org/10.31887/DCNS.2020.22.2/gsmall.

3. Ryder Carroll, "How ADHD Helped Me Create the Bullet Journal Method," *Human Parts* (blog), November 25, 2019, https://humanparts.medium.com/inside-adhd-55b9618cd708.

4. Brian A. Primack et al., "Social Media Use and Perceived Social Isolation among Young Adults in the U.S.," *American Journal of Preventive Medicine* 53, no. 1 (July 1, 2017): 1–8, https://doi.org/10.1016/j.amepre.2017.01.010; Melissa G. Hunt et al., "No More FOMO: Limiting Social Media Decreases Loneliness and Depression," *Journal of Social and Clinical Psychology* 37, no. 10 (December 2018): 751–68, https://doi.org/10.1521/jscp.2018.37.10.751; "2018 Global Mobile Consumer Survey: US Edition" (Deloitte, 2018), https://www.deloitte.com/content/dam/Deloitte/us/Documents/technology-media-telecommunications/us-tmt-global-mobile-consumer-survey-exec-summary-2018.pdf; Lauren Hale et al., "Media Use and Sleep in Teenagers: What Do We Know?" *Current Sleep Medicine Reports* 5, no. 3 (September 1, 2019): 128–34, https://doi.org/10.1007/s40675-019-00146-x.

5. Tristan Harris, "Smartphone Addiction Is Part of the Design," *Der Spiegel*, July 27, 2016, sec. International, https://www.spiegel.de/international/zeitgeist/smartphone-addiction-is-part-of-the-design-a-1104237.html.

6. Ezra Klein, "Is Big Tech Addictive? A Debate with Nir Eyal," *Vox*, August 7, 2019, https://www.vox.com/podcasts/2019/8/7/20750214/nir-eyal-tech-addiction-ezra-klein-smartphones-hooked-indistractable.

CH 5　啓動觸發點

1. Jeremy Littau, "The Crisis Facing American Journalism Did Not Start with the Inter-net," *Slate*, January 26, 2019, https://slate.com/technology/2019/01/layoffs-at-media-organizations-the-roots-of-this-crisis-go-back-decades.html.

2. "How to Make That One Thing Go Viral," *Upworthy*, December 3, 2012, https://www.slideshare.net/Upworthy/how-to-make-that-one-thing-go-viral-just-kidding.

3. Hayley Tsukayama, "Facebook Reaches 1 Billion Users," *Washington Post*, October 4, 2012, https://www.washingtonpost.com/business/technology/facebook-reaches-1-billion-users/2012/10/04/5edfefb2-0e14-11e2-bb5e-492c0d30bff6_story.html.

4. Stefan Feuerriegel et al., "Negativity Drives Online News Consumption [Registered Report Stage 1 Protocol]," April 26, 2022, https://doi.org/10.6084/m9.figshare.19657452.v1.

5. Felix Salmon, "Headlines Matter," *Nieman Lab* (blog), accessed January 9, 2023, https://www.niemanlab.org/2016/12/headlines-matter/.

6. Louise Linehan, Steve Rayson, and Henley Wing Chiu, "100m Articles Analyzed: What You Need to Write the Best Headlines [2021]," BuzzSumo.com, August 17, 2021, https://buzzsumo.com/blog/most-shared-headlines-study/.

7. Ullrich K. H. Ecker et al., "The Effects of Subtle Misinformation in News Headlines," *Journal of Experimental Psychology: Applied* 20 (2014): 323–35, https://doi.org/10.1037/xap0000028.

8. New York–based media executive, personal correspondence, February 22, 2017.

9. Paul Farhi, "One Billion Dollars Profit? Yes, the Campaign Has Been a Gusher for CNN," *Washington Post*, October 27, 2016, sec. Style, https://www.washingtonpost.com/lifestyle/style/one-billion-dollars-profit-yes-the-campaign-has-been-a-gusher-for-cnn/2016/10/27/1fc879e6-9c6f-11e6-9980-50913d68eacb_story.html.

10. Howard Fineman, "Look Who's Running," *Newsweek*, October 10, 1999, https://www.newsweek.com/look-whos-running-168162.

11. Nicholas Confessore and Karen Yourish, "$2 Billion Worth of Free Media for Donald Trump," *New York Times*, March 15, 2016, sec. The Upshot, https://www.nytimes.com/2016/03/16/upshot/measuring-donald-trumps-mammoth-advantage-in-free-media.html.

12. Tobias Rose-Stockwell, "This Is How Your Fear and Outrage Are Being Sold for Profit," *Quartz*, July 28, 2017, https://qz.com/1039910/how-facebooks-news-feed-algorithm-sells-our-fear-and-outrage-for-profit/.

13. Kevin Roose, *New York Times*, personal correspondence, April 11, 2019.

14. Shannon C. McGregor and Logan Molyneux, "Twitter's Influence on News Judgment: An Experiment among Journalists," *Journalism* 21, no. 5 (May 1, 2020): 597–613, https://doi.org/10.1177/1464884918802975.

15. Madison Hall, "USA Today Wrapped Its Newspaper with a Fake Cover about 'Hybrid Babies' with Antlers to Advertise a New Netflix Show," *Insider*, accessed January 10, 2023, https://www.insider.com/usa-today-fake-cover-hybrid-babies-netflix-show-2021-6.

16. Anemona Hartocollis, "Craig Spencer, New York Doctor with Ebola, Will Leave Bellevue Hospital," CNBC, November 10, 2014, https://www.cnbc.com/2014/11/10/craig-spencer-new-york-doctor-with-ebola-will-leave-bellevue-hospital.html.

17. Ashley Collman, "Ebola Fears in America Reach New Levels as Woman in Hazmat Suit Waits for Plane at Washington Dulles," *Daily Mail*, October 16, 2014, https://www.dailymail.co.uk/news/article-2794947/not-taking-risks-woman-hazmat-suit-waits-plane-washington-dulles-airport-two-days-second-nurse-test-positive-ebola-boarded-flight-fever.html; Alice Ritchie, "Ebola Is 'Disaster of Our Generation' Says Aid Agency," Yahoo News, October 18, 2014, http://news.yahoo.com/obama-calls-end-ebola-hysteria-110006011.html.

18. John Gramlich, "Violent Crime Is a Key Midterm Voting Issue, but What Does the Data Say?" Pew Research Center October 31, 2022, https://www.pewresearch.org/fact-tank/2022/10/31/violent-crime-is-a-key-midterm-voting-issue-but-what-does-the-data-say/.

19. Ibid. The US murder rate in 2020 was 42 percent lower than the suicide rate (13.5 deaths per 100,000 people) and 71 percent below the mortality rate for drug overdose (27.1 deaths per 100,000 people, as of the third quarter of 2020), the CDC data shows.

20. Alberto M. Fernandez, "Here to Stay and Growing: Combating ISIS Propaganda Networks," Project on U.S. Relations with the Islamic World, Center for Middle East Policy at Brookings (Center for Middle East Politics, Brookings Institution, October 2015), https://www.brookings.edu/wp-content/uploads/2016/07/IS-Propaganda_Web_English_v2.pdf.

21. Office of Public Affairs, "Man Sentenced to Life in Prison for ISIS-Inspired Bombing in New York City Subway Station in 2017," United States Department of Justice, April 22, 2021, https://www.justice.gov/opa/pr/man-sentenced-life-prison-isis-inspired-bombing-new-york-city-subway-station-2017.

22. Daniel T. Blumstein, *The Nature of Fear: Survival Lessons from the Wild* (Cambridge, MA: Harvard University Press, 2020).

23. Amos Tversky and Daniel Kahneman, "Availability: A Heuristic for Judging Frequency and Probability," *Cognitive Psychology* 5, no. 2 (September 1, 1973): 207–32, https://doi.org/10.1016/0010-0285(73)90033-9.

24. "Malaria Worldwide—Impact of Malaria," Centers for Disease Control and Prevention, December 16, 2021, https://www.cdc.gov/malaria/malaria_worldwide/impact.html.

25. Penelope Muse Abernathy, "The Expanding News Desert" (Center for Innovation and Sustainability in Local Media, University of North Carolina at Chapel Hill, 2018), https://www.usnewsdeserts.com/reports/expanding-news-desert/; Neal Rothschild and Sara Fischer, "News Engagement Plummets as Americans Tune Out," *Axios*, July 12, 2022, https://www.axios.com/2022/07/12/news-media-readership-ratings-2022.

CH 6　黑藍？白金？

1. Claudia Koerner, "The Dress Is Blue and Black, Says the Girl Who Saw It in Person," *BuzzFeed News*, February 26, 2015, https://www.buzzfeednews.com/article/claudiakoerner/the-dress-is-blue-and-black-says-the-girl-who-saw-it-in-pers.

2. Cates Holderness, "What Colors Are This Dress?" *BuzzFeed*, February 26, 2015, https://www.buzzfeed.com/catesish/help-am-i-going-insane-its-definitely-blue.

3. Rosa Lafer-Sousa, Katherine L. Hermann, and Bevil R. Conway, "Striking Individual Differences in Color Perception Uncovered by 'the Dress' Photograph," *Current Biology* 25, no. 13 (June 2015): R545–46, https://doi.org/10.1016/j.cub.2015.04.053; Pascal Wallisch, "Illumination Assumptions Account for Individual Differences in the Perceptual Interpretation of a Profoundly Ambiguous Stimulus in the Color Domain: 'The Dress,'" *Journal of Vision* 17, no. 4 (June 12, 2017): 5, https://doi.org/10.1167/17.4.5.

4. Scott Alexander, "Sort by Controversial," *Slate Star Codex* (blog), October 31, 2018, https://slatestarcodex.com/2018/10/30/sort-by-controversial/.

5. Richard Dawkins, *The Selfish Gene: 40th Anniversary Edition* (New York: Oxford University Press, 2016).

6. Susan Blackmore, *The Meme Machine* (Oxford, UK: Oxford University Press, 2000).

CH 7　互動電扶梯

1. Mark Zuckerberg, "A Blueprint for Content Governance and Enforcement," Meta, May 5, 2021, https://www.facebook.com/notes/751449002072082/.

2. Adam Kramer, "The Spread of Emotion via Facebook," *Meta Research*, May 16, 2012, https://research.facebook.com/publications/the-spread-of-emotion-via-facebook/.

3. William J. Brady, M. J. Crockett, and Jay J. Van Bavel, "The MAD Model of Moral Contagion: The Role of Motivation, Attention, and Design in the Spread

of Moralized Content Online," *Perspectives on Psychological Science* 15, no. 4 (July 1, 2020): 978–1010, https://doi.org/10.1177/1745691620917336.

4. Frans B. M. de Waal, "The Antiquity of Empathy," *Science* 336, no. 6083 (May 18, 2012): 874–76, https://doi.org/10.1126/science.1220999.

5. Wataru Nakahashi and Hisashi Ohtsuki, "Evolution of Emotional Contagion in Group-Living Animals," *Journal of Theoretical Biology* 440 (March 7, 2018): 12–20, https://doi.org/10.1016/j.jtbi.2017.12.015.

6. Adam D. I. Kramer, Jamie E. Guillory, and Jeffrey T. Hancock, "Experimental Evidence of Massive-Scale Emotional Contagion through Social Networks," *Proceedings of the National Academy of Sciences* 111, no. 24 (June 17, 2014): 8788–90, https://doi.org/10.1073/pnas.1320040111.

7. Joseph G. Lehman, "An Introduction to the Overton Window of Political Possibility," Mackinac Center, April 8, 2010, https://www.mackinac.org/12481. After Overton's death in 2003, Joseph G. Lehman and others developed the term "Overton Window" to describe their late colleague's theory of change.

8. Derek Robertson, "How an Obscure Conservative Theory Became the Trump Era's Go-to Nerd Phrase," *Politico Magazine*, February 25, 2018, https://www.politico.com/magazine/story/2018/02/25/overton-window-explained-definition-meaning-217010/.

9. "Watch Live: Facebook CEO Zuckerberg Speaks at Georgetown University," streamed live by *the Washington Post* on October 17, 2019, https://www.youtube.com/watch?v=2MTpd7YOnyU.

CH 8　不和的蘋果

1. Charity Davenport, "Story: The Trojan War Part 1: The Apple of Discord," September 8, 2018, https://pressbooks.pub/iagtm/chapter/story-the-trojan-war/.

2. Emily Stewart, "Covington Catholic Students' Clash with a Native American Elder, Explained," *Vox*, January 24, 2019, https://www.vox.com/2019/1/22/18192908/covington-catholic-video-nick-sandmann-maga.

3. "Video Shows Different Side of Controversial Viral Video," *CNN Newsroom*, accessed January 10, 2023, https://www.cnn.com/videos/us/2019/01/23/maga-teens-covington-catholic-native-american-sidner-pkg-nr.cnn.

4. Craig Silverman, "Lies, Damn Lies, and Viral Content," *Columbia Journalism Review*, February 10, 2015, https://www.cjr.org/tow_center_reports/craig_silverman_lies_damn_lies_viral_content.php/.

CH 9　觸發鏈

1. William J. Brady et al., "Emotion Shapes the Diffusion of Moralized Content in Social Networks," *Proceedings of the National Academy of Sciences* 114, no. 28 (July 11, 2017): 7313–18, https://doi.org/10.1073/pnas.1618923114.

2. Michael Macy et al., "Opinion Cascades and the Unpredictability of Partisan Polarization," *Science Advances* 5, no. 8 (August 28, 2019): eaax0754, https://doi.org/10.1126/sciadv.aax0754.

3. Steven Pinker, *The Blank Slate: The Modern Denial of Human Nature*, Nachdr. (London: Penguin, 2003), 286.

4. Macy et al., 2019.

CH 10　演算法

1. Adam Mosseri, "Bringing People Closer Together," *Meta* (blog), January 12, 2018, https://about.fb.com/news/2018/01/news-feed-fyi-bringing-people-closer-together/.

2. Shoshana Zuboff, *The Age of Surveillance Capitalism* (New York: PublicAffairs, 2017), 75.

3. Eric Siegel, "When Does Predictive Technology Become Unethical?" *Harvard Business Review*, October 23, 2020, https://hbr.org/2020/10/when-does-predictive-technology-become-unethical.

4. R. F. C. Hull, ed., "II The Shadow," in *Collected Works of C.G. Jung, Volume 9 (Part 2): Aion: Researches into the Phenomenology of the Self*, by C. G. Jung (Princeton, NJ: Princeton University Press, 2014), 8–10, https://doi.org/10.1515/9781400851058.8.

5. Robert Epstein and Ronald E. Robertson, "The Search Engine Manipulation Effect (SEME) and Its Possible Impact on the Outcomes of Elections," *Proceedings of the National Academy of Sciences* 112, no. 33 (August 18, 2015): E4512–21, https://doi.org/10.1073/pnas.1419828112.

6. Olivia Solon and Sabrina Siddiqui, "Russia-Backed Facebook Posts 'Reached 126m Americans' during US Election," *Guardian*, October 31, 2017, sec. Technology, https://www.theguardian.com/technology/2017/oct/30/facebook-russia-fake-accounts-126-million; "Update on Twitter's Review of the 2016 US Election," *Twitter Blog*, January 19, 2019, https://blog.twitter.com/en_us/topics/company/2018/2016-election-update.

7. Yuval Noah Harari, Homo Deus (London: Harvill Secker, 2016).

8. Samuel Gibbs, "AlphaZero AI Beats Champion Chess Program after Teaching

Itself in Four Hours," *Guardian*, December 7, 2017, sec. Technology, https://www.theguardian.com/technology/2017/dec/07/alphazero-google-deepmind-ai-beats-champion-program-teaching-itself-to-play-four-hours.

CH 11　直覺和網路

1. Rachel O'Donoghue, "Pit Bulls Pull Owner to Ground as They Brutally Maul Cat in Horrific Attack," *Mirror*, July 7, 2017, sec. UK News, http://www.mirror.co.uk/news/uk-news/vicious-pit-bulls-pull-helpless-10755320.
2. Niall McCarthy, "Infographic: America's Most Dangerous Dog Breeds," Statista Infographics, September 14, 2018, https://www.statista.com/chart/15446/breeds-of-dog-involved-in-fatal-attacks-on-humans-in-the-us.
3. R. A. Casey et al., "Inter-Dog Aggression in a UK Owner Survey: Prevalence, Co-Occurrence in Different Contexts and Risk Factors," *Veterinary Record* 172, no. 5 (2013): 127–127, https://doi.org/10.1136/vr.100997.
4. American Veterinary Medical Association Animal Welfare Division, "Dog Bite Risk and Prevention: The Role of Breed," May 15, 2014, https://www.avma.org/resources-tools/literature-reviews/dog-bite-risk-and-prevention-role-breed.
5. R. B. Zajonc, "Feeling and Thinking: Preferences Need No Inferences," *American Psychologist* 35 (1980): 151–75, https://doi.org/10.1037/0003-066X.35.2.151.
6. Jonathan Haidt, "The Emotional Dog and Its Rational Tail: A Social Intuitionist Approach to Moral Judgment," *Psychological Review* 108 (2001): 814–34, https://doi.org/10.1037/0033-295X.108.4.814.
7. Jennifer S. Lerner et al., "Emotion and Decision Making," *Annual Review of Psychology* 66, no. 1 (2015): 799–823, https://doi.org/10.1146/annurev-psych-010213-115043.
8. Jonathan Haidt, "The Moral Emotions," in *Handbook of Affective Sciences*, Series in Affective Science (New York: Oxford University Press, 2003), 852–70.
9. Jesse Graham et al., "Chapter Two— Moral Foundations Theory: The Pragmatic Validity of Moral Pluralism," in *Advances in Experimental Social Psychology*, ed. Patricia Devine and Ashby Plant, vol. 47 (Cambridge, MA: Academic Press, 2013), 55–130, https://doi.org/10.1016/B978-0-12-407236-7.00002-4.
10. Jonathan Haidt, ed., *The Righteous Mind: Why Good People Are Divided by Politics and Religion*, (New York: Vintage Books, 2013), 21–60.

11. Ibid., 16.
12. Ibid., 125.
13. Gary F. Marcus, *The Birth of the Mind: How a Tiny Number of Genes Creates the Complexities of Human Thought* (New York: Basic Books, 2004), 40.
14. Elias Dinas, "Why Does the Apple Fall Far from the Tree? How Early Political Socialization Prompts Parent-Child Dissimilarity," *British Journal of Political Science* 44, no. 4 (October 2014): 827–52, https://doi.org/10.1017/S0007123413000033.
15. John C. Turner et al., *Rediscovering the Social Group: A Self-Categorization Theory*, (Cambridge, MA: Basil Blackwell, 1987); Michael A. Hogg, "Social Identity Theory," in *Understanding Peace and Conflict Through Social Identity Theory: Contemporary Global Perspectives*, ed. Shelley McKeown, Reeshma Haji, and Neil Ferguson, Peace Psychology Book Series (Cham, Switzerland: Springer International Publishing, 2016), 3–17, https://doi.org/10.1007/978-3-319-29869-6_1.
16. Maeve Duggan and Aaron Smith, "The Political Environment on Social Media" (Pew Research Center, October 25, 2016), https://www.pewresearch.org/internet/2016/10/25/the-political-environment-on-social-media/.
17. Jonathan Haidt, "Why the Past 10 Years of American Life Have Been Uniquely Stupid," *The Atlantic*, April 11, 2022, https://www.theatlantic.com/magazine/archive/2022/05/social-media-democracy-trust-babel/629369/.

CH 12　可怕至極的房間

1. Shay Maunz, "The Great Hanoi Rat Massacre of 1902 Did Not Go as Planned," *Atlas Obscura*, June 6, 2017, http://www.atlasobscura.com/articles/hanoi-rat-massacre-1902.
2. Stanley Milgram, Leonard Bickman, and Lawrence Berkowitz, "Note on the Drawing Power of Crowds of Different Size," *Journal of Personality and Social Psychology* 13 (1969): 79–82, https://doi.org/10.1037/h0028070.
3. Thomas McMullan, "The Inventor of the Facebook Like: 'There's Always Going to Be Unintended Consequences,'" *Alphr* (blog), October 20, 2017, https://www.alphr.com/facebook/1007431/the-inventor-of-the-facebook-like-theres-always-going-to-be-unintended-consequences/.
4. B. F. Skinner, "'Superstition' in the Pigeon," *Journal of Experimental Psychology* 38 (1948): 168–72, https://doi.org/10.1037/h0055873.
5. Robert D. Pritchard et al., "The Effects of Varying Schedules of Reinforcement on Human Task Performance," *Organizational Behavior and Human*

Performance 16, no. 2 (August 1, 1976): 205–30, https://doi.org/10.1016/0030-5073(76)90014-3; J. E. R. Staddon and D. T. Cerutti, "Operant Conditioning," *Annual Review of Psychology* 54 (2003): 115–44, https://doi.org/10.1146/annurev.psych.54.101601.145124.

6. William J. Brady et al., "How Social Learning Amplifies Moral Outrage Expression in Online Social Networks," *Science Advances* 7, no. 33 (August 13, 2021): eabe5641, https://doi.org/10.1126/sciadv.abe5641.

7. Bill Hathaway, "'Likes' and 'Shares' Teach People to Express More Outrage Online," *YaleNews*, August 13, 2021, https://news.yale.edu/2021/08/13/likes-and-shares-teach-people-express-more-outrage-online.

8. "The Influencer Report: Engaging Gen Z and Millenials" (Morning Consult, 2022), https://morningconsult.com/influencer-report-engaging-gen-z-and-millennials/.

9. Mark R. Leary, "Sociometer Theory and the Pursuit of Relational Value: Getting to the Root of Self-Esteem," *European Review of Social Psychology* 16, no. 1 (January 1, 2005): 75–111, https://doi.org/10.1080/10463280540000007.

10. Justin Tosi and Brandon Warmke, Grandstanding: *The Use and Abuse of Moral Talk* (New York: Oxford University Press, 2020).

11. Paul Graham, "How to Disagree," March 2008, http://www.paulgraham.com/disagree.html.

12. C. Thi Nguyen, "How Twitter Gamifies Communication," in *Applied Epistemology*, ed. Jennifer Lackey (Oxford, UK: Oxford University Press, 2021), 410–36, https://doi.org/10.1093/oso/9780198833659.003.0017.

13. Johan Huizinga, *Homo Ludens: A Study of the Play-Element in Culture* (London: Routledge and Kegan Paul, 1949).

14. Shopify Staff, "Influencer Marketing Prices: How Much Should You Pay (2023)," *Shopify Blog*, December 5, 2022, https://www.shopify.com/blog/influencer-pricing.

15. Statista Research Team, "Global Twitter CPM 2020," Statista, June 2020, https://www.statista.com/statistics/872543/twitter-cost-per-mile/.

16. William J. Brady et al., "Emotion Shapes the Diffusion of Moralized Content in Social Networks," *Proceedings of the National Academy of Sciences* 114, no. 28 (July 11, 2017): 7313–18, https://doi.org/10.1073/pnas.1618923114.

17. Tobias Rose-Stockwell, "How We Broke Democracy (But Not in the Way You Think)," *Medium* (blog), February 11, 2019, https://tobiasrose.medium.com/empathy-to-democracy-b7f04ab57eee.

18. Steven Asarch et al., "Inside the Rise of Nikocado Avocado, the Extreme-Eating YouTuber Whose Dramatic Meltdowns Have Led to Years of Controversy and Feuds," *Insider*, November 25, 2022, https://www.insider.com/who-is-youtube-star-nikocado-avocado-2020-1.

19. Boghal, "The Perils of Audience Capture," Substack newsletter, *The Prism* (blog), June 30, 2022, https://gurwinder.substack.com/p/the-perils-of-audience-capture.

20. Ibid.

CH 13　創傷、消化和取消文化

1. Lee Moran, "Stephen Colbert under Fire for Comedy Central's 'Racist' Tweet Based on Satirical Asian Skit," *New York Daily News*, March 28, 2014, https://www.nydailynews.com/entertainment/tv-movies/stephen-colbert-fire-comedy-central-racist-tweet-article-1.1737621.

2. Alyssa Rosenberg, "Stephen Colbert Was Making Fun of Dan Snyder, Not Asians and Asian-Americans," *Washington Post*, March 28, 2014, https://www.washingtonpost.com/news/act-four/wp/2014/03/28/stephen-colbert-was-making-fun-of-dan-snyder-not-asians-and-asian-americans/; Jay Caspian Kang, "The Campaign to 'Cancel' Colbert," *New Yorker*, March 30, 2014, https://www.newyorker.com/news/news-desk/the-campaign-to-cancel-colbert.

3. *The Internet Ruined My Life*, SYFY, March 2016.

4. *Hannah Gadsby: Nanette*, 2018, https://www.netflix.com/title/80233611.

5. The full APA definition of "trauma" is, "an emotional response to a terrible event like an accident, rape, or natural disaster. Immediately after the event, shock and denial are typical. Longer-term reactions include unpredictable emotions, flashbacks, strained relationships, and even physical symptoms like headaches or nausea." Gerasimos Kolaitis and Miranda Olff, "Psychotraumatology in Greece," *European Journal of Psychotraumatology* 8, no. sup4 (September 29, 2017): 135175, https://doi.org/10.1080/20008198.2017.1351757; "Trauma," American Psychological Association, accessed January 10, 2023, https://www.apa.org/topics/trauma.

6. Holly Muir and Spencer Greenberg, "Understanding Relationship Conflicts: Clashing Trauma," Clearer Thinking, May 5, 2022, https://www.clearerthinking.org/post/understanding-relationship-conflicts-clashing-trauma.

7. Tara Brach, "The Trance of Fear," *Tara Brach* (blog), July 25, 2013, https://www.tarabrach.com/the-trance-of-fear/.

8. Teah Strozer, "Life Hurts: Responding with RAIN with Teah Strozer," *Tricycle: The Buddhist Review*, April 2015, https://tricycle.org/dharmatalks/life-hurts-responding-rain/.

9. Gilbert Gottfried, "Gilbert Gottfried on His Infamous 9/11 Joke and 'Too Soon,'" *Vulture*, February 2, 2016, https://www.vulture.com/2016/02/gilbert-gottfried-on-his-911-joke-too-soon.html.

10. Roy F. Baumeister, Liqing Zhang, and Kathleen D. Vohs, "Gossip as Cultural Learning," *Review of General Psychology* 8, no. 2 (June 1, 2004): 111–21, https://doi.org/10.1037/1089-2680.8.2.111; Francesca Giardini et al., "Gossip and Competitive Altruism Support Cooperation in a Public Good Game," *Philosophical Transactions of the Royal Society B: Biological Sciences* 376, no. 1838 (October 4, 2021): 20200303, https://doi.org/10.1098/rstb.2020.0303.

11. Foundation for Individual Rights and Expression, "Campus Disinvitation Database," accessed January 10, 2023, https://www.thefire.org/research-learn/campus-disinvitation-database.

12. Émile Durkheim and Steven Lukes, *The Division of Labour in Society, trans.* W. D. Halls, 2nd ed. (Basingstoke, UK: Palgrave Macmillan, 2013).

13. FIRE, "Cancel Culture Widely Viewed as Threat to Democracy, Freedom," Foundation for Individual Rights and Expression, *FIRE Newsdesk* (blog), January 31, 2022, https://www.thefire.org/news/national-fire-survey-cancel-culture-widely-viewed-threat-democracy-freedom.

14. "2020 College Free Speech Rankings," Foundation for Individual Rights and Expression, 2020, https://www.thefire.org/research-learn/2020-college-free-speech-rankings.

CH 14　道德常規的浪潮

1. Georg Wilhelm Friedrich Hegel et al., *The Encyclopaedia Logic, with the Zusätze: Part I of the Encyclopaedia of Philosophical Sciences with the Zusätze* (Indianapolis: Hackett, 1991).

2. "Yearly Number of Animals Slaughtered for Meat," Our World in Data, accessed January 10, 2023, https://ourworldindata.org/grapher/animals-slaughtered-for-meat.

3. Ralph Waldo Emerson, *The Conduct of Life* (Boston: Ticknor and Fields, 1863).

4. Anugraha Sundaravelu, "Earth's Ozone Layer Continues Heal in 2022, Says NASA" *METRO News*, October 28, 2022, https://metro.co.uk/2022/10/28/earths-ozone-layer-continues-heal-in-2022-says-nasa-17656122/.

5. Hunter Oatman-Stanford, "What Were We Thinking? The Top 10 Most Dangerous Ads," *Collectors Weekly*, August 22, 2012, https://www.collectorsweekly.com/articles/the-top-10-most-dangerous-ads/; "An Ad for Iver Johnson Revolvers From 1904 Claimed to Be Safe Enough to Be Near Babies," December 2020, https://www.vintag.es/2020/09/1904-iver-johnson-revolver-ad.html.

6. Alexander Hamilton, James Madison, and John Jay, eds., "No. 1: General Introduction," in *The Federalist Papers*, Dover Thrift Editions (Mineola, New York: Dover Publications, Inc, 2014), 5.

7. Nick Thompson, "Benedict Cumberbatch Sorry for 'Colored Actors' Remark," *CNN Entertainment*, January 28, 2015, https://www.cnn.com/2015/01/27/entertainment/benedict-cumberbatch-colored-apology/index.html.

CH 15　黑暗谷

1. Socheata Sann et al., "Sociological Analysis of the Road Safety Situation in Cambodia: Historical, Cultural, and Political Aspects," no. 79 (2009).

2. Matthew Sparkes, "Bitcoin Has Emitted 200 Million Tonnes of CO2 Since Its Launch," *New Scientist*, September 28, 2022, https://www.newscientist.com/article/2339629-bitcoin-has-emitted-200-million-tonnes-of-co2-since-its-launch/.

3. J. Arjan G. M. de Visser et al., "The Utility of Fitness Landscapes and Big Data for Predicting Evolution," *Heredity* 121, no. 5 (November 2018): 401–5, https://doi.org/10.1038/s41437-018-0128-4.

4. Deborah Blum, "Looney Gas and Lead Poisoning: A Short, Sad History," *Wired*, January 5, 2013, https://www.wired.com/2013/01/looney-gas-and-lead-poisoning-a-short-sad-history/.

5. Nicholas Rees and Richard Fuller, "The Toxic Truth: Children's Exposure to Lead Pollution Undermines a Generation of Future Potential" (Unicef, 2020), https://www.unicef.org/sites/default/files/2020-07/The-toxic-truth-children%E2%80%99s-exposure-to-lead-pollution-2020.pdf.

6. Blum, 2013.

7. Kelsey Piper, "One of the Worst Public Health Dangers of the Past Century Has Finally Been Eradicated," *Vox*, September 3, 2021, https://www.vox.com/future-perfect/22650920/leaded-gasoline-eradicated-public-health.

8. "How Safe Is Nuclear Energy?" *Economist*, July 19, 2022, https://www.economist.com/graphic-detail/2022/07/19/how-safe-is-nuclear-energy.

9. Sarah Kramer, "Here's Why a Chernobyl-Style Nuclear Meltdown Can't Happen in the United States," *Business Insider*, April 26, 2016, https://www.businessinsider.com/chernobyl-meltdown-no-graphite-us-nuclear-reactors-2016-4; Hannah Ritchie, "What Was the Death Toll from Chernobyl and Fukushima?" Our World in Data, July 24, 2017, https://ourworldindata.org/what-was-the-death-toll-from-chernobyl-and-fukushima.

10. Eli Pariser, *The Filter Bubble: How the New Personalized Web Is Changing What We Read and How We Think, 2nd printing* (London: Penguin Books, 2012).

11. Gordon W. Allport, *The Nature of Prejudice, Unabridged*, 25th anniversary ed. (Reading, MA: Addison-Wesley, 1979).

12. Christopher A. Bail et al., "Exposure to Opposing Views on Social Media Can Increase Political Polarization," *Proceedings of the National Academy of Sciences* 115, no. 37 (September 11, 2018): 9216–21, https://doi.org/10.1073/pnas.1804840115.

CH 16　擴散性的古代史

1. "News | Etymology, Origin and Meaning of News by Etymonline," in *Online Etymology Dictionary*, accessed January 10, 2023, https://www.etymonline.com/word/news.

2. Joshua J. Mark, "The Ancient City," World History Encyclopedia, April 5, 2014, https://www.worldhistory.org/city/.

3. Jack Weatherford, *Genghis Khan and the Making of the Modern World* (New York: Crown, 2005); Wuyun Gaowa, "Yuan's Postal System Facilitated East-West Trade, Cultural Exchange-SSCP," *Chinese Social Science Today* (blog), April 6, 2017, http://www.csstoday.com/Item/4326.aspx.

4. "Postal System," in *Britannica*, accessed January 11, 2023, https://www.britannica.com/topic/postal-system/History#ref367055.

5. Andrew Pettegree, *The Invention of News: How the World Came to Know about Itself* (New Haven, CT: Yale University Press, 2014), 169.

6. Ibid., 167–81.

7. Jennifer Spinks, *Monstrous Births and Visual Culture in Sixteenth-Century Germany* (London: Pickering & Chatto, 2014), 59–79, https://www.cambridge.org/core/books/monstrous-births-and-visual-culture-in-sixteenthcentury-

germany/97EE04D856A7BDCC671DB701205C4C0C; Renée DiResta and Tobias Rose-Stockwell, "How to Stop Misinformation before It Gets Shared," *Wired*, March 26, 2021, https://www.wired.com/story/how-to-stop-misinformation-before-it-gets-shared/.

8. Pettegree, 254.
9. Ibid., 251.
10. Robert H. Knapp, "A Psychology of Rumor," *Public Opinion Quarterly* 8, no. 1 (1944): 22–37.
11. Pettegree, 22.
12. Tobias Rose-Stockwell, "This Is How Your Fear and Outrage Are Being Sold for Profit," *Medium* (blog), August 12, 2019, https://tobiasrose.medium.com/the-enemy-in-our-feeds-e86511488de.
13. DiResta and Rose-Stockwell, 2021.
14. Cleveland Ferguson III, "Yellow Journalism," The First Amendment Encyclopedia, 2009, https://www.mtsu.edu/first-amendment/article/1253/yellow-journalism; Seymour Topping, "History of The Pulitzer Prizes," The Pulitzer Prizes, accessed January 10, 2023, https://www.pulitzer.org/page/history-pulitzer-prizes.
15. Kristine A. Oswald, "Mass Media and the Transformation of American Politics," *Marquette Law Review* 77 (2009).
16. Tim Wu, *The Attention Merchants: The Epic Scramble to Get inside Our Heads* (New York: Alfred A. Knopf, 2016), 175.
17. Shannon K. McCraw, "Equal Time Rule," The First Amendment Encyclopedia, 2009, https://www.mtsu.edu/first-amendment/article/949/equal-time-rule.
18. Jonathan Rauch, *The Constitution of Knowledge: A Defense of Truth* (Washington, DC: Brookings Institution Press, 2021), 95–117.
19. Angelo Fichera Spencer Saranac Hale, "Bogus Theory Claims Supercomputer Switched Votes in Election," *FactCheck.Org* (blog), November 13, 2020, https://www.factcheck.org/2020/11/bogus-theory-claims-supercomputer-switched-votes-in-election/; MikkiWillis, *Plandemic: Fear Is the Virus. Truth Is the Cure* (New York: Skyhorse, 2021); Jessica Contrera, "A QAnon Con: How the Viral Wayfair Sex Trafficking Lie Hurt Real Kids," *Washington Post*, December 16, 2021, https://www.washingtonpost.com/dc-md-va/interactive/2021/wayfair-qanon-sex-trafficking-conspiracy/; Shahin Nazar and Toine Pieters, "Plandemic Revisited: A Product of Planned Disinformation Amplifying the COVID-19 'Infodemic,'" *Frontiers*

in Public Health 9 (2021), https://www.frontiersin.org/articles/10.3389/fpubh.2021.649930.

20. Michael Schudson, *Discovering the News: A Social History of American Newspapers*, Nachdr. (New York: Basic Books, 1981), 39–41.

CH 17　史上第一個推文串

1. Joshua J. Mark, "Johann Tetzel," World History Encyclopedia, July 28, 2022, https://www.worldhistory.org/Johann_Tetzel/.

2. Martin Luther, *Martin Luther's 95 Theses*, ed. Stephen J. Nichols (Phillipsburg, NJ: P & R Publishing, 2002); Andrew Pettegree, *The Invention of News: How the World Came to Know about Itself* (New Haven, CT: Yale University Press, 2014), 67–72.

3. "John Wycliffe: Translation of the Bible," in *Britannica*, accessed January 10, 2023, https://www.britannica.com/biography/John-Wycliffe/Translation-of-the-Bible.

4. Elizabeth L. Eisenstein, *The Printing Press as an Agent of Change: Communications and Cultural Trans* (Cambridge, UK: Cambridge University Press, 1982); Ch'on Hye-bong, "Typography in Korea: Birthplace of Moveable Metal Type," *Korea Journal* 3, no. 7 (July 1993): 10–19.

5. Pettegree, 67–72. The Editors, "Martin Luther's Life and Legacy," in *Britannica*, accessed January 10, 2023, https://www.britannica.com/summary/Martin-Luther.

6. Martin Luther, "Against the Robbing and Murdering Hordes of Peasants," in *Essential Luther*, trans. Tryntje Helfferich (Indianapolis: Hackett, 2018).

7. "Persecution," UK Parliament, accessed January 11, 2023, https://www.parliament.uk/about/living-heritage/transformingsociety/private-lives/religion/overview/persecution/.

8. Christopher Hill, *Antichrist in Seventeenth-Century England*, rev. ed. (London: Verso, 1990) 33–39.

CH 18　美國人義憤填膺

1. Walter Isaacson, *Benjamin Franklin: An American Life* (New York: Simon & Schuster, 2003), 8.

2. Ibid., 227.

3. Mark Hailwood, "'The Rabble That Cannot Read'? Ordinary People's Literacy in Seventeenth-Century England," *The Many-Headed Monster*

(blog), October 13, 2014, https://manyheadedmonster.com/2014/10/13/the-rabble-that-cannot-read-ordinary-peoples-literacy-in-seventeenth-century-england/.

4. John R. Vile, "John Peter Zenger," The First Amendment Encyclopedia, 2009, https://www.mtsu.edu/first-amendment/article/1235/john-peter-zenger.

5. "The Seven Years' War," *The American Revolution Institute* (blog), July 24, 2022, https://www.americanrevolutioninstitute.org/video/the-seven-years-war/.

6. Chester E. Jorgenson, "The New Science in the Almanacs of Ames and Franklin," *New England Quarterly* 8, no. 4 (1935): 555–61, https://doi.org/10.2307/360361; Dennis Landis et al., "Pamphlet Wars," John Carter Brown Library, https://www.brown.edu/Facilities/John_Carter_Brown_Library/exhibitions/pamphletWars/pages/crisis.html.

7. Andrew Pettegree, *The Invention of News: How the World Came to Know about Itself* (New Haven, CT: Yale University Press, 2014), 334.

8. Editors, "The Tombstone Edition: Pennsylvania Journal, October 31, 1765," Journal of the American Revolution, June 15, 2015, https://allthingsliberty.com/2015/06/the-tombstone-edition-pennsylvania-journal-october-31-1765/.

9. Pettegree, 334.

10. Christopher Klein, "The Stamp Act Riots," HISTORY, August 31, 2018, https://www.history.com/news/the-stamp-act-riots-250-years-ago.

11. "Stamp Act | History, Definition, Facts, & Riots," in *Britannica*, December 9, 2022, https://www.britannica.com/event/Stamp-Act-Great-Britain-1765.

12. History.com Editors, "Boston Massacre," HISTORY, September 20, 2022, https://www.history.com/topics/american-revolution/boston-massacre.

13. Jayne E. Triber, *A True Republican: The Life of Paul Revere* (Amherst, MA: University of Massachusetts Press, 2001), 80.

14. John Adams, "Founders Online: Adams' Argument for the Defense," National Archives (University of Virginia Press, December 3, 1770), http://founders.archives.gov/documents/Adams/05-03-02-0001-0004-0016.

15. "Boston Massacre Trial," Boston National Historical Park, U.S. National Park Service, February 26, 2015, https://www.nps.gov/bost/learn/historyculture/massacre-trial.htm.

CH 19　廣告如何造就報紙

1. Note that many anecdotes in this chapter come from these two fantastic books: Michael Schudson, *Discovering the News: A Social History of American Newspapers*, Nachdr. (New York: Basic Books, 1981); David T. Z. Mindich, *Just the Facts: How "Objectivity" Came to Define American Journalism* (New York: New York University Press, 1998).
2. Andrew Belonsky, "How the Penny Press Brought Great Journalism to Populist America," *Daily Beast*, September 8, 2018, https://www.thedailybeast.com/how-the-penny-press-brought-great-journalism-to-populist-america.
3. David W. Bulla, "Party Press Era | United States History," in *Britannica*, December 2015, https://www.britannica.com/topic/party-press-era.
4. Isaac Clarke Pray, *Memoirs of James Gordon Bennett and His Times* (Stringer & Townsend, 1855), 84.
5. Robert McNamara, "1836 Murder of a New York Prostitute Changed American Journalism," ThoughtCo, July 31, 2018, https://www.thoughtco.com/murder-of-helen-jewett-1773772.
6. Katherine Roeder, *Wide Awake in Slumberland: Fantasy, Mass Culture, and Modernism in the Art of Winsor McCay*, Apple Books Edition (Jackson, MS: University Press of Mississippi, 2014), 48.
7. Schudson, 20.
8. Ibid., 19–20.
9. *Understanding Media and Culture*, University of Minnesota Libraries Publishing Edition (2016), 161–62, https://doi.org/10.24926/8668.2601. This edition is adapted from a work originally produced in 2010 by a publisher who has requested that it not receive attribution.
10. Schudson, 12–60.
11. Hannah Arendt and Margaret Canovan, *The Human Condition*, 2nd ed. (Chicago: University of Chicago Press, 1998), 35.
12. Dan Schiller, *Objectivity and the News: The Public and the Rise of Commercial Journalism* (Philadelphia: University of Pennsylvania Press, 1981), 76–79; Meg Matthias, "The Great Moon Hoax of 1835 Was Sci-Fi Passed Off as News," in Britannica, accessed January 10, 2023, https://www.britannica.com/story/the-great-moon-hoax-of-1835-was-sci-fi-passed-off-as-news.
13. Roger Fenton, "Roger Fenton (1819–69): Valley of the Shadow of Death," Royal Collection Trust, accessed January 10, 2023, https://www.rct.uk/collection/2500514/valley-of-the-shadow-of-death.

14. Kathryn Schulz, "Errol Morris Looks for the Truth in Photography," *New York Times*, September 1, 2011, sec. Books, https://www.nytimes.com/2011/09/04/books/review/believing-is-seeing-by-errol-morris-book-review.html.

15. Schiller, 76–79.

16. Karl E. Meyer, "150th Anniversary: 1851–2001; Dept. of Conscience: The Editorial 'We,'" *New York Times*, November 14, 2001, sec. Archives, https://www.nytimes.com/2001/11/14/news/150th-anniversary-1851-2001-dept-of-conscience-the-editorial-we.html.

17. Clarence Darrow, *Realism in Literature and Art* (Girard, KS: Haldeman-Julius Company, 1899), 21.

18. Robert Hoe, *A Short History of the Printing Press and of the Improvements in Printing Machinery from the Time of Gutenberg up to the Present Day* (Alpha Edition, 2020).

CH 20　廣播的黑暗谷

1. Donald Warren, *Radio Priest: Charles Coughlin, The Father of Hate Radio* (New York: Free Press, 1996); Charles E. Coughlin, *Father Coughlin's Radio Discourses 1931–1932* (Cabin John, MD: Wildside Press, 2021).

2. Oliver Rathkolb, *Revisiting the National Socialist Legacy: Coming to Terms With Forced Labor, Expropriation, Compensation, and Restitution* (Piscataway, NJ: Transaction Publishers, 2004), 82; Allison C. Meier, "An Affordable Radio Brought Nazi Propaganda Home," *JSTOR Daily*, August 30, 2018, https://daily.jstor.org/an-affordable-radio-brought-nazi-propaganda-home/.

3. Rathkolb, 82.

4. "Charles Coughlin—Americans and the Holocaust," United States Holocaust Memorial Museum, accessed January 10, 2023, https://exhibitions.ushmm.org/americans-and-the-holocaust/personal-story/charles-coughlin.

5. Thomas Doherty, "The Deplatforming of Father Coughlin," *Slate*, January 21, 2021, https://slate.com/technology/2021/01/father-coughlin-deplatforming-radio-social-media.html.

6. Renée DiResta, "Free Speech Is Not the Same as Free Reach," *Wired*, accessed January 10, 2023, https://www.wired.com/story/free-speech-is-not-the-same-as-free-reach/. This phrase was popularized by writer Renée DiResta, paraphrasing Aza Raskin.

CH 21　電視、混亂和集體

1. Bryan Burrough, *Days of Rage: America's Radical Underground, the FBI, and the Forgotten Age of Revolutionary Violence*, Apple Books Edition, repr. ed. (New York: Penguin Books, 2016), 25.

2. Peter Bell, "Public Trust in Government: 1958–2022," *U.S. Politics & Policy* (blog), Pew Research Center, June 6, 2022, https://www.pewresearch.org/politics/2022/06/06/public-trust-in-government-1958-2022/.

3. Sarah Sobieraj and Jeffrey M. Berry, "From Incivility to Outrage: Political Discourse in Blogs, Talk Radio, and Cable News," *Political Communication* 28, no. 1 (February 9, 2011): 19–41, https://doi.org/10.1080/10584609.2010.542360.

4. *Network*, Drama (Metro-Goldwyn-Mayer, 1976).

5. "Fairness Doctrine," Ronald Reagan Presidential Library & Museum, December 16, 2021, https://www.reaganlibrary.gov/archives/topic-guide/fairness-doctrine.

6. "Fairness Doctrine."

7. David Swistock, John Nielsen, and Devin Gillen, "Rush Limbaugh," *History in the Making* 14, no. 1 (July 29, 2021), https://scholarworks.lib.csusb.edu/history-in-the-making/vol14/iss1/13.

8. Jeremy W. Peters, "Rush Limbaugh's Legacy of Venom: As Trump Rose, 'It All Sounded Familiar,'" *New York Times*, February 18, 2021, sec. U.S., https://www.nytimes.com/2021/02/17/us/politics/limbaugh-death.html.

9. Jeremy Barr, "The Downside of Being a Fox News Journalist? Getting Asked about Sean Hannity," *Hollywood Reporter*, May 8, 2020, https://www.hollywoodreporter.com/tv/tv-news/downside-being-a-fox-news-journalist-getting-asked-sean-hannity-1292957/.

10. Yochai Benkler, Robert Farris, and Hal Roberts, *Network Propaganda: Manipulation, Disinformation, and Radicalization in American Politics* (New York: Oxford University Press, 2018), https://doi.org/10.1093/oso/9780190923624.001.0001.

CH 22　我們如何得知真相

1. Michael Schudson, *Discovering the News: A Social History of American Newspapers, Nachdr.* (New York: Basic Books, 1981) 92.

2. "'Yellow Journalism,'" Evening Standard, September 25, 1901, http://mckinleydeath.com/documents/newspapers/EStandard092501a.htm; Louis

Anslow, "Before the Internet, Irresponsible Journalism Was Blamed for a War and a Presidential Assassination," *Medium*, February 9, 2017, https://timeline.com/yellow-journalism-media-history-8a29e4462ac.

3. Bill Kovach and Tom Rosenstiel, *The Elements of Journalism*, 4th rev. ed. (New York: Crown, 2021), 101, 121.

4. Alexander Hamilton, Donald R. Hickey, and Connie D. Clark, *Citizen Hamilton: The Wit and Wisdom of an American Founder* (Lanham, MD: Rowman & Littlefield, 2006), 112.

5. Amy Mitchell, "Distinguishing Between Factual and Opinion Statements in the News," *Pew Research Center's Journalism Project* (blog), June 18, 2018, https://www.pewresearch.org/journalism/2018/06/18/distinguishing-between-factual-and-opinion-statements-in-the-news/.

6. Mollie Leavitt, "Q&A: James Hamilton, Director of Stanford University's Journalism Program," *The Idea* (blog), August 19, 2019, https://medium.com/the-idea/q-a-james-hamilton-director-of-stanford-universitys-journalism-program-779a87486edf.

7. Farida B. Ahmad and Robert N. Anderson, "The Leading Causes of Death in the US for 2020," *JAMA* 325, no. 18 (May 11, 2021): 1829–30, https://doi.org/10.1001/jama.2021.5469.

8. Nemil Dalal, "Today's Biggest Threat to Democracy Isn't Fake News—It's Selective Facts," *Quartz*, November 16, 2017, https://qz.com/1130094/todays-biggest-threat-to-democracy-isnt-fake-news-its-selective-facts/.

9. Carol M. Liebler, "Me(Di)a Culpa?: The 'Missing White Woman Syndrome' and Media Self-Critique," *Communication, Culture & Critique* 3, no. 4 (2010): 549–65, https://doi.org/10.1111/j.1753-9137.2010.01085.x.

10. Logan Molyneux, personal correspondence, Zoom, September 30, 2021.

11. "Network Effects," *Economist*, September 24, 2013, https://www.economist.com/christmas-specials/2013/09/24/network-effects.

12. Edward S. Herman and Noam Chomsky, *Manufacturing Consent: The Political Economy of the Mass Media* (New York: Knopf Doubleday Publishing Group, 2011).

13. *Camel News Caravan—19/September/1952*, Internet Archive, http://archive.org/details/CamelNewsCaravan-19september1952.

14. Paul Virilio, *The Original Accident*, trans. Julie Rose, 1st edition (Cambridge, UK: Polity, 2007).

15. New York–based media executive, personal correspondence, June 17, 2021.

16. Daniel Trotta, "Iraq War Costs U.S. More than $2 Trillion: Study," Reuters, March 14, 2013, sec. U.S. Markets, https://www.reuters.com/article/us-iraq-war-anniversary-idUSBRE92D0PG20130314; David Vine et al., "Millions Displaced by U.S. Post-9/11 Wars" (Watson Institute, Brown University, August 19, 2021), https://watson.brown.edu/costsofwar/files/cow/imce/papers/2021/Costs%20of%20War_Vine%20et%20al_Displacement%20Update%20August%202021.pdf.

17. Jonathan Rauch, *The Constitution of Knowledge: A Defense of Truth* (Washington, DC: Brookings Institution Press, 2021), 121.

18. Thomas Stockwell, private interview, April 2020.

19. Jeremy Littau, "Why Do All These Media Layoffs Keep Happening? A Thread," *Medium* (blog), February 4, 2019, https://jeremylittau.medium.com/why-do-all-these-media-layoffs-keep-happening-a-thread-34b4b4edbe8c.

20. Jeremy Littau, "The Crisis Facing American Journalism Did Not Start with the Internet," *Slate*, January 26, 2019, https://slate.com/technology/2019/01/layoffs-at-media-organizations-the-roots-of-this-crisis-go-back-decades.html.

21. David Streitfeld, "Craig Newmark, Newspaper Villain, Is Working to Save Journalism," *New York Times*, October 17, 2018, https://www.nytimes.com/2018/10/17/technology/craig-newmark-journalism-gifts.html.

CH 23　信任與真相

1. David McRaney, "How to Improve Your Chances of Nudging the Vaccine Hesitant Away from Hesitancy and toward Vaccination," *You Are Not So Smart Podcast*, https://youarenotsosmart.com/2021/08/23/yanss-213-how-to-improve-your-chances-of-nudging-the-vaccine-hesitant-away-from-hesitancy-and-toward-vaccination/.

2. Jay J. Van Bavel and Andrea Pereira, "The Partisan Brain: An Identity-Based Model of Political Belief," *Trends in Cognitive Sciences* 22, no. 3 (March 1, 2018): 213–24, https://doi.org/10.1016/j.tics.2018.01.004.

3. Susan T. Fiske and Shelley E. Taylor, *Social Cognition: From Brains to Culture* (Thousand Oaks, CA: SAGE, 2013).

4. Scott Alexander, "Ivermectin: Much More Than You Wanted to Know," Substack newsletter, *Astral Codex Ten* (blog), November 17, 2021, https://astralcodexten.substack.com/p/ivermectin-much-more-than-you-wanted.

5. Laura A. Kurpiers et al., "Bushmeat and Emerging Infectious Diseases: Lessons from Africa," in *Problematic Wildlife: A Cross-Disciplinary Approach*, ed. Francesco M. Angelici (Cham, Switzerland: Springer

International Publishing, 2016), 507–51, https://doi.org/10.1007/978-3-319-22246-2_24; Ben Westcott and Serenetie Wang, "China's Wet Markets Are Not What Some People Think They Are," CNN World, April 23, 2020, https://www.cnn.com/2020/04/14/asia/china-wet-market-coronavirus-intl-hnk/index.html.

6. Glenn Kessler, "Analysis | Timeline: How the Wuhan Lab-Leak Theory Suddenly Became Credible," *Washington Post*, May 27, 2021, https://www.washingtonpost.com/politics/2021/05/25/timeline-how-wuhan-lab-leak-theory-suddenly-became-credible/.

7. CDC (@CDCgov), "CDC does not currently recommend the use of facemasks to help prevent novel #coronavirus. Take everyday preventive actions, like staying home when you are sick and washing hands with soap and water, to help slow the spread of respiratory illness. #COVID19," Tweet, *Twitter*, February 27, 2020, https://twitter.com/CDCgov/status/1233134710638825473; Anna Hecht, "These 3 Etsy Shop Owners Have Each Sold Hundreds of Cloth Face Masks Since the Pandemic Started," CNBC Make It, May 7, 2020, https://www.cnbc.com/2020/05/07/etsy-shop-owners-sell-hundreds-of-cloth-face-masks-during-pandemic.html.

CH 24　言論自由與捍衛真相

1. Aaron Couch, "Jon Stewart and Bill O'Reilly Get into Shouting Match over 'White Privilege,'" *Hollywood Reporter*, October 15, 2014, https://www.hollywoodreporter.com/tv/tv-news/jon-stewart-bill-oreilly-get-741276/.

2. "Special Video Reports—The Private Lives Of George Washington's Slaves," *Frontline PBS*, https://www.pbs.org/wgbh/pages/frontline/shows/jefferson/video/lives.html.

3. Andrew Roberts, "Book Review: Great Soul," *Wall Street Journal*, accessed January 11, 2023, https://www.wsj.com/articles/SB10001424052748703529004576160371482469358.

4. John Stuart Mill and Elizabeth Rapaport, On Liberty (Indianapolis: Hackett, 1978).

5. Mill and Rapaport, 18.

6. Ibid., 16–35.

7. Karl R. Popper, Alan Ryan, and E. H. Gombrich, *The Open Society and Its Enemies: New One-Volume Edition* (Princeton, NJ: Princeton University Press, 2013), 581.

8. John Rawls, *A Theory of Justice*, rev. ed. (Cambridge, MA: Belknap Press,

1999).

9. Thomas Jefferson, "First Inaugural Address," in *The Papers of Thomas Jefferson, 17 February to 30 April 1801*, vol. 33 (Princeton, NJ: Princeton University Press, 2006), 148–52, https://jeffersonpapers.princeton.edu/selected-documents/first-inaugural-address-0.

10. Andrew Pettegree, *The Invention of News: How the World Came to Know about Itself* (New Haven, CT: Yale University Press, 2014), 369.

11. Robert McNamara, "Abolitionist Pamphlets Sent to the South Sparked Controversy," ThoughtCo, January 31, 2020, https://www.thoughtco.com/abolitionist-pamphlet-campaign-1773556.

12. Nadine Strossen, HATE: *Why We Should Resist It With Free Speech, Not Censorship* (New York: Oxford University Press, 2018); Zack Beauchamp, "Why Book Banning Is Back in 2022," Vox, February 10, 2022, https://www.vox.com/policy-and-politics/22914767/book-banning-crt-school-boards-republicans.

13. Jonathan Rauch, *The Constitution of Knowledge: A Defense of Truth* (Washington, DC: Brookings Institution Press, 2021), 35.

CH 25　島嶼的寓言故事

1. Brian Stelter, "This Infamous Steve Bannon Quote Is Key to Understanding America's Crazy Politics," *CNN Business*, November 16, 2021, https://www.cnn.com/2021/11/16/media/steve-bannon-reliable-sources/index.html.

CH 26　民主危機的核心

1. Abigail Geiger, "Political Polarization in the American Public," *U.S. Politics & Policy* (blog), Pew Research Center, June 12, 2014, https://www.pewresearch.org/politics/2014/06/12/political-polarization-in-the-american-public/.

2. Henry E. Hale, "25 Years after the USSR: What's Gone Wrong?" *Journal of Democracy* 27, no. 3 (2016): 9, https://doi.org/10.1353/jod.2016.0035.

3. Francis Fukuyama, "The End of History?" *National Interest*, no. 16 (1989): 3–18.

4. Jorge I. Domínguez, "Boundary Disputes in Latin America" (United States Institute for Peace, September 2003), https://www.usip.org/sites/default/files/resources/pwks50.pdf; Laust Schouenborg, "Why War Has Become Obsolete in Europe," Spice Stanford, 2010, http://spice.fsi.stanford.edu/docs/why_war_

has_become_obsolete_in_europe; Muthiah Alagappa, "International Peace in Asia: Will It Endure?" Carnegie Endowment for International Peace, December 19, 2014, https://carnegieendowment.org/2014/12/19/international-peace-in-asia-will-it-endure-pub-57588.

5. Jean-Jacques Rousseau, *The Social Contract* (CreateSpace Independent Publishing Platform, 2014).

6. Thomas Jefferson, *The Declaration of Independence and the Constitution of the United States: With Index*, ed. Pauline Maier (New York: Bantam Books, 1998), 53.

7. John Locke, *The Second Treatise on Civil Government*, Great Books in Philosophy Edition (New York: Prometheus, 1986); Thomas Hobbes, *Leviathan* (Touchstone, 1997), 78, 80; Robb A. McDaniel, "John Locke," The First Amendment Encyclopedia, accessed January 11, 2023, https://www.mtsu.edu/first-amendment/article/1257/john-locke.

8. Karen Stenner, *The Authoritarian Dynamic, Cambridge Studies in Public Opinion and Political Psychology* (New York: Cambridge University Press, 2005), 330.

9. Sarah Repucci and Amy Slipowitz, *Democracy under Siege* (Washington, DC: Freedom House, 2021), https://freedomhouse.org/report/freedom-world/2021/democracy-under-siege; "The Rise and Risks of 'The Age of the Strongman,'" *Economist*, April 9, 2022, https://www.economist.com/culture/2022/04/09/the-rise-and-risks-of-the-age-of-the-strongman.

CH 27　民主機器

1. Alexander Hamilton, James Madison, and John Jay, eds., "No. 55: The Total Number of the House of Representatives," in *The Federalist Papers*, Dover Thrift Editions (Mineola, NY: Dover Publications, Inc, 2014), 272.

2. Alexander Hamilton, James Madison, and John Jay, eds., "No. 10: The Same Subject Continued," in *The Federalist Papers*, Dover Thrift Editions (Mineola, NY: Dover Publications, Inc, 2014), 47.

3. Robert Cohen, "Was the Constitution Pro-Slavery? The Changing View of Frederick Douglass," *Social Education* (2008), 246–50. Damon Root, "When the Constitution Was 'at War with Itself,' Frederick Douglass Fought on the Side of Freedom," *Reason Magazine*, February 2, 2018, https://reason.com/2018/02/02/when-the-constitution-was-at-war-with-it/.4. Neil Harvey, "Toward a More Perfect Union: Unleashing the Promise in Us All with Angela Glover Blackwell," *Bioneers: Revolution From the Heart of Nature*,

accessed January 9, 2023, https://bioneers.org/toward-a-more-perfect-union-unleashing-the-promise-in-us-all-with-angela-glover-blackwell/.

5. A. H. Land and A. G. Doig, "An Automatic Method of Solving Discrete Programming Problems," *Econometrica* 28, no. 3 (1960): 497–520, https://doi.org/10.2307/1910129.

6. Daniel Crofts, "Communication Breakdown," *New York Times Opinionator*, May 21, 2011, sec. Opinion, https://archive.nytimes.com/opinionator.blogs.nytimes.com/2011/05/21/communication-breakdown/.

7. Annika Neklason, "The Conspiracy Theories That Fueled the Civil War," *Atlantic*, May 29, 2020, https://www.theatlantic.com/politics/archive/2020/05/conspiracy-theories-civil-war/612283/.

CH 28　我們應該將憤慨置於何處？

1. Allen Ginsberg, *Howl: And Other Poems*, Nachdr., The Pocket Poets Series 4 (San Francisco: City Lights Books, 2010), 17.

2. Scott Alexander, "Meditations On Moloch | Slate Star Codex," *Slate Star Codex* (blog), July 30, 2014, https://slatestarcodex.com/2014/07/30/meditations-on-moloch/.

3. Alexander.

4. Robert Axelrod and William D. Hamilton, "The Evolution of Cooperation," *Science* 211, no. 4489 (March 1981): 1390–6, https://doi.org/10.1126/science.7466396. Nicky Case, "The Evolution of Trust," July 2017, http://ncase.me/trust/.

CH 29　你可以採取什麼行動

1. Hans Rosling, Anna Rosling Rönnlund, and Ola Rosling, *Factfulness: Ten Reasons We're Wrong about the World—and Why Things Are Better Than You Think*, later printed. (New York: Flatiron Books, 2018), 75.

2. The nonpartisan, nonprofit Constructive Dialogue Institute is a great resource for having conversations like these. https://constructivedialogue.org/.

3. Joe Pinsker, "Trump's Presidency Is Over. So Are Many Relationships," *The Atlantic*, March 30, 2021, https://www.theatlantic.com/family/archive/2021/03/trump-friend-family-relationships/618457/.

方向 80

失控的憤怒機器
從同理到對立，社群媒體如何扭曲人心
OUTRAGE MACHINE: How Tech Amplifies Discontent and Disrupts Democracy—
And What We Can Do About It

作　　者	托比亞斯・羅斯－史塔克威爾（Tobias Rose-Stockwell）
譯　　者	溫力秦

責任編輯	王彥萍
協力編輯	唐維信
校　　對	王彥萍、唐維信
封面設計	許晉維
排　　版	王惠葶
寶鼎行銷顧問	劉邦寧

發 行 人	洪祺祥
副總經理	洪偉傑
副總編輯	王彥萍
法律顧問	建大法律事務所
財務顧問	高威會計師事務所
出　　版	日月文化出版股份有限公司
製　　作	寶鼎出版
地　　址	台北市信義路三段151號8樓
電　　話	(02)2708-5509／傳　真：(02)2708-6157
客服信箱	service@heliopolis.com.tw
網　　址	www.heliopolis.com.tw
郵撥帳號	19716071 日月文化出版股份有限公司

總 經 銷	聯合發行股份有限公司
電　　話	(02)2917-8022／傳　真：(02)2915-7212
製版印刷	中原造像股份有限公司
初　　版	2025年06月
定　　價	550元
I S B N	978-626-7641-59-0

OUTRAGE MACHINE
Copyright © 2023 by Tobias Rose-Stockwell
Published by arrangement with Park, Fine & Brower Literary Management, through The Grayhawk Agency.
Copyright © 2025 by Heliopolis Culture Group Co., Ltd.
All rights reserved.

國家圖書館出版品預行編目資料

失控的憤怒機器：從同理到對立，社群媒體如何扭曲人心／托比亞斯・羅斯－史塔克威爾（Tobias Rose-Stockwell）著；溫力秦譯. -- 初版. -- 臺北市：日月文化出版股份有限公司, 2025.06
496面；14.7×21公分. --（方向；80）
譯自：Outrage Machine: How tech amplifies discontent and disrupts democracy and what we can do about it.
ISBN 978-626-7641-59-0（平裝）

1. CST：網路社群　2. CST：網路社會　3. CST：資訊社會

541.415　　　　　　　　　　　114005169

◎版權所有　翻印必究
◎本書如有缺頁、破損、裝訂錯誤，請寄回本公司更換

日月文化集團
HELIOPOLIS
CULTURE GROUP

感謝您購買 失控的憤怒機器 從同理到對立，社群媒體如何扭曲人心

為提供完整服務與快速資訊，請詳細填寫以下資料，傳真至02-2708-6157或免貼郵票寄回，我們將不定期提供您最新資訊及最新優惠。

1. 姓名：＿＿＿＿＿＿＿＿＿＿＿＿＿＿　性別：□男　　□女
2. 生日：＿＿＿年＿＿＿月＿＿＿日　　職業：＿＿＿＿＿＿
3. 電話：（請務必填寫一種聯絡方式）
   （日）＿＿＿＿＿＿＿＿（夜）＿＿＿＿＿＿＿＿（手機）＿＿＿＿＿＿＿＿
4. 地址：□□□
5. 電子信箱：＿＿＿＿＿＿＿＿＿＿＿＿＿＿＿＿＿＿
6. 您從何處購買此書？□＿＿＿＿＿＿＿縣/市＿＿＿＿＿＿＿書店/量販超商
   □＿＿＿＿＿＿＿網路書店　□書展　□郵購　□其他
7. 您何時購買此書？　　年　　月　　日
8. 您購買此書的原因：（可複選）
   □對書的主題有興趣　□作者　□出版社　□工作所需　□生活所需
   □資訊豐富　□價格合理（若不合理，您覺得合理價格應為＿＿＿＿＿）
   □封面/版面編排　□其他＿＿＿＿＿＿＿＿＿＿＿＿＿＿＿＿＿＿
9. 您從何處得知這本書的消息：　□書店　□網路／電子報　□量販超商　□報紙
   □雜誌　□廣播　□電視　□他人推薦　□其他
10. 您對本書的評價：（1.非常滿意 2.滿意 3.普通 4.不滿意 5.非常不滿意）
    書名＿＿＿＿　內容＿＿＿＿　封面設計＿＿＿＿　版面編排＿＿＿＿　文/譯筆＿＿＿＿
11. 您通常以何種方式購書？□書店　□網路　□傳真訂購　□郵政劃撥　□其他
12. 您最喜歡在何處買書？
    □＿＿＿＿＿＿＿縣/市＿＿＿＿＿＿＿書店/量販超商　□網路書店
13. 您希望我們未來出版何種主題的書？＿＿＿＿＿＿＿＿＿＿＿＿＿＿
14. 您認為本書還須改進的地方？提供我們的建議？

日月文化集團 HELIOPOLIS CULTURE GROUP

客服專線 02-2708-5509
客服傳真 02-2708-6157
客服信箱 service@heliopolis.com.tw

廣告回函
台灣北區郵政管理局登記證
北台字第 000370 號
免貼郵票

日月文化集團 讀者服務部 收

10658 台北市信義路三段151號8樓

對折黏貼後,即可直接郵寄

日月文化網址：**www.heliopolis.com.tw**

最新消息、活動,請參考 FB 粉絲團

大量訂購,另有折扣優惠,請洽客服中心(詳見本頁上方所示連絡方式)。

大好書屋　　寶鼎出版　　山岳文化

EZ TALK　　EZ Japan　　EZ Korea

大好書屋・寶鼎出版 BAODING ・山岳文化・洪圖出版　EZ叢書館　EZ Korea　EZ TALK　EZ Japan

方向

寶鼎出版